语言接触与汉语研究丛书

# 黄孝方言语法研究

HUANGXIAO FANGYAN YUFA YANJIU

汪化云 著

语文出版社
·北京·

本书为国家社科基金一般项目“江淮官话黄孝片方言语法比较研究”（12BYY027）的最终成果

图书在版编目（CIP）数据

黄孝方言语法研究 / 汪化云著. -- 北京 : 语文出版社, 2016.6
ISBN 978-7-5187-0430-9

Ⅰ. ①黄… Ⅱ. ①汪… Ⅲ. ①西南官话－语法－方言研究－黄冈②西南官话－语法－方言研究－孝感 Ⅳ. ①H172.3

中国版本图书馆CIP数据核字(2016)第209953号

---

| | |
|---|---|
| **责任编辑** | 章承董 |
| **装帧设计** | 梁　明 |
| **出　　版** | 语文出版社 |
| **地　　址** | 北京市东城区朝阳门内南小街51号　100010 |
| **电子信箱** | ywcbsywp@163.com |
| **排　　版** | 北京杰瑞腾达科技发展有限公司 |
| **印刷装订** | 北京市科星印刷有限责任公司 |
| **发　　行** | 语文出版社　新华书店经销 |
| **规　　格** | 890mm×1240mm |
| **开　　本** | A5 |
| **印　　张** | 12.25 |
| **字　　数** | 330千字 |
| **版　　次** | 2016年6月第1版 |
| **印　　次** | 2016年6月第1次印刷 |
| **印　　数** | 1－2,000 |
| **定　　价** | 35.00元 |

---

010-65253954(咨询) 010-65251033(购书) 010-65250075(印装质量)

# 序　一

我国的汉语方言学研究，迄今已走过近一百年了，可以说取得了引人瞩目的成就。其中语音的研究处于领先位置。在汉语方言学发展早期，研究一个方言，主要就是研究其语音。研究者面对一个方言，首先通过《方言调查字表》记下该方言的字音，列出同音字表和声韵调，掌握整个语音系统，再进一步弄清连读变调规律。其次是记下一定数量的分类词汇。最后才有若干条语法例句，稍详细的，列几条语法特点，就算是方言语法了。

为什么汉语方言研究会出现重语音、轻语法的现象？我想这是有它的原因的。首先，语音研究在中国传统文化中有比较深厚的基础，即音韵学。上世纪初，筚路蓝缕的前辈学者们在引进西方语言学理论以探索汉语方言的时候，很自然地把关注的重点放在了音韵学上，将西方语言学与传统音韵学相结合，这个做法取得了很理想的成绩，使后学们在研究方言语音时，不用费很大劲就能基本弄清其语音面貌。其次，汉语方言间的种种差别，在语音、词汇和语法三方面的表现是不同的。方言语音的差别更加表面化，即更为显性。一个说方言的人，张嘴说第一个字，就立刻会让人感受到其方音特征。而有特点的词语可能要在说了一两句话后才出现，语法差别则是最隐性的，很可能说一小段话，听者还没发现其语法差别。要想在短时间内全面掌握一个陌生方言的语法特点，简直是不可能的。调查研究一个方言的语法，这方言最好就是调查者的母语，否则，也应对该方言已有相当了解，调查研究者应该能跟发音人有相当深度的方言对话，而不是每一句都只能听凭发音人告知。所以，初入手研究一个方言，就只能从语音开始。第三，与语音研究相反，中国传统语言学在语法研究领域基础较弱。现代意义上的汉语语法学，大家公认从刚过一百岁的《马氏文通》才开始。一个公认的、成熟的汉语语法体系，到现在好像还没有完全确立。并且，虽然语法和语音都有体系，但是，一个语言或方言的语音体系可以在短短的一页内开单列出，语法体系却做不到。

由于汉语与世界其他语言的显著差别，如何总结出汉语语法自身的体系和规律，始终是汉语方言学界的重大任务。大致从上世纪末开始，汉语方言语法研究出现了新气象，相关的论著逐渐增多，只举几个语法例句的做法被突破了，各种写法的方言语法论文层出不穷。虽然仍然缺乏像调查研究音系那样整齐划一、简单明了的模式，但事实上，由于语法的特殊性，也许写语法压根儿不需要什么共有模式。

在肯定汉语各方言间差别巨大的同时，从另外角度看，方言再多，毕竟都是汉语，跟其他语言比，他们之间的共性毕竟是更主要的。所以，绝大部分方言语法论文都只是挑选跟普通话不同的部分讨论。这样写的结果是，早期的一些方言语法论文在内容上往往互不一致，甲写的是 A B C，乙写的是 D E F，甚至东一榔头，西一棒子，显得零星松散，不易比较和综合。

但随着研究的深入，这样的情况正在改进。学者们的研究焦点正在逐渐靠拢，开始聚向若干共同点。

恕我写了这么多，现在才写到化云兄的这本新著。因为我们从本书看到的面貌，正是这样一个汉语方言语法研究逐渐成熟的状况。

本书既不是面面俱到地叙述语法的所有方面，也不是松散地捡拾几个特征说说，而是根据实际情况，在综合分析的基础上，高屋建瓴地列出黄孝方言语法具有特色的各方面：体范畴、代词系统、程度表示法、疑问和否定、语序、句式。更重要的是，这些方面可以说大致包括了整个汉语语法有特色的所在。写一本汉语语法，能够把本书涉及的各方面情况都写清楚，这本语法就应该是比较成功的。因此，尽管本书只讨论了中国中部大别山麓地区的方言语法，但对全国汉语方言，以致共同语的语法研究有着很好的启示作用，对于整个发展中的汉语方言语法研究，也有着显著的促进作用。

作者虽年过耳顺，紧跟学界研究的脚步却不亚于年轻人。我们注意到，不但他涉猎的相关论著十分广泛，而且许多新的成果和新理论探索，都被他及时吸纳了。在广泛调查方言事实的基础上，他不满足于单纯描写，而是努力地探源，努力地提升其理论高度，使自己的论述达到更高的学术价值。

讨论一片地区的方言比一个点的方言要复杂得多。如何兼顾这一片地区的各个点，是一个颇费周章的工作。作者充分利用自己是本地人的优势，在长期辛勤的调查和观察的基础上，很好地布排了各小片及其代表点的方言情况，比较全面地反映了全片面貌。

作者当然不会忽略黄孝方言的归属这一重要问题。利用本书对语法的详尽探索，在更丰富的材料和参考资料的基础上，本书对本方言区的归属提出了自己的新见解——中江方言。我想，这将会引起学界同行的兴趣和讨论，并且希望就此推动汉语方言分区在实践和理论上的进一步发展。

在作者出版第二本专著的八年后，我觉得他的精力更旺盛，也更年轻了。我们真可以期望他提供给大家更加多的学术成果。

汪　平

2016 年 4 月于苏州还读书庐

# 序　　二

古语云人杰地灵。自古以来，人们就发现人才成长与一方水土好像有一定关系。比如说像湖北黄冈，历来就出人才，而且是出大人才。古有著《本草纲目》的李时珍，今有著名音韵训诂大师黄侃，著名儒学大师熊十力，著名科学家李四光，著名学者闻一多，著名作家胡风、叶君健、秦兆阳，等等。

也许是沾溉故乡勤奋向学，翰墨浓郁的学风，化云兄自 1987 年正式发表第一篇学术论文“黄冈话的几种形态变化”起，三十年间，正式发表、出版的学术论著将近 200 篇（部），内容涉及语法、方言、语音、词汇、修辞、文字、普通话教学、中学语文教学诸多领域，堪称著述等身。这种成就在以语言学为主业的学者中不多见。一般说来，语言学家的常规“产品”，平均而言是两三部书，二三十篇论文。像化云兄如此高产的，实不多见。化云兄的著述不只以量取胜。他的论著，不论是主攻的方言和语法，还是旁及的其他领域，都极力求新求变，成一家之言，令人佩服。

《黄孝方言语法研究》是化云兄的新著。方言调查对象是湖北黄冈、孝感、随州，以及江西九江下辖的 22 县市。全书对黄孝方言的体、称代、程度、疑问、否定、语序、句式等七种语法范畴和语法手段做了深入、细致的描写和分析。

化云兄是黄冈本地人，对本地方言素有良好语感；多年来勤攻方言语法，在方言语法领域造诣殊深；加之此项研究起始于作者早年的单点研究，后逐步扩展为国家项目，自行设计了1000多个语法例句，到各地做实地调查，前后历时十数年方写成此书，其学术水平与学术质量当可期待学术界的客观评价。

我与化云年相若，行相近。我们都有农村生活经历，都是大专生发表学术论文，都是民主党派，都有政协委员的经历，都在学术论文之外写过关注国计民生的提案。蒙化云兄不弃，引为知己和同道，持书索序，难以坚拒。草成数言，一来表示祝贺，二来表示羡慕。我们都应该向化云兄学习。

再次向化云兄祝贺道喜。

李蓝于北京

2016年4月13日

# 目 录

# 第一章　绪论

本书研究黄孝方言的语法。

据李荣等（1987）的《中国语言地图集·B3，官话之三》，江淮官话中存在着与“洪巢片”和“泰如片”相应的下位层次“黄孝片”。该片分布在湖北省东北部的原黄冈、孝感两个地区，以及江西省北部的原九江市、九江县、瑞昌县。（详下）显然，所谓“黄孝片”，是因为其主要分布区域为“黄冈、孝感”而得名。本书将这个片的方言称为“黄孝方言”，主要讨论其较有特色的方言语法现象。

本书凡六章。第一章为“绪论”，简介“黄孝方言、黄孝地区”两个概念的内涵，本课题的研究情况、价值和行文凡例。接下来的五章分别从“体范畴、人称与指代、程度、疑问与否定、句式与语序”等语法范畴和语法手段的角度展开，采取一般与重点结合、整体与个案结合的方式，对黄孝方言的语法现象进行全面的考察。第六章之后是一个简短的“结语”。

## 第一节　关于“黄孝方言”和“黄孝地区”

### 一、“黄孝方言”的范围

黄孝方言的主体部分曾有过“楚语”等名称，其范围在汉语方言学界并没有一致的看法。

**（一）“楚语”作为一个方言区域的最早提出者**

最早将湖北省境内黄冈（含今鄂州、新洲）、孝感（含今黄陂）两个行政区所辖多数县市的方言归为一个区域的，是赵元任等（1948）的《湖北方言调查报告》。他们于1936年对湖北方言进行调查，将其分为四区，其中第二区“占东部跟东北部，约占全省四分之一的地方，但是西北角的竹溪、竹山两处像东部而不像西部，所以也把它们归在第二区”。因此，第二区包括1936年湖北省辖黄冈、孝感（除汉川县）两个地区的黄安、黄冈、鄂城、麻城、罗田、英山、浠水、黄梅、广济、蕲春，应山、安陆、应城、云梦、孝感、礼山、黄陂，凡17个县；加上鄂西北的竹溪、竹山，共19个县。作者将这个第二区的方言称为“楚语”，认为：“这第二区可以算典型的楚语——如果要独立一种楚语的名目的话。这一区的东部黄$_{安}$、罗、英、梅、济、蕲（引者注：指黄安、罗田、英山、黄梅、广济、蕲春）阴平调是低调或降调，有‘下江话’的风味。”可见，后人将湖北方言第二区归入江淮官话（下江官话）还是有听感上的基础的。由于只是调查湖北省境内的方言，因此赵元任等（1948）并未涉及陕南、赣北以及河南、安徽等地的相关方言。这种定义和划分，可以看作是“黄孝方言”这一名词之内涵和外延的前身。

**（二）《中国语言地图集》第一版中的“黄孝片”**

李荣等（1987）扩大了江淮官话的范围，将赵元任等（1948）所谓湖北方言“第二区”所属黄冈、孝感所辖的16个县，另加赣北的九江市区、九江县、瑞昌县，凡19个行政区，合称为江淮官话“黄孝片”。这个片不包括鄂西北的竹山、竹溪两个县，其主要语音特点是：有入声，但没有促音韵尾；“书虚，篆倦”两对字同音，跟湖北境内的其他官话方言有显著的差别。从其所列语音特征上看，将这个区域内的方言归入江淮官话作为单独的一个片，自然有其合理性。

可能是《中国语言地图集》第一版疏忽的缘故，赵元任等（1948）所述第二区中的礼山县没有列入黄孝片，也没有划入其他方言区。礼山县今名大悟县，其沿革是：1933 年 1 月，国民政府以豫鄂边界“形势重要，距城远，控制不便”为由，拨湖北省的黄陂、黄安、孝感和河南省的罗山四县相邻的边陲地带设置礼山县。1952 年，当地政府为了纪念大悟山区人民在抗日战争和国内革命战争中的贡献，经当时的中南军政委员会批准，报国家政务院备案，将礼山县改名为大悟县。此名至今仍被沿用，该县仍归孝感市管辖。因此，该地图集中的黄孝片，理应包括大悟县，当年共为 20 个行政区。

**（三）《中国语言地图集》第二版（2012）中的“黄孝片”**

由商务印书馆出版的这本地图集，进一步扩大了黄孝片的范围。其《汉语方言卷》第 13 页指出，江淮官话黄孝片为 25 个方言点，但在其“B1–9 官话之九”中，列出的方言点是 3 个省的 27 个行政区：分布在湖北东北部的有 21 个，即黄冈（黄州区）、团风、麻城、红安、罗田、蕲春、英山、浠水、黄梅、武穴、孝感（孝南区）、孝昌、云梦、安陆、广水、大悟、应城、黄陂、新洲、鄂州、黄石。分布在江西北部的有九江（市区）、瑞昌、九江（县）三个点。安徽西部的安庆、桐城、枞阳 3 个方言点也归入该片，这是此前的分区没有提到的。

这个关于黄孝片范围的表述有三点值得注意：第一，注意到了各地某些行政区划调整的现实，将由孝感、黄冈两市析置的黄州区、团风县、孝南区、孝昌县予以分列。第二，江西境内的原三个方言点基本未动，即忽略了其方言区划变更（详下）的现实。第三，增加了湖北的黄石市和安徽的安庆、桐城、枞阳三个县市为黄孝片成员。

与之相关，第二版把陕南、鄂西来自黄孝地区的移民后裔所操方言（汪化云、曹道根 2014）亦归入江淮官话。这些地方包括湖北省竹山、竹溪两县，陕西省商洛市的柞水、镇安、商南、丹凤、山阳和安康市的城区、旬阳、平利、白河 9 县市的部分乡镇，总人口约 180 万。这大概是因为其语音方面与黄孝地区的方言存在诸多共同点的缘故，但是作者并未将其归入黄孝片。

**（四）“百度百科”中“黄孝片”词条的说法**

“百度百科”的“黄孝片”词条认为，黄孝方言主要“分布于长江以北、大别山南麓的湖北东部、东北部以及与其毗邻的河南省、安徽省、江西省等相关地区。从行政区划来看……主要包括湖北省黄冈市的黄州、红安、团风、蕲春、英山、武穴、麻城、罗田、浠水、黄梅、龙感湖；孝感市的孝南、孝昌、安陆、大悟、云梦、应城；武汉市的黄陂区、新洲区；鄂州市鄂城区；黄石市城区；随州市的广水；河南省的新县，商城；江西省的九江、瑞昌、九江县、彭泽局部，安徽省的安庆、潜山、桐城、枞阳、怀宁局部。以及鄂西北的竹山、竹溪，也有方言岛：陕西省的柞水、镇安、平利、白河、岚皋等地。但是这两地也有学者将其归到江淮官话竹柞片”。

显然，这个表述有些不太顺畅和明晰。但其所谓“黄孝片”的范围最大，反映了前些年修订《中国语言地图集》的讨论中，人们提出的某些看法。从上面的陈述可以看出，其扩大的黄孝方言范围包括两类地域：一是来自黄冈、孝感地区移民后裔的方言，二是今黄冈、孝感地区周边地方的方言。我们不否认，这些看法确实反映了某些方言事实；但是，突然将黄孝方言的范围大大地扩展，似乎还依据不足。这里仅从声调方面略述之：黄孝片的主体为今黄冈、孝感市的方言，其共同特点是大都具有读长调的入声——有入声调，也是一般江淮官话的特征；都存在“去分阴阳”（存在阴去声、阳去声）的现象。但是，上述新增的方言点并不具备或不完全具备这些特征。

先说移民后裔的方言。鄂西北的竹溪、竹山县和陕南上述县市许多乡镇的方言，是乾嘉时期来自黄冈、孝感地区的移民后代所操方言。但由于受周边或混住的原居民所操中原官话、西南官话的影响很大，一般都没有了入声（如竹山、竹溪），平利、白河等县多数乡镇甚至连阴去、阳去声的区分也没有了（周政 2009、柯西刚 2013），将其归入黄孝片显然很勉强。

再说黄孝地区周边的方言。河南、安徽两省与湖北黄冈市交界地区的各县方言，由于地域相连，很多方言特征是渐变的，因此存在一些与黄冈、孝感地区方言相同的特征，例如存在“ɥ类韵”等等。但是其差异仍很突出。例如河南新县，其南部在 1949 年以前属湖北省黄安县辖域，存在入声和阴去、阳去声。但是，其余多数地方尤其是行政中心就没有这些特征了。其县城就只有 4 个声调，没有入声和阴去、阳去之别（龚佩琏 1982）。商城的情形与此相仿（杨永龙 2008）：其南部与麻城相同，有入声、分阴阳去；其中部和北部则只有“阴阳上去”四个调子。安庆、桐城、枞阳三地，从孙宜志（2006）的记音来看，都不分阴阳去，入声除安庆外不读长调。至于怀宁方言，其石牌小片没有入声，仅高河小片上述两个声调特征与黄孝方言相同，其内部语音特征并不统一（吕延 2011）。这些方言或全部或多数地方没有入声和阴去、阳去声，还是不要纳入黄孝方言为好。

与湖北黄冈相邻的黄石方言比较复杂，单从其“去分阴阳、入声独立”的声调现象难以说清其归属。今黄石市城区在 20 世纪 50 年代前为大冶县的一部分，其方言本属赣语。1950 年建市以来，由于工矿企业的发展而接受移民较多，其方言变异甚大。这种变异虽不乏相邻的鄂城和一江之隔的浠水等地黄孝方言的影响，但主要是向省会城市武汉方言靠拢。今黄石市的新派方言“有明显的赣语的痕迹”，是“一种夹杂着武汉话、同时又有某些音变”的方言。例如多数黄孝方言存在的“ɥ类韵”，在黄石市城区读作“y 类韵”，这个主要特征与黄孝方言不同而与武汉方言一致；而且，其语音仍保留着较多赣语的特征：一是单韵母和鼻化韵母多……二是有圆唇后低元音，北京的 [a] 和 [ia ua] 的 [a]，黄石皆读作 [o]，与（赣语）阳新、通山方言相同。（以上均引自黄群建 1995）显然，黄石方言的归属不应该是黄孝片。

**（五）本研究的黄孝方言范围**

从以上的讨论不难看出，“黄孝方言”的范围不宜太大，否则共性的东西会减少。“百度”词条中黄孝片的范围太大，不宜采信；《中国语言地图集》第二版增加的安徽三县市方言和湖北黄石市方言，亦不宜进入黄孝片。因此，本研究的所谓“黄孝方言”，仍以《中国语言地图集》1987 年版为主要依据，所辖行政区域详下。

黄孝方言地域分布简图

## 二、关于“黄孝地区”

本研究所谓黄孝地区，指的是黄孝方言通行的地区。根据上文对黄孝方言的界定，黄孝地区除了通常所指的原湖北省黄冈地区和孝感地区主要辖域，还包括江西省北部原九江市区、九江县、瑞昌县。由于近几十年区划变易频繁，黄孝地区的行政区划发生了较大的变化。这种变易除了隶属关系的变化，还有三种以下情形。

### （一）旧行政区的析置

旧行政区的析置，即幅员较广、人口较多的某个行政区被析置为几个行政区，或析几个行政区的一部分地域构成一个新的行政区。例如：清代即为“上县”的原黄冈县，其辖域超过 2700 平方千米。1951 年，析该县西部置新洲县，其余区域仍称黄冈县。1995 年，析县级黄州市（即 1951 年后的黄冈县）辖域为团风县和黄州区。1993 年，析县级孝感市辖域（原孝感县）为孝南区、孝昌县。1984 年，析九江市、县等若干区域，设浔阳区、庐山区两个县级行政区。

### （二）旧行政区的升格

旧行政区的升格，即某个行政区的辖域范围基本未变，但其行政级别提高了。例如：1983 年，以原鄂城县辖域为主，加上黄冈县的黄州镇，建地级市鄂州市。1987 年，黄州镇又回归新建立的黄州市管辖；鄂州市的级别仍是地级，但其实际辖域为原鄂城县的范围。1983 年，新洲县划归武汉市管辖；1998 年，新洲县升格为武汉市（副省级城市）新洲区。1983 年，原属孝感地区的黄陂县划归武汉市管辖，1998 年撤销黄陂县设黄陂区。新洲、黄陂的“级别”显然升格了。

### （三）旧行政区的更名

旧行政区的更名，即一个行政区的辖域、人口等不变而名称改变，此类较多。例如：1995 年，撤销黄冈地区，设立地级黄冈市；

1986 年撤销麻城县，设麻城市；1987 年撤销广济县，设武穴市。1993 年，撤销孝感地区，设立地级孝感市；1988 年撤销孝感地区所辖应山县，设广水市，2000 年变更为随州市代管；1986 年，撤应城县，设应城市；1987 年，撤安陆县设安陆市；1989 年撤瑞昌县，设瑞昌市；2014 年，九江县改为江州区；1952 年，礼山县更名为大悟县，黄安县改为红安县。

接下来具体说说本研究中的“黄孝方言”分布的行政区。如上所述，黄孝方言通行的地区，包含《中国语言地图集》1987 年版本所列的 19 个县级行政区，加上大悟县，本来是 20 个县级行政区。这个地域的行政区经过析置、升格、变易，如今为 24 个行政区。其中县级行政区 21 个：黄冈市辖武穴、黄梅、蕲春、浠水、罗田、英山、团风、黄州、红安、麻城，孝感市辖孝南、孝昌、应城、大悟、云梦、安陆，随州市辖广水，九江市辖浔阳、江州、庐山、瑞昌。地级行政区 3 个：鄂州市、新洲区、黄陂区。后者尽管其行政级别提高了，但考虑到其辖域、人口并未出现大的变化，因此在方言调查时与县级行政区同等看待。另外，九江市的浔阳、江州、庐山三个行政区在新中国成立前属原九江县，总面积为 1450 平方千米，各地方言差异不大，可以归为“九江”一个方言点讨论。这样，实际研究的主要方言点就是 22 个。至于各地的开发区、农场之类，虽然行政级别也是县级或县级以上，但一般为划拨各县级行政区的一部分而设，人口不多，方言与原属县市区差别不大，就不单列为讨论对象了。

湖北境内的 20 个方言点，清以前主要为德安府、黄州府辖域；今为黄冈、孝感、鄂州市（以上基本上为整个市）和武汉、随州市（以上为部分区域）辖域。江西境内的 4 个方言点，则一直为九江府（市）辖域。这个地区 24 个县市区方言点的总面积约为 3566 平方千米，总人口约为 1730 万人。

对于黄孝方言周边的相关方言（包括赣语）和鄂西、陕南地区之黄孝地区移民后裔的方言，其主要语法特征也是调查的对象，将在必要时结合黄孝方言进行讨论。其中常用作比较研究的，主要是鄂西北竹山、竹溪和陕南平利、白河四个点。

## 三、黄孝方言的形成述略

黄孝方言的形成是个复杂的过程。历史上，黄冈、孝感地区都是人口迁移的重镇，移民对方言的形成起着重要的作用。据考证，东汉至南北朝期间，由于大量造反失败的“南郡蛮”的迁入，在今黄孝地区曾形成势力极为强盛的“五水蛮”（五水，即今黄孝地区境内的五条河流：巴水、蕲水、浠水、赤亭水、西归水）聚居的现象。史书记载，这个人群多次造反，也多次被镇压。这些少数民族在迁入黄孝地区的同时，还有部分迁往湘西乃至更远的南方。可见，“五水蛮”与今湖北以南的某些少数民族应该有着共同的起源。（余彦文 1991：1–4，王浩洪 1992：330–331。另参看《后汉书·南蛮传》）。就黄冈地区来看，其居民来源十分复杂：“夏商，扬越人是主；周秦，楚人是居；汉魏，‘巴蛮’人进驻；宋明，湖民（江西人）移住”（余彦文 1991：1）。这段话虽然说的是黄冈地区，但从各地方志中的记述来看，其移民现象也完全适用于孝感、九江、鄂州等其他黄孝地区。不难看出，历史上迁入黄孝地区的移民不是来自北方，而是与南方有着直接或间接的关系。移民的语言不可能不影响黄孝方言的形成，无怪乎直到北宋，苏轼对此地方言的印象是“儿童尽楚语吴歌”（元丰七年《满庭芳》词）。

当然，南宋以前的移民事件，史书大多语焉不详，难以提供其对方言形成的影响的确凿证据。但是，南宋以来的移民史实却清晰可辨，多少可以反映出黄孝方言形成的某些背景，这从当地的家谱和方志中可见一斑。其中影响黄孝方言形成的最大宗的移民事件，是“江西填湖广”。如前所述，黄孝地区的辖域在清代以前多属黄州府、德安府。在宋室南迁后的宋金对峙时期，黄州、德安为宋金两朝分界线的南侧；连年战争，使当地人口损耗甚大。元兵灭南宋时，黄州、德安两地也饱受战争摧残。尤其是元末的农民战争对人口有极大的损耗：今蕲春县境为徐寿辉农民军大本营所在地，徐与原部下陈友谅之间争战惨烈；其后又有与外省红巾军的争战，致使黄州、德安两地人口减员十分严重。这样的背景，就催生了元末明初的大移民，即所谓“江西填湖广”。这给黄孝方言的形成带来的影响是巨大的。

据明清两代的黄州府志记载，元末及明洪武年间迁入黄州府的移民，大约占当地全部人口的62%左右，其中江西移民是最重要的部分。今黄冈市黄州区档案馆所藏家谱中，十之六七记载着其祖上在明初由江西移民黄州的史实，其中饶州、南昌和九江移民数量最多。至今民间仍有这样的传说：其移民始发地为“江西鄱阳县（古为饶州）瓦屑坝筷子街”；该地方言称如厕为“解手”，是因为其祖先为被捆绑押运而来，途中要方便时，须呼押送官兵解开手上的绳索，于是“解手”便成了上厕所的代名词而被沿用；凡江西人后裔，其小脚趾的指甲都分为两块；等等。

再说德安府。《明史·地理志》记载，明朝洪武初年，德安府的大部分州县均被撤销，其原因就在于人口过于稀少——这个13000多平方千米的地区，总人口竟不足两万，大片的土地几乎成了无人区。因此，德安府不能不被降格为州，先后隶属于黄州府和武昌府；而原德安辖域的诸县仅有云梦仍存在。因此，被移民就是自然的。该地明初接收的移民主要来自两个方面，其一是来自毗邻的黄州府所辖麻城、黄冈等县——这两县也接收了江西移民，不能排除德安府接收的麻城、黄冈移民来自江西；其二也是来自江西饶州、南昌等地，这一来源的移民是大宗的。江西及黄州府移民的大批迁入，使得该地恢复了一些生气。但当地人口仍然不多，洪武十三年，每平方公里人口约有5人，其中外来人口占了总人口的

80%。这就不能不继续吸引来自江西的移民。直到洪武二十六年，情况才稍有好转。于是德安府复置为府，其所辖各县才先后恢复。

综上所述，元末明初黄州府接收的江西移民略多于土著居民，而德安府接收的移民则在八成以上。此后，黄州府东部在清代还接纳了江西移民。这显然是典型的人口重建式移民。可见江西移民对黄孝地区人口构成的影响是决定性的，故江西的赣语（不是客家话）对该地区方言的影响是巨大的。这在语音方面有着较多的反映。例如中古全浊声母不论平仄而读送气清声母的现象，在黄孝地区从西部到东部的黄梅、武穴等地逐步增多（汪化云 2004），就是证明。在语法方面，江西的赣语对黄孝方言的影响，也打下了深浅不一的烙印（汪化云 2015、2015a），例如表示完整体的“得”虚化为表示经历体（详下），就应该来自赣语的影响。

综上所述，黄孝方言是当地土著语言与部分少数民族移民语言、操汉语东南方言的移民语言其中主要是赣语区移民语言混合形成的。在近现代，这里的方言又受到了周边不同官话的影响。因此，其语法有着共同语的许多一般特征，也有着与汉语东南方言类似的许多特征。这正是值得我们去观察、去描写、去解释的领域，是本课题的研究兴趣所在。

## 第二节 关于黄孝方言语法的研究

### 一、研究现状

#### （一）关于黄孝方言的归属

黄孝方言的主体部分是鄂东北方言，人们对其归类不一。赵元任等（1948）沿用苏轼的“儿童尽楚语吴歌”的说法，认为湖北方言的二区“可以算作典型的楚语，如果要独立一种楚语的名目的话”，但是没有将其归入任何一个大的方言区。袁家骅等（1983）

认为“西南官话……分布于湖北（东南角除外）”，显然是将鄂东北方言划入了西南官话。丁邦新（1998）把“楚语”作为官话的五个次方言之一，与西南官话、江淮官话等并列。李荣（1985）认为“江淮官话包括……安庆、黄冈等地”，在此后的《中国语言地图集》（1987）中，将其归为“江淮官话黄孝片”。詹伯慧（1981）认为其“跟汉口为代表的‘西南官话’固然大不相同，跟东面的‘江淮官话’又难以归到一起”。其归属的众说不一，不仅是因为该片方言确有特殊之处，也因为人们对其研究不够。

**（二）黄孝方言的研究概况**

总起来看，对黄孝方言语音的研究较多。赵元任等在 1936 年就调查了湖北方言，全面地描写了“楚语”区各县方言的语音。嗣后也有较多的著述对各地方言的语音进行了探讨，例如各县市区的方言志，就普遍记录了当地方言的语音，虽然很多记录尤其是用汉语拼音的记录是不准确的。一些全面研究当地方言的著述（详下），以及一些单篇论文，都或多或少地研究过当地方言的语音。重视方音的研究，这正是汉语方言研究的传统。

黄孝方言语法和词汇的研究却相对滞后。词汇的研究大多表现为对方言词的罗列或选释，并不深入和系统，这里不展开讨论。语法方面，除了赵元任等（1948）的著述中对部分语法词的零星记载，研究该方言语法较早的是詹伯慧（1962）。他的论文系统描写了浠水方言动词进行体、持续体、经历体的表达方式；其 1981 年在日本出版的《浠水方言纪要》，则对浠水方言的特殊语法现象进行了较全面的考察和描写。20 世纪 80 年代以来，黄孝片各县市区方言的语法引起了人们较多的关注，先后有十几位学者对其进行了研究，出现了一批较有价值的成果。例如汪化云的《黄冈话的几种形态变化》（《黄冈师专学报》1987.2），汪化云、郭水泉的《鄂东方言的“把”字句》（《黄冈师专学报》1988.1），张林林的《九江方言的指示代词》（《江西师范大学学报》1992.2），程从荣的《浠水方言的人称代词》(《语言研究》1997.3)，张林林、李国敏的《九江话里的反复问句》(《江西教育学院学报》2000.4)，何洪峰的《黄冈方言的比较句》(《语言研究》2001.4)，卢烈红的《湖北黄梅话的指示代词》(《方言》2002.4)，郭攀的《湖北浠水方言中的叠合式正反问》(《中国语文》2003.3)，左林霞的《孝感方言的标记被动句》(《语言研究》2004.2)。项菊、王求是、张志华等黄冈师范学院、孝感学院的一批教师，也有多篇关于黄孝方言语法的论文发表于《方言》等杂志。一些专著也考察过黄孝方言的语法现象。例如汪化云（2004）的《鄂东方言研究》，对黄冈市所辖各县市方言的特殊语法现象进行了深浅不一的描写和解释；陈淑梅的《湖北英山方言志》(华中师范大学出版社 1989)，粗略地描写了英山方言的特殊语法现象；王求是的《孝感方言研究》和盛银花的《安陆方言研究》(华中师范大学出版社 2014、2015)，则用较多的篇幅，较深入地研究了两地方言的语法。盛银花（2010）的博士论文《安陆方言语法研究》，则是一本较系统地研究安陆方言语法的专著。此外，汪国胜（1999）对湖北方言中句末“在、在里”的研究，深入地涉及了黄孝方言；邢向东的《论陕南方言的调查研究》(《西北大学学报》2008.2)、郭沈青的《陕南客伙话的性质和归属》(《中国语文》2006.6)、周政的《关于安康方言分区的再调查》(《方言》2006.2)等，在研究清代乾嘉时期来自鄂东北的陕南移民方言时，对黄孝方言的语法现象也有所涉及。

以上著述凡 100 多篇（部），对部分县市区方言的语序、虚词、句式、重叠、代词、量词单用、变调构词等进行了比较深入的描写，发掘出了一些较有特色的语法现象，为该方言的进一步研究奠定了基础。例如汪化云对某些方言点的反复问句、给予叹词“嗟”(嗟来之食)和指示叹词“播”等进行比较研究，结合近、现代汉语语法的研究成果，探讨其语法化、词汇化的过程，所撰写的 20 多万字论文在境外期刊发表；其以黄冈方言为主要依据而提出的语法方面的"文白异序"的现象（2001），所勾画的量词、指代词"箇"的语法化过程，受到了《史语所集刊》匿名审稿人和某些评论文章的肯定。张志华的《湖北罗田方言体标记的连用格式》（《方言》2014.3），提出了体标记的连用，是一个很有意义的话题，全文被人大报刊复印资料转载。这些研究中提出的新观点，虽然数量不多且论证还有待完善，但对于该方言语法研究的深入极具启发意义。关于黄孝方言语法研究的具体情况，将在以下各章的开头分别简介。

**（三）黄孝方言语法研究的薄弱之处**

虽然存在上述有一定价值的成果，但是黄孝方言语法的研究总体上还显得比较薄弱。这主要表现在两个方面：

其一，语法的描写研究很不平衡，研究的面比较狭小。由于主要研究者的兴趣大多在自己的母语方言，一些偶然客串方言研究的学者所关注的也只是自己的母语，因而人们对语法现象的描写主要集中在黄州、团风、英山、孝南、浠水、安陆、九江 7 个点，约占 24 个县市区的 29%。其余如黄梅、武穴、新洲、鄂州、罗田、红安等方言点，或者仅有一两个语法现象被研究过，或者语法研究尚属空白。而且，即使是研究得比较多的方言点，也因为研究者的兴趣各异，被描写的语法现象也互有异同，难以给方言接触及比较研究提供合适的材料。

其二，研究的内容有待深入。此前的研究者大都注重某个方言点中某个语法现象的描写，因此对黄孝方言各点上语法的异同及其在地域上的渐变，很少从宏观上进行把握、从微观上进行联系。不多见的此类研究，仅有汪国胜、汪化云等的上述论文。总起来看，这类研究不仅作者不多，而且不够系统。至于黄孝方言以及移民方言与周边不同方言的接触而导致的语法演变及其历史层次，事虽当有却基本上没有人从方言比较的角度进行动态的探讨。显而易见，与其他一些汉语方言例如陕西方言的语法研究相比，黄孝方言语法的研究就显得不够深入。

语法研究的薄弱，使得该方言的形成、历史层次、归属等问题的研究都难以深入。可见，全面调查、深入描写黄孝方言的主要语法现象，在方言接触的视域中进行内部的以及与相关方言的比较，将静态与动态的研究结合，从语言地理学的角度，探索其方言接触、演变，发掘某些古汉语语法现象的沿用，应该是该方言语法研究合乎逻辑的发展。事实上，人们习焉不察的许多方言语法现象，例如前述“在里、在、里”以及相关的“的、得”的语法化等，都是与汉语史、与类型学研究相关的现象，需要也值得深入研究。本书正是拟进行这样的研究。

## 二、本项研究的内容

### （一）本研究的基本内容

如前所述，黄孝方言有 24 个相当于县市辖域的方言点，合并九江市的三个方言点为一个，本项研究确定 22 个方言点为主要调查对象；加上陕南平利、白河和鄂西竹山、竹溪 4 个方言点，本课题共调查 26 个方言点中有特色的语法现象。拟围绕“体、称代、程度、疑问、否定、语序与句式”6 类语法范畴和语法手段，进行描写和比较研究。其基本内容是：

1. 体范畴。研究体范畴的系统：实现体标记“了”，持续体、进行体标记“倒、在 / 在里 / 在的”，所谓“先时体”标记“着”、经历体标记“了的、得 / 得子”，短时体标记“下子、下儿”等。

2. 人称和指代。研究指代词的二分、三分，定指词“箇”，人称代词“尔、你、渠、他”以及复数标记“几、们、这、者”等，指示、给予叹词“嗟、播”，表示双数的“两个”等。

3. 程度。研究单纯重叠、加缀重叠、长音和重音表示程度，探讨“AA 子 B、AA、ABB、AB —了”等形容词生动形式的意义和色彩，程度的差异，各种程度表达手段的共性。

4. 疑问。研究疑问代词“么（怎么、什么）、哪、几”的意义、功能及其来源等。

5. 否定。研究否定词“冇、冇得、不、莫”的否定对象，“有不有、有冇、V 不 VP、V 冇 VP”等相关句式及其与是非问句的关系、某些语气词的形成等。

6. 语序与句式。研究部分双音名词、双宾句、差比句、宾补同现句的语序及其语用差异，探讨持续处置句（把 NP 一 V 倒）和意向处置句（把 NPVP 他）的构成、处置与被动标记等问题。

其中“疑问”与“否定”内容相关，将归为一章讨论。

本课题之所以注重对平利、白河、竹山、竹溪四县方言语法的调查，是因为这类移民方言中的特征性语法成分，是研究黄孝方言历史的重要材料。

**（二）本研究的重点**

重点是：选取黄孝方言中 6 类语法现象展开全面深入的田野调查和描写，进行该方言内部的语法比较研究，探讨相关的语法化轨迹，从语法的角度研究其方言的区划归属。

**（三）本研究的难点**

难点是：结合方言接触的历史将黄孝方言与相关方言语法进行比较研究，用语法现象的空间差异来构拟其发展的时间脉络，探讨黄孝方言中特殊语法现象的历史层次。

## 三、本项研究的价值

本研究的主旨是在方言接触的视域中进行黄孝方言的比较研究，其理论和实际应用价值应该有以下三点：

第一，可以考察该方言与周边方言、移民方言接触导致的语法演变，理清其历史层次。黄孝方言处在江淮官话、西南官话、中原官话和赣语的包围之中，有着较复杂的方言接触历史，从而导致了该方言语法的演变。周边方言以及移民方言语法在不同历史时期的影响，在该方言中打下了深浅不一的烙印，形成了其今天的语法面貌，据此可以理清其语法演变的历史层次。更进一步（这是下一步要做的），可以结合语音研究的成果勾勒其形成的历史，并且为周边方言形成的研究提供借鉴。

第二，可以寻绎该方言某些语法现象的语法化轨迹。黄孝方言在地域上呈轭状分布，某些语法现象在不同的县市区表现出渐变的态势。对不同地域这类语法现象的比较研究，可以从共时的角度勾勒其历时的语法化的轨迹，为汉语语法史和语法化的相关研究提供方言的佐证。

第三，可以归纳黄孝方言语法的主要特点，作为其方言归类的依据之一。长期以来，关于该方言归属的讨论一般集中在语音领域；而受周边方言影响，该方言语音比较复杂，不同的学者往往以其不同的侧面作为立论的依据，因此关于其区划归属的讨论就难免各执一词。归纳出该方言语法的主要特点，可以为该方言归属的讨论提供新的视角和论据，有助于解决这个老大难的问题。

## 第三节　有关本研究的几点说明

### 一、方言点的选取和小片的划分

如前所述，本研究的对象是黄孝方言的 22 个方言点，以及相关的 4 个移民后裔方言点。但是，作为一本 30 万字左右的小书，不可能容纳这么多方言点的语料。更重要的是，许多方言点上的语料大同小异，没有必要一一罗列。因此，我们在普遍调查的基础上，选择有代表性的方言点予以描写。对于选取的各方言点上共同的语法现象，尽量采用互见的办法处理，以减少累赘啰唆。

本研究选取的具体方言点，取决于在对 22 个方言点语法普查基础上的黄孝方言内部小片的划分，即分区。

给黄孝方言分区，是一个很少有人提及的问题。偶有著述提及的分区，都是根据行政区划将其简单地分为黄冈方言（或“鄂东方言”，参看汪化云 2004）、孝感方言。这种划分显然缺乏科学依据。“百度·百科”的“黄孝片”词条就认为，黄孝方言“可分为两个中片，即黄片（广水、大悟、孝昌、红安、麻城、英山、罗田、浠水、黄州、黄梅、蕲春、武穴、团风、鄂城、黄石）和孝片（孝感、安陆、应城、云梦、黄陂、新洲），其中黄片分布在大别山地区，受到中原官话和安徽江淮话影响大；孝片分布在武汉周边，受到西南官话影响更大。黄片……较好保留江淮主要特征”。这个分片虽然考虑了方言本身的因素，但更重要的是从地域的角度出发的。而且，其划分涉及的地域比词条本身前述黄孝方言的范围小，没有江西等省的方言点。本书讨论的是黄孝方言的语法，因此其分片将有别于其他作者——拟主要依语法特点为之分小片。但是，这种分片难度较大。因为各县市区方言语法受普通话和周边方言的影响，不同程度地发生了或正在发生着变化。尤其是一个地区的行政中心，例如九江的浔阳区、黄冈的黄州区、孝感的孝南区方言，其某些语法特征往往与普通话或周边权威方言趋同，而其他方言则大致保留着各自的特征。因此，本书的小片划分不得不主要依据某个语法现象，兼顾行政区划。

从使用的三身代词及其复数形式的角度，可以将黄孝方言分为 4 个小片（简称“片”）：东南片，主要是东南部沿江地带。包括湖北省的蕲春沿江地带、黄梅、武穴，江西省的九江（浔阳、江州、庐山三个区。下同）、瑞昌。这个地区的特点是第三身代词为“渠”（大多音 [꜀k‘æ]）、第二身代词大多为“尔”[꜂n̩]，其复数形式大多来自指量短语的“略后式”省略，为“这”（黄梅音 [taˀ]）的音变。东北片主要包括麻城、红安、罗田、英山、浠水，以及蕲春的多数地方，其第三身代词为“他”、第二身代词为“尔”，其复数形式来自指量短语的“省前式”省略和合音，为“几、姐”

等。（汪化云 2012）中片主要包括黄州、团风、新洲、黄陂、孝南、孝昌，其第三身代词为“他”，第二身代词一般为“你”，其复数形式一般为“们”。西片，主要包括安陆、大悟、云梦、应城、广水，其第三身代词为“他”，第二身代词为“尔”，其复数形式为“们”。以上分区可以归纳为下表：

| 特征项 | 东南片 | 东北片 | 中片 | 西片 |
|---|---|---|---|---|
| 第三身代词 | 渠（黄梅音 [꜀k‘æ]） | 他 | 他 | 他 |
| 第二身代词 | 尔 [꜂n̩] | 尔 | 你 | 尔 |
| 复数标记 | 这（黄梅音 [ta꜄]） | 几、姐 | 们 | 们 |

各片中的其他主要语法现象也有许多相同（详下）。

但是，上述 4 片只是划分的部分情形。因为方言语法的特征往往在地域上是渐变的，而不同语法特征的变异出现的区域不是整齐划一的，因此在研究不同的语法现象的时候，我们将根据该语法现象存在的实际区域，对分片进行一些的调整。例如在很多情况下可以将黄孝方言分为东部、中部、西部，各部分（亦称作“各片”）有一些突出的语法现象：东部为江西九江、瑞昌和湖北黄冈市所辖黄梅以及武穴部分地方，其方言存在近指代词“嗒、得”；西部为孝感市所辖县市、武汉市黄陂区，其近指代词大多为“乜꜄”[niɛ꜄]；中部为黄冈市所辖其他 9 个县市区和武汉市新洲区、鄂州市，其近指代词读音复杂，声母为 n 或 t、tɕ、ts、tʂ。从下文中我们将看到，诸如被动句和处置句、疑问与否定（包括正反问句）、程度的表达等等，都大致可以划分为东、中、西三个部分。这三部分的划分有其行政区划的历史依据：西部长期属于以孝南为中心的一个行政区，中部长期属于以黄州为中心的一个行政区域。东部主要为江西省九江市辖域，而一江之隔的湖北黄梅县以及相邻县市的少数村镇，曾有与今九江市属于同一行政区的历史，依次共有过“彭蠡、彭城、湓城、楚城、浔阳”等名字。五代南唐时，改浔阳县为德化县，1914年改称九江县。1936年，划定湖北、江西省界，将江北原属九江县的封郭洲、团牌洲等地（包括九江对岸的重要城镇小池）归黄梅县，从此黄梅县辖域大致稳定。这样的历史，显然会对其方言语法产生影响，因此将黄梅、九江、瑞昌等地归为一片，既有其语法依据，也有行政区划的原因。当然，三个部分的地域广狭不一。大体上中部是黄孝方言的主体，所涉地域最广，西部次之，东部范围最小。

有些语法现象则只能分为两片，如用“将”表示现在时只存在于东部5个点，其余地方无此现象。而整个方言点都相同的语法现象，例如用长音、重音补语表示程度加深等，就无须分片了。当然，分为2片和不分片的现象不多。至于少数在各地存在很大歧异的现象，例如指示代词的二分、三分等，无论采用上述哪一种分类都不合适，就只有根据实际进行分区或进行全面介绍了。

值得说明的是，有些语法现象虽然也分为三片、四片，但是与上述三片、四片的地域互有异同，例如对经历体标记三片的划分就是这样（详下）。这也是根据语法现象的实际进行的划分。

考虑到黄孝方言语法现象的主要地理分布，本书选取的代表性方言点主要有4组：

东南片（或东片）：主要使用九江方言的材料，也使用黄梅和少量武穴方言的材料。

东北片：主要使用罗田方言的材料，也使用少量英山、麻城、浠水方言的材料。

中　片：主要使用团风、孝南方言的材料，也使用少量红安、新洲方言的材料。

西　片：主要使用安陆方言的材料，也使用少量广水方言的材料。

之所以不是一个片选取一个方言点，是因为一个方言点往往不能完全代表本片全部的语法现象。

## 二、调查步骤和研究方法

### （一）本研究力求对语法事实进行充分观察

为充分观察黄孝方言的语法现象，本研究采用通信调查与田野调查结合的方法，同时辅之以经常性的电话随访。其方言语法调查分为三个步骤：

第一，全面普查黄孝方言上述 22 个方言点两次。第一次，根据已有研究成果（这些成果的发音合作人多为工人、农民和中小学教师）和个人语感（本人在该地生活了 50 多年，熟知各地方言，能讲且几可乱真的方言，在每个片都有一两个点），制订篇幅为 20 页 A4 纸、1000 个例句的语法调查表，进行问卷调查。此次发音合作人为 37 人（15 个点各聘两人；很熟悉的 7 个点各聘一人）。在充分发掘方言语法事实的基础上，我们修订调查表为 17 页 A4 纸、800 多例句，更换发音合作人进行第二次普查，此次发音合作人为 35 人，每个点 1—2 人。两次普查获得了大量的语料，发现了一些前所未知的方言现象，例如表示确认的语气词、来自“在的”虚化并省略的“的”在东南片的存在等。但是，发音合作人多为高校在校生，少数为大学中文系的教师，因此材料中夹杂着一批受普通话影响较大的语法现象。

第二，根据点面结合的原则，四个片共挑选 10 个方言点（详下），由项目负责人对 15 位发音合作人进行深入的田野调查，以全面反映黄孝方言语法的基本面貌。

第三，随访、录音以力求语料准确可靠。调查中注意搜集地方史志中的资料，获取调查线索，对发音合作人进行随访，并且以聊天的方式记录长篇语料，以弥补表格调查的不足。

### （二）本研究力求对语法事实进行充分描写

为充分描写黄孝方言的语法现象，本研究采用以点带面的方法，力求既全面反映整个黄孝方言的语法面貌，而又不至流于琐碎地罗列方言事实。本书将根据方言实际进行分片，然后选取有代表性的方言点分别进行描写。如果各方言点的某类语法现象差异较大，那么其描写就可能分别使用较多的篇幅。如果整个黄孝方言的某个语法现象大体一致，那么就重点解剖某个方言点，然后简介与其他方言点的差异。

**（三）本研究力求对语法事实进行充分解释**

为充分解释黄孝方言的语法现象，本研究采用多种手段切入研究，例如从认知的角度解释其三身代词和指代词的关系，从语法化的角度解释句末“在”类虚词的形成，从词汇化和语法化结合的角度解释指示叹词“接播、播”的形成，从类型学的角度解释异序并存的现象，从语言接触的角度解释语法现象在各方言点的推移演变及其与周边方言的关系等等。比较的方法和“两个三角”尤其是“古—方—普”大三角结合的研究方法，是采用最多的方法。

## 三、发音合作人

**（一）主要发音合作人**

东北片—罗田：张志华，女，1964 年出生，文学硕士，教授，除到武汉读大学 4 年外，长期在罗田、黄州生活。主要研究罗田方言、古汉语词汇和语法。

东北片—英山：项菊，女，1966 年出生，文学硕士，教授，长期在英山、黄州生活。主要研究英山方言的语法、词汇和英山文化。

中片—团风：童佑南，男，1949 年出生，大专文化，退休干部，曾任本乡民办教师多年，后任宣教部门干部，长期在团风、黄州生活。业余兴趣在书法、地方文化等方面。

中片—麻城：范道济，男，1952 年出生，大学本科文化，教授，51 岁前在麻城、黄州生活。研究兴趣为明清小说理论、地方文化。

中片—麻城，肖素琴，女，1957 年出生，大专文化，职员，一直在麻城市城区生活，所操麻城方言很地道。

中片—麻城：丁茂平，男，工人，1954 年出生，高中文化，一直在麻城市城区生活，所操麻城方言很地道，对于麻城市各乡镇方言的一些特征了解得很清楚。

中片—孝南：王求是，男。1965 年出生，研究生学历，硕士，副教授，除研究生三年在武汉生活外，长期在本地读书、教书。主要研究兴趣为孝感方言语法。

西片—安陆：盛银花，女，1964 年出生，研究生学历，博士，教授，20 岁以前在安陆生活，此后在武汉求学、工作。主要研究安陆方言语法。

西片—安陆：李天喜，男，1959 年出生，研究生学历，硕士，副教授，23 岁以前在安陆生活，此后在武汉求学 7 年，然后长期在孝感工作。研究兴趣为文艺学。

西片—广水，左翠玲，女，1979 年出生，研究生学历，硕士，副教授，23 岁以前在家乡生活，后移居杭州。主要研究社会语言学，兼及汉语方言。

东南片—黄梅：卢烈红，男，1959 年出生，研究生学历，博士，教授、博导，20 岁以前在黄梅生活，此后以在武汉求学、工作，兼研究黄梅方言语法、词汇等。

东南片—瑞昌：李学军，女，1967 年出生，大专文化，中学教师，长期在瑞昌、九江生活、工作。

东南片—九江：张林林，男，1956 年出生，高校教师，从事九江方言语法研究。

东南片—九江：黄亚芳，女，1989 年出生，小学教师，硕士，从事九江方言语法研究。

东南片—九江：汪冰妤，女，1990年出生，大专教师，硕士，从事汉语研究和赣方言文化研究。

**（二）其他发音合作人**

此外，因为论文撰写的需要而由项目负责人电话调查或当面调查过一批发音合作人。鄂州：叶立元；团风：陈金仙、王为东、贺亚先、吴光辉；麻城：肖擎柱、龚运新、胡书义、张显丽、黄佳、吴海艳、程华娟、雷蕾、廖怡霖、江艳玲；平利：周政；白河：柯西钢；瑞昌：陈前瑞；红安：刘梦娴、王红艳、罗莹、程敬宝、秦剑、王明建；武穴：王六荣、钟诚、胡治花、李碧宁；黄梅：梅大圣、郭水娥、严松山；新洲：王伟龙、梅福林；罗田：叶文婷、林欣玥、刘雯、王聪；浠水：周婷、周欢、吕汉梅、沈静、徐欢、王旭华；竹山：李瑞；竹溪：周端；宿松：黄晓雪；岳西：王淑华；兰州：刘蕾、王菲；武汉：尉迟治平；西宁：谷晓恒、鲁娟娟、马清丽，府谷：王媛；汉中：唐健雄；孝昌：郭丽；九江：邹艺；瑞昌：范婷。

至于在问卷初查、复查中提供语料的发音合作人，数量近80人，就不一一列举了。

**（三）发音合作人的特点**

本研究选择的主要发音合作人很多是从事语言研究尤其是从事当地方言研究的专业人士，似乎乡土气息少了一点。但是，我们所据以拟定调查表格的研究成果，其发音合作人如前所述主要是工人农民和中小学教师，普查中的发音合作人都是随机选择的当地人。所谓“主要发音合作人”实际上是对语料做最后的核定。这些核定者都兼职从事其母语方言的研究，或长期同在乡下从业的退休长辈生活在一起（如卢烈红教授），或跟生活在农村的长辈有着经常的联系。在与调查者的交流中，很容易唤醒乡音的记忆，所进行的抉择往往都合乎实际。

另外，有些方言点发音合作人较多，例如麻城方言有3位主要发音合作人，是因为原来参加一个重大项目，准备写一本关于麻城方言的书而进行了较深入的调查。安陆方言点有两个发音合作人，九江方言点有三个发音合作人，是因为调查者对安陆方言和九江方言知之甚少，初次调查得到的感性认识不足，不得不重新调查了一两次。

## 四、凡例

### （一）确定本书研究对象的原则

本着有话即长、无话即短的原则，本书只讨论与共同语差异较大的现象，不对黄孝方言的语法现象进行全面的描写。对于一些与共同语完全相同的语法现象，本书不展开讨论。例如词的分类，本书不讨论与共同语相同的各类词的划分，只关注虚词和意义较虚的词。对这些意义较虚的词，也只关注其有特色的部分。例如介词，“对、跟、为、朝、从”等大多与普通话相同，本书不讨论。某些词形特殊的介词，如“把得~被~、对于~对~”等，只在讨论句式时顺便提及、解释，不作专门介绍；因为其与相应的普通话语词只是词形的差异，功能没有特殊之处。而表示比较的介词“似”，构成介词短语必后置于动词，这种涉及语序的现象是本书研究的主要对象，要深入讨论。对于此前研究较为深入的现象，例如三身代词的入声形式等等，本书只略作介绍，除非有新的较大的发现，不进行重复研究。从目录中可以看出，诸如代词的词形、人称代词的复数标记、把字句、意向处置句等等，才是我们讨论的重点对象。

在突出重点的前提下，适当注意讨论对象的系统性——与普通话有差异但差异不大的某些语法现象，例如各类“一VP”结构等，在每章开头部分也予以简介，但不展开讨论。

### （二）本书使用的符号等

对于人们普遍使用的国际音标之类，本书不予抄录。但需要说明的是，本书的声调一般用发圈法标注调类以便于比较，有需要时才用数字标注调值；又，轻声用“·”标在音标前表示。其他不一定普遍使用的符号，有必要举例介绍。

1. 汉字底下加横线表示合音。例如：你说<u>下儿</u>。表示“<u>下儿</u>”合音为一个音节。

2. 使用国际音标加 [ ] 的方式给需要注音的词注音。这类词包括本方言使用的读音特殊的词，以及因合音发生了音变的词等。这些词在该方言中没有同音字记录，或者有本字可写但该词的读音特殊，必须用国际音标标音。例如：我要去<u>下儿</u>[•xɛ]。表示 [•xɛ] 给<u>下儿</u>注音。又如：你要弄 [noŋ꜄] 到么早儿？其中“弄”在该方言中本读阳去声，但变调为阴去声，表示故意拖延或做事太慢。为区别于本调，用 [noŋ꜄] 记音。这类音标是注解性的，无须与上下文连读。

3. 使用不加 [ ] 的国际音标直接给有音无字的词标音，这些词在该方言中没有同音词可以记录。例如：他拿个棍子在地下 toŋ꜆。这个 toŋ꜆ 的意思是用柱状物撞击，为有音无字的方言词。这类国际音标是代替性的，需要与上下文连读。

对于有些常用的有音无字的方言词，也采取用声母、韵母相同的汉字加发圈法标调的方式记音，以便于比较。例如：乜꜄是么样搞的。表示“乜”当念 niɛ꜄（“乜”念阴去声，为近指代词；与念阳去声的远指代词“乜꜅”有语音联系）。

4. 对于有同音字的特殊的词，在汉字底下加波浪线以记音。例如：我不到借下儿去，要到姐下儿去。这里的借、姐分别是团风方言的近指代词和远指代词的读音，但两个字不是本字，故而用同音字底下加波浪线记录。这类词如果出现次数较多，那么仅在前一两次出现时加波浪线，以后出现不加。

5. 用句子前面加 * 号的方式表示没有这样的说法，是不能成立的句子。如：* 你干脆不跑了他。（句子中不能出现否定词，因而不能成立。）另，当 * 出现在国际音标之前，则表示其音标是对古音的构拟。如：这与中古音 *k 显然是一致的。

6. 句子前面加？号表示这样的说法可疑，不被多数人认可。例如：？我把钱不把得你。“把”字句中的否定词一般出现在“把”字之前，放到“把”的后面，有的人认为可以说，但很多人不认可。

7. 用 / 号表示“或者、两可”。例如：我 / 你 / 他下$_{\text{都}}$不去。这是为节省篇幅，把三个句子合成一个举例。其中的主语分别是“我、你、他”，谓语都是“下不去”。

8. 用“｜”隔开几个短例句，将其连排在一行，以节省篇幅。如：

哥只怕要死了他。｜猫子只怕要跑了他。｜你把苹果吃了他。

9. 用 S 表示主语，用 V 表示动词，用 A 表示形容词，用 VP、AP 表示动词短语和形容词短语，用 L 表示处所词语，用 O 表示宾语，用“$\text{O}_{\text{间}}+\text{O}_{\text{直}}$”分别表示间接宾语和直接宾语，用 T 表示话题。

**（三）其他**

1. 用 6 号字行间夹注的方式对词语、句子进行注释。这类注释有两类。一是注释词的，如：我说怕不$_{\text{当然}}$能说，不晓得他听不听得进去。其小字“当然”是解释前面紧邻的方言词“怕不”的。二是翻译句子的，如：我懒说得。$_{\text{我懒得说了。}}$句号后的小字“我懒得说了”是对前面方言句子的普通话翻译。对于其他使用不多的符号或简称，如使用小字夹注“宾、补”分别表示前面的成分是“宾语、补语”等，将随文简介。

2. 为简便计，本书的例句以小节为单位编序号。只有在例句不多的情况下，才以节为单位编序号。有些短小的例句集中列举而无须解说，则不编序号。

3. 关于本书前期研究成果的标注。本研究的基础始自 1987

年，至 2004 年出版《鄂东方言研究》为止，其研究的范围局限于黄冈市所辖县市区和鄂州市。2006 年开始针对整个黄孝方言语法进行研究，并在 2011 年获教育部立项、2012 年获国家社科基金立项，10 年来独立或以第一作者的名义在学术会议的大会、小组报告或在刊物上发表了一批论文，是为前期成果。其中收入本书的文章，将在有关章节的开头以脚注的方式介绍。

# 第二章　体范畴

## 第一节　概说

### 一、关于体和体标记

所谓“体”（aspect），是观察时间进程中事件构成的方式。正如戴耀晶（1997：29）所说的那样：“体意义属于句子，因此讨论的着眼点在事件而不在动作。句子里的名词语、副词语，尤其是动词本身的语义对体的意义都有表现力，有时甚至可以规定或限制某些体形态的使用（如宾语名词有数量修饰时，必须使用‘了’……）……此外，语气词……也能帮助表达句子的体意义。”这就是说，如果把“体”单纯看作是关于动词的形态形式，是不准确的。当然，句子中的名词语、副词语、动词语、语气词，都只是帮助表达体的意义，它们还有着自己的主要功能，不是专门表达体意义的语法成分。“体意义在句子中可以通过词汇形式来表达，也可以通过形态形式来表达。但是，一种语言里只有具备了表达体意义的形态，才可以说该语言具备了体范畴”（戴耀晶 1997：6）。汉语中具备表达体意义的形态形式（以下称“体标记”），因此具备体范畴。其体标记所表达的是抽象的语法意义而不是具体的词汇意义，例如普通话的“着、了、过”之类所表达的“持续、实现、经历”之类意义。不同方言的体标记不一定相同，往往反映出一个方言中独特的体的表达方式，值得深入研究。本章将主要讨论黄孝方言中与普通话不同或不完全相同的体标记，对于与普通话相同的体标记，只作简单介绍。对于用词汇手段表达的体意义，例如用作状语的副词“在”表示事件的进行等，也不讨论——除了需要讨论的以外。

## 二、黄孝方言的体系统

为了下文讨论方便，以下先以团风方言为例简介黄孝方言的体系统。团风县为黄冈市属县，位于长江北岸、湖北省东部、黄孝方言腹地，1996 年从原黄州市（旧名“黄冈县”）辖域中析置。该县方言的体系统在黄孝方言中颇具代表性。戴耀晶（1997）曾把普通话的体分为“完整体（即从事件外部观察，句子表达一个完整的不可分解的事件，包括现实体、经历体、短时体）、非完整体（即从事件内部观察，句子表达一个非完整的可分解的事件，包括起始体、持续体、继续体）”两大类 6 个次类，这些“体”在团风方言中的主要表达方式与普通话有同有异：其“现实体（表示完成）、短时体、起始体”分别用体标记“了、下子 / 下儿、起来”表达（例 1、2、3。其中黑体字为体标记。下仿此），“继续体”用词汇手段而不用体标记“下去”表达（例 4 的副词状语），“经历体”则在否定句用“过”、肯定句用“得（用于句中）/ 得子（用于句末 / 句中）”（例 5、6、7）或“了的”组合（例 8）等体标记表达。例如：

（1）我吃**了**饭就去。

（2）我要吃**下子** [•xa •tsɿ]，试**下儿** [•xæ]“下”的儿化。 我要吃一吃，试试。

（3）二毛笑**起来**了！

（4）你**接倒** [•tɑu] 说。你接着说。/ 你说下去。

（5）细爷小叔真的冒 [mau²] 没有去**过**。

（6）栾平所以认得杨子荣吵，杨子荣捉**得**过他。

（7）意大利馅饼不好吃，我吃**得子**过。

（8）你吃，我吃**了的**过。

普通话的“持续体”在团风方言中应该分为“持续体、进行体”两类，其体意义及其表达方式都比较独特。郭锐（1993）将普通话持续体标记“着”分为三个：“着 1”表示动态动作的持续，“着 2”表示动词词义本身指明的静态状态的固定，“着 3”表示动作结束后留下的状态的固定。本书把“着 1”表达的体称作进行体，把“着 2、着 3”表达的体称为持续体。团风方言的进行体用词汇手段（副词“发得”）或体标记“在”表达（例 9），持续体用体标记“倒”表达（例 10）：

（9）姆妈**发得** [꜀fa ·tɛ] 舞饭。妈妈正在做饭。｜他吃**在**。他在吃。

（10）二伯驮**倒**个锄头在。二伯扛着一个锄头呢。

综上所述，参考戴耀晶（1997）的分类，团风方言用体标记表达的体可以分为“表一”中的两大类 6 个次类：

**表一：团风方言的体系统**

| 大类 | 完整体 | | | 非完整体 | | |
|---|---|---|---|---|---|---|
| 次类 | 现实体 | 经历体 | 短时体 | 起始体 | 持续体 | 进行体 |
| 体标记 | 了 | 过 / 得 / 得子 / 了的 | 下子 / 下儿 | 起来 | 倒 | 在 |

其他黄孝方言的体系统、体标记与此基本相同。其中表达现实体、起始体的“了 [·niɑu]、起来 [·tɕʰɨ ·nai]”，在整个黄孝方言中只是与普通话读音略异，而表意和分布完全相同（例 1、3），因而下文不讨论。黄梅下乡方言还存在现实体标记“掉”，但使用的地域狭小且与普通话“了”分布相同，本章也不讨论。黄孝方言的持续体标记“倒（西片还有‘了’，详下）”，跟普通话的“着 2、着 3”的分布、表达的意义一致；因为其与进行体标记合起来与普通话“着”表达的意义相同，因此需要在相关讨论中予以简介。短时体标记“下子、下儿”跟普通话“一下”近似，二者都表达跟普通话

动词重叠相同的意义，因此也需要简单地介绍。需要深入讨论的只有与进行体和持续体有关的“在”类词、经历体标记两类。

### 三、与体标记有关的几个讨论对象

以下几个与体标记有关的问题很有特色，也需要略作讨论：第一，或以为黄孝方言中意义为“再说”的“着”是体标记，所表达的是“先时体”或“先行体”（甲：赶快吃饭。乙：你先吃，我看下儿着）；第二，有作者把“说啊说的（，一下午就过去了）”之类嵌音重叠形式也看作是进行体的标记；第三，黄孝方言部分点存在特殊副词“将”，表达的是与体意义有关的现在时的意义。这些将在第四节讨论。

## 第二节 “在”类词和进行体、持续体[①]

本节讨论黄孝方言中进行体标记兼语气词的“在”类词，兼及持续体标记“倒”。

### 一、研究概况

汉语及其方言中大量存在着这样一种现象：表示处所的动词短语虚化（或者还演变为单音词）而表达“体”的意义。（施其生 1985；王健 2005）汉魏时期的“在里”就是表示处所的动宾短语，后来才逐步虚化为表达“体”意义的虚词的（何瑛 2010）。关于其作为虚词的进一步演变，人们则有不同的看法。吕叔湘（1955）认为：“此一语助词，当以在里为最完具之形式，唐人多单言在，以在概里；宋人多单言里，以里概在。”常用虚词由双音节

① 本节的主要内容曾以《黄孝方言的“在”类词研究》为题，在“第六届汉语方言语法国际研讨会”（2012.10，四川绵阳）大会报告，将刊登于《语言研究》2016 年第 4 期（汪化云 2016a），部分内容出现在《黄孝方言进行体的表达方式》（李小凡、项梦冰主编《承泽堂方言论丛》，语文出版社。即汪化云 2013a）之中。

演变为单音节，无疑是合乎语法化规律因而也是合乎逻辑的。但是，这种说法却得不到现有文献的支持：句末（指句子或分句末尾。下同）虚词“在、里”的用例在唐代已经出现，而句末虚词“在里”直到宋代才见其踪影（吴福祥 1996），因此“在、里、在里”三个词的来源似应不同。显然，逻辑推理与现有文献的证据是矛盾的。

共时的方言材料中往往透露出历时的语言演变信息，因此可以研究汉语方言中的同类成分，为解决上述矛盾提供线索。事实上，很多作者例如施其生（1985）、储泽祥（2004）、王健（2005）、陈爽（2006）等就都对汉语方言中的这类虚词进行过探讨，所罗列的材料表现出三个词之间应该存在某种联系。但是，人们提供的方言样本都不甚理想，难以全面反映其历史渊源。我们发现，黄孝方言的材料能提供三个词较完整的历时演变信息。

黄孝方言句末的“在里 / 在的、在、的 / 里”等（简称“在”类词）很有特色，引起了一些学者的研究兴趣。人们或进行单点方言的详细描写，或与其他方言、与古汉语进行粗略的比较，弄清了其主要的特征，为进一步研究奠定了基础。但是，对这类词的词性、功能，人们的看法并不一致：多数作者认为是体标记，表达持续体（汪国胜 1999）或存续体（盛银花 2010）；个别作者则认为是语气词，表达肯定的语气（王求是 2005）。而且，人们给“在”类词定性时，并未进行深入的论证；只是举例说明几个例句中有某种语法意义，便将这个意义指派给了“在”类词；甚至都忽略了使用面很广的“在”类词变体“的”的存在，忽略了“在”类词“得、在”表疑问和相当于“了 2”的残存用法。至于全面地比较黄孝方言中“在”类词各种形体、意义之间的联系，进而探讨其语法化历程，则几乎是研究的空白。这就使得这类研究在系统和深入两个方面都有待努力。

本节拟在时贤研究的基础上，以该片的罗田县、孝南区、团风县、安陆市四个方言点为主要对象，兼及相关方言，全面考察“在”类词的功能、词性、地域分布，比较其异同，探讨其语法化的脉络。同时，对黄孝方言中表达进行体、持续体的体标记随文予以简介和概括。对于其用以表达“体”的词汇手段，因其与“在”类词相关，亦顺便予以简介。

## 二、个案分析：罗田方言的“在”类词

黄冈市罗田县胜利镇方言（简称“罗田方言”）的“在”类词，在黄孝方言中最具代表性。本小节以之为例，讨论其句末虚词“在的、在、的”的分布、词性以及三者的异同和联系。

### （一）“在的[·tsai ·ti]、在[·tsai]、的[·ti]”的分布

罗田方言句末的“在的、在、的”均念轻声，所构成的句子或分句表示动作行为、状态的进行或持续等意义，兼表确认的语气，可以归纳为以下三个基本句式（句式中省略了S）。

1. VP+在的/在。句式中的VP多为具有动态语义特征即表示“动态、位置”[①]的（戴耀晶1997）单音节动词，如“吃、看、炒、卖、舔、笑、跑、送”等；或是这类词构成的动词短语，如“吃饭、炒菜”等。其“在”类词有“在的、在”两个形体，紧接VP出现在句末，前面不出现其他虚词，可以翻译为“在…呢”，以下记作“在1”。整个句式表示动态事件（戴耀晶1997），确认动作行为的进行：

（1）我听在的/在，尔接倒往下说吵！我在听呢，你接着往下说呀！

（2）里沿考试在的/在，尔姐莫吵。里面在考试呢，你们别吵。

（3）姐炒菜在的/在。姐姐在炒菜呢。

（4）屋里细伢儿哭在的/在。屋里小孩儿在哭呢。

① 戴耀晶（1997）把汉语中的动词从情态的角度分为“静态（包括表属性、关系的‘是、等于’之类和表心理感觉的‘知道、相信’之类）”和“动态（包括表动作的‘踢、看’之类和表结果的‘死、变好’之类）”两大类，以及介乎二者之间的“姿态（如‘站、坐’之类）”和“位置（如‘戴、抱’之类）”两类。

其 VP 前还可以出现表示进行的副词“在 / 发在 [꜀fa •tsai]$_{还在}$”，或介词短语“在 L”——同苏州话（王健 2005）一样，黄孝方言的这类介词短语出现在 VP 前，也表示进行的意义。“在 L/ 在 / 发在…在的 / 在”构成表达进行体的框式结构，确认并且强调动作行为的“正在”进行：

（5）姐在屋的 / 在 / 发在炒菜在的 / 在。姐姐在家里 / 正在 / 还在炒菜呢。

框式结构中处在句末的“在 1”还可以删除，构成有正式色彩的“在 L/ 在 / 发在 +VP”式；这个句式表达进行的基本意义不变，但没有了原句的确认语气：

（6）饭在那个锅里 / 在 / 发在煮，尔莫急。饭在那个锅里 / 正在 / 还在煮，你别急。

2. VP+ 倒 [•tɑu]$_{着}$（+O）+ 在的 / 在 / 的。这个句式确认动作行为及其结果或状态的静态持续，“倒…在的 / 在 / 的”可以翻译为“…着呢”。其 VP 多为具有静态语义特征的表示“姿势、位置”类（戴耀晶 1997）的单音节动词，如“坐、徛$_{站}$、困$_{睡}$、堆、戴、穿”等。“在”类词有“在的 / 在 / 的”三个形体，以下记作“在 2”。其“倒”后可以出现宾语（例 9、10）；VP 前也可以出现表示处所的介词短语（例 10），但只是表示结果或状态存在的处所而没有强调的意义。例如：

（7）伢们坐倒在的 / 在 / 的，尔接倒往下说。孩子们坐着呢，你接着往下说。

（8）饭热倒在的 / 在 / 的，菜过下儿再炒。饭热着呢，菜等一会儿再炒。

（9）床上堆倒衣裳在的 / 在 / 的。床上堆着衣裳呢。

（10）我在锅里热倒晏昼 [ŋan꜄ •tsəu]$_{中午}$的现菜$_{剩菜}$在的 / 在 / 的。

这个句式确认的持续义有歧义：确认持续或确认实现后的延续。如例（11）中乙的回答可以是针对甲的第一句，单纯确认“晒”的状态在持续；也可以是针对第二句，确认“晒”的状态已经实现并在延续：

（11）甲：衣裳呢？｜把衣裳晒倒着。　乙：晒倒在晒着呢。

表示后一意义时，“倒”可以替换为表示“实现－延续”义（竟成 1993）的动态助词“了”：晒了在的 / 在（“在”类词不能是“的”。详 3.3）。但用“倒”比用“了”的句子更为常见。

3. VP ＋倒 [•tau]在＋ L ＋在的 / 在 / 的。这个句式确认动作行为及其结果或状态在某处所的静态持续，能进入的动词与句式 2 相同，“在”类词亦有与之相同的三个形体。如：

（12）他跍倒门口在的 / 在 / 的。他蹲在门口呢。

（13）衣裳浪晾倒竹棍高头在的 / 在 / 的。衣服在竹篙上晾着呢。

（14）钱锁倒抽朵儿在的 / 在 / 的。钱锁在抽屉里呢！

（15）枪，他带倒身上在的 / 在 / 的。枪，他带在身上呢！

在正式的话语中，句中的“倒”往往要换用“在”；其他黄孝方言点或使用“在”而不使用“倒”（参看三）。可见，这个“倒”应该是“在”的语音弱化形式；“倒 L”是介宾短语，在动词后表示动作行为发生或状态存在的处所，同苏州话同类结构（王健 2005）一样有持续义。因此，句式 3 可以变换为句式 2“（L ＋）VP ＋倒（＋ O）＋在的 / 在 / 的”而基本意义不变：

（16）饭冻放倒桌子高头在的 / 在 / 的→桌子高头冻倒饭在的 / 在 / 的桌子上放着饭呢

（17）衣裳浪倒竹棍高头在的 / 在 / 的衣服晾在竹篙上呢→竹棍高头浪倒衣裳在的 / 在 / 的

从变换来看，句式 3 中的“在”类词显然也是“在 2”。句式 2、句式 3 的动词前不能出现表示动态进行的副词“在 / 发在”等，因为这类副词与句式 2、句式 3 表示的静态持续意义相矛盾。

**（二）“在 1、在 2”的性质**

罗田方言的“在”类词出现在表示进行 / 持续、确认语气的句子中，是体标记还是语气词呢？如前所述，“体”是观察时间进程中的事件构成的方式，普通话“语气词‘了’‘呢’‘来着’‘看’

等也能帮助表达句子的体意义（‘了’表示动态变化，‘呢’表示持续，‘来着’表示过去事件，‘看’表示近将来事件的尝试）”（戴耀晶 1997：29）。因此，认为“在”类词是体标记或语气词可能都有某种理由。但是，某一成分的多种功能总是可以分主次的（邢向东 2014），主要功能不同的“在”类词应该归入不同的类。我们知道，体标记和语气词功能不同：前者是标示句子体意义的一种形态形式，后者则主要是“传达对所表达事件的情绪”（戴耀晶 1997：27、29），是帮助表达体意义的。而且，二者的分布特征也不同。考虑到这两点，我们认为罗田方言的“在”类词应该分归语气词、语气词兼体标记两类。其理由有二。

1.“在”类词的位置。汉语的语气词是后置虚词（朱德熙 1982），话语停顿前是其出现的位置。而句子层面的情状主要是由动词层面的情状体现的，因此汉语表达体范畴的助词都是紧挨着动词的（刘丹青 2011）。罗田方言的语气词、体标记的位置也都是如此，例如：

（18）语气词：尔哭**哇**？｜他买了一个别墅**啊**！｜我也不晓得哥么样想 •ŋε。

体标记：他到**了**北京。｜他骑**倒**$_{着}$自行车满在处$_{到处}$跑。｜他到 $t^{h}ən^{ɔ}$ •tsɿ$_{过}$北京。

再来看“在”类词的位置：例（7）–（17）中的“在 2”处于句末和虚词“倒”之后，显然处在语气词的位置。例（1）–（5）中的“在 1”紧挨在 VP 后，似体标记；但也处在句末，仍有语气词的位置特征。

2.“在”类词表达的语法意义。这可以分两点说明：

第一，“在 1”表语气兼表体意义。首先，“在 1”表达相当于“着 1”的进行义——如前所述，郭锐（1993）将普通话体标记“着”分为三个：本章把“着 1”表达的体称作进行体，把“着 2、着 3”表达的体称为持续体。以上例（1）–（4）都可以用表达进行的状语“在L/在/发在”来替换句末的“在1”，而句子表进行的意义不变（例6），就证明“在1”是表达进行体。又如：

（19）姆妈哭在的/在妈妈在哭呢≈姆妈在屋里/在/发在哭妈妈在屋里/在/还在哭。

其次，“在1”须用“在…呢”翻译成普通话，而“呢”是表示确认兼铺张（吕叔湘2002：306，以下简称“确认”）的语气词，可见“在1”兼表确认的语气。用不同的语气词替换前述框式结构中的“在1”，那么句子在表达进行义的同时，还表达出不同的语气，也证明了这一点：

（20）他也在吃饭**在**（确认、陈述）→他也在吃饭**啦**？（疑问）→他也在吃饭**呀**！（感叹）

如果删除例（1）、（2）的“在的/在”，句子的意义就变了：

（1′）我听，尔接倒往下说吵。我听，你接着往下说嘛。

（2′）里沿考试，尔俎莫吵。里面考试，你们别吵。

（1′）中的“我听”陈述的是意愿，没有了例（1）的进行和确认的意义；（2′）中“里沿考试”虽然动相结构有进行义，但只是陈述客观事实，没有了例（2）的主观确认语气。删除“在1”则句子不再表达进行、确认的意义，足见其为兼表进行体和确认语气的虚词。

第二，“在2”只表语气。句式2、句式3表达持续义和确认语气，是“倒”和“在2”共同作用的结果，但并不是两个词都表持续和确认。删除例（7）（9）（12）中的“在2”，句式照样有持续义，只不过例（7）由陈述句变成祈使句，后两句只能构成复句的分句罢了，可见持续义不是“在2”表达的：

（7′）伢们坐倒！你接倒往下说。孩子们坐着！你接着往下说。

（9′）？床上堆倒衣裳。｜但：床上堆倒衣裳，桌子上堆倒书。床上堆着衣裳，桌子上堆着书。

（12′）？他跍倒门口。｜但：他跍倒门口，冒说话。他蹲在门口没说话。

句末出现“在 2”才能使这 3 例构成陈述句和表达确认语气，正是语气词作用的表现。“伢们坐倒在”中的“在”还可以用其他语气词替换以表达不同的语气，也证明了“在 2”为语气词：

（21）伢们坐倒 + 了哇。/ 的呀？ / 啊！（“了哇 / 的呀 / 啊”，分别强调变化 / 疑问 / 祈使。）

但是，3 例如果删掉“倒”，则（12）因为介词可以省略，“他跍门口在”仍可成立；其他两例没有持续义，也不成句：* 伢们坐在的 / 在 / 的 ｜ * 床上堆衣裳在的 / 在 / 的。因为如前所述，这个“倒”是持续体标记，删除后句子不能表达应有的体意义。可见“在 2”不是体标记，是语气词。

从当地人的语感来看，“在 1”和“在 2”似有着某种同一性，两类词的意义不同是因为其所在句子的动相结构不同造成的。事实上，动相结构的差异正是导致“在”类词意义变异的主要因素，应该据此区别其词性。考虑到其分布和表达的意义，我们认为“在 1”是进行体标记兼表确认的语气词，“在 2”只是表确认的语气词。显然，二者的共同点是都表达确认的语气。下面的事实也可以证明这一点：“在”类词可以构成陈述句（见前）、疑问句（他读书在他在读书？｜他坐在哪里在他坐在哪里呢？｜书架高头是不是放到个书包在书架上是不是放着个书包呢？）、感叹句（这热，他还跍倒在！），但绝不构成否定句、祈使句，因为否定、祈使与“在”类词表达确认的肯定语气相矛盾。因此下面的句子不成立：* 他不读书在 ｜ * 他冒跍倒在的 ｜ * 我冒坐倒门口在 ｜ * 请尔读书在。

**（三）“在的、在、的”的异同、联系及其在部分人群中的变异**

1. 异同、联系。句式 1 用“在的 / 在”两可，其差异是：双音节的“在的”比单音节的“在”表示的确认语气略强。“在 VP 在、VP 在的”较多见，而“在 VP 在的”较少见，就证明了这一点：“在的”语气略强，因而其 VP 前一般不用“在”强调。二者还存在所附 VP 的细微差别，这跟韵律有关。单音节动词后倾向于用“在”：他吃在。因为单音节动词与“在”正好构成一个双音节音步。而多音节VP后使用“在的”较多：二哥发脾气在的。因为“在的”自成一个音步。当然，“在的、在”的分布和意义差异不大，因此这两个相关的词形可以看作是同一个词的变体，二者应该有相同的来源。句末虚词都要求形式简短，从语法化的一般情形来看，“在”应该是“在的”省略“的”构成的。（详四）

句式2、句式3中，“在的、在、的”有两个细微差别：一是双音节的“在的”表达的语气略强于单音节的“的、在”，其差别与“在1”的两个词形相同，不赘述。二是“在”有强调“正在”的语气，“的”不强调“正在”。这大概与该方言存在着动词、副词“在”有关。但是，三者可以互换使用，分布和意义差异不大。既然三者形体有联系，且都表确认持续的语气，那么它们也应该是同源的：“在、的”当分别来自“在的”的不同方式的省略，如同其他方言的“在/哩/呢”（吕叔湘1955）一样。（详四）

两类“在”类词的词形、意义相关，其间显然应该存在某种联系。（详四）

2. 变异。由于单音节语气词“在、的”的意义有细微差别，所以罗田方言的发音合作人有将“的在”连用的；甚至有人将“的在、的”泛化，既用以确认持续（22）、又用以确认进行（23）。当然，这类用法只存在于部分人群中，并不普遍：

（22）伢们坐倒在$_{\text{确认“坐”正在持续}}$ = 伢们坐倒的在 = 伢们坐倒在的 ≈伢们坐倒的$_{\text{只确认持续}}$

（23）他吃在$_{\text{确认进行}}$ = 他吃在的 = 他吃的在 = 他发在吃的$_{\text{“的”只表确认，要求出现“发在”表进行}}$

那么，为什么不把“在的”看作“在、的”两个词的连用？这个问题将在第四节讨论。

## 三、黄孝方言各片“在”类词的类型

整个黄孝方言都存在“在”类词，但其词形、功能并不完全相同。根据其不同的词形、功能及其分布的地域，可以将其大别为四类即四片。

### （一）东北片：“在”类词为“在的 [·tsai ·ti]/ 在里 [·tsai ·li]、在 [·tsai]、的 [·ti]”

东北片指黄冈市所辖罗田、英山县以及相邻的浠水和蕲春县、麻城市部分地方。这些地方处于大别山腹地或南麓，交通相对不便，方言相对复杂，各地“在”类词的变体数量、读音不一。英山方言多用“在里 / 在”（项菊 2012）而不用“的”，其他地方多并用“在的 / 在 / 的”。其实，在里 = 在的：黄孝方言中来母、端母与细音相拼时，少数字的声母 t、l 读音相混（汪化云 2004），“里、的”应该是一个语素（唐代汉语也存在类似现象：处所指代词“这里、那里”或作“这底 / 这的、那底 / 那的”）。从发展顺序来看，应该是先有“在里”，而后方位语素“里”因其方位意义的弱化（详四），语音也混为“的”。英山处在大别山区腹地，为整个黄孝地区最为闭塞的山区县，其方言保留“在里”的说法，正是其演变处在相对前端的表现。

这个片并存双音节和单音节的“在 1、在 2”，第二小节已经以罗田方言为例作了介绍。不难看出，该片并存表达进行体的“在”类词和表持续体的“倒”。

### （二）中片：“在”类词为“在 [·tsai]”，少数方言点音“待 / 得 [·tai / ·tɛ]”

中片包括黄冈市辖麻城市大部、红安县，团风县西部；武汉市的新洲、黄陂区；孝感市的孝南区、孝昌和云梦县。整个片的“在”类词都是单音节，其分布相同，大多音“在”，团风西部音“待 / 得”。团风方言的副词“在、发在”也音“待 / 得、发得”，因此句末的“待/得”是“在”的弱化。以下以孝南方言为例讨论。据王求是（2007）研究，孝南方言的“在”可以构成五个句式，我们将其合并为三类简介（王求是将VP前出现表进行的“在L/在”的句子另列为两个句式，将前述体标记“倒”记作“到”）：

1. VP+在：我查数据在。我在查数据呢。｜他帮人家修计算机在。他在帮人家修计算机呢。

这个句式确认动作行为的动态进行，其VP跟罗田方言句式1中的VP相同，前面也可以出现表进行的状语“在L/在（团风为“待/得、发得”）”。框式结构“在L/在…在”也有强调进行的作用：

莫吵，他在看书在！别闹，他正在看书呢！｜我在图书馆查数据在。我正在图书馆查数据呢。

框式结构句末的“在”也可以省略而句子表进行的基本意义不变：他在看书。当然，句末没有“在”的句子显得较正式，与普通话相应的句子意义相同，不强调确认的语气。

2. VP+到（+O）+在：她打到在。她扛着呢。｜饭煮到在。饭煮着呢。｜墙上挂到着一副蛮好看的画在呢。

这个句式中的VP与罗田方言句式2中的VP相同，整个句式也表达确认持续和“实现–延续”两个意义。如：她跍蹲到在，用以回答“妈妈呢”的问句，意思是“她蹲着呢”；用以应答“叫她跍到”时，意思是“她蹲下了并继续蹲着呢”。表达后一意义时，其“到”也可以换用表示“实现—延续”意义的“了”，但以使用“到”为常：她跍到在→她跍了在。VP前也可以出现表示处所的介词短语，构成“在L+VP+到（+O）+在”的句式，表示动作行为的结果或状态持续的处所：

饭在锅里头煮到在。饭在锅里煮着呢。

3. VP＋在＋L＋在：他扛在肩膀高头在。他扛在肩膀上呢。｜苹果削在盘子里头在呢。

这个句式中的 VP 与句式 2 相同；“在＋ L” 同罗田方言的 “倒+L” 一样，是介引处所的介词短语，有持续义。整个句式也可以变换为句式 2：

刺栽在马路旁边在蒺藜栽在马路旁边呢→马路旁边栽到刺在马路旁边栽着蒺藜呢

由于表进行的副词与句式的持续义矛盾，孝南方言句式 2、句式 3 的 VP 前也不能出现副词 “在”。

以上三个句式可以构成陈述句、感叹句（这热，他还睡倒在！）、疑问句（他睡在哪里在？书架高头上是不是放到一本书在？），都不能构成祈使句，没有否定式，不能说 “你要坐下来读书在｜他不读书在｜他冒扛到在｜苹果不削到盘子里头在”。这就是说，中片的上述用例与罗田方言的三个句式和 “在” 类词的分布完全相同，其 “在” 应该是 “在的” 的省略。因此，其句式 1 中的 “在” 应该是体标记兼语气词 “在 1”，句式 2、句式 3 中的 “在” 是语气词 “在 2”。

可见，中片跟东北片一样，也是表达进行体的 “在” 类词和表持续体的 “到（倒）” 并存的。

**（三）东南片：“在” 类词音 “的 [·ti]、里 [·li]、得 [·tɛ]、在 [·tsæ]”，另有 “起的 [ᶜtɕʰi ·ti]”**

东南片在长江两岸，包括湖北黄冈市黄州区、黄梅县、武穴市，浠水和蕲春县沿江地带，团风县东部；鄂州市；江西九江市浔阳、江州、庐山区，瑞昌市。本片普遍使用的 “在 2” 是为人们所忽视的 “的”，瑞昌、武穴或作 “里”。相当于 “在 1” 的仅有武穴的 “起的”。团风的 “得” 是与 “了 2” 相近的语气词，“在” 是疑问语气词，姑且归入本类简介。以下以团风、武穴方言为例讨论。

1. 东南片的 “的 / 里” 分布在确认持续的两个句式中。如团风东部的 “VP+ 倒（+O）+ 的”：

（1）我听倒的，你接倒往下说哕。我听着呢，你接着往下说。

（2）饭煮倒的，菜过下儿再炒。饭煮着呢，菜等一会儿再炒。

（3）他在身上带倒些钱的。他身上带着一些钱呢。

（4）台上坐倒主席团的九个人的。台上坐着主席团的九个人呢。

这个句式同东北片的句式2一样，VP前可以出现表示处所的介词短语（例3），可以表达确认持续或“实现－延续”两个意义：衣裳晒倒的→衣服晒着呢/衣服晒了并继续晒着。然而不能用“了”替换“倒”来表达后一意义。因为团风东部的“了”虽然可以表示“实现－延续”义，但由于语气词“的”可以表曾然的语气，其“了…的”组合都是表达经历体的，如：

（5）衣裳晒了的。衣裳晒过。｜我吃了杧果的。我吃过杧果。

团风东部的另一个句式“VP＋倒＋L＋的”，用以确认动作行为的结果或状态在某处静态持续。同东北片的句式3一样，句式中的“倒”是介词“在”的弱化，可以变换为该方言的第一个句式：

（6）人跍倒门口的人蹲在门口呢→门口跍倒着人的

（7）衣裳浪倒篙子高头的衣服在竹篙上晾着呢→篙子高头浪倒着衣裳的

（8）人困倒床上的那人睡在床上呢→人在床上困倒着的

（9）钱锁倒屉子窭里的钱锁在抽屉里面呢→屉子窭里锁倒着钱的

以上两个句式的VP前也不能出现副词“在”：*人在跍倒门口的｜*钱在锁倒屉子窭里的。两个句式也可以构成陈述句、感叹句（这热，他还困倒的！）、疑问句（你困倒的？｜人坐在哪里的？｜书架高头是不是放倒书的？）；但都不构成祈使句和否定句：*你要坐倒的｜*屋里冒困倒人的｜*钱不锁倒屉子窭里的。

显然，上述两个句式与罗田方言的句式2、句式3分别相同；其“的”与罗田方言的“在2”一样表达确认持续的语气，应该是“在的”省略“在”而形成的语气词。（详四）

瑞昌、武穴部分地方的“里”，与团风县城的“的”分布相同。如前所述，的＝里，不赘述。

2. 武穴方言用“起的”表示进行体兼表确认的语气，可以翻译为“正…着呢”：

（10）我去找他，他正忙起的正忙着呢。｜大哥吃起的正吃着呢。｜算盘他用起的正用着呢。

“起的”是整个片唯一的类似“在1”的体标记，应该是表起始义的趋向动词“起”和表确认的语气词“的”合成的复合助词：用在表示“动态、位置”的“吃、看、送、炒菜”等VP之后，确认可以动态进行的动作行为的开始，以表达进行体和确认语气。

3. 语气词“得、在”存在于团风东部及其周边地区，所表达的语气比较特殊。

第一，语气词“得”[•tɛ]与该县西部的“在1（待/得）”音近，其使用面窄，常用于“懒VP懒得V”后，构成熟语性的“懒VP得”，确认当下出现了不愿VP的新情况。“得”相当于普通话“了2”，其意义与宿松方言句末对事态出现某种变化加以确认的“在”（黄晓雪2006）类似（详四）：

（11）要去你自家去，我懒去得！要去你自己去，我懒得去了！

（12）我懒说得，只要你自家不怕丑。我懒得说了，只要你自己不怕丢脸！

第二，语气词“在”[•tsæ]用于质疑当下存在的不合乎意愿或常理的事件，常构成特指问句，出现在反问句中，可以翻译为普通话疑问语气词“呢”：

（13）你么不去在？你为什么不去呢？（当去或说过要去却未去，故用“在”表示质疑的语气。）

（14）他困倒在？他为什么睡着呢？（不该睡却睡着，故用“在”表示质疑的语气。）

这个“在”可能与“在1、在2”一脉相承，是其用于疑问句而重新分析的结果。（详四）不难看出，团风县东部方言表示确认的“的”和表示疑问的“在”，合起来与普通话表示确认和疑问的“呢”（他坐着呢！为什么不去呢？）功能相同。

可见，东南片除武穴使用复合的进行体标记“起的”外，只存在表持续体的标记“倒”，没有表达进行体的“在”类词。其“在”类词都是语气词，若要表达进行的意义，都是使用副词状语

“在、发得”等，如团风县东部方言的用例：

（15）我还待吃饭，你莫催我。｜哥发得哭，你去劝下子。

**（四）西片：“在”类词为“得”[·tɛ]**

西片包括孝感市的安陆、大悟、广水、应城等市县，“在”类词为“得”，以下以安陆方言为例简介。盛银花（2010）认为，安陆方言的“得”存在于三个句式：

1. L+ V+ 了 +O+ 得：墙高头挂了一张画得。墙上挂着一幅画呢。｜屋里睡了人得。屋里睡着人呢。

2. 受事 +V/A+ 了 + 得：画子贴了得。画儿贴着呢。｜他拿来的东西爸爸甩在门口得。丢在门口呢。

3. S+V+ 在 +L+ 得：拖拉机停在门口得。拖拉机停在门口呢。｜镰刀掉在菜园里头得。镰刀掉在菜园里呢。

其实，安陆方言的“得”还构成句式 4：S+V+ 倒 + 得，如（参看盛银花 2010）：

（16）他坐倒得。他坐着呢。｜他站倒得。他站着呢。｜我瞄倒得，嗯你去忙嗯的。我看着呢，你去忙你的。

这四个句式能构成陈述句、感叹句（这样冷，他还坐倒得！）、疑问句（拖拉机是不是停在门口得？｜尔瞄倒哪里得？）；不能构成祈使句、否定句，不能说“尔赶快站倒得！｜我冒坐倒得”。不难看出，安陆方言的“得”构成的四个句式，与罗田方言句式 2、句式 3 分别相同：

第一，其句式 3 相当于罗田方言句式 3“VP ＋倒＋ L ＋在的 / 在 / 的”，用以确认动作行为的结果或状态在某处所的持续，也可以变换为句式 1“L+VP+ 倒（+O）+ 得”：

（17）拖拉机停在门口得拖拉机停在门口呢→门口停倒拖拉机得拖拉机在门口停着呢

第二，其句式 1、2、4 加起来相当于罗田方言的句式 2“VP+ 倒（+O）+ 在的 / 在 / 的”，是体标记后出现“在 2”的句子。不同的是，其句式 4 是用“倒”表达持续体（坐倒得）；其句式 1、句式 2 是用“了”表达“实现—延续”体（床上睡了人得；画子贴了得），二者的差异是 VP 前出现处所成分还是受事成分。可见，安陆方言这三个句式中的持续体（延续体）助词有“了、倒”两个。如前所述，普通话的“了”有“实现—延续”义，安陆方言的“了”正是表达这一意义，与普通话“着 3”表达的意义类似；安陆方言的“倒”则相当于普通话的“着 2”（盛银花 2010）。这就是说，安陆方言的“了、倒”分工明确，其表达细腻单纯，合起来与罗田方言的“倒”表达的“着 2、着 3”意义相同。可见，安陆方言句末的“得”与罗田方言句式 2、句式 3 句末的“在的 / 在 / 的”分布相同，应该是确认持续的语气词。

但盛银花（2010）认为安陆方言的“得、了得”是体标记和复合体标记，表示存续体，显然是混淆了该方言的“得”与“了、倒”的功能（参看第二小节二）。她还认为安陆方言的“得”来自“获得”义的动词“得”，这也难以成立。这个“得”当来自“在”，理由是：中片确认持续的语气词为“在 / 得 / 待”，毗邻的西片安陆方言中同类的语气词“得”应该与之来源相同。而安陆方言副词状语“在”常弱化读“待 [•tai]”（盛银花 2010），其句末的“在”与团风县西部方言一样，进一步弱化为“得”[•tɛ] 是完全可能的。因此，安陆方言及整个西片的“得”，其本字当为“在”，来自“在的”的省略和弱化。

可见，西片也只有表持续体的助词“倒”，没有表达进行体的“在”类词。其“在”类词是语气词，要表达进行的意义，都是使用副词“正待、待”等，如安陆方言的用例：

（18）风正待吹。｜拖拉机待打田耕田。

**（五）小结**

上面的讨论说明，“在”类词在黄孝方言中的地域分布并不一致。东北片、中片存在“在 1、在 2”，西片和东南片一般只存在

“在2”。而且，各片“在”类词的变体也不相同：东北片最为复杂，有“在的/在里、在、的”三个；中片、东南片（除团风、武穴）、西片一般只分别存在一个“在（待）/的（里）/得”。这种共时的地域分布差异，应该是其“在”类词历时演变的反映。

## 四、“在”类词在黄孝方言中的语法化

本节第一小节中认为，共同语的句末虚词“在里”来自介词短语“在里”。诱发其虚化的因素，应该是汉语史上介词短语由动词后移到动词前，出现了“前长后消”的现象。据张赪（2002：251）研究，“魏晋南北朝时期介词词组词序发生剧烈变化，‘介词+场所’开始大量前移……唐五代时期……迁移基本结束”。本来后置的“介词+场所”必须或可以前置于动词成了新常态，意味着“汉语更倾向于采用‘前置词+空间方位名词+V’结构”，从而更加适应了语序（向VO型）变化的方向。（沈家煊、完权2010引徐丹2006的观点）这使得“在L+VP+在里”中仍残存于动词后的“在里”成了冗余成分，容易重新分析为体标记，进一步虚化为语气词。因此，唐以后出现虚化的“在里”之类是具备条件的。黄孝方言中“在”类词的现状，正反映出历史上的这种变化。而古汉语的“VP在L”是个歧义结构，可以表动作的进行（1）、状态的持续（2）、动态位移事件（3）。如（转引自黄晓雪2006：86）：

（1）对越在天，骏奔走在庙。《诗·周颂·清庙》

（2）凝光悠悠寒露坠，此时立在最高山。《刘禹锡集·八月十五日夜桃花源玩月》

（3）臣若获戾，放在他国，没世然后已，不忍谋赵之徒隶。《三国志·魏书》注引《魏武故事》

黄孝方言中不同的“在”类词，应该分别来自与“VP在L”动相结构相同的句子中“在里”的虚化。虽然这一过程在黄孝方言中难以直接看到，但是，从前面的描写不难看出，诱发其虚化的“在

L+VP+ 在里”句式仍然存在，反映出其曾经有过的语法化历程。如英山方言的句子（项菊 2012）：

（4）饭在那里煮在里，菜过下儿再炒｜河里有个人在那里钓鱼儿在里

这使得黄孝方言中句末的“在”类词出现了语法化的以下几个过程，其中过程（一）和（二）之间、过程（四）和（五）之间看不出有时间先后的关系：

（一）“在 1”的形成。从句子的动相结构来看，“在 1”当来自本小节上述表示动作进行的“VP 在里”中“在里”的虚化。如前所述，黄孝方言句末出现“在 1”的句子，其 VP 前都可以出现表示处所的介词短语，这就使得 VP 后介词短语“在里”本来的处所义被蕴含而成为冗余成分，其所具有的进行义、肯定义凸显。频繁的使用使得“在 1”的这类意义固定下来，因而被重新分析为进行体标记兼表确认的语气词。失去处所义的“在里 / 在的”，其方位语素“里 / 的”更是冗余成分，在语法化的过程中容易脱落，于是就出现了单音节进行体标记兼语气词“在”。如英山方言的用例：

（5）二哥在那里挖在里→二哥在那里挖在

（二）“在 2”的形成。本节第二小节中说过，在“在 L+VP+ 在 1”中，由于 VP 前的“在 L”还有进行义，因而“在 1”在表达进行方面并非必需，这使得其向单纯的语气词演变成为可能。但是，确认持续的语气词“在 2”却不应该来自“在 1”，而应该来自本小节上述表示状态持续的“VP 在里”中“在里”的虚化。因为实义和虚化的“在里”出现的句子，其动相结构都表示持续，其中的“在里”虚化为语气词顺理成章。也许，其“在里”有过表示持续的阶段。但是，今黄孝方言的“在里 / 在的”都是出现在持续体标记“倒”的后面和句末，无须以之表示持续，且不用于否定句，因而虚化为确认持续的语气词。由于对语形简短的要求，“在的”省略分别形成语气词变体“在、的”。如罗田方言的用例：

（6）妈坐倒在的 / 在 / 的。

以上两类演变，使表处所的“在里 / 在的”虚化为“在 1、在 2”，其多种变体并存于东北片。

（三）“在 1、在 2”的单音节化、弱化。由东北片向西，黄孝方言中片位于句末的“在 1、在 2”进一步语法化。在功能不变的前提下，三个变体由于“择一原则”（沈家煊 1994）和求简的要求而演变为单音节的“在”，并且在一些地方弱化为“待 / 得”。如团风西部方言的例子：

（7）我待玩得（在 1）。｜他坐倒得（在 2）。｜车子停倒门口得（在 2）。

（四）“在 1”在西片的淘汰。由中片向西，黄孝方言西片三面与中原官话、西南官话接壤。如前所述，中片的框式结构“在 L+VP+ 在 1”强调进行，删除其句末的“在 1”，句子仍然表达进行义，这使得其成为冗余成分。受没有“在 1”的周边其他方言影响，西片表示进行的成分出现在 VP 前成为常态，句末可能存在过的“在 1”被淘汰；其语气词“在 2”也弱化为“得”。如广水方言的例子：

（8）他在吃。｜那个婆婆坐倒得。｜那个婆婆坐倒门口得。

（五）“在”类词在东南片的演变。由中片向东，黄孝方言东南片与江西、安徽、湖北三省的赣语、江淮官话、西南官话毗邻，其“在 1”亦因为与（四）中所述类似的原因被淘汰，其语气词“在 2”选择了“的”。该片的个别情形是：第一，功能类似于“在 1”的“起的”仅存在于武穴。第二，同宿松方言一样，表示动态位移事件的“VP 在里”中的“在里”，在团风方言中省略、虚化为类似于“了 2”的语气词“得”，但只残存于特定的句式中。第三，因为“在”类词可以出现在疑问句中，故而在团风及其周边方言中被重新分析为表达特指问的语气词。团风方言的用例如：

（9）我坐倒的我坐着呢。｜爸爸落了后来懒去得懒得去了。｜你么怎么不说话在呢？

团风方言语气词“得、在”存在的面不大，其语法化过程比较复杂，将另文讨论。

综上所述，我们认为黄孝方言“在”类词的主要地域分布，反映出以下 3 个阶段的历时演变：

1. 东北片：“在 1（在里 / 在的、在）、在 2（在的 / 在里、在、的）”→ 2. 中片：“在 1、在 2”（在 / 待 / 得）→ 3. 西片：“在 2”（得）｜东南片：“在 2”（的 / 里）

即：该方言的“在”类词是由双音节向单音节演变，由“在 1、在 2”并存向仅存“在 2”演变的。其演变的主要诱因有三个：一是句子中 VP 前出现了表示处所的介词短语，二是“在”类词处于 VP 后、句末和持续体标记“倒”后，三是虚化的成分对形体简短的要求。

至于黄孝方言大部分“在”类词形成的时间，应该早于清乾隆年间。据我们调查，今鄂西竹山、竹溪和陕南平利、白河县的多数居民，为清乾嘉年间来自黄孝地区移民的后裔；同黄孝方言中片一样，也使用单音节的进行体标记兼语气词“在 1”、语气词“在 2”，平利县八仙镇还使用进行体标记“起的”。（周政 2007）这说明主要的“在”类词应该在 200 多年前就存在，是由移民带到那些地方去的。

接下来可以仿吕叔湘的话来概括上文的讨论：此一句末虚词，当以东北片的“在里 / 在的”为最完具之形式，中片、西片多单言“在 / 得”，以“在 / 得”概“里”；东南片则多单言“的 / 里”，以“的 / 里”概“在”。这就是说，吕先生所述“在里”的历时演变，大致反映了黄孝方言“在”类词由东北往西、往东南推移演变的地域分布现状。这是一条合乎逻辑的演变线索：从虚词本身来看，是由繁而简，逐步虚化：从使用的区域来看，是由交通相对闭塞的地区向交通相对方便的地区发展，逐步淘汰某些与共同语不同的义项，且其词形愈发简单。当然，黄孝方言中也产生了少数独有的演变：不是演变为“哩、呢”，而是演变为语气词“的、得$_{\text{了}2}$、在$_{\text{疑问语气词}}$”之类。

那么，是否可以解释为“的 / 里、在”两个虚词先产生，然后并列构成黄孝方言东北片的虚词“在的 / 在里”呢？何瑛（2010）就认为汉语史上的“语气助词‘在里’有可能是语气词‘在’和‘里’并列叠加而成的”。但在东北片中这种可能性不大。因为在一个交通不便的方言点上，自源产生两个同义的单音节体标记，又并列构成另一个同义的双音节体标记，不符合语言的经济性原则。更重要的是，英山方言没有单音的“在”类词“里”，自然不能和“在”一起构成复合词“在里”；罗田方言的“在 1”中没有“的”，因而其“在的”也不可能通过复合构成。相反，由双音虚词省略为单音虚词，并且其完全式与省略式并存一段时间，这种情形在汉语史上比较常见，合乎虚词语法化的一般情形（沈家煊 1994）。储泽祥（2004）也指出，赣语岳西方言表现出由表示方位的介词短语“在底”演变为体标记，进而脱落“底”而用“在”作体标记的现象。这说明先有双音节虚词“在里 / 在的”然后省略为单音节的解释，较之先有单音节虚词然后组合成双音节虚词的说法更有道理。这是一条尚待文献印证的语法化线索——我们完全可以这样假设：实义和虚义的“在里”在唐五代可能是并存的，但其时的文献没有记录下其虚义的用法，就像《广韵》中没有记录“鼻”的入声一读（汪化云 2009）一样。

## 五、小结与讨论

### （一）黄孝方言与周边方言的“在”类词有着密切的联系

黄孝方言东北片、中片“在 1、在 2”并存的现象，与毗邻的河南东南部的光山（吴早生 2008）、安徽西部的岳西（储泽祥 2004）、湖北东部的武汉（汪国胜 1999），甚至隔得甚远的合肥、闽南（陈爽 2006）等很多方言相同。其西片淘汰了“在 1”而仅使用“在2”的现象，则存在于黄孝方言西面、西南的湖北宜都、荆州、长阳、天门（李崇兴1996），湖南辰溪（陈爽2006）等地，在成都方言等西南官话中也极为常见。而与黄孝方言毗邻的赣语安徽宿松方言的“在”，也与团风方言的“得”一样演变为相当于“了2”的语气词；闽语福建厦门、广东汕头等方言的助词“在、在里、在底、•to ᶜtoi”，其所表达的“吗、呢”（或有持续义）等疑问意义（许宝华、宫田一郎1999：1775–1777），也与团风方言类似。这就是说，黄孝方言的“在”类词分别与周边方言乃至更远地方这类词的词形、功能相近。

当然，“在”类词主要存在于我国中部诸省，大致由中原官话、江淮官话和赣语而西南官话，呈东北－西南走向的带状分布；反映出其由“在1、在2”并存，到仅存“在2”的地域演变。但是，唯有黄孝方言全面反映了“在”类词的各种用法；其由东北而西、而东南的地域分布，集中反映了“在”类词的语法化过程，应该是其历时演变的反映，其活化石般的意义是不言而喻的。

### （二）各片表示持续、进行的标记

上文的讨论还证明，黄孝方言的进行体，各方言点有不同的表达方式：或以体标记“在的 / 在里 / 在”置于VP后表达，或以副词状语“在 / 待 / 发得 / 发在”表达，或并用两种方式表达。不同的表达方式所表达的意义不完全相同，且存在于不同的地方。而各方言点共同的是：都使用“倒”表示持续体（西片还使用“了”）。以上关于黄孝方言表达进行体、持续体的标记以及特殊表达方式可以归纳为“表二”：

**表二：黄孝方言表示进行体、持续体的体标记及其他手段**

| 项目 | 东北片 | 中片 | 西片 | 东南片 |
|---|---|---|---|---|
| 进行体标记 | 在 / 在的（里）、的 | 在 / 待 / 得 | 词汇手段表达 | 词汇手段表达 |
| 持续体标记 | 倒 | 倒 | 倒$_{着2}$、了$_{着3}$ | 倒 |

以上表中所谓词汇手段，使用的都是副词状语“在、正在”及其弱化读音的“待、正待”等。

联系上文关于“在”类词语法化的陈述考虑，我们认为该方言表达进行体的方式，是由并用动词后的体标记和动词前的副词（东北片、中片），向只使用动词前的副词（西片、东南片）演变的，反映出其表达方式可能经历了这样的演变：

体标记“在/在里/在的”和副词状语“在/发在”并存使用（东北片）

→体标记“在（待）”和副词状语“在（待）”并存使用（中片）

→只使用副词状语“在/正在/发得”（东南片）

→只使用副词状语“在/正在”（西片）。

这四种情形在地域上相连，由东北片而东南片、中片，由中片而西片，逐步推移演变，反映出其表达进行体的方式由繁向简的发展过程。这显然是一种方言类型的变化，与前述介词短语在汉语史上由动词后移到动词前的“前长后消”现象，显然是同类变化。

**（三）持续体标记“倒”的来源**

黄孝方言表达持续体，除了西片使用“了”表达相当于“着3”的意义外，都是使用“倒”。类似的体标记在汉语方言中存在的地域很广，人们对其来源进行了较深入的研究，但存在不同的看法。梅祖麟（1989）认为汉语表持续的体貌助词都与“著”（着）有同源关系，如吴语的“仔”、闽语的“ti”、湘语的“达”、蜀语的“到”，都可能来自“着”。宋金兰（1994）认为这类体貌助词来自“在”更为合理。吴福祥（2002a）认为，宋代的“到”在充当动相补语的基础上演变成表持续的体助词。但是，就黄孝方言来看，其“倒”应该有两个来源：表持续体的“倒”来自充当动相补语的“到”，其理由与吴福祥的论述相同，不赘述。还有一个来源是介词“在”。上文说过，在正式话语中，罗田方言的介词“倒”往往要换用“在”，这个词在西片就是作“在”。其“倒”是“在”的语音弱化形式，介宾短语“倒 L”在动词后表示处所，有持续义。L 可以变换到动词前，而让“倒”留在动词后充当体标记，仍然表示持续。（当然，还可以把介词“倒”看作是来自动相补语的体助词“到”和介词“在”的连用合音形式：坐倒那下儿←坐到 + 在那下儿。）

**（四）表进行的副词“发在、发得”的来源**

副词“发在 [꜀fa •tɛ]、发得 [꜀fa •tsai]”主要存在于黄孝方言东部。东北片的英山、罗田等地一般为“发在”，东北片、中片的浠水、蕲春、团风一般为“发得”。两个词形的意义一致，是一个词在不同地域的不同语音形式。“发”音 ꜀fa。存在这个音节的方言点没有与之同音的汉字，一般用可以变调为阳平的入声字“发”来记录——该方言有些点的入声字为 213 调，处于双音节词的前一音节时失去升尾，变调为阳平（汪化云 2004）。詹伯慧（1981）曾把浠水方言的这个词记作“发得”，一般方言志和论文也是沿袭这种用同音字记音的方式记录。但是，这个词的来源一直没有著述讨论。我们认为，这个词当来自“还在”。其理由有二：

第一，从意义的角度来看。如前所述，“发在、发得”都是表达动作行为的动态进行的副词，是一个词的两个地域变体。而团风方言表达进行体，乡下可以用“发得”，城里相应的副词是“还在”。“发得”与“还在”的意义、分布完全相同，说“发在、发得”来自“还在”是可以成立的。存在义动词“在”虚化为副词，“表示行为动作正在进行”(《汉语大词典》)，与其他方言的此类动词如苏州的“勒”、上海的“辣”的虚化相同。而副词“还”是“表示现象继续存在或动作继续进行”(《汉语大词典》)，其中包含着进行、持续义。“还、在”以“在”为中心，构成偏正结构的副词表达进行体，是顺理成章的。

第二，从语音的角度看。先说“得”。“发得”与“发在”意义相同，“得”应该是“在”的弱化。支持这一观点的方言事实是：黄孝方言的动词、副词、体标记“在”，如前所述在部分地方如团风县西部或音“待”，如该县王家坊方言的例子：

（27）二哥待北京。你爷父亲待吃饭。｜他还待说待。

而西片的安陆等地，“在”可以读作“待/得”（盛银花 2010，汪化云 2012）。这就是说，黄孝方言中的“在”应该存在这样的语音演变：在 [tsai꜅] → [•tsai] →待 [•tai] →得 [•tɛ]，因此“发得”即“发在”。

再说“发”。“发”的本字可能是“还”。其理由是：“还”在《广韵》中为匣母删韵合口二等字，在今黄孝方言口语中跟普通话一样有꜁xai、꜁xuan 两读，两读意义不同。但是，笔者清楚地记得，50 多年前这个字的读书音甚至某些年长的文化人的口语音，其“还是/还债”中的“还”都只有一个合口的读音꜁xuan。而在与使用“发得、发在”地区毗邻的中片麻城市、红安县等地的方言中，今普通话中 x 与合口呼相拼的音节，都读作 f 声母（汪化云 2004），如：黄꜁fɑŋ、环꜁fan、换 fan꜅、坏 fai꜅、昏꜀fen、灰꜀fei、胡꜁fu，等等。因此其韵母为合口呼的“还”读作꜁fan 是可能的，而꜁fan 弱化后脱落韵尾 n 就成了“发”[꜁fa]（入声音节变调为阳平）。当然，这个理由还不是十分充足，需要进一步考证。

综上两点理由，我们认为这个“发得”应该就是“发在”，来自“还在”。

## 第三节 经历体[①]

### 一、研究概况

黄孝方言各方言点一般使用“得子（得)/$t^h$en꜄ •tsɿ、了的、过”

---

① 本节的主要内容以《黄孝方言的经历体助词》为题发表在《语言学论丛》第 52 辑（2016 年 1 月，汪化云 2016）。初稿曾在全国汉语方言学会第 17 届学术年会（暨南大学，2013）上报告，与会学者多所指正。

中的两个或三个形式表达经历体。四个体标记存在功能、语体、地域分布等差异，其中“了的”还兼表肯定的语气；更进一步，“得子、了的”还虚化为语气词。对于该方言的经历体标记，王求是（2003）、汪化云（2004）、盛银花（2010）等都有过研究。但是，其研究的对象都只是某一个方言点，没有对整个黄孝方言各市区县级方言点的这类助词进行全面的梳理。而且，此前的研究主要是对经历体标记分布特征的共时描写，没有对其来源进行研究，个别作者甚至对其方言中表达经历体的成分作出了值得商榷的定性（详下）。可见，这类研究在系统、深入两个方面都有待努力。本节拟对黄孝方言的经历体标记进行全面的考察，研究其地域分布、功能的异同，进而探讨其来源、演变的轨迹及其特色。

## 二、经历体标记的分布和异同

第一章说过，根据多数语法现象，黄孝方言可以大致分为四片。根据部分语法现象，可能只能分为三片两片等。根据所使用的经历体标记的形体和功能，本节把黄孝方言分为东北、西（含第一节所分的西片以及部分中片的范围）、东南三片，讨论其经历体标记的异同、分布特征。

### （一）东北片的经历体标记

东北片，指黄孝方言东北部的黄冈市所辖英山、罗田、麻城、红安、浠水、蕲春、团风七个县市以及武汉市新洲区。这个片的经历体标记最为复杂：并用“得子 [•tɛ •tsɿ]（“得 [•tɛ]”为变体）/tʰenᵓ •tsɿ、了的 [•liɑu •ti]、过 [koᵓ]”中的三个助词。以下主要以离县城 8 公里的团风县方高坪镇方言（简称“团风方言”）为例讨论。

1. 得子（得）/tʰenᵓ •tsɿ。这两个体标记音近义同，功能一致，但地域分布不一。“得子（得）”存在于团风方言，东南片的中心城市黄州、鄂州的老派方言也广泛使用。团风方言“得子”表达的语法意义与普通话的经历体标记“过”相同，有两个变体：单音节变体“得”只出现在句中、动词后（例 1、2）；双音节变体“得子”多出现在句末、动词后（例 3），其后的成分不超过一个词时，也可以出现在句中（例 4）。即可以构成“V+ 得 / 得子 +O/C”和“V+ 得子”两个句式：

（1）我一上半天$_{\text{上午}}$哪下儿$_{\text{哪里}}$出得$_{\text{过}}$屋？

（2）他所以认得$_{\text{认识}}$杨子荣吵，杨子荣捉得$_{\text{过}}$他。

（3）我去年到北京去得子。我去年到北京去过。

（4）我前年就吃得子$_{\text{过}}$鲍鱼。｜我一生到北京去得子$_{\text{过}}$三回。

出现“得子（得）”的句子中如果出现时间词，必定是表示过去时间的（例 1、3、4）。“得子（得）”用在形容词后，则该形容词表示某种状态、性质的变化，句中往往也出现表示过去时间的词语，如：

（5）他得癌症的前两年胖得子$_{\text{过}}$，做了手术又瘦了。

“得子（得）”常用于肯定句（例 1—5），一般不出现在否定句中，不能说：* 他冒$_{\text{没有}}$去得$_{\text{过}}$北京。｜ * 我冒$_{\text{没有}}$说得子$_{\text{过}}$。但老派在假设复句中否定的偏句里可以使用“得子”：

（6）他要是冒$_{\text{没有}}$吃得子$_{\text{没吃过}}$，么晓得$_{\text{怎么知道}}$是甜的！｜不是去得子$_{\text{过}}$，就不得$_{\text{会}}$说路远。

$t^{h}$en˒ ·tsɿ 读音较轻，除了没有单音节变体外，与“得子”表达经历体的功能、分布完全相同，主要存在于英山、罗田、麻城、红安、浠水、蕲春、新洲等地。（例略）但各地读音不一：罗田、英山、蕲春或作 $t^{h}$ɑŋ˒ ·tsɿ，新洲北部、红安、麻城或作 $t^{h}$oŋ˒ ·tsɿ，其余作 $t^{h}$en˒ ·tsɿ 或 $t^{h}$en˭ ·tsɿ。

2. 了的。这个复合词出现在存在动词以外的动词后（普通话的“有过”说成“有得子”，不说“有了的”）、句末，在肯定句中表示经历体，兼表肯定已经如此的语气，须用“过了 / 过…了”翻译为普通话，是经历体标记兼语气词（详本节三），常构成“V+ 了的”句式：

（7）他一路来了的他刚才来过了，就是冒没有跟主任报个到。

（8）二哥是不是问了的过了？要是冒没有问的话，你就问下子[•xa •tsɿ]一下。

同样，“了的”出现在形容词后，则该形容词表示某种变化，句中一般要出现表示确定的时间的词：

（9）前日[tɕʰiɜ꜄]夜下[iɛ꜄ ɕiɛ꜄]夜里月亮圆了的过了，今朝[꜀tsən •tsɑu]肯定不是十五。

“了的”之间可以出现宾语、补语，构成“V+ 了 +O/C+ 的”句式，足见“了的”的黏合不那么紧密：

（10）我吃了饭的。我吃过饭了。｜那个电影我看了三回的。那部电影我看过三次了。

这种情况下，其“了”应该是完成体标记，“的”应该是语气词，二者合起来仍表示经历体。这就是说，“了的”是个离合词（参看本节三）。

同普通话一样，团风方言中的完成体标记“了”不能出现在否定句（* 不 / 冒去了北京），因此所构成的复合词“了的”也不能用于否定句，不能说：* 冒吃了的。

3. 过。团风方言的经历体标记“过”，其意义跟普通话相同，但一般只出现在否定句中：

（11）这句话我冒没有说过。

（12）你冒没有去过？我那天看倒你去得子。

新派口语中表示强调时，“过”也可以出现在肯定句中：我的确去过。但这种用法有明显的转文色彩。

4. 三个经历体标记的差异。“得子（得）、了的”一般用于肯定句，“过”一般用于否定句。“了的”兼表肯定已经如此的语气，中间可以插入宾语、补语，“的”只能处在句末；“得子”有变体“得”，表示经历体而不兼表语气。三者分布、表意不同，一般不可以换用。“我去了北京的”若换成“我去得子北京”，就没有了原句的肯定语气。此外，新派在强调的肯定句中常连用“过”和“得子/了的”。既然前面出现了经历体标记“过”，那么其处于句末语气词位置的“得子/了的”，不能认为仍然是经历体标记，而应该视为肯定已经如此的语气词：

（13）我去过北京得子。｜我去过北京了的。

同样，语气词“得子/了的”不用于否定句：* 我冒去过北京得子/了的。

**（二）西片的经历体标记**

西片，指黄孝方言中处在西部的黄冈市红安县，武汉市黄陂区，孝感市孝南区和孝昌、云梦、安陆、大悟、广水、应城等县市。这个片的经历体标记都是“了的 [•liau •ti]、过 [koᵓ]”。以下主要以孝南方言为例讨论。

1. 了的。“了的”在西片各县市方言中广泛使用，其读音、意义、功能与东北片相同，也应该是经历体标记兼语气词。对于该方言的“了的”，人们的看法并不相同。王求是（2003）认为，孝南方言的“了的”是语气词的连用，表示对曾经发生的动作或性状的肯定。盛银花（2010）认为，安陆方言的“了的”是复合体标记，表达经历体的意义。我们认为，王求是、盛银花关于各自方言中“了的”分布的描述是不错的，两位学者都注意到了“了的”用于肯定曾然。但王求是的研究未能将其分析为经历体标记，盛银花的研究忽略了“了的”兼语气词。以下简介孝南方言中“了的”的功能。

孝南方言的“了的”常用于肯定句，出现在存在动词以外的动词后、句末。除了表示经历体，还兼表肯定已经如此的语气，一般应该用“过了/过…了”翻译为普通话（例14、15）。“了的”也是个结合不紧密的离合词，中间也可以插入宾语或补语（例16、17），即可以构成“V+了的、V+了+O/C+的”句式（王求是2003）：

（14）他上午来了的过了，你不在，他说下午再来。

（15）（问：他说了冒没有？答：）他说了的过了，哪个不交管理费，他就要揍人。

（16）我去了好几回的我去过好几回了，不想去。

（17）我去看了王老师的我去看过王老师了，他身体蛮好。

如果句中没有表示过去时间或频率的“上午、好几回”等，例中的“了”都不能单独表示经历体。例如（15）去掉“的”，其“说”的事件就只能是“完成”：（问：他说了冒？答：）他说了，哪个不交管理费，他就要揍人。有了“的”，其“说”的事件才是经历体的。所以“了的”应该视为复合的经历体标记。（详本节三）“了的”还可以用在肯定句的形容词谓语后、句末，肯定某种状态变化曾经有过，句中常出现表示过去时间的词语，如以下两例的“上个月、前几天”等：

（18）上个月他的眼睛红了的过了，现在好了。

（19）前几天月亮圆了的过了，所以今天肯定不是十五。

“了的”绝不用于否定句，这两个例子不能成立：* 他上午冒来了的。｜* 上个月他的眼睛冒红了的。

2. 过。“过”的意义与普通话相同，在西片也使用广泛，但一般只用于否定句中：

（20）你冒没有去过上海？

（21）我 [ŋo꜆] “我屋”的合音爸爸到英国去了的过，就是冒没有到过德国。

但是，西片的安陆等多数方言点在表示强调的肯定句中也可以使用“过”（盛银花 2010），如：

（22）我们下 [xa$^{2}$] 都吃过了。｜他一定去过！

3.“过、了的”的连用。上文的讨论说明，西片与东北片的“过、了的”，其意义、分布相同。“了的”带有肯定已经如此的语气（例 14—19），与单纯表示经历体的“过”（例 20—22）不同。

而且，“过…了的”也可以在西片的肯定句中连用，其中的“了的”也应该分析为语气词，如孝南方言（王求是 2003）：

（23）他来过了的。｜他来过学校了的。

（24）乜那本书她读过三遍了的，不想再读了。

但连用不出现于否定句：*他冒来过了的。据我们调查，黄孝地区移民后裔的鄂西竹山、竹溪和陕南平利、白河等县的居民，使用的经历体标记跟西片相同（参看周政 2009；柯西钢 2013）。

**（三）东南片的经历体标记**

东南片，指黄孝方言东南部的黄冈市所辖黄梅和武穴、江西省九江和瑞昌等市县。鄂州市、黄冈市黄州区的新派和部分老派亦属此片。这个片在长江两岸，这里以黄孝方言东端的黄梅县方言为例讨论。黄梅方言的经历体标记亦为“了的、过”，但与西片的分布不完全相同。

1. 了的。黄梅方言的“了的”亦兼表肯定的语气，用于肯定句的动词和形容词后、句末（例 25—27）；“了的”间也可以插进补语、宾语（例 30—31），可以用“过了 / 过…了”翻译为普通话，与其他片相同：

（25）我的确到北京去了的过了。

（26）葡萄我吃了的过了，再不想吃。

（27）二姐的眼睛昨日肿了的过，今昼今天好了。

（28）渠畏[ueiˀ]那几天得买了意种茄得的他那几天买过那种茄子了，不好吃。

（29）姆妈坐了两回飞机的过…了，晓得知道么样怎么样过安检。

但“了的”也不用于否定句：*我的确冒到北京去了的。

2. 过。黄梅方言的“过”与普通话的“过”的意义、功能、分布相同，既可以用于否定句，也可以用于肯定句，较“了的”更为常见：

（30）渠去年到北京去过，冒没有到南京去过。

（31）王校长渠$_{\text{他}}$说过意$_{\text{那}}$个话，总不能不认账。

（32）三姐冒$_{\text{没有}}$结婚的时候胖过，将$_{\text{现在}}$不胖了。

3. 连用。同其他片一样，“过、了的”可以在肯定句连用，其中的“了的”也应该分析为语气词：

（33）我吃过了的，将$_{\text{现在}}$不想吃。

（34）我吃过饭了的，将$_{\text{现在}}$不想吃。｜我吃过三回了的，将$_{\text{现在}}$不想吃。

“过、了的”连用也不用于否定句：* 我冒吃过了的。

**（四）小结**

以上描写的黄孝方言三个片经历体标记的基本情况可以归纳为表三：

**表三：黄孝方言各片经历体标记的词形和分布表**

| 使用条件 / 方言片 | 用于肯定句 | 用于肯定句兼表语气 | 用于否定句 | 连用形式 |
|---|---|---|---|---|
| 东北片 | 得 / 得子 /tʰenᵓ 子 | 了的，了…的 | 过 | V 过…得子 / 了的 |
| 西片 | | 了的，了…的，过$_{\text{用于强调句}}$ | 过 | V 过…了的 |
| 东南片 | 过 | 了的，了…的 | 过 | V 过…了的 |

不难看出，黄孝方言中并存的几个经历体标记在各片的肯定句、否定句中大多呈互补分布，其中的“得子（得）/tʰenᵓ 子”仅存在于东北一隅，而“过”则由东北而西而东南，逐步扩大了其使用的范围。

## 三、经历体标记的来源和演变

黄孝地区中部的团风方言集中反映了黄孝方言经历体标记的复杂，本小节主要以之为例，讨论该方言并存的三个经历体标记的来源和演变，简析其联系。

### （一）与“达到/完成”义的“得”有关的“得子/得”以及tʰenˀ·tsɿ

1.“得/得子”的语法化。得，《广韵》为多则切，端母德韵入声字。吴福祥（2009）认为，汉语共同语的“得”义语素具有五种功能，黄孝方言的“得”也具有这五种功能（括号中为团风方言的用例）：

A.“得”义主要动词。“获得”这种过程是非施事性的。（他得了人家的好处还不领情。）

B.动相补语，表示动作已实现或有结果；或完整体（按：即本节所谓“现实体”）标记，表示动作的实现或完成。（例详下。）

C.能性补语。用于主要动词后，表示活动或动作的能性。（狗肉吃得，猫子肉吃不得。）

D.状态/程度补语标记。用于述补结构中，用来引导补语成分。（他的话是说得蛮好的。）

E.能性补语标记。用于可能式组合性述补结构，用来引导补语成分。（你上不去，我上得去。）

但是，黄孝方言东北片的“得”却能表达经历体，与吴福祥（2009）描述的汉语“得”义语素的功能不完全相同。考虑到汉语中表示“达到、完成”的动相补语和助词都可以虚化为经历体标记（详下），我们认为，该方言的经历体标记“得”应该虚化自表示动作已经实现的动相补语，或表示“完成”即现实体（下同）的助词“得”，然后和词缀“子”组合为主要用于句末的另一变体。其演变路径是（团风方言为例）：

第一，“得”表示“达到、完成”。中古汉语的“得”可以表示动作行为状态“达到”了某个量，其后一般带数量词语。如《齐民要术·杂说》：“至春能锄得两遍，最好。”潘允中（1982）认为，这个词“有点像完成体的‘了’，但仔细一看，它又和‘了’不同”。显然，这个“得”是产生于南北朝的动相补语，“后来又在白话中”虚化为完成体标记。如前蜀花蕊夫人《宫词》之二一：“上得马来才欲走，几回抛鞚抱鞍桥。”这一功能在今汉语东南方言中存在甚多，鲁迅的作品就反映出吴语绍兴方言的这种用法：

（1）到**得**厦门，我投稿就很少了。（《三闲集·我和〈语丝〉的始终》）

今团风方言的“得”[tɛ꜀]在动词后虚化为动相补语，念轻声，为23短调（汪化云2004），也表示“达到”的意义，但只出现在条件复句的偏句中、数量词语前（例2、3），与《齐民要术》中的用法基本相同：

（2）这个洞还挖**得**两尺多些儿多就莫挖。

（3）他的记性得闷非常好，管么事无论什么只要听得两遍，就总忘记不了。

但这个“得”只能用于肯定句，不能说“苕秧子不薅得两遍就不行”。（汪化云2004）

团风方言的“得”如果出现在形容词后、数量词语前，就可以理解为“完成”的意义（例4、5），与近代汉语中“得”作现实体标记意义相同。这个意义的“得”也只能用于肯定句中：

（4）你迟得一下儿就赶不倒火车。你迟了一会儿就赶不上火车。｜饭少得点儿，去买点儿油粿子油条回。

（5）他比我长得半寸。他比我高了半寸。｜鞋大得点儿大了一点，要换下子一下。

但是，团风方言中这个意义的“得”一般不用在动词后，跟近代汉语完成体标记“得”的分布不同。

第二，“得”虚化为经历体标记。如果句中出现了表示过去时间的词语，或者隐含着事件是在过去发生的意义，那么如同表示完成的“了、过”在一定的条件下可以表示经历体（详下）一样，团风方言“达到、完成”义的“得”在“过去”的语境中就语法化为“过去完成”的意义，于是重新分析为经历体标记。如：

（6）我上个月问得过老李，他确实冒没有去。

（7）那句话我只说得过一回，落了以后再冒没有说。

这应该是用于句中的经历体标记变体“得”的来历。但是，团风方言的“得”出现在动词后、句末有歧义，可以是动词、结构助词、体标记等（汪化云 2004）。因此，其经历体标记“得”就跟该方言常见的“子”尾一起，构成了常用于句末的体标记变体“得子”，以固化语法化的成果。正是因为虚化成了经历体标记，所以“得”表示“达到、完成”的意义使用受限，只残存在“第一”中所述的两个结构之中。

第三，“得子”虚化为语气词。如二所述，团风方言新派在强调句中常连用“过、得子”，使得后者虚化为语气词：“得子”出现在句末，经历体意义成为冗余，会重新分析为肯定事态已经发生变化的语气词（例 8、9）。可以证明这种重新分析存在的依据是：虚化的“得子”常出现在体词而不是谓词之后，与团风方言中也存在的“了 2”（吕叔湘 1980）意义相近，在强调句中可以替换为“了 2”而基本意义不变：

（8）那个事，我问过老师得子。→那个事，我问过老师了。

（9）汽车窦里热死人得子！→汽车窦里热死人了！汽车里面简直要热死人了！

可见，团风方言的上述用例，从共时的角度反映出“得（得子）”经历了以下意义演变：

达到（得）/ 完成（得）→经历体（得 / 得子）→肯定事态发生了变化的语气（得子）

这是不同于吴福祥（2009）关于“得”义语素语法化路径的另一种相关的语法化现象。

2.“得”的直接来源。如前所述，黄孝地区尤其是其东部的居民，很多是明初江西移民的后裔——500 多年前发生的“江西填湖广”，导致大量赣语区的移民进入鄂东北。因此，赣语区移民与当地土著应该有过全方位的方言接触。黄孝方言的“得”表示“达到、完成”等用法，在周边其他方言中不存在，极有可能来自移民，应该在今赣语中留下踪迹。事实上，赣语中与“得”同音的“嘚”可以用于动词后表达完成义，显然与之有关系。例如“吃了饭了”在下列方言点上的说法（李如龙、张双庆 1992）：

醴陵　吃嘚饭嘚　　　tɕʰia꜆ •tefɑŋ꜄ •te
修水　吃嘚饭　　　　dʑʰiɑʔ꜆ tə꜆ fan꜅
安义　吃嘚饭　　　　tɕʰia꜆ •tɛ fɑn꜄
都昌　吃嘚饭　　　　iɑk꜆ •tɛ ɸuan꜅
宿松　吃嘚饭嘚　　　tɕʰi꜆ •tɛ fɑn꜄•tɛ
余干　吃嘚饭　　　　tɕʰiak꜆ •tɛ fɑn꜅

不难看出，“吃”后的“嘚”相当于普通话的“了 1”，是现实体标记。更进一步，“嘚”在醴陵、宿松两地还虚化为用于句末的语气词，相当于普通话的“了 2”。其他点也有这类现象：

修水　败呱嘚 [fai꜅ •kua •tə]
安义　坏呱嘚 [fai꜅ •kua •tɛ]
都昌　败嘚 [ɸuai꜅ •tɛ]
平江　坏呱嘚 [fai꜅ •ka •tɛ]

以上 4 例都表示“坏了”的意思。我们知道，“了”在汉语史上是由表示“完毕、结束”（王褒《僮约》:“晨起早扫，食了洗涤。”）的意义逐步演变为“了 1、了 2”的（参看蒋绍愚 1994）。“得”由在中古汉语中表示“达到、完成”的意义，演变为赣语的现实体标记和语气词“嘚”，正与“了”的虚化模式相同，说明汉语中存在着这样的语法化机制：

表示“完毕、结束”意义的动相补语→现实体标记→肯定已然的语气词

因此，赣语上述方言点的“嘚”，本字当是“得”；其方言中当有过用“得”作动相补语、与黄孝方言一样表示“完成、达到”的阶段，否则其现实体标记“得”就找不到合理的来源。这说明团风方

言为代表的黄孝方言东北片的“得”应该来自赣语区的移民，其与赣语的“嘚”都来自中古汉语（团风方言亦同赣语一样用“败”表示“坏”、用“坏”表示“脏”，这个与周边其他方言不同的特殊词义现象，亦可佐证二者确有联系）。只不过“得”离开母体后，像黄孝方言“了的”表示经历体（详下）一样演变为经历体标记；而在赣语中则沿着跟共同语“了”一样的语法化路径，虚化成了现实体标记和语气词。

3. 关于 $t^hən^ɔ$ ·tsɿ。这个词表达的经历体与“得子（得）”的意义、分布完全相同，且与“得子”读音相近，似应与之有相同的来源。但是，$t^hən^ɔ$ ·tsɿ 不大像来自“得”：黄孝方言中，中古全清声母入声字大多念入声，虽有少数字派入阴去声，但端母字不至于念送气音。（汪化云 2004）而且，$t^hən^ɔ$ 不单用，$t^hen^ɔ$ ·tsɿ 也没有语气词的用法。因此，其来源需要再研究。

**（二）与完成义的“了”有关的“了的”**

黄孝方言的“了的”是经历体标记兼语气词，应该是与普通话功能相同的现实体标记“了 1”（吕叔湘 1980）和语气词“的”构成的复合助词。团风方言中这两个词都可以单用，意义、分布跟普通话相同。

1. 了 1。普通话的“了 1”表达完成（现实体）的语法意义，团风方言的“了 1”与之相同，如：

（10）我买了个鸡。｜吃了饭就回去。｜这本书你看了三天。

（11）死了王屠户要吃和毛带毛猪？｜我看了一眼睛就走了。

（12）他这两年头发白了好些很多。｜鞋大了一点儿。

2. 的。普通话语气词“的”表示肯定或已然（吕叔湘 1980）。团风方言语气词“的”也是这样：虽然可以单纯表示肯定（例 13），但多用于肯定曾有某事（例 14），同过去时间相联系（孔令达 1986）：

（13）他要走的，你莫留他。｜他不得会忘记你的。

（14）我从后门进来的。｜王村长骑车子去的。｜老三么门早儿什么时候走的？

3. 了的。团风方言的“了1”表完成；而“的”必须出现在句末，证明其本为肯定曾然、同过去时间相联系的语气词。当表示“完成”的“了”和肯定曾然的“的”在同一个句子中组合使用，就应该是肯定“曾完成”，即表示经历体兼肯定的语气。其两个音节念轻声、表达一个语法意义，可以分开用在宾语或补语前后，也可以合起来用在句末，证明其为两个虚词性成分组合而成的离合词。如：

（15）猫子吃了鱼的。｜猫子吃了的，再莫喂别再喂。

如“二”所述，“了1”构成“了的”表达经历体的机制，可能与500年前江西移民带来的“达到、完成”意义的“得”演变为经历体标记相同。

如前所述，在强调句中，新派常将“过、了的”连用（例16），使得“了的”的经历体意义成为冗余而表达语气的作用凸显，故重新分析为语气词。这个词多用在体词或延长读音的谓词后（例17、18），表示肯定、夸张的语气：

（16）他来过学校两次了的。

（17）他说话急死人了的。

（18）他一来就气吼—了的气呼呼的。｜屋里扫得干净—了的非常干净的。

例中“干净—”，即延长“净”至约两个音节的时长，以表示程度极深。这种延长可以出现在谓语中心，也可以出现在补语（汪化云2004），其后一定要出现语气词“了”或复合语气词“了的”。语气词“了的”中可以嵌入宾语、补语。如同其他离合词一样，“了…的”仍应该看作是离合的语气词，如：

（19）我吃过了饭的，不想吃。｜我吃过了三回的，不想吃。

可见，团风方言的共时用例，表现出黄孝方言“了的”表达的意义可能经历了这样的演变：

现实体标记、表示肯定的语气词（了、的）→经历体标记兼表肯定（了…的／了的）→语气词（了…的／了的）

**（三）与普通话经历体标记同形的“过”**

黄孝方言的经历体标记“过”应该是共同语经历体标记“过”的叠置。这不仅是因为二者同形，还有以下三个理由：

1. 东北片并用三个经历体标记，不可能都是自源的成分。东北片用三个经历体标记，很不经济。三个标记中，形体独特的“得子（得）/tʰən •tsɿ”和“了的”当是其固有的经历体标记，二者存在是否兼表肯定语气之别。与共同语词形相同的“过”当是外来的：如上所述，“得子”残存着在假设复句否定式中表示经历体的用法，说明该方言的“得子”可能本来是能够用于否定句的。“过”用于否定句而与“得子”的一般用法互补，当是共同语的“过”进入该方言、取代“得子”用于否定句功能的结果，如同共同语“那”的叠置取代了该方言远指代词的主要功能（汪化云 2004）一样，是有标记项容易接受外来影响的表现——曹秀玲（2000）认为“这、那”在分布上的差异是：近指的“这”为无标记项，远指的“那”为有标记项。汪化云（2008）认为，有标记项使用较少，容易被强势方言中同类不同形的成分所取代，共同语的“那”取代一些方言的远指代词“兀、姐、乜”即是其例。团风方言表示经历体的句子中，其肯定句使用较多，否定句是有标记项，相对少用。例如可以有这样的问句：他去得子冒（他去过没有）？而没有这样的问句：他冒去得子冒（他没有去过没有）？因此，共同语的“过”容易取代该方言否定句中固有的经历体标记。“过”用于否定句，正反映出其进入该方言的最初情形。

2. 西片、东南片不使用“得子／得”，也间接证明了这一点。如前所述，黄孝方言经历体标记兼语气词“了的”不用于否定句，那么同属黄孝方言的西片、东南片应该如相邻的东北片一样，可能曾存在过可以用于否定句的“得子/得”，否则其经历体的表达就不完整。只有“过”进入其否定句，与“了的”互补，才从取代否定句中的“得子/得”开始进而完全淘汰之。这样的推测才可以解释西片、东南片同东北片一样使用“了的、过”却不使用“得子/得”的现象，也间接证明了“过”的叠置。

3.“过”的地域分布表现出叠置的特征。东北片、西片的“过”出现于肯定句，新派使用较多一些，且有转文或肯定等特殊色彩；而用外来词表达特殊的语用意义，正是其叠置之初的表现——共同语的“那”叠置于该方言之初，也是具有特殊意义色彩的——用于指示特别远的对象。（汪化云 2008）“过”在东南片的用法与普通话相同，则意味着其完全进入了该方言。“过”的地域分布差异，表现出其逐步淘汰固有的经历体标记“得子（得）”、缩小“了的”的使用范围而进入黄孝方言的演变：

东北片用于否定句，与“得子/得、了的”互补→西片用于否定句，淘汰了“得子/得”，与“了的”互补，可用于强调的肯定句→东南片用于肯定/否定句，与普通话同；“了的”残存于肯定句

可见，“过”是共同语体标记的叠置，这也是其在多数方言点与其他经历体标记互补的原因。

**（四）小结**

上面的讨论说明，黄孝方言中“了的、得子（得）、过”并存的现象应该这样解释：黄孝方言表达经历体可能本来是使用“了的”的，600多年前的江西移民将“到达、完成”义的“得”带入黄孝方言，与“了的”一样发展为经历体标记，与之并存使用，表达有差异的经历体意义。而国语、普通话近百年来的广泛影响，导致其经历体标记“过”叠置于黄孝方言；在东北片、西片取代了否定句中的固有经历体标记，而完全进入了沿江的东南片方言。经历体标记“得子（得）”在靠近西南官话区和沿江的西片、东南片被

彻底淘汰了，仅残存于交通相对不便的东北片，且在“过”的排挤下，正与“了的”一样使用受限，在新派方言中部分地虚化为语气词。这就是说，该方言“了的、得子（得）、过”的并存，是不同历史层次经历体标记的叠置，是其在新派中正在发生的经历体标记替换的表现。

## 四、讨论

黄孝方言的“得、了（的）”由表示完成的动相补语或现实体标记演变为经历体标记，是其突出的特色。但是，从该方言中，我们难以找到更多的演变证据，这种演变似乎缺少理据。而事实上，“完成”和“经历”是两个密切相关的概念：过去的“完成”就是“经历”，当下的“经历”也就是“完成”。因此，现实体标记、经历体标记是完全可以互相演变的，表示完结的动相补语演变为经历体标记也是可能的。从汉语共同语、汉语方言和其他汉藏语系的语言中，我们不难发现这样的现象。

### （一）布衣语中两种体标记的转化

据周国炎（2009）研究，布依语中的“经历体（或称曾行体）句末带上语气词 $lou^{0}$、$pai^{0}$”，可以表示“完成、结束”，即表达现实体的意义，可见两种体之间可以转化的密切关系。如：

（1）$ku^{33}$　$pai^{33}$　$kwa^{24}$　$sa\eta^{23}$　$hai^{42}$　$lou^{0}/pai^{0}$。

（我去过了上海了。）

我　去（经历体）　上海　（语气）

### （二）汉语的“过”有着由表示“结束、完成”向表示经历体演变的历程

我们知道，现代汉语助词“过”有两种相互关联的含义：一种是表示动作“结束、完成”，一般称之为“过 1”；另一种则是表示“这样的事情过去曾经有过”或者“已有的经验”，一般称之为“过 2”。曹广顺（1995）认为，“过”的两个意义间的演变脉络清晰。

唐代“过”表达的意义，主要是动作的结束和完成，一般不表示时间的过去，即不表示经历。如：

（2）每至义理深微，常不能解处，闻醉僧诵过经，心自开解。（《太平广记》）

只有个别的“过”表示“曾经有过”：老僧行脚时曾往过来（详下）。宋代这种例子有所增加，如：

（3）看文字须仔细，虽是旧曾看过，重温亦须仔细。《朱子语类》

曹广顺指出：从宋代的例句来看，表示曾经的“过 2”似可看作是表“完结”的“过 1”在特定语境条件下的产物——当表“完结”的“过”用在表述过去发生的事件这种语境中，就产生了“曾经”的意思。而随着这种句子的增多，表示“曾经”的意义就逐渐在“过”的功能中固定下来，于是变成了“过 2”。显然，曹所归纳的表示“结束、完成”的“过 1”演变为经历体标记“过 2”的条件，正与黄孝方言的“得”由表示完成的动相补语或助词演变为表示经历体的前述条件（出现于“过去发生”的语境）相似。曹还认为，唐代“过$_2$”少见，是因为唐代汉语中还有一个表示事态“曾经”的助词“来”。这会把“过”的使用限制在表示“曾经”之外的句子中，减少了它出现的机会。而《朱子语类》中叙述某一在历史上出现过的事件，一般既使用“过”，也要在其后再加上一个“来”，以强调事态“曾经”的意思：

（4）便可见曾子当时功夫是一一理会过来。｜圣人事事从手头更历过来。

不难看出，这正是“过 1”演变为“过 2”的另一个条件：吸收“来”的“曾经”义，然后省略双音节的“过来”中的后一音节。这个条件与上述语境条件结合，“过 2”便形成了。

**（三）大冶的赣语反映出汉语史上存在的上述演变**

湖北省东南部的赣语大冶方言动词后的“过”有时表示事情已经完结。“过”需重读，后边带“了”；动词前可以出现“已经、早”之类时间词（汪国胜 1994）：

（5）高考已经考过了。｜会开过了。｜饭早吃过了。

该方言在动词后用“过来”表示经历，一般用在句末；“过”有时也表示经历，如（夹注为引者所加）：

（6）带这个人我好像在哪低哪里见过 / 过来。｜打麻狮子我以前学过 / 过来个，姜现在哈都忘见忘记了。

但是，如果句中有了表示确定时间的词（引者按：从其举例来看即有了过去语境），则只能出现“过”，不能出现“过来”：

（7）带这个片子我去年看过。｜前儿我到佢漏他家里去过。

动词后、句末有宾语、补语的也不能出现“过来”，而只能用“过”表示经历体：

（8）小学我教过几年。｜飞机我坐过几回。｜佢他长带果这么大还冒看过电影。｜我喝过带这个酒。

“过来”只有在否定句和反问句中才可以置于简短的宾语之后：我胎生从来冒求人过来。大冶方言中经历体标记“过来、过”并用，“过”也表示“完结”，正反映出历史上“过”的演变及取代“过来”的中间状态。其双音节的“过来”一般出现在句末，也和黄孝方言的“得子”相同。

“类型学的研究显示，世界上绝大多数语言的经验体意义是由完成体（perfect）范畴表达的。”（吴福祥 2012）联系布依语、汉语史、大冶方言中的上述现象来看，黄孝方言的助词“得、了（的）”由表示完成演变为表示经历体是完全可能的。这种演变的关键是：表示完成的动相补语或助词出现在表示过去时间的语境中，自然获得了“过去完成”即“经历”的意义；而长期的使用便使这个意义固化下来，如同共同语“过”的演变一样。这意味着汉语中存在表示完成的动相补语或助词语法化为经历体标记的机制；只不过黄孝方言用“得、了的”表示经历体，与共同语“得、了”的一般语法化路径不同，表现出独特之处罢了。

## 第四节　其他体标记及相关现象

### 一、短时体标记“下子、下儿”

短时体也是一种完整体，“它指明句子所表达的事件是一个完整的短时动态事件”（戴耀晶 1997）。普通话的短时体用动词 AA 式重叠的形式表达，如：看看；研究研究。这种方式特别强调事件的时量因素，经常在表示未来事件的句子里使用。这种用法在很多官话方言中存在。在吴语例如杭州方言中，动词重叠的表现似与官话不同：杭州方言中处于条件复句中条件分句的 AA，其“短时”义表现为对 A 的量的淡化，并且表示 A 的实现。而 AA 在说话时并未出现，因而其表达的是“将来实现”的意义（汪化云 2014）：

信寄寄就来。（把信寄了就来）

让我看看再话。（让我看完再说）

饭吃吃再去。（吃了饭就去）

这种貌似特殊的用法实际上跟普通话重叠动词表达的短时体相通：完整体，常表达未来实现，短时。

黄孝方言没有这种重叠方式。要表达这种意义，整个地区的方言都是在动词后附加形态标记“下子 / 下儿”。如团风方言的用例：

（1）你吃下子就晓得甜不甜。｜你尽 [ᶜtɕin] 我看下儿。｜我等下儿就来。

例中的“吃下子、看下儿、等下儿”可以分别理解为“吃吃、看看、等等”（以下不再解释）。

由于整个片都使用“下子 / 下儿”表达短时体，而且其表达的意义、分布特征都相同，只是音高略有差异，因此无须逐一列举。以下仅以团风方言为例介绍其分布特征和来历。

#### （一）“下子 / 下儿”的读音和出现的位置

“下子 [•xa •tsɿ]”和“下儿 [•xæ]”这两个形式都弱化、虚化了：

前者读轻声，其“子”尤其轻；后者合音为儿化形式，念轻声。“下子/下儿”只能出现在动词后表达短时体，常常出现在句末（2），也可以处在紧缩复句的前一分句末尾（3）。能出现在“下子/下儿”后的成分，只能是宾语（4）：

（2）你莫动，我来摸下子。

（3）你去，到了那下儿那儿问下儿就走。

（4）你问下子隔壁的大哥，看是不是搞错了。

**（二）能附加“下子/下儿”的动词**

普通话中能重叠表示短时体的动词，受到的限制很多。“能够重叠的基本上都是动作动词，静态动词和结果动词由于语义上的限制，通常都不能重叠”，因此“她整天就是爱爱孩子、身体病病就好了”都不合格。（戴耀晶 1997）黄孝方言中能附加“下子/下儿”的动词范围大一些。静态动词和结果动词当然一般不能附加“下子、下儿”，一般没有“他晓得下子/下儿、你自家长大下子/下儿、你死下子/下儿、尽我姓下子/下儿刘”之类说法。但是，“整天就是爱下儿孩子、身体病下子就好了”两句，在一定的语境中也是可以成立的。至于姿态动词、位置动词、动作动词，则都可以附加“下子/下儿”。例如：

（5）我脚胯子腿麻了，徛站下子/下儿再坐。

（6）这个项链好看，你戴下子/下儿试下儿。

（7）你进门要咳下子/下儿，阴寂巧静儿的进来吓得死人静悄悄的进来能吓死人。

（8）拿来我看下子，等下儿再跟你说结果。

**（三）“下子、下儿”的来历和异同**

黄孝方言的“下子/下儿”，来自与普通话类似的数量短语“一下子、一下儿”省略数词“一”。事实上，这个省略的成分在有些情况下是可以恢复的，虽然恢复省略成分的说法并不不多见：

（8）是么什么好东西，我看下子→是么好东西，我看一下子。

（9）你要说下儿他，莫惯使惯坏了他→你要说一下儿他，莫惯使了他。

如果恢复了省略的成分，“一下子、一下儿”就应看作是动词的数量补语。但是，“下子、下儿”是直接处在动词后的成分，其“省略”的情形与一般数量补语不同。黄孝方言中直接出现在动词后的数量补语大多数不能省略“一”：

（10）我吃一回就不想吃。→ * 我吃回就不想吃。

（11）姆妈看一遍就不想看。→ * 姆妈看遍就不想看。

不过，如果动词后出现了表示完成、实现的“了”之类，那么就可以省略“一”了：

（12）我吃了一回就不想吃。→我吃了回就不想吃。

动词后出现了体标记，“一”就可以去掉，这意味着其动词要求后面出现体标记，以反映事件构成的具体方式。“一下子、一下儿”去掉“一”的形式则可以直接出现在动词后，反映出“下子、下儿”具备了体标记的功能，而不仅仅是数量补语中数词的省略。考虑到这一点，考虑到“一”较少能恢复出现，考虑到二者的弱化、虚化并且表达短时体的意义，“下子、下儿”显然应该视为短时体标记。

“下子、下儿”的意义有别。“下子”来自“一下子”的省略和弱化，没有什么特殊色彩，是表示短时体的一般形式。“下儿”来自“一下”的省略和儿化，而黄孝方言中的儿化跟普通话一样，是小称形式，用于动量词后有亲切、随意的色彩。因此，二者互换使用都会改变意义：

（13）我看下子。≠我看下儿。

前者的表达没有特殊色彩，后者有亲切的祈使意味。

### （四）不同年龄的被调查者对“下子/下儿”的使用

如上所述，“下子/下儿”前省略的“一”可以恢复。但是这种现象在老派中较少出现，其省略和弱化几乎导致了语法化的完成。而新派尤其是在校大学生，则往往不用提示就能恢复省略了的“一”。这应该是受书面语影响所致的语法化的“退化”。

## 二、所谓“先时体”标记“着”

黄孝方言中的“着”，意为“再说”，许多作者视为“先时体/先行体”助词。这个词可以用在表示先后两个事件的分句中前一分句之末（1）；更常见的用法是出现在对话中应答句的末尾，强调应答句所述事件应该出现在前，以表达说话人的主观意向（2、3），如团风方言的用例：

（1）上午把衣裳洗了着，下午再上街。

（2）甲：你快去！｜乙：急个么事？坐下儿着。

（3）甲：冒没有吃饭不能吃柿子。｜乙：吃个一个着。

这种用法的“着”，在汉语西南官话、江淮官话、赣语、吴语等方言中都存在（曹志耘 1998）。最早报道黄孝方言中“着”的是张林林（1991），他介绍了九江方言中的黏着语素“着”位于动词后、句末的分布特征，将其用法分为“表示典型的先后次序、表示说话者不顾一切后果执意要实施某动作”两类，简介了其没有否定形式、不能扩展而只能构成“V了着”的形式等特点。但作者没有为“着”定性。同杨永龙（2002）等类似，盛银花将安陆方言的“着”称为先行体标记（2010：8），认为该方言的“着”表示“一个行为、事件的发生，必须以另一个行为、事件为先决条件”。而“句法上常常有A、B两句，对于A句而言，B句表示先行的意义，‘着’通常出现在B句中”。这种对于“着”的意义、分布的说明，基本上反映了整个黄孝方言中“着”的主要特征。以下以团风方言为例讨论之。

### （一）“着”的分布

团风方言的“着”常出现于A、B两个分句中的一个分句之后，也可以出现在应答句之后，是个黏着的后附成分，所附成分可以是 VP（例 1–4）；还可以是 NP（主要是时间词。如例 5、6）：

（4）百么事任何事下都莫想，闷倒踏踏实实地困一觉着。

（5）甲：我想看电影。乙：夜下 [•çiɛ] 晚上着。

（6）甲：这个事要早点做。乙：晓得，五一节着。

从例中可以看出，“着”所附着的时间词前隐含着“到了”的意义：夜下，即“到了夜下”；五一节，即“到了五一节”。所以，“着”的附着对象本质上都是动词性成分（但不一定是动词）。这也是人们视之为体标记的原因之一。

**（二）“着”表达的意义**

如上所述，“着”在句子中可以出现于不同的位置，因而表达出不同的意义：

第一，当一个连续的句子而不是对话有 A、B 两个分句时，“着”通常出现在 A 句中。其所连接的两个分句之间存在着先后关系，“着”表达“再说”的意义，强调 A 的次序在先（例 1）。例（7）就是强调“治鱼”应在“切肉”之先，表现出说话人的主观祈使语气：

（7）你把鱼治 [꜀tsʰʅ] 剖、拾掇了着，肉等下儿再切。

第二，当“着”出现在对话中表示陈述的应答句中，有两个意义：一是表示所附分句表达的事件应该先于前一分句所述事件出现（8），亦是表达祈使语气；二是表示后一分句表达的事件必须出现，反映出说话人不计后果的执拗的主观意愿（9）：

（8）我说要到汉口去看二爷二叔，他叫我过两天着。

（9）甲：跟领导说话莫发脾气。乙：发了着。

第三，当“着”出现在后续的疑问句中，表达出说话人要求听话者就其疑问先予以回应，然后才能就前一分句进行回应。这实际上是用疑问的方式表达祈使：

（10）甲：伯伯到哪里去了？乙：你问倒做么事着？你问到了答案干

什么呢？（你说了我才能回应你）

不难看出，“着”所附着的分句表达的事件，都是说话人要求先出现的。这类分句可以是祈使句（7），也可以是表达执拗态度的陈述句（8）、疑问句（9。间接表达祈使），都是一种主观意向的表达。由于“着”表达“某事件实现后再说”的意义，因此所附分句一般不能是否定形式：

（11）甲：到夜下把钱还得$_{给}$他。乙：* 不到夜下着。

**（三）其他各片的“着”**

黄孝方言各片的“着”读音相近，意义和分布完全相同，因此无须一一讨论。这里仅举东南片九江和西片安陆的几个用例，以见一斑：

九江：么事时候去看电影？吃了饭着。｜坐一会儿着，急么事？

甲：骑自行车不能带人。乙：带了着。

安陆：么事时候儿去看电影？吃了饭着。｜坐一会儿着，慌么事？

甲：骑自行车不能带人。乙：带了着。

**（四）“着”的性质**

如上所述，认为“着”是先时体 / 先行体标记的说法比较普遍。但是，这个所谓“体标记”比较特殊。同黄孝方言的“‘在’类词、倒、起来、了、得 / 得子、下子 / 下儿”等表达进行体、持续体、起始体、现实体、经历体、短时体的标记不同，“着”不像前述体标记那样只用于表达一个事件的具体构成方式，而是用于两个事件之间表达先后的意义。“先后”是跟时间有关的顺序意义，很难说是一种体意义，因此其体标记的身份值得怀疑。更重要的是，“着”表达“某事件实现后再说”的意义，其附着分句的动词之后往往出现完整体标记，如现实体标记“了”（1、7、9、12）、短时体标记“下子 / 下儿”（2、13），或者隐含着事件完成的意义（如 3—6）。如果说“着”也是体标记，那么一个事件出现两个体标记，显然是叠床架屋的；除非我们修改“体标记”的定义。例如：

（12）我说即刻儿就去，他说要喝了酒着，所以拖到这们早这时候。

（13）莫急莫急，先歇下儿着。

“着”所联系的是两个分句，倒有些连词的意味。考虑到其后置的分布特点，考虑到其表达的强烈的主观倾向，我们觉得“着”跟“的话”类似，是一个具有连接作用的助词；它可以用于不同语气的句子中，表达说话人的主观意向。正因为如此，我们不视之为体标记，也不将“先行体”归入黄孝方言的体系统之中。

## 三、描绘进行的“A 啊 A 的、A 倒 A 倒、AA 搞儿搞儿的”

黄孝方言中存在“A 啊 A 的、A 倒 A 倒、AA 搞儿 [·kɔ] 搞儿”三个结构，其所表达的意义跟进行体标记类似，但有较强的描绘色彩。三个结构存在的地域不完全相同（本小节对黄孝方言的分片从第二节）。

（一）A 啊 A 的。这个结构存在于黄孝方言的东北片、中片，是一种单音动词重复出现的结构；普通话中也存在类似的结构。其动词一般是动作动词，如“说、打、挑、戳”之类。“啊”为增强描绘色彩的语气词，实际发音是前一音节末尾音素与 a 相拼合，可以是“啊、呀、哇”等等；“的”是肯定持续（参看第二节）的语气词。但是，这个结构近乎构式化了，其中的“啊、的”等都近乎虚化为构式中的虚语素。整个格式表示动作行为漫不经心地进行：切啊切的，意即漫不经心的切着。其对动作行为进行主观描绘的色彩比较明显：可以描绘应付似的做某事（1、4），有责备的意思；可以描绘随意地做某事（2），有淡化动作行为的色彩；可以描绘经常发生但无须发生的事，表达说话人认为无足轻重的态度（3）。整个结构一般充当句子的谓语，也可以充当主语等成分（4）：

（1）你这样挖啊挖的，要挖到么早儿什么时候？

（2）我们两个说啊说的那么样说着说着，一下半天一下午就过去了。

（3）莫总是问啊问的，那算个么什么事？

（4）作检讨就老实点，昂倒个头昂着头说啊说的，要不得。

不难看出，这个结构实际上是通过动词的重复使用即对动作行为增量的表述，来表达进行的；语气成分“啊、的”穿插其中，有淡化动作行为强度的意味。整个结构表达的是动作行为“A1+A2…An”的漫不经心的重复。这实际上是一种修辞手段，即“A…A…”表示反复，“…啊…的”淡化强度。

（二）A倒A倒。这个结构存在于黄孝方言西片、东南片，除个别乡镇外，大致与“A啊A的”的地域分布互补。“倒”在东南片的九江等地或作“的”，这个“的”与该方言中表示肯定（多肯定持续）的语气词“的”同音，因此视为语气词“的”似乎也可以。但是，在相邻的瑞昌方言中，A后的助词为“倒”。在安陆方言中，一位发音合作人发音为“倒”，另一位发音合作人则将“倒”说成“的”，而安陆方言中没有肯定持续的语气词“的”。综合考虑，我们觉得这个“的”可能是“倒”的弱化形式。如上所述，“倒”只是持续体标记，“V倒”只能表示持续；即使是九江的“的”，也只能肯定持续。但是，“倒”或“的”出现在“A倒A倒”或“A的A的”结构中，则可以表达动作行为的进行，其“倒、的”的语法意义发生了变化。显然，这个结构也近乎构式化了，它可以充当谓语、状语（8），如安陆方言的用例：

（5）他戴倒戴倒，就戴去了。

（6）他坐倒坐倒就眯过去了[tɕ$^{h}$iɑu$^{ɔ}$]他坐着坐着就睡着了。

（7）我写倒写倒，写忘记了。

（8）大水看倒看倒涨起来了洪水看着看着就涨起来了。

又如九江方言的用例：

（9）我写的写的，写忘记了。

以上诸例中的“倒/的”可以直接翻译为普通话的“着”。结构中动词可以是动态动词（最常见。如：说、看、写）、姿态动词（坐、眯）、位置动词（戴）。这些动词并不都含有可以进行的意义，但一旦出现在这个结构中，就都有了进行的意义。同“A 啊 A 的”一样，这是用动作行为反复出现的方式表达进行，描绘其进行的情状，本质上是一种修辞现象。其“A1+A2…+An”构成了一个动作行为不断进行的连续体，自然就有了进行意义，如同“手榴弹（一个接一个）炸着”一样。安陆、九江等方言的这种结构改变了“倒”仅表持续的一般用法，是其西边的西南官话用“倒”表达进行、持续两个意义（罗自群 2006）的过渡形式。

（三）AA 搞儿搞儿的。这个结构中的 A 为单音节的动态动词，如“说、做、看、推、拍”等；第一个 A 念本调，第二个 A 念轻声；“搞儿搞儿的”为两个轻声音节重叠加表示肯定的语气词“的”，其“搞儿”是万能动词“搞”的儿化、弱化。在东南片的武穴、蕲春、黄梅方言中，这个成分更多作“打打的”，其“打打”是另一个万能动词“打”的重叠，有“做做”的意义，与“的”一样为轻声。“AA 搞儿搞儿的 / 打打的”的表意重心在 AA，“搞儿搞儿的、打打的”具有描绘动作随意进行的作用，很像形容词后缀“乎乎”之类。整个格式一般充当谓语，表示动作行为随意地进行，与“A 啊 A 的”意义相近，有描绘色彩；也可以做主语（13），描述动作行为随意进行的现象。这个结构构成的句子，往往需要出现先行句或者后续句，以反映其动作行为的影响，如团风方言的用例：

（10）说说搞儿搞儿的，半天就过去了。

（11）打不起精神来，整天就是走走搞儿搞儿的。

（12）他还是一天到下昼黑$_{傍晚}$玩玩搞儿搞儿的，不好行$_{好生}$做事呀？

（13）天每儿$_{每天}$玩玩搞儿搞儿的，是做不好的。

同上述两个格式一样，这个格式也是用动词重叠表示进行，其“搞儿搞儿”或作“打打”，说明其并非一个凝固的语法组合，而是一种修辞手段。

（四）小结。以上三个格式，都应该看作是动词的反复使用，并且附加了某些语气词、体助词，是一种修辞手段。但是，修辞手段的经常使用，也许会导致其演变为语法现象。虽然目前还不好说其已经是表达进行体的语法形式，但是持续体助词“倒”在其中兼表进行，整个结构表达进行的意义，说明这种演变在进行中。只不过其仍有着鲜明的修辞色彩，意味着其演变尚未完成。

不难看出，以上二、三两小节所述黄孝方言中的几种方言现象，都跟情态有关系。汉语中的情态和时体有时候交织在一起，很难区分；但根据主观性和客观性的标准来进行区分，将偏于主观性的归情态，倾向于客观性的归时体，也许更好些。（引自金立鑫先生与笔者的交流）因此，我们不将这些现象看作是体标记。

## 四、表示现在时的“将”[꜀tɕiaŋ][①]

汉语的副词“将”一般是表示将来时间的，但是在黄孝方言与赣语交界的部分地方，则是用“将”表示现在时。这些地方主要是黄孝方言东南片的黄梅、九江（三个市区）、瑞昌，以及赣语的安徽宿松、江西德安、湖北大冶等方言。上文引用汪国胜（1994）的用例中，这个意义的副词被记作同音的“姜（姜哈忘见了）”。下面各方言例句中的“将”都应该理解为“现/今”（汪化云 2007）：

（1）湖北黄梅：渠马马$_{他妻子}$将去划船啵？/将价都还了，不买也说不过去。

（2）江西九江：年前几多人上街买年货，将人少多了，生意差好多。/三里街将有么事$_{什么}$菜不？

（3）安徽宿松：尔将去吧？/渠将来吃饭。/我将有钱用，不求尔。

① 本小节的主要内容为《“天将以夫子为木铎”中的“将”》（载《文史哲》2007年第4期）一文中的一部分。

此外，“将将”在江淮官话的南京方言中也表示“正、正在”的意思：他将将写一本书。这与“将”的“现/今”等意义也是相通的。这种用法与“体”不相干，但是其所表达的事件大多是未完成的，而且其词形特殊，故而略作讨论。

其实，“将”的这种用法古已有之。《论语·八佾》中有这么一段话：“仪封人请见，曰：‘君子之至于斯也，吾未尝不得见也。’从者见之，出曰：‘二三子何患于丧乎？天下之无道也久矣，天将以夫子为木铎。’”其中的“将”，一般都解释为“将要”。例如刘开的《论语补注》中说：“封人不曰‘天以夫子为木铎’，而曰‘天将以为木铎’，是专言将必得位以行教者矣。若以失位周流为行教，则夫子现在失位，天已使为木铎矣，何‘将以’之有？”显然，刘开认为“将”是表示将来的。

这种解释与事实不符。如果把“将”理解为“将要”，那么仪封人的话就是一种预测。但是，孔子事实上并没有在仪封人“出曰”之后“得位以行教”，因而其预测的内容就是错误的。按这种理解，人们就不会以这段话来证明仪封人的慧眼和孔子的伟大，可见这种理解不妥。事实上，“将”应该理解为“现/今”。我们知道，《论语》中记述的这件事发生在孔子五十五岁时（鲁定公十三年）去鲁适卫，接下来十四年周游列国的过程中。孔子访问诸侯宣传政治主张的行为，与振动木铎宣传政教很相似。仪封人的话反映的应该是这种事实，即仪封人认为孔子当时正在充当木铎宣传天意，是“失位周流”以“行教”，并以此行为的重要意义来提振“二三子”的士气。因此，“将”应该理解为表示现在时的副词。这样解释“将”，仪封人的话就是慧眼独到的了。韩愈的理解也与此接近：“周之衰，孔子之徒鸣之，其声大而远。传曰：‘天将以夫子为木铎’，其弗信矣乎？”（《送孟东野序》）韩愈虽然没有正面解释“将”，但是他显然认为孔子之徒当时的“鸣”本身就是充当天意的木铎。

可见，“将”表示的应该是“现在时”，即指事件在说话时发生。“将”表示的现在时意义一般词典不收，但裴学海《古书虚字集释》(中华书局，1954：617)肯定了这一义项的存在：“将，犹‘今’也。”作者还举了先秦时期这样的用例3个：

(4)兵民之残也，则用之蠹，小国之大灾也。将或弭之，虽曰不可，必将许之。《左传·襄公二十七年》

(5)君将使我杀子，吾不忍杀子也。《公羊传·宣公六年》

(6)今尔出于崖涘，观于大海，乃知尔丑，尔将可以语大理也。《庄子·秋水》

“将”表示的“现/今”意义在近代汉语文献中也有沿用。例如元曲《单刀会》第四折的用例：

(7)(正末关公引周仓上)周仓，将到了哪里也？(周云)来到大江中流也。

从常识和周仓的回答来看，关公不可能是问周仓“将要”到哪里，只能是问“现/今”到了哪里。句中的“来到”二字，也说明其“将”应该是表示现在时而不是将来时。

可见，无论是古代汉语、近代汉语，“将”都可以表示现在时。黄孝方言东南片表示现在时的“将”，是古汉语中特殊用法的继承。或以为这个“将”的本字是“刚”，但是，上述例子中的“将”绝大多数都不能用“刚”替换，如：渠马马将去划船啵？是问“他老婆现在去划船不噢啵”，而不是问“*刚去不噢啵”。而且，“刚”与“钢缸纲冈”等字一样，为见系开口一等字；这类字的声母在黄孝方言中均未颚化，仍念作k，绝没有如见系开口二等字那样有念作tɕ声母的现象。

# 第三章　人称与指代

## 第一节　概说

本章讨论黄孝方言的人称代词与指示代词，以及跟人称和指代相关的其他语法现象。本节先介绍研究的概况，明确本章讨论的主要内容。

### 一、关于人称代词

人称代词可以分为“三身代词”（吕叔湘 1985）和其他人称代词两类。本章主要讨论三身代词及其复数标记、“亲领属格”形式，兼及双数概念的表达方式；不讨论诸如“人家 [·ka]、别个$_{\text{别人}}$、各人、自家 [·ka]$_{\text{自己}}$、某人、大家”等其他人称代词。这是因为：第一，后者大多与普通话大同小异，而即使是小异，也主要是词形与普通话不同，意义和功能一般没有差异。第二，个别人称代词的虚化比较特殊，例如“大家”[tai² ·kɛ] 处在复指短语的后项、谓语中心之前（团风方言：我们大家下不去$_{\text{我们干脆都不去}}$）的位置，因为语义赘余而被重新分析为表示“干脆都”意义和赌气色彩的副词，其词音更接近中古音，而人称代词“大家”[ta² ꜀tɕia] 则与普通话“大家”的意义和功能一致。这个现象很有意思，但汪化云（2008）进行过研究。这两个原因导致其他人称代词不能成为本章的研究对象。而即使是三身代词，本章也不拟面面俱到进行讨论。例如三身代词的功能等，与普通话相同，以下只适当举例而不展开讨论。关于黄孝方言三身代词的词形、地域分布，人们没有进行过专题讨论。对于三身代词的复数标记，汪化云（2008）着眼于黄冈市辖各方言点进行了研究，仅报道了部分复数标记，初步分析了其来源。关于三身代词变入声做“亲领属格”，汪化云（2004）仅讨论过团风方言的现象而没有涉及其他方言点。显然，这些研究没有覆盖整个黄孝方言，且既有的研究也有待深入，因而是本章要讨论的主要内容。

## 二、关于指示代词

本章主要讨论近指、远指、中远指代词，不讨论“其他、旁的别的、各、每”等旁指代词、分指代词之类。因为后者的语法功能与普通话相同而词形略异，无须多说。对于与指代词有关的方言现象，例如量词“箇”在黄孝方言中的语法化及其残存、淘汰等问题，汪化云（2008）进行过探讨。他认为“箇”的量词、定指词和结构助词用法，在黄冈市及其以南的汉语方言中，或全部或部分存在着，从共时的角度反映出“箇”由量词而指代词、由量词和指代词而结构助词的语法化历程。黄孝方言中省略数词或指代词的“量词单用”现象，诱发了主语位置的、复指短语中的和定语后的量词“箇”语法化，导致了类似于冠词的定指词和相当于“的 3”的结构助词“箇”的出现；定指词“箇”在表示方式的状语后复指用法的虚化，导致了相当于“的 1、的 2”的结构助词“箇”的产生。“箇”的定指词的用法，主要存在于黄孝方言东北片和东南片的武穴、蕲春等地，而结构助词的用法主要存在于东北片，在中片的团风等地仅在某些固定格式中残存着。其余中片、西片的广大区域内，没有这种现象。“箇”的语法化，伴随着语音主要是声调的变化。存在这些语法化现象的方言毗邻赣语区，可能与赣语的影响不无关系。而“箇”的结构助词用法在团风等地方言中仅有遗迹，其余多数方言点不存在这类现象，可能是在权威方言影响下被逐步淘汰的表现。此外，对于黄孝方言东北片、东南片的“堵、古”等定指词与汉语史上的“阿堵、箇”的关系，汪化云（2004）等也进行了探讨。因此，这类现象本章不拟专题讨论。

关于黄孝方言的指示代词，汪化云（2004）、王求是（2000）等的研究较深入。例如在描写黄冈市所辖 10 县市方言和孝南方言指示代词分布特征的基础上，二人分别对共同语指示代词在所调查方言中叠置的现象进行了研究。汪化云（2008）认为黄冈方言中的指示代词三分，是一种发展中的现象，是共同语“那”的叠置导致指示代词由二分演变为三分，进而形成新的二分的过程（详下），各地方言处在不同的发展阶段。他还对其他汉语方言中“三分”现象进行了分析，认为所谓“三分”中的“第三个指示代词”，有的是远指代词在使用中的特殊变化形式，并不是另一个指示代词；有的是定指词，与近指、远指代词不在同一个平面；有的是共同语远指代词在方言中的叠置，从历时的角度看，这是一种词汇更替现象。王求是则研究了孝感（孝南）方言中固有指示代词与来自普通话的指示代词并存的现象，认为后者有转文的色彩。但是，两位作者的研究并没有覆盖整个黄孝方言的各个点，未涉及其他黄孝方言的指代词是否存在叠置造成的三分和演变。这显然留下了进一步研究的空间。

## 三、本章的主要研究对象

根据既有研究的情况，本章拟全面介绍整个黄孝方言的三身代词、指示代词的词形，研究两类代词中形体与普通话不一致的代词的来历，从认知的角度探讨两类代词的关系；对黄孝方言所有方言点三身代词复数标记和“亲领属格”的来源和异同、双数表达手段及其演变，从宏观的角度予以比较；对一些不是指示代词但来源或意义与指代有关的叹词等等，也作为重点进行讨论，旨在突出其在指代方面的特殊性。这就是说，本章的讨论有两个主要内容：一是全面描写两类代词，深化既有研究；二是拾遗补阙，聚焦于此前尚未研究的内容。

## 第二节　三身代词与指示代词[①]

汪化云（2016b）认为，汉语中多数方言的三身代词和指示代词同源，是因为其人称域和指代域存在概念的认知映射。这种同源的痕迹存在于现代汉语方言之中。大部分官话和东南方言的第一身、第二身概念与近指、远指概念有着系统的对应，所以其“尔”演变为第二身代词“你”和远指代词“那”，而第三身代词的空格也只有近指、远指以外的指代词来填补。由于第三身概念所指事物的心理距离远，而 k 系远指代词也后起于东南方言，因此与 n 系、k 系远指代词声母音近的旁指、特指代词“他、其（渠）”，就分别演变为两类方言的第三身代词。西北方言的第三身概念曾对应近指和远指概念，而今多以远指代词“兀 / 那”兼指第三身，其产生的机制来自阿尔泰语言的影响。指代词“伊”演变为闽语第三身代词的机制可能与之类似。这种观点是从宏观的角度考察一般汉语方言得出的。那么，某些特殊方言点中的情形又是如何呢？黄孝方言属于江淮官话，其三身代词和指代词的关系理应与一般官话相同，但事实却不尽然。因为江淮官话地处东南方言和北方的其他官话之间，难免兼具南北汉语方言的某些特点。关于该方言中的两类代词及其关系，没有人进行过全面的研究。本节拟全面介绍该方言 22 个点上两类代词的现状和来源，然后从认知的角度讨论二者的关

① 本节中的主要内容曾以《黄孝方言的三身代词和指代词》为题，在“第七届官话方言国际学术研讨会”（合肥・安徽大学・2013.11）大会报告，修改稿于 2015 年刊登在日本《现代中国语研究》。

系——这种关系主要表现在其单数形式方面，因此，以下主要讨论两类代词的单数形式，除了说明问题的需要和举例外，一般不涉及复数形式。

## 一、各方言点的三身代词

可以依据单数第三身代词的词形“他 / 渠”，将黄孝方言的三身代词分为两个大类。

### （一）第一类：第三身代词为“他”

罗杰瑞（2004）将是否使用第三身代词“他”，作为区分官话和非官话的条件之一，因此使用第三身代词“他”可以看作是官话的标志。正因为如此，作为官话的黄孝方言，使用“他”的有 18 个方言点。这些方言点上，第一、第二身代词也与其他官话（汪化云 2008）相同或相近：有 13 个方言点的第一身代词是“我”[ᶜŋo]，第二身代词为 ᶜn̩（下文举例时记作“尔”。以下各点均按第一、第二、第三身代词的顺序列举，下仿此）：

| | | | | | | | |
|---|---|---|---|---|---|---|---|
| 广水 | ᶜŋo | ᶜn̩ | ꜀tʰa | 安陆 | ᶜŋo | ᶜn̩ | ꜀tʰa |
| 蕲春 | ᶜŋo | ᶜn̩ | ꜀tʰa | 孝南 | ᶜŋo | ᶜn̩ | ꜀tʰa |
| 孝昌 | ᶜŋo | ᶜn̩ | ꜀tʰa | 鄂州 | ᶜŋo | ᶜn̩ | ꜀tʰa |
| 大悟 | ᶜŋo | ᶜn̩ | ꜀tʰa | 红安 | ᶜŋo | ᶜn̩ | ꜀tʰa |
| 黄陂 | ᶜŋo | ᶜn̩ | ꜀tʰa | 麻城 | ᶜŋo | ᶜn̩ | ꜀tʰa |
| 罗田 | ᶜŋo | ᶜn̩ | ꜀tʰa | 浠水 | ᶜŋo | ᶜn̩ | ꜀tʰa |
| 英山 | ᶜŋo | ᶜn̩ | ꜀tʰa | | | | |

剩下 5 个方言点的第二身代词是“你”[ᶜni]，第一身代词仍是“我”：

| | | | | | | | |
|---|---|---|---|---|---|---|---|
| 应城 | ᶜŋo | ᶜni | ꜀tʰa | 云梦 | ᶜŋo | ᶜni | ꜀tʰa |
| 黄州 | ᶜŋo | ᶜni | ꜀tʰa | 新洲 | ᶜŋo | ᶜni | ꜀tʰa |
| 团风 | ᶜŋo | ᶜni | ꜀tʰa | | | | |

可见，黄孝方言多数地方的三身代词反映出典型的官话特征，只不过其第二身代词的词形有些不一致。居民主体为清乾嘉时期黄

孝地区移民后裔的鄂西、陕南几个县的方言也是这样：

鄂西：竹山　꜂ŋo　꜂ni　꜀tʰa　　　竹溪　꜂ŋo　꜂ni　꜀tʰa

陕南：白河　꜂ŋo　꜂n̩　꜀tʰa　　　平利　꜂ŋo　꜂ni/꜂n̩　꜀tʰa

　　　旬阳　꜂ŋo　꜂n̩　꜀tʰa

以上黄孝方言和移民方言三身代词的功能、分布均与共同语相同。例如红安县方言的用例：

（1）我姐说不赢尔，不想跟尔说，尔姐去找他说。我们说不过你，不想跟你说，你去找他说。

（2）尔一句我一句，吵死人得。你一句我一句，吵死人了。

（3）塔他家大儿是乡里的妇联主任，尔要多哄倒点儿。他妈是乡里的妇联主任，你要多巴结一点儿。

（4）恶我家小父是大学老师，退休了好几年。我小叔是大学教师，退休了好几年。

（5）力你们的张局在不？恶刘处请他来喝一点儿。你们张局长在不在？我们刘处长想请他来喝茶。

（6）我问尔啦，他的书落了，尔的书在不嘞？我问你，他的书丢了，你的书在不在呢？

**（二）第二类：第三身代词为“渠”**

第三身代词本字为“渠”，是多数东南方言的特征（汪化云 2016b）。但是，作为官话的黄孝方言东南片 4 个点，却也存在这类现象，虽然其第一身、第二身代词同其他黄孝方言点一样也是“我、尔 / 你”：

黄梅　꜂ŋo　꜂n̩　　渠 ꜁kʰæ　　武穴　꜂ŋo　꜂n̩　渠 ꜁xɛ

九江　꜂ŋo　꜂n̩/꜂ni 老 / 新　渠 ꜁kʰei　　瑞昌　꜂ŋo　꜂n̩　渠 ꜁kʰei

这 4 个方言点中三身代词的功能、分布亦与共同语相同。例如黄梅方言：

（7）尔不消带东西得，兀的有。你不须带东西了，那里有。

（8）嗒多近尔也坐车。这么近你也坐车。

（9）我昨日买的意本书将在哪的？我昨天买的那本书现在在哪里？

（10）嗒样说渠欢喜得很，意样说渠不听。这样说他喜欢得很，那样说他不听。

（11）三中全会开了，尔嗒地晓不晓得？三中全会开了，你们知不知道？

（12）我嗒地要上学，渠嗒地要上班，玩不成了。我们要上学，他们要上班，玩不成了。

黄孝地区移民后裔聚居的陕南宁陕县金川和丰富镇，以及白河县少数地方，其方言的第三身代词也是“渠”[꜀kʰæ]。这种现象在陕南、鄂西的黄孝地区移民后裔的方言中处于少数。这就是说，移民后裔方言中“他 / 渠”使用面的广狭与今黄孝方言相似，这可能与当年各地移民的比例相近有关。待考。

**（三）“渠、尔、你”的来源**

第一身代词“我”、第三身代词“他”的来源与共同语相同，无须赘述。（参看汪化云 2008）只是其“我”的声母都是 ŋ，与大部分中原官话、兰银官话、湘语、吴语、赣语和晋语等相同，反映出原始汉藏语第一身代词的语音特征（刘勋宁 2014），此亦无须多说。这里说说“渠、尔、你”的来源。为便于比较，部分相关内容将放在第二、第三小节中讨论。

1. 渠。黄孝方言东南部的武穴、黄梅、九江、瑞昌等方言点，第三身代词为舌根音声母、阳平声，音 ꜀kʰæ/꜀xɛ/꜀kʰei，本字当都是来自“其”的“渠”，与多数东南方言（汪化云 2008）相同。它出现在黄孝方言中，却与其他点上的第三身代词迥异，应该与移民和方言接触特别是明朝初年的“江西填湖广”有关。由于大量的“湖民移住”，导致了当地方言与移民方言的全方位接触。这样的居民构成，加上使用“渠”的地域毗邻赣语区，其方言在今天有“渠”这样的第三身代词与赣语等东南方言一致，就不难理解了。（另参看三）

2. 尔。黄孝方言的第二身代词大多音 ꜂n̩，当是古汉语第二身代词“尔”的沿用。其词音在黄孝方言中找不到同音字:《广韵》“儿氏切”的“迩、尔”等都只有读书音 ꜀ɚ（多数方言点）/ ꜀ə（东南部）/ ꜀ɔ（中片团风、新洲等地），口语一般不用。口语中的 ꜀ṇ 只记录一个第二身代词，且跟远指代词的音质相同或相近（详下），显然应该来自古汉语“尔”。所以，本节参考方言学界的一般做法，用“尔”来记录（李荣 2012），以反映其对古老的第二身代词的直接继承，反映其与远指代词的同源关系。（详二、三）

3. 你。“你”应该来自共同语和武汉方言第二身代词的叠置。前述使用“你”的方言点只有应城、云梦、新洲、团风、黄州 5 个，明显兼用“尔（老派）、你（新派）”的有九江 1 个点。这些点都是靠近武汉的或长江沿岸的交通便利的城镇，其余 16 个方言点一般用“尔”。而在这些一般使用“你”的县市，其偏远山区乡镇的老派仍然普遍使用“尔”，例如团风县的贾庙、杜皮、总路嘴等乡就是这样。此外，由于共同语和武汉方言的影响，前述 16 个一般使用“尔”的方言点，也有少数新派使用“你”，尽管多少有点儿转文的色彩；而发音跟普通话差异甚大的 ꜀ṇ，其使用范围在逐步缩小。老派、相对闭塞的地方使用“尔”，新派和交通便利、毗邻武汉的地方使用“你”，这种现象提醒我们:“尔”在黄孝方言中从前的使用范围可能要广得多，当为该方言原有的第二身代词；“你”的使用范围应该是通过与权威方言的接触而逐步扩大的。这就是说，“你”虽然也是来自上古汉语的“尔”（吕叔湘 1985），但其在黄孝方言中的出现应该是共同语、武汉方言第二身代词“你”的叠置，并非从“尔”直接演变而来；而直接来自古汉语的“尔”可能逐步被淘汰。这个正在进行中的演变过程应该是:

单用“尔”→“你”的叠置导致“尔、你”并用→只使用“你”

## 二、各方言点的指示代词

### （一）二分与三分两大类指代词的地域分布

黄冈市、鄂州市不同的方言点存在着指代词的近指、远指二分和近指、中远指、远指三分两种现象，汪化云（2002）曾将其分为四个类型，认为各县市方言的指代词存在着这样的演变：

二分 B 类→三分 B 类→二分 A 类

即该方言本来是二分 B 类的，近指、远指代词有着语音联系（详下）。共同语远指代词“那”的叠置，取代了其原有远指代词的主要功能，使得多数方言点原有的远指代词演变为中远指代词，出现了三分 B 类的现象。在一些中心城镇和沿江地区，叠置的“那”完全取代了中远指代词，形成了新的二分（A 类）。东南部少数方言点则存在三分 A 类的指代词，例如黄梅方言使用近指代词“嗒”、中远指代词“意”和远指代词“兀”，很像是该方言中固有的，是第四个类型。事实上，黄孝方言 22 个点的指代词大都可以归入这四类。以下以类型为纲，简介各方言点的指代词。

1. 二分 B 类。黄孝方言的指代词可能本来都是二分的，有些方言点仍存在这类二分现象：其近指代词和远指代词的声韵调三项有一到两项相同或相近，表现出两个代词语音形式的密切相关，因而具有本土性，尽管这样的方言点并不多（前为近指代词，后为远指代词。下同）：

红安　　nɛ$^{ɔ}$　nɛ$^{2}$/ni$^{2}$　　孝南　　niɛ$^{ɔ}$　niɛ$^{2}$

与这种现象相关，有些市、县的城区例如蕲春县县城的指代词是三分 B 类的（详下），但在一些偏远的山区乡镇，却残存着二分 B 类现象，反映出该方言本来应该是二分 B 类的：

蕲春县马畈乡　　ne$^{ɔ}$　n$^{2}$

2. 三分 B 类。这类三分的指示代词可以分别称作近指代词、中远指代词、远指代词。前二者有着明显的语音联系，与二分 B 类的两个指示代词一样，应该是其指示代词原有的形体。其远指代词则跟“那”同形，是共同语远指代词的叠置（汪化云 2002）。这种叠置导致了其原有的远指代词表现出中远指代词的特征：单用和跟近指代词对举时，是远指代词；跟“那”对举或三个代词并举使用时，是中指代词。使用这类代词的方言点较多（排列顺序分别为近指代词、中远指代词、远指代词。下同）：

| | | | |
|---|---|---|---|
| 孝昌 | niɛᵓ niɛᵌ naᵌ | 安陆 | niɛᵓ niɛᵌ naᵌ |
| 蕲春 | neᵓ n̩ᵓ naᵌ | 大悟 | niɛᵓ niᵌ naᵌ |
| 麻城 | neᵓ/tieᵓ neᵌ naᵌ | 黄陂 | nieᵓ ᶜnie naᵌ |
| 罗田 | teᵓ neᵌ naᵌ | 英山 | teᵓ neᵓ naᵌ |

有些县市如团风、浠水县的城区方言为二分 A 类（详下），其部分相邻乡镇的新派仍存在指代词为三分 B 类的现象，反映出那些县市的城区方言可能曾有过三分 B 类的过程，如：

| | |
|---|---|
| 团风县方高坪镇 | tɕieᵓ ᶜtɕie naᵌ |
| 浠水县蔡河镇 | teᵓ neᵓ naᵌ |

3. 二分 A 类。这类中的近指代词仍保留着与共同语不完全相同的词形，远指代词则与共同语词形一样，显然是共同语“那”的叠置导致了远指代词的替换，即“那”的叠置使原有的远指代词演变为中远指代词，进而彻底取代之，使该方言形成了新的二分格局。这类方言点都是交通较便利的中心城市：

| | | | |
|---|---|---|---|
| 云梦 | niɛᵓ naᵌ | 黄州 | tɕieᵓ naᵌ |
| 应城 | tʂɛᵓ nɛᵌ | 广水 | niɛᵓ naᵌ |
| 浠水 | tɛᵓ naᵌ | 团风 | tɕieᵓ naᵌ |
| 新洲 | tɕieᵓ naᵌ | 鄂州 | tɕieᵓ naᵌ |

其中团风西部、新洲东部的近指代词为 tsɛᵓ。另，黄孝地区移民后裔的鄂西竹溪（tʂɛᵓ、nɛiᵓ）、竹山（tʂɛᵓ、naᵓ）和陕南平利（tʂɛᵓ、lɛᵓ）、旬阳（tʂɛᵓ、naᵓ）、白河（tʂɛᵓ、naᵓ）方言亦属此类。

以上三类指代词的差异，反映出共同语“那”在黄孝方言中由叠置到取代原有远指代词的前述过程。

4. 三分 A 类及相关方言点。此类方言都处在黄孝方言东南片，其三分的指示代词声调相同，语音联系密切，从本方言看不出哪一个是外来的：

武穴　ta$^ɔ$　ne$^ɔ$　u$^ɔ$　　黄梅　tɛ$^ɔ$　i$^ɔ$　u$^ɔ$/uei$^ɔ$（详下）

九江　te$^ɔ_{得}$　n̩$^ɔ$　u$^ɔ$　　瑞昌　ta$^ɔ$　uei$^ɔ$　u$^ɔ$

不难发现，九江、武穴的近指、中远指代词，分别与西面的其他黄孝方言点的二分 B 类的情形相近，其声韵调相关应该是固有的指代词，其 u$^ɔ$ 可能是外来远指代词的叠置——西北方言的“兀”系远指代词就是来自阿尔泰语言中的远指代词兼第三身代词（张维佳、张洪燕 2007，汪化云 2008、2013d），黄孝方言东部的“兀”的来源可能与之有关，待考。而在瑞昌，这个 u$^ɔ$ 已经取代了原有的远指代词并衍生出合音的（“兀一”合音。下同）中远指代词 uei$^ɔ$，形成了新的三分。如果此说不谬，那么黄梅方言的远指代词可能也是叠置并且合音的产物，而中远指代词 i$^ɔ$ 就可能来自对黄孝方言影响甚大的赣语——江西余江等地赣语的远指代词就是 i$^ɔ$（胡松柏 2009），不能排除其通过移民等途径进入黄梅方言。这就是说，武穴、黄梅的三分 A 类应该与前述三分 B 类相似，其中的“兀”可能是外来的；而瑞昌的三分则是在二分 A 类基础上的新发展，是真正的三分 A 类。

### （二）指代词探源

1. 近指代词的来源。黄孝方言近指代词的声母有 t、tɕ、ts、tʂ、n 五个，韵母主要元音为前元音 ɛ、e，可以分为两类讨论。第一类，声母为塞擦音 tɕ、ts、tʂ 和塞音 t 的。其由东南而西北的地域分布是：

t（东南：九江、瑞昌、黄梅、武穴、英山、罗田、浠水）→ tɕ/ts（中部：鄂州、黄州、团风、新洲）→ tʂ（西：应城）

这种横向的地域分布，与汉语史上近指代词纵向的语音演变基本对应。关于近指代词“这”的来源，人们的看法不一：吕叔湘认为来源于“者”，王力认为来源于“之”，但都有未能解释清楚的问题。志村良治认为应该从语音的角度考察近指代词的来源而不应拘泥于字形。他指出，近指代词在近代汉语中的词形“这（之石切）”、“者 / 赭（章也切）”、“遮（正奢切）”，其读音是相同或相近的，从古代到现代经历了这样的语音演变过程（归纳并转引自蒋绍愚 1994：137–140，音标为记录的拟测音）：

tiag → tɕia → tʂɪə → tʂə

而黄孝方言近指代词的读音尤其是其声母的读音，正从共时的角度反映出其历时的演变：其东南、中、西的地域分布，分别与共同语近指代词上古、中古、近代和现代的读音对应相近。只不过黄孝方言近指代词 t 声母的多，tɕ/ts 声母的略少，tʂ 声母的极少，表现出更多地保留了古音成分罢了。可见，黄孝方言近指代词的不同词形应该与共同语的“这”来源相同，是其历时演变的投影。

第二类，声母为鼻音 n 的。这主要存在于黄孝方言中部、西北部的蕲春、麻城、红安、孝昌、孝南、大悟、黄陂、安陆、广水、云梦等地，与其他点的近指代词声母不同。这类词的源头比较费解。考虑到以下原因，我们认为这类近指代词可能来自远指代词的同化：汉语方言中颇多同类代词的互相“感染”现象，使得本来读音不同的词语表现出某种共同的语音特征（李荣 1965）；黄孝方言的二分 B 类近指、远指代词声韵母相同，就表现出“感染”的存在。而从前面的列举可以看出，使用 n 系近指代词的方言，其远指代词也都是 n 系。因此，找不到源头的 n 系近指代词，可能来自远指代词的“感染”。

2. 中远指、远指代词的来源。黄孝方言的远指、中远指代词本质上都是远指代词（详下），如同共同语远指代词在宋代就演变为去声（吕叔湘 1985）一样，这些代词也都念阴去声或阳去声。除了上述通过变调来区分近指和远指的指代词，其来源有以下三点需要说明：

第一，“那”如前所述来自共同语远指代词的叠置。但为什么是远指代词在该方言中叠置，而近指代词却没有叠置？吕叔湘（1985）曾指出，在用作当前指、回指、前指等情况下，近指代词使用较多，远指代词使用较少。曹秀玲（2000）也认为：在分布上近指代词为无标记项，远指代词为有标记项，因此在交际中前者较后者更为常用。前者的使用频繁，因此难以出现其他近指代词的叠置；后者使用相对较少，故而容易招致外来远指代词的渗透并进而叠置。还有一个原因是：黄孝方言的近指代词与共同语的“这”大多同源且音近，无须引进“这”来叠置；即使有新派偶然使用“这”，仍具有转文的色彩（王求是 2000）。而其原有的远指代词的读音与“那”大多相去较远，在共同语的影响下，这个有标记项容易出现叠置现象。叠置的“那”由于最初有外来色彩和一定的陌生感，因而在与当地原有的远指代词并举时，所指的对象更远。（参看三（三））

第二，多数 ṇ 音节的或 n 声母的中远指、远指代词，当都是来自“尔”。其中 ᶜṇ 直接来自“尔”（参看三），其余 n 系远指代词念作 ne、na、nie 等，如同“尔”演变为“那”一样，都是来自“尔”的音变：受近指代词“感染”，与之韵母或声调相同、相近。

第三，如前所述，黄孝方言东南部除九江外 3 个点的远指代词为 uᵓ，可能跟西北方言的“兀”有着共同的来源；黄梅方言的远指代词、瑞昌方言的中远指代词 ueiᵓ，是“兀一”的合音。但是，远离汉语西北方言的黄孝方言中出现阿尔泰语言代词的叠置，我们尚不能解释其原因。

**（三）指代词的功能**

黄孝方言的指代词既有指示、又有代替的功能，跟共同语指代词相同。其中二分 A 类、二分 B 类的指代词功能与共同语一致。如团风方言的用例：

（1）梗天儿这说那说的。整天说这说那的。

（2）这门早儿有八点钟的个样儿。这时候大概有八点钟。

（3）我不么怎么喜欢这个颜色的，喜欢那个颜色的。

（4）这是刘老师，那穿裙子的是李老师。

（5）那下儿不是个处所儿那儿不是个地方，穷得伤心。

三分的指代词，其近指、远指代词的功能与共同语相同。中远指代词可用作远指代词，但在跟“那”对举或三个代词并举时，其所指远于近指代词而近于远指代词。如团风县方高坪方言的用例：

（6）这个人长得和个豺狗样。这个人长得像豺狗。

（7）这是我的，那是你的。这是我的，那是你的。

（8）那几天不热，这几天热死人得的。那几天不热，这几天简直要热死人。

（9）莫总是这说那说的。别总是说这说那的。

（10）这间屋通倒姐间屋的。这间屋子通着那间屋子的。

（11）姐是他的（指前面），那才是我的（指更远的地方）。那是他的，那才是我的。

（12）这是食堂，姐是教室，那顶前头才是宿舍。这是食堂，那是教室，那最前面的才是宿舍。

## 三、两类代词的关系

### （一）“我–你/尔”对应“近–远”

黄孝方言三身代词和指代词的关系大多与官话相同，少数与东南方言类似。共同点是：其第一身、第二身代词与近指、远指代词分别对应，存在着意象图示（image schemas）的相似。“我—你”与“这—那”存在空间“近—远”的相似，这导致产生概念的认知映射（cognitive mapping），即人们运用一个域的概念对另一个域的概念进行思考或概念化（F&H–J.2009:133）。这表现在：

1. 第二身代词“尔”[ˊn̩]与固有的远指代词同源。如前所述，黄孝方言的“那”来自共同语远指代词的叠置，其固有远指代词今或存在于少数方言点，或演变为中远指代词，皆为n系，音质

大多为 ṇ˞，与第二身代词 ˓ṇ 同源的特征鲜明。其他第二身代词为“你”[˓ni]，无疑也与 ṇ˞ 系远指、中远指代词同源。

2. 黄孝方言第一身代词与近指代词的语音差距较大，没有同源关系，但其三身代词的复数标记多来自近指词语。汪化云（2011）认为，黄孝方言复数标记的源头，同很多汉语方言一样，是表示多数的指量短语，这种现象仍残存于武穴方言：其作为复数标记的指量短语，附着在第一身代词后的一般为“近指代词 + 几个”，附着在第三身代词后的多为“远指代词 + 几个”。这说明该方言的第一身代词与近指代词存在心理的对应。当然，在其他方言点，“近指代词 + 几（个 / 人）”推广为所有三身代词的复数表达方式，大多通过省略、合音等手段形成完全语法化了的复数标记（详下节）。至于安陆、云梦、新洲、鄂州、团风、黄州的方言，其复数标记为“们”，显然是共同语“们”的借用。因为在这些市县区的偏远乡镇，来自近指代词的复数标记仍广泛存在。（汪化云 2012）黄孝方言“我 + 近指代词 + 几（个 / 人）”为复数形式的源头，反映出该方言近指代词、第一身代词之间密切的心理联系。

3. 以上两点证明：黄孝方言的近指、远指代词与第一身、第二身代词存在着语音对应或心理对应，因而两类代词存在着概念的认知映射。

**（二）第三身代词与其他指代词的对应**

作为汉语方言，黄孝方言人称和指代两个概念域最初应该与共同语一样，分别只有两个元素“我、尔｜近指、远指”，两个域的对应不含第三身概念——上古没有第三身代词“他”之类。该方言三身代词的语音形式也可以证明这一点：如前所述，汉语一些封闭的词类（或次类）中存在着语音感染，同类的词往往有语音方面的共同点。黄孝方言同共同语一样，其“我、你 / 尔”俱念上声，而第三身代词为阴平（他）或阳平（渠）。此足见第一、第二身代词应该是较早构成一个概念域的，其第三身概念多来自上位指代域中的旁指概念“他”。这是因为：其一，该方言人称和指代两个域如上所述存在概念的认知映射，因此，像古汉语借用“其、他”等指代词表示第三身一样，上位指代域的概念有可能演变为上位人称域的概念。其二，第三身概念的心理距离远，是“我、尔”之外的其他对象；而旁指概念也是心理距离远的、近指和远指概念之外的其他对象，二者有着心理印象的相似，因此后者容易演变为第三身概念。其三，第三身概念的心理距离远，而“他”的声母与 n 系远指代词同为舌音，音近义通，最有可能演变为第三身代词。（汪化云 2016b）

问题是第三身代词为“渠”的东南片黄梅、武穴、九江、瑞昌等方言，其远指代词为“兀”或 n̩ʾ，并非如东南方言那样为舌根音声母的“箇、许”之类（汪化云 2016b），其间不存在东南方言中“渠”与“箇、许”般的声母语音联系。但是，如前所述，东南片的“渠”只是赣语第三身代词的叠置。而导致其叠置也存在内因：这个片一般存在一个可以近指也可以远指的定指词“古（武穴音 ᶜku）/ 堵（黄梅音 ᶜteu）”，与浠水、蕲春、英山的定指词“个”[ᶜko]用法相同，都只用于指示而不用于替代（汪化云 2008）。很明显，“个、古”为一声之转，“古、堵”声调相同、韵母相近。这些词音近义同，功能相当，如武穴的“古”可以用于回指（例 1—3）和当前指（例 4—5）：

（1）乱说，冒得古个事。胡说，没有这回事。

（2）还有古么样个地方！还有这样的地方！

（3）古两天学得倒个么事？我不去。那么几天学得到什么？我不去。

（4）买的个么鬼衣裳，哪古么样的？买的什么鬼衣服，怎么那个样子？

（5）哪古个人？我不跟渠说。怎么这样一个人？我不跟他说。

定指词“古”的所指是近指、远指之外的对象，“渠”也是“我、尔”之外的对象，且“渠”与“古”声母音近，这或许可以看作是“渠”得以叠置在意义和语音方面的一个因素。

### （三）三身代词与指代词的三分

从上文可以看出，黄孝方言很多点的指代词是三分的。导致这种现象的原因，如前所述主要是共同语远指代词“那”的叠置，部分方言点则可能存在周边方言或西北方言远指代词“iᵓ、兀”的叠置。而这种叠置的得以形成，除了远指代词为有标记成分、原有的远指代词与共同语“那”或周边方言的远指代词读音相去甚远的原因以外，还有一个重要的因素是：出现了第三身概念之后，人称域形成了三个概念元素并列（第一身 / 第二身 / 第三身）这么一个平面，就要求与之存在概念认知映射的指代域产生概念元素的对应，于是就促成了部分方言点指代词三分现象的产生。但是，共同语的指代词是二分的，受其制约，就有了黄孝方言指代词由二分 B 类向三分 B 类，进而向二分 A 类的演变。

## 四、关于三身代词的“亲领属格”

关于黄孝方言中三身代词变调构成的“亲领属格”，汪化云（2004）曾进行过较细致深入的研究。他分析了黄州方言三身代词“我、你、他”变读为入声“恶、力、塔”的现象，认为这种入声形式是“三身代词十屋家，入声字”的合音，表示“我 / 你 / 他家”，常作领格用在亲属称谓或与领格有密切关系的名词之前（恶我的爸爸、力你们单位、塔他家的猪儿），表示领有且有亲切的色彩，故谓之“亲领属格”。这种现象在黄孝方言的多数点、在西南官话武汉等方言中都广泛存在，但各地这类现象的情形不一。

（一）中部各县市区三种入声形式普遍存在。其中第二身作“尔”的方言点，例如孝感、红安等方言，也存在亲领属格“力”。这种现象存在的面在黄孝方言中最大，包括鄂州市、武汉市新洲区，黄冈市红安、麻城、团风、黄州、浠水、罗田、英山、蕲春诸县市区，孝感市大悟县。例如新洲方言：

（1）我们到力里去玩，不到塔去。我们到你家玩，不到他家去。

（2）你莫把恶里的锄头拿去了，那才是力里的。你别把我家的锄头拿去了，那才是你家的。

（3）恶二爷比塔二爷的官大些。我二叔与他二叔的官大些。

（4）力张局在不在局里？恶刘处要请他吃饭。你们张局长在不在局里？我们刘处长要请他吃饭。

（5）塔狗子死了。他家的狗死了。

（二）黄孝方言西部诸点没有“他”与“屋”合音的现象，仅有“我／你＋屋”合音为“恶／力”。这存在于武汉市黄陂区，孝感市辖孝南、孝昌、安陆、应城、云梦，随州市辖广水诸县市区。例如孝南方言：

（6）恶里屋里人太多，吵不过。我家的人太多，太吵了。

（7）力里婆婆才会做家。你奶奶才会持家。

（8）桌子高头是力的书，你带回去。桌子上是你家的书，你带回去。

（9）这是恶的，那是力的。这是我家的，那是你家的。

武汉方言中也存在同类现象，其“我、你”与阳平调的“屋”合音变读为阳平调的“俄、倪”。

（三）黄孝方言东南片的黄梅、武穴、九江、瑞昌没有亲领属格。其“我／尔／渠＋屋的”除黄梅的个别地方外，一般没有合音。其“某屋的”意为“某家、某家的”，三身代词在亲属称谓前作领格不变调。例如九江方言：

（10）我们到尔屋里去玩，不到渠屋里。我们到你家玩，不到他家。

（11）我二叔回来了，冒看到尔姆妈。我二叔回来了，没看见你妈。

（12）尔莫把我屋的拿去了，那才是尔屋的。你别把我家的拿去了，那才是你家的。

据我们调查，黄孝地区移民后裔的鄂西竹山、竹溪方言，陕南的平利、白河方言，也没有三身代词与“屋”合音的现象。

（三）黄孝方言三身代词的亲领属格是很有特色的现象。其分布在该方言中心区域比较普遍；而西部、武汉则没有第三身代词与

“屋”合音，再往西到西南官话和移民方言中则完全没有这种现象；往东跟赣语毗邻的地方也不存在这个现象。这说明这个现象是该方言中心区域存在的现象，但受周边方言的影响在逐步淘汰。而武汉的武昌与鄂州毗邻，汉口在清末之前为黄陂县辖域，存在这种现象当是其过去面貌的残存。至于合音构成亲领属格产生的时间，应该在近一二百年：200 年前黄孝地区移民后裔的方言中，完全不见亲领属格的踪影，意味着移民之时这种现象尚未出现。而存在第二身代词“尔”的方言中，亲领属格竟然为力，很明显是新派第二身代词“你”与“屋”的合音，这说明亲领属格的产生不会很早。

### 五、小结

黄孝方言中的三身代词大多表现出官话的特征，其第三身代词多为“他”；而东南片 4 个点的第三身代词为“渠”，则是赣语代词的叠置。其指代词二分、三分并存，主要是共同语的“那”叠置造成的，也与人称域概念的认知映射有关，反映出“二分 B 类→三分 B 类→二分 A 类”的主要演变轨迹；其东南片则存在“意、兀”等可能来自外方言的远指代词，构成了独特的指代词面貌。两类代词存在着“我 – 近｜你 – 远”的概念对应，其第三身代词的产生除了与共同语相同的原因和赣语成分的叠置外，也有相关代词的语音和意义的因素。黄孝方言不同地域的指代词和三身代词，从共时的角度反映出历时的演变；两类代词的地域分布现状，是两个概念域的认知映射和方言接触导致的。

## 第三节 三身代词的复数标记[①]

黄孝方言的三身代词复数标记（简称“复数标记”）比较复

① 本节的主要内容以《汉语方言 tɕ 类复数标记的来源》为题发表在《语言研究》2012 年第 1 期。

杂。其22个方言点分别使用4类单音节复数标记：一是声母为t的复数标记，主要存在于东部（复数标记的地域分布无法与前述4片对应，姑且用“东部”等概念，具体方言点详下）的几个县市；二是声母为tɕ的，存在于该方言中部的广大地区；三是声母为tʂ的，主要存在西部地区；四是“们”，主要存在于南部沿江地带，也存在于整个黄孝方言新派使用的指人新名词如“同志、战友”之类后。此外，武穴等地还使用指量短语“这几个人”之类表达复数的概念。这些复数标记在周边方言中也分别存在，因此必须联系周边方言进行讨论。

上述四类主要的复数标记，以tɕ类复数标记存在的面最大，也最为复杂。据我们统计，在汉语方言主要是长江中下游地区的汉语方言中，较多地存在着一系列tɕ声母的复数标记。关于这类复数标记的来源，人们的看法各不相同。吕叔湘（1985）认为丹阳方言的复数标记ᶜtɕi来自“家”，但没有深入论证其间的语音联系。赵元任（1948）把湖北东部某些方言tɕ声母的复数标记记作“家”，但没有展开论证。汪化云（2008）认为ᶜtɕi、•tɕi的本字是“几”，来自“几个”的省略，但是其关于ᶜtɕi、•tɕi地域分布的陈述存在少量疏漏，且其研究不能涵盖其他tɕ声母的复数标记。因此，对黄孝方言中广泛存在的tɕ声母复数标记的来源，有进一步探讨的必要。这是本节讨论的重点，将分两个小节讨论。其余声母与近指代词相关的复数标记、tʂ声母的复数标记，其来源都与tɕ类复数标记有联系，各用一小节讨论。

## 一、ᶜtɕi、•tɕi的本字是“几”

本小节拟在此前研究的基础上，对复数标记ᶜtɕi、•tɕi的地域分布和来源作进一步的探讨。

ᶜtɕi、•tɕi主要存在于长江中下游的汉语方言中。如赣语江西永修、彭泽、德安邹桥和安徽潜山、宿松[•tɕi]的“几/己”以及湖

北嘉鱼的 •tɕi，江淮官话安徽桐城、枞阳的“儿”；吴语江苏丹阳的 ᶜtɕi。中原官话山西汾西 [•tɕi]、河津的“儿”亦属此类。黄孝方言中，这类复数标记主要存在于湖北黄冈市所辖浠水巴河 [•tɕi] 以及蕲春 [•tɕi]、麻城 [•tɕi]、罗田 [•tɕi] 的部分地方。人们记录这类复数标记所使用的汉字五花八门，如丹阳、彭泽、德安邹桥的复数标记被记作“已”，嘉鱼的 •tɕi 被记作“家”，永修、桐城等地的复数标记被记作“儿”。（许宝华、宫田一郎 1999；李荣等 2002；赵元任等 1948；陶小青 2001）

这类复数标记的本字到底是什么？吕叔湘认为丹阳方言 ᶜtɕi 的本字是“家”，可以用在人称代词、指人名词后面表示复数（我 tɕi= 我们、儿子 tɕi= 儿子们）。这种说法难以成立（汪化云 2008）。因为如果用“家”表示复数，那么这个语素就虚化了。而在长江中下游地区的很多汉语方言点，虚化的“家”除了从普通话中借用的“作家”的“家”[꜀tɕia] 之类以外，其声母更容易保存中古见母 *k 的读法，跟实义的“家”声母颚化为 tɕ 不同。江淮官话黄孝片东北片、东南片的黄冈市所辖各县市区方言就是这样：其“做家、一家、住家、家猪与野猪相对、家八哥儿笼养的八哥”中实义的“家”念文读 ꜀tɕia，“人家、自家、女子家、大 [tai$^{2}$] 家副词”中虚化的“家”念白读 •ka。丹阳方言属吴语，其“家”无论意义虚实都保存着见母的中古读法，“娘家、男家、人家、自家、大家”中的“家”都读作 ꜀ko（李荣等 2002）；吕叔湘（1985）所举吴语江苏武进 [ko]、宜兴 [ko]、溧阳 [ko]、江阴 [ka] 等方言表示复数的“家”，也都念作 k 声母。如果说丹阳方言的复数标记 ᶜtɕi 来自“家”，那么这个虚化了的“家”却反而发生了声母颚化，这既与长江中下游汉语方言的一般情形不合，也与丹阳、武进等吴语的一般情形相左；连吕叔湘本人也认为，其“语音已经变化到了不容易认识的程度”（1985）。因此，说丹阳方言的复数标记来自“家”，显然不能成立。所以，李荣等（2002）不将其记作“家”是有道理的。当然，其本字也不应该是毫无理据的“己”。同样，嘉鱼方言的·tɕi与“家”的读音也相去甚远，赵元任等记作“家”也值得商榷。我们认为，这个复数标记的本字应该是“几”，来自“几个”之类（详下）的省略。其理由有三：

**（一）用省略的手段构成单音复数标记“几”是完全可能的**

汉语方言的复数标记一般是由实义的词语虚化而来（汪化云2008），在虚化的过程中，“语形的变化是由大变小，由繁变简，由自由变粘着”（沈家煊1994）。因此，复音的复数标记就不能不向单音发展，而省略则是这种发展的方式之一。例如吴语的复数标记“两”就是由“两个”省略而来，然后又在不同方言点虚化为一系列l、n、ȵ声母的复数标记；安阳、获嘉、武安、广州、临猗、运城等方言的复数标记“等人、等、都、哋”，构成了一个省略“人”、然后由鼻音尾逐步演变为韵母i的链条。（戴昭铭2000）而用“几个”在三身代词后表示复数的现象，自宋代以来就在书面语中存在着，如《大宋宣和遗事·贞集》：“得旨，又移**我几个**往五国城，来早起行。”长江中下游地区的汉语方言中也存在这类表示复数的短语，如赣语安徽岳西[ᶜtɕi ·ko]、太湖和江淮官话湖北蕲春漕河[ᶜtɕi ·ko]的“几个”。中原官话安徽阜阳的“几个”[ᶜtɕi ·ko]亦属此类。（许宝华、宫田一郎1999；赵元任等1948）从上述方言复数标记省略的情形来看，“几个”之类省略为仍具有多数意义的“几”，并进一步虚化为黏着的复数标记，是完全可能的。

**（二）有些方言并用“几、几个”表示复数，证明了上述可能应该是事实**

安徽宿松的赣语就是两个复数标记并存的。其语速快时用“几”[·tɕi]，语速舒缓一些用“几个”[·tɕi ·ko]，二者表意相同（黄晓雪2014）。其“几”显然是“几个”的省略。山西河津方言也是“几、几个”并用，其情形与宿松方言略同。“几、几个”并存，正是其语法化在进行中的表现。而前述岳西、太湖、阜阳用“几个”表示复数，则是其语法化尚未开始的反映。使用ᶜtɕi、·tɕi 的丹阳、永修、嘉鱼、浠水巴河和麻城、罗田、蕲春部分地方的方言，则基本上完成了语法化。又，赣语彭泽县杨梓乡的复数标记被记作“己人”，其周边的德安县邹桥以及彭泽的县城、乐观、东升、芙蓉等乡镇的复数标记被记作“己”（陶小青 2001），后者当是由“己人”省略而来，其本字亦当为“几”。这就是说，在上述方言中存在这样一个反映历时语法化过程的链条：

几个 / 人（岳西 / 太湖 / 阜阳等）→几个 / 几（宿松 / 河津等）→几（嘉鱼 / 丹阳 / 永修 / 浠水巴河等）

**（三）复数标记ᶜtɕi、·tɕi 记作“几”的音义两方面的依据**

此类复数标记在黄孝方言的浠水巴河和蕲春、麻城、罗田部分地方以及汾西、宿松等地念轻声，与“几”的声韵母相同；在德安邹桥、彭泽、丹阳、永修、桐城、枞阳、潜山、河津等地与“几”完全同音。而“几”表达的是大于一的概数，是一个群体，以之作复数标记，与汉语方言复数标记的源头是表示多数的词语（汪化云 2008）完全相同。

以上三点证明，黄孝方言和周边方言的 ·tɕi 类复数标记的本字是“几”，来自“几个”之类的省略。

值得说明的是，复数标记 ·tɕi 在黄孝方言东北片的蕲春、麻城、罗田、浠水大多是零星地分布在某些乡村，而在 ·tɕi 存在区域的周边方言中，其复数标记一般是由“几个 / 几个人”合音形成的 ·tɕio、·tɕin、·tɕiɛ（详二）。那么，·tɕi 是否为 ·tɕio、·tɕin、·tɕiɛ 脱落韵尾或主要元音形成的？我们尚未发现这方面的证据。既然长江中下游地区较多存在上述省略现象，那么还是应该视其 ·tɕi 为“几个”的省略。

**二、·tɕio、·tɕin、·tɕiɛ 是“几个 / 几个人”的合音和弱化**

复数标记 ·tɕio、·tɕin、·tɕiɛ 主要存在于黄孝方言东北片、中片的湖北麻城市和红安、罗田、蕲春、浠水县以及武汉市新洲区等地，在一些方言点上因人而异，发音不一（详后）。发音比较一致的方言点有：

·tɕio　麻城市郊，浠水绿杨、余堰等乡镇。

·tɕin　麻城木子店（少数乡村）、罗田胜利镇和蕲春大同的部分地方。

·tɕiɛ　麻城市区、宋埠、顺河、中驿、龟山、木子店，红安县城、太平、七里，新洲旧街，浠水兰溪，罗田三里畈等乡镇。

其中 ·tɕiɛ 是 3 个复数标记中使用最为广泛的，覆盖了麻城、红安、蕲春、浠水的大部分地方。在上述各县市地方志初稿的“方言”部分，这类复数标记有记作“侪”的。赵元任等（1948）则把麻城宋埠的 ·tɕiɛ 记作“家”。我们认为，这类复数标记应该是来自“几个/几个人”的合音和弱化。其理由有三：

**（一）汉语方言中存在合音以构成单音节复数标记的现象，证明上述合音是可能的**

如上节所述，多音节复数标记的虚化要求其语形简化；而除了省略以外，合音是另一个使语形简化的重要手段（汪化云 2008）。如客家话梅县的复数标记“等”，李如龙（1999）就认为是当地并存的复数标记“兜人”的合音。比照其他吴语的复数标记“些人”，浙江常山方言“你星人$_{你们}$”（许宝华、宫田一郎，1999）中的“星”应该是“些人”的合音。而近代汉语中存在“几个（参看第一节）、几个人”充当复数标记的现象，如《彭公案》第二百一十回：“把**他几个人**绑起来作押帐，非把嘉峪关退让给我，才能放你等回去；如若不然，想走势比登天还难！”汉语方言中也存在以“几个、几个人”表示复数的用例（详下）。比照上述汉语方言合音构成复数标记的现象，“几个、几个人”在方言中合音是有可能的。

### （二）相邻方言的复数标记进一步证明了合音的可能性

江淮官话黄孝片东南片的武穴方言，可以用“这 / 那 / 兀 [taˀ/ leˀ/uˀ] + 几个（人）[ᶜtɕi koˀ（•in）]/ 些人 [꜀se ꜁in]”分别表达三身代词“俺 [꜀ŋan]/ 尔 [ᶜn̩]/ 渠 [꜁xe] 的复数（汪化云 2008）。而其中的近指、中远指、远指代词都可以省略，剩下的部分仍然表达复数的意义，例如：

我们：俺这几个（人）/ 俺这些人→俺几个（人）/ 俺些人

你们：尔那几个（人）/ 尔那些人→尔几个（人）/ 尔些人

他们：渠兀几个（人）/ 渠兀些人→渠几个（人）/ 渠些人

省略指代词使得其复数标记统一为“几个、几个人、些人”了。在武穴西边的蕲春漕河镇，其复数标记则统一为“几个”。而武穴市东边同属黄孝片的黄梅县李陵口方言，则将复数标记统一为“这些人”[teˀ •ɕie •ən]。teˀ •ɕie •ən 可以用在所有的三身代词之后表示复数（详下）。该方言中还同时存在三身代词共用的复数标记 •te •ɕin（赵元任等 1948），其 •te 显然是“这”[teˀ] 的轻读，•ɕin 则是“些人”[•ɕie•ən] 的合音。既然武穴、黄梅李陵口的复数标记“这些人”可以虚化并合音为 •te •ɕin，那么武穴方言的“几个、几个人”和蕲春漕河方言的“几个”，在西边的蕲春、新洲部分方言和罗田、麻城、浠水、红安方言中也应该能够发生虚化和合音。

### （三）从音义两个角度看，复数标记 •tɕio、•tɕin、•tɕiɛ 应该来自“几个人、几个”的合音和弱化

认为这类复数标记的本字是“侪”，从语音的角度看很难成立：“侪”为崇母皆韵字，折合为黄孝方言的今音当读 ꜁tsʰai（汪化云 2004），与 •tɕio、•tɕin、•tɕiɛ 相去甚远。相反，“几个 [•tɕi •ko]、几个人 [ᶜtɕi •ko •ɥən]”的首字声母、韵头与末字韵母的合音和轻读，正与复数标记 •tɕio、•tɕin 音同。可见，“合音”说有着语音方面的依据，•tɕiɛ 则显然是 •tɕio、•tɕin 的弱化。而 •tɕio、•tɕin、•tɕiɛ 表示的复数意义，也与武穴、蕲春的“几个、几个人”相同。这就是说，黄

孝方言三身代词的复数标记之间应该存在这样的演变关系：

ᶜtɕi　koᵓ（几个）→ •tɕio → •tɕiɛ

ᶜtɕi　koᵓ　꜀in/꜀ʮən（几个人）→ •tɕin → •tɕiɛ

以上三点证明，从合音的角度解释复数标记 •tɕio、•tɕin、•tɕiɛ 的来源，是可以成立的。显然，从 •tɕio、•tɕin 中还可以看到一点合音的影子，而 •tɕiɛ 则弱化为看上去毫无理据的复数标记，彻底语法化了。上文说过，•tɕiɛ 的使用最广泛，说明这类复数标记在黄孝片多数地方的语法化已经基本完成。

如前所述，复数标记 •tɕio、•tɕin、•tɕiɛ 在黄孝方言各县市的一些方言点发音不一。在某些方言点，甚至还存在几个复数标记并用的现象。例如出生于麻城白果镇的龚运新先生在 1988 年告诉笔者，他们村（村名失记）就是 •tɕio、•tɕiɛ 并用的。具体使用哪个复数标记，虽有因人而异的情形，但更多的是可此可彼。而邻村则有并用 •tɕiɛ、•tɕin 的。这说明 tɕi 类复数标记的语法化在黄孝片部分农村仍在进行中。

合音现象也见于其他方言中。江西丰城的复数标记 $tɕin^{53}$，袁家骅认为是“我你”演变而来，聂国春（2004）认为本字为“人”。跟上述用例比较，$tɕin^{53}$ 显然也应该是“几人”的合音。另，孙红举博士曾给笔者发来电子邮件，对上文关于合音形成复数标记的观点“深信不疑”，认为“用合音形式表示的复数标记分布的范围可能会更广一些”，并就其母语方言河南鲁山话（中原官话郑曹片），提供了以下更能证明合音的材料：

母方言（鲁山话）及周边地区三身代词复数标记也采用“几个”的合音形式 ᶜtɕiə，有些情况下读轻声的 · tɕiə。而且，ᶜtɕiə 可以用于表示询问数量：

恁家有 ᶜtɕiə 狗$_{你家有几条狗}$？

还可在指示代词后表概量：

这 ᶜtɕiə 苹果都坏了，$\underset{\smile}{\text{并}}$$_{“不用”的合音}$吃了。

那ᶜtɕiə你都拿走吧，我不要了。

还有哪ᶜtɕiə人没交钱嘞？

人身代词可加ᶜtɕiə表示数目大于一而又不是太多的多数：

俺ᶜtɕiə都去了 我们几个都去了。

他ᶜtɕiə都没去上课 他们几个都没有去上。。

恁ᶜtɕiə都搁在家吧 你们几个都在家吧。

方言中除了“他（她、它）们”外，不使用“们”作复数标记。

孙红举的材料显然更有说服力：其“几个”可以合音表示疑问，还可以用在指示代词后，足以证明人称代词后表示复数的ᶜtɕiə来自“几个”的合音。

## 三、t声母复数标记来自近指代词[①]

在长江中游的部分赣语、江淮官话中，存在着三身代词的复数标记与指代词的声韵母甚至声调都相同的现象。这类复数标记大多被认为是有音无字现象，用国际音标记录。例如：

| | 英山 | 罗田 | 蕲春 | 浠水 | 大冶 | 南昌 |
|---|---|---|---|---|---|---|
| 指代词 | tɛᵓ 这 | tɛᵓ 这 | tɛᵓ 这 | tɛᵓ 这 | laᵓ 那 | ᶜko•li 箇里＝这里 |
| 复数标记 | •tɛ | •tɛ | •tɛ | •tɛ | •la | •ko•li 用于第一身代词 |

这种现象在湖北黄冈市所辖英山、罗田、蕲春、浠水诸县县城的黄孝方言中存在的面最大，其近指代词与复数标记的声韵母同形。与黄冈市一江之隔的赣语湖北大冶方言，其远指代词与复数标记的声韵母也一致（汪国胜 1994）；赣语江西南昌方言第一人称代词的复数标记，则与表示处所的近指代词声韵母相同。（李荣 2002）

三身代词的复数标记为什么与指代词的声韵母相同？汪化云（2008）认为这类复数标记可能来自指代词，但没有深入论证。本小节拟通过与相邻方言复数标记的比较来证明：与指代词声韵母相同的复数标记，是表示复数的指量短语的省略、合音、弱化，其源

① 本小节曾以《方言指代词与复数标记》为题发表在《中国语文》2011年第3期。

头是指代词。

**（一）从武穴及其周边方言看 t 声母复数标记的形成**

汉语方言中存在着用指量短语表示三身代词的复数，构成诸如济南方言的“你这伙$_{你们}$”之类复数形式的现象（汪化云 2008）。上文说过，黄孝方言东南片的武穴方言，也可以用指量短语“这 [taᵓ] 几个 / 那几个 / 兀几个”，或者指量名短语“这些人 / 那些人 / 兀些人”，表达三身代词的复数。这是与指代词有关的最复杂的复数标记，其构成复数表达方式的“这、那、兀”分别为该方言的近指、中远指、远指代词。这些指代词所指的远近与三身代词反映出的心理距离远近分别相应，因而所构成的复数标记显得理据充足，应该是同类复数标记中比较完整的原始形式。不过，复数标记是常用的成分，而“常用”是语法化的重要条件之一，汉语方言中短语形式的复数标记往往会因此而逐步虚化为语法成分。所以，虚化中的复音复数标记自然会向简单形式发展，而上文所述省略和合音则是这种发展的主要方式。如上所述，武穴方言复数标记中的指代词常常省略，剩下的部分仍然表达复数的意义，使得该方言复数标记的形体统一为“几个 / 些人”，向语法化迈出了一大步。武穴周边县市的方言则反映出这类复数标记的进一步语法化。如前所述，在该市西北、西面的罗田、浠水、蕲春等县部分乡镇，上述复数标记“几个”中的“个”被省略，剩下弱化的“几” [•tɕi] 仍然充当复数标记，完成了语法化。而在武穴市周边的蕲春、罗田、英山、浠水县城和黄梅县方言中，这类复数标记则有着四种不同的省略和合音的演变，构成与指代词相关的语形较小的复数标记：

第一，武穴市东边的黄梅县李陵口方言，其近指代词为 teᵓ。如前所述，该方言并存着三身代词复数标记 •te •ɕin 和 teᵓ ꜀ɕie •ən$_{这些人}$，前者中的 •ɕin 是后者中“ 些人 ”[꜀ɕie •ən] 的合音和轻读，•te 是近指代词的弱化形式。但是，两个复数标记中的 teᵓ/•te 都失去了近指的意义，teᵓ ꜀ɕie •ən、•te •ɕin 可以出现在所有的三身代词之后表示复数，如：

ᶜŋo（我）•te •ɕin 我们　　ᶜn̩（尔）•te •ɕin 你们　　꜀kʰæ（渠）•te •ɕin 他们

第二，武穴市东面的黄梅县新开镇等“下乡”多数乡镇的方言，其近指代词是 taᵓ，其三身代词复数标记是 taᵓ •ti（或作 taᵓ ᶜti），如：ᶜŋo taᵓ •ti 我们，ᶜn̩ taᵓ •ti 你们，꜀kʰæ taᵓ •ti 他们。与前述武穴方言的复数标记“这几个、几个”和西边诸县部分地方的复数标记“几”相比，taᵓ •ti 的源头显然是“这几个”[taᵓ ᶜtɕi koᵓ]：省略了其中的“个”[koᵓ]，然后“几”[ᶜtɕi] 弱化为 •tɕi 并被 taᵓ 的声母同化为 •ti，其 taᵓ 也失去了近指的意义。即其演变过程是：

taᵓ ᶜtɕi koᵓ（这几个）→ taᵓ ᶜtɕi（这几）→ taᵓ •tɕi → taᵓ •ti

在新开镇北面的黄梅县“上乡”诸乡镇，近指代词音 tæᵓ（如五祖镇）或 tɛᵓ（如黄梅县城）。相应地，其复数标记为 tæᵓ •ti 或 tɛᵓ •ti。显然，其复数标记也应该是由该方言中的指量短语“这几个”[tæᵓ / tɛᵓ ᶜtɕi koᵓ] 省略、弱化、同化而来。

第三，黄梅县城南面的濯港镇方言，其复数标记为 •tɛi，近指代词为 tɛᵓ。考虑到以合音的方式使复数标记语形简短的现象存在于本县的李陵口方言，与县城的复数标记 tɛᵓ •ti 相比，濯港镇方言的复数标记 •tɛi 显然应该是 tɛᵓ •ti 的合音和弱化，即：

tɛᵓ •ti → tɛiᵓ → •tɛi

第四，在黄梅县濯港镇西北面、北面、西面的蕲春、罗田、英山、浠水县城，其复数标记如前所述都是 •tɛ，相邻的黄梅县少数乡村也是这样。跟濯港镇方言的复数标记 •tɛi 相比，•tɛ 显然是后者脱落韵尾 i 形成的。这样，其复数标记就与近指代词的声韵母完全相同了。

这就是说，在上述诸县市方言中，复数标记存在着这样一个演变的链条：

taᵓ ᶜtɕi koᵓ（武穴）→ taᵓ •ti（新开）→ tɛᵓ •ti（黄梅县城）→ •tɛi（濯港）→ •tɛ（蕲春等）

可见，从语音、意义两个方面来看，黄孝片的复数标记 •tɛ 应该是来自“这几个”[tɛ˒/ta˒ ˓tɕi ko˒] 的省略、合音、弱化和脱落，其源头是近指代词。

## （二）与指代词相关的其他方言的复数标记

以黄孝方言复数标记的形成类推，南昌方言第一人称代词的复数标记 •ko •li，当来自处所近指代词 ˓ko •li。江西境内一些赣语方言点的材料可以证明这一点，例如丰城方言的复数标记“箇里”[˓ko˧ •li]，就与该方言处所近指代词“箇里这里”完全同音（聂国春 2004）。语法化的语形变化之一是“由自由变黏着”（沈家煊 1994），南昌方言黏着的复数标记 •ko •li，当是由自由的处所近指代词 ˓ko •li 演变而来。

同理，赣语大冶方言复数标记 •la 的源头当是远指代词 la˒。湖北东部赣语大通片的方言可以证明这一点。例如阳新方言的远指代词和复数标记就完全同音，都念作 lɛ˒（黄群建 1995）。这说明大冶方言黏着的复数标记 •la 当来自远指代词，是 la˒ 的弱化。

那么，为什么不同方言点的复数标记或与远指代词、或与近指代词的声韵母相同？这与指代词在复数标记中的作用有关。如前所述，湖北武穴方言以“俺这 / 尔那 / 渠那 / 渠兀 + 几个 / 些人”表达复数，是理据充足的形式。但是，复数标记所表达的主要是“数”的意义，在三身代词本身已经明确指称了不同对象的条件下，复数标记中的指代词就是一种羡余成分。随着短语形式复数标记的虚化，其指代词所表达的远近意义也磨损了，作用就更不重要了。武穴方言上述复数标记可以省略指代词而形成统一的复数标记“几个、些人”，就证明了这一点。正因为如此，随着指量短语形式复数标记的虚化而要求的语形简化，指代词构成的复数标记就可以出现在所有三身代词之后，如同黄梅县李陵口、新开方言那样。而既然指代词所指远近的意义磨损了，那么使用哪一个指代词构成所有三身代词的复数标记也就有着一定的选择性。这就是大冶、阳新、南昌和英山、罗田、蕲春、浠水、黄梅等方言的复数标记分别与远指、近指代词声韵母相同的原因。

但是，为什么上述三身代词的复数标记与近指代词声韵母相同的居多？这应该与指代词和三身代词本身的特点有关。如前所述，不同的指代词有着功能的差异：近指代词在分布上为无标记项，远指代词为有标记项，这意味着在交际中近指代词较远指代词更为常用。（曹秀玲 2000）而第一人称、第二人称代词的所指对象都在交际现场，其距离当然较近；第三人称代词的所指对象可以在、也可以不在交际现场，其距离可近可远。总起来看，三身代词指称的对象距离较近的居多，所以“我 / 你 / 他 + 这个人”可以构成同位关系，而“我 / 你 + 那个人”则不能构成同位关系（徐丹 1988）。既然近指代词使用较多，且与三身代词意义联系密切，那么，人们较多地选择近指代词虚化为三身代词共同的复数标记，就是顺理成章的。（汪化云 2015b）

**（三）由指代词演变而来的复数标记的使用范围在逐渐萎缩**

由于共同语的影响，由指代词演变而来的复数标记，其使用范围在逐渐萎缩。如南昌方言虽然表示“我”的复数可以用 •ko •li，但其应用最广泛的复数标记是“们”（李荣等 2002）：

我箇里 [ᶜŋo •ko •li]我们　　我们 [ᶜŋo •mɨn]

你们 [ᶜn̩ •mɨn]　　渠们 [꜀tɕʰie •mɨn]他们

我们知道，赣语形成于宋以前（李如龙 2007），而“们”最先出现于宋代的南方系官话中（吕叔湘 1985）。因此，赣语中一般不使用“们”，南昌方言的“们”应该是共同语复数标记的叠置，其使用范围几乎扩大到了所有的三身代词[①]。•ko •li 当是该方言中较早的复

① 第一小节所引孙红举的邮件中指出，共同语复数标记“们”在其方言中只出现在“他”后。而南昌方言中则出现在“渠、你”后，“我”后也有使用的。这反映出其在方言中取代固有复数标记是从心理距离远的代词开始的，最后取代的是心理距离近的代词后的复数标记。如同前述指示代词在黄孝方言中的叠置一样。

数标记，其使用范围萎缩到只用于第一身代词，是残存的现象。

综上所述，周边方言中的同类复数标记，证明了黄孝方言中存在面较大的与近指代词音近的复数标记，应该来自表达复数的指量短语中的近指代词。

## 四、tʂ 声母复数标记可能来自 tɕ 类复数标记

复数标记·tʂo、·tʂɛ 存在于黄孝方言的西部，湖北孝感市所辖应城以外的各县市方言、广水市方言都使用，人们多用“者”记音。在所辖孝南区、孝昌县（左林霞 2003）音·tʂo，在乡下的花园是·tʂɛ（赵元任等 1948）：你·tʂo/·tʂɛ 即“你们”。安陆等西片方言也音·tʂɛ。我们认为，·tʂo、·tʂɛ 有两种可能的来源，一是可能来自近指代词“这”，与第三小节所述东部的复数标记相同；但是，这些使用“者”作复数标记的方言点，其近指代词与复数标记语音相差甚大：西部的多数地方，其近指代词除了应城外，一般音“乜”[niɛ] 而不音“这”，这使得前述假设难以成立。另一假设是可能来自·tɕio、·tɕiɛ 的音变形式。初步比较，我们觉得第二个假设的理由充足一些，这表现为以下两点：

### （一）复数标记·tʂo、·tʂɛ 与·tɕio、·tɕiɛ 的读音相关

两类复数标记的声母虽有 tʂ、tɕ 的差异，但在黄孝方言一些地方，这两个辅音存在对应。例如“这”在团风县的团风、方高坪镇读为 tɕiɛ˒，在上巴河、但店镇读为 tʂɛ˒；而在两类乡镇的中间地带，tɕiɛ˒、tʂɛ˒ 的使用在少数地方没有分明的壁垒。赵元任等（1948）的特字“这”分布地图证明，黄孝方言东北片的 tɕ 与西片的 tʂ 应该存在某种联系（这需要进一步研究），西片的 tʂ 可能来自 tɕ。两类复数标记的韵母也存在联系：主要元音都是 o/ɛ，但 tʂ 不拼齐齿呼，故·tʂo、·tʂɛ 中脱落了韵头 i。再看声调。左林霞（2003）等皆以上声字“者”记录·tʂo，说明·tʂo 的实际音高符合孝感方言上声字念轻声的规律，其本字当与“几”声调相同。可见，·tʂo、·tʂɛ 与

来自“几个”的·tɕio、·tɕiɛ语音相关。

**（二）西片的“者”与相邻的红安的·tɕiɛ意义相同，功能一致**

在黄孝方言其他点，三身代词复数标记不能出现在指人的名词后。而孝南和红安方言都可以用在指人的专有名词和普通名词后表示复数：

孝南（左林霞 2003）：小清者小清他们，婆者老太太们，姑妈者姑妈他们，老师者老师们，头者干部们

红安《红安县志·方言》1999送审稿：李涛·tɕiɛ李涛他们，老张·tɕiɛ老张他们，细伢·tɕiɛ孩子们，学生·tɕiɛ学生们

同属江淮官话黄孝片的孝南、红安方言，地理位置相连，其复数标记读音为·tʂo、·tɕiɛ之别，意义以及特殊的功能完全一致，这说明孝感的·tʂo、·tʂɛ可能是红安的·tɕio、·tɕiɛ的音变形式。

**（三）这种解释遇到的困难**

安徽宿松方言的复数标记可以是“几、几个”，但也可以是“者”[·ʧæ]。（黄晓雪 2014）如果“几”可以演变为“者”，那么宿松方言为什么两个单音节的复数标记并存呢？二者是否有不同的来源？虽然宿松与黄孝方言西片相距甚远，但前者并存的两个复数标记令我们对“者”的来源不敢轻易作出完全肯定的判断。这需要进一步研究。

## 五、小结

综上所述，汉语方言大多数tɕ类复数标记的直接源头是表示复数的短语“几个、几个人”，其省略、合音和弱化，构成了地域分布互有异同的复数标记：在湖北东部的黄孝方言以及以东的一些江淮官话、赣语、吴语、中原官话方言点，使用来自省略的“几”；在黄孝方言一些方言点则主要使用来自合音、弱化的·tɕiɛ，而·tɕio、·tɕin存在于部分乡镇。就黄孝方言来看，tɕ声母的复数标记主要存在于中部的广大地区，其西部地区使用的复数

标记·tʂo、·tʂɛ，也可能来自·tɕio、·tɕiɛ。不过，这种关于 tɕ 类复数标记来源的说法不能涵盖以下现象：官话北京通县和江苏句容以及山西的临汾 [꜀tɕia]、曲沃 [tɕia$^{35}$]、襄汾 [tɕia$^{54}$]、新绛 [tɕia$^{35}$]，晋语山西的长治 [·tɕiᴇ] 等方言，其复数标记分别与当地方言的“家”音同或音近，本字是“家”。（许宝华、宫田一郎 1999）此外，在甘肃、河南等省的极个别方言点也存在复数标记 tɕi/꜀tɕiə，它们与本节讨论的复数标记似乎来源不同，此类现象人们有过深入研究，这里就不展开讨论了。

与之相关的另一种省略表示复数的指量短语以构成复数标记的现象，存在黄孝方言东部的部分地方，其近指指量短语保留 t 系近指代词的弱化形式而逐步省略其后的成分，构成了复数标记在地域上渐变的链条。

至于黄孝方言的南部沿江地带，如九江、瑞昌、鄂州、黄州、团风、新洲、黄陂诸县市区部分地方，其复数标记大多是与普通话相同的“们”。显然，这个复数标记来自共同语、武汉方言，是因为这些地方交通便利，对外交流频繁而吸收了共同语的复数标记。这些县市区辖域中的偏远农村方言中，仍使用 t 声母（如瑞昌）或 tɕ 声母（如团风）复数标记，就证明了这一点。

黄孝方言的复数标记使用情况可以概括为下表：

**黄孝方言三身代词复数标记表**

| 地域 | 东部 | 中部 | 西部 | 南部沿江 |
|---|---|---|---|---|
| 复数标记 | t 声母的：嗒$_{\text{这}}$ | tɕ 声母的：几 / 姐 | tʂ 声母的：者 | 们 |

最后要强调的是，上文所讨论的复数标记，除了红安、孝南等少数地方的“姐、者”可以出现在名词后表示复数之外，一般只能用在三身代词之后。整个黄孝方言的指人名词，除了东南片的黄梅、九江、瑞昌可以使用双音节的罗斯充当复数标记（如：干部罗斯、伢罗斯$_{\text{孩子们}}$、女罗斯$_{\text{女孩们}}$、老人罗斯。其中的罗斯应该

对译为“们”）外，其余一般没有复数标记。其复数意义一般使用复数的指示代词作定语、范围副词做状语或上下文提供的其他信息等手段表达（那些学生走了｜学生下都走了｜真早今天全体老师开会）。当然，上述黄州、鄂州等沿江地带使用“们”作三身代词复数标记的地方，也有使用“们”作指人名词的复数标记的：干部们、学生们。整个黄孝方言的新派在书面语色彩的指人名词后，表示复数也以用“们”为常：战友们、同志们、领导们、同学们。但是，“们”在名词后的用法有明显的转文色彩。这个“们”在沿江地带可以用在三身代词后，而用在指人名词后尚有些别扭，正是其借自共同语的表现：借用的“们”可以取代原有的复数标记，但是该方言的指人名词一般不使用复数标记，故而“们”用在名词后显得文绉绉的，仅有“伢们儿”一词例外——这个“们”必须儿化。

## 第四节　NP 后表示双数的“两个”①

官话中的“俩”是“两个”在口语中的合音（吕叔湘 1980），大约在清后期的某些汉语方言里就已经形成并较多使用了（江蓝生 1994）。长期的发展使得“俩”与“两个”在句法功能上出现了较大的差异：“俩”主要用于人称代词、指人名词之后，“两个”主要用于指人名词之前。（张道俊 2006，王彦琳 2007）这使得“俩”演变为东北话、北京话等北方方言的人称代词双数标记（刘丹青 2009）。黄孝方言中没有这个合音的“俩”。其用于名词性成分后的仍是“两个”，一般是作为数量短语复指前面的成分，在一些结构中则演变为表示“交互”意义的助词，表现出

① 本节的主要内容曾以《黄孝方言 NP 后的两个》为题在“第 16 届中国语言与文化国际学术研讨会”（上海华东师范大学・2014.12）的主会场大会报告，刊登于《黄冈师范学院学报》2016 年第 3 期。

与北方官话不同的发展路径。本节主要以团风县方言为例，兼及其他黄孝方言，讨论其分布特征；然后结合汉语史和其他汉语方言，简述其“两个”语法化的主要路径以及后置的“两个”在语法化历程中的地位。

## 一、“两个”的复指对象

团风方言中的“两个”音 ᶜniaŋ •ko。作为数量短语，“两个”可以充当主语、宾语、定语等，构成“两个是红的、我要两个、两个桌子、两个毛病、两个人、他的两个”之类结构。也可以用在名词性成分后面，与之构成复指短语“NP+（跟 +NP+）两个”（少量为偏正短语）。后一类用法，与元代汉语中没有合音为“俩”的“两个”用法相同（以下各举元代文献中相应的一例以资比较）。这有以下 3 种类型。

（一）代词 + 两个。这个结构中的代词主要是人称代词，也有指示代词和疑问代词。代词和“两个”构成复指短语或偏正短语，主要用以指称人，也可以指称事物，有 3 个次类。

1. 人称代词 + 两个。这有两种情形：一是构成指人的复指短语“他们 / 你们 / 我们 + 两个”：

（1）你们两个一路一起去。｜我在这下 [xa²] 儿这儿等他们两个。｜他对我们两个说了的。

比较：小梅今日绝早自家走了，干我们两个甚的事？《全元杂剧·武汉臣·散家财天赐老生儿》

二是构成“你 / 我 / 他 / 他 •niɛ ‘老人家’的合音 / 你 •niɛ + 两个”你/我/他/您/您俩，即用人称代词的单数形式表达双数，与“两个”构成复指短语，如同普通话的“你二人改装划船到对岸”一样：

（2）我骤就是不喜欢你两个。｜他 •niɛ 两个到哪里去了？｜他对于对我两个总不好。

比较：恰才体审你说的言语是实了，今我两个告与帖木真去。

《元朝秘史·卷六》

例（1）“他们两个”之类与例（2）“他两个”之类的意义一样，但后者的口语色彩更明显。

2. 单数指示代词 + 两个。跟普通话类似，单数形式的指示代词“这、那、姐$_{\text{中远指代词}}$”在名词性成分前，只能用作指示而不能用作代替，因而其跟“两个”也只能构成偏正短语，如“这两个 / 那两个 / 姐两个”等，合起来指称人或物的双数：

（3）这两个（指人或物，下同）不好。｜我喜欢那两个。｜姐两个下$_{\text{都}}$[xa$^{2}$]要不得。

比较：想着存孝破了黄巢，复夺取大唐天下，他的好地面与了这两个，可将邢州与了存孝。

《全元杂剧·关汉卿·邓夫人苦痛哭存孝》

同元代以来的文献中一样，复数形式“这些、那些、姐些”后面也不能出现“两个”。

3. 疑问代词 + 两个。疑问代词只有不表示具体数量的“哪”可以构成“哪两个”，没有“哪个两个、哪些两个、么事$_{\text{什么}}$两个”之类说法。同样，“哪两个”也是偏正短语：

（4）哪两个敢去？｜你不要哪两个？｜他对于哪两个好些？

比较：（刘夫人云）小番，阿妈那里有两逆贼么？（莽古歹云）是那两个？（刘夫人云）一个是康君立，双尾蝎侵入骨髓；一个是李存信，两头蛇谗言佞语。《全元杂剧·关汉卿·邓夫人苦痛哭存孝》

（二）名词 + 两个。这类名词都是表示具有相互关系的集合名词（简称“集合名词”），如“夫妻、学友”等，构成“父子两个$_{\text{俩}}$、娘伙儿两个、爷伙儿两个、妯娌两个、叔侄两个”等复指短语：

（5）塔里$_{\text{他家}}$夫妻两个会做生意。｜我不么$_{\text{怎么}}$喜欢这叔侄两个。｜对于那弟兄两个客气不得。

比较：（薛净云）我兄弟两个，曾见你半厘鏊口儿？是那个要

了你银子，说清廉不清廉？《全元杂剧·李行甫·包待制智赚灰栏记》

除组合中本身有“伙儿”的以外，团风方言中上述例子中的“两个”都可以用表示对待关系且可以表示双数的词缀“伙儿里/伙儿的”替换而基本意义不变：夫妻两个≈夫妻伙里；父子两个≈父子伙的。（当然，“伙儿里/的”也可以表示多数，如：学友伙里同学之间、同学们、行事伙里同事之间、同事们、娘伙儿的娘和儿女们，就可以表示超出两个的对象。因此，“伙儿里/的”是用于指人的集合名词的复数标记。）

（三）联合短语+两个。包括4个次类的复指短语：

1. 名词/名词短语+（跟+）名词/名词短语+两个。名词或名词短语一般指单个的人，如果组合为“非指人名词/名词短语+两个”，那大多是拟人用法。这类复指短语很常见，如“二哥三哥两个、二班的小毛跟三班的三毛两个、这个猪跟那个牛两个”之类：

（6）我问了二哥三哥两个的。｜（地主对放牛娃说）黄牛跟水牛两个冒没有吃，你就不能吃。

比较：后来到太祖时，都教做了答剌儿罕官人。惟合答安、脱朵延两个无子嗣。《元朝秘史·卷一》

2. 代词+跟+名词/名词短语+两个。其中的代词均为单数的人称代词，名词/名词短语多指单个的人或动物（多为拟人）。如“他跟二哥两个、我跟那个同学两个、你跟这个猪两个”等复指短语：

（7）你跟那个猪两个，哪个聪明些？｜莫麻烦他跟二哥两个。｜要不得。你把我跟那个同学两个当苕盘当傻瓜戏弄。｜你跟狗子狗两个下[xa²]都冒吃，我即刻儿马上来喂你们。

比较：（正旦云）妹子，我想你除了我呵，便是个第一第二的行首，你与那村厮两个作伴，与他说甚么的是？《全元杂剧·石君宝·李亚仙花酒曲江池》

3. 名词 / 名词短语 + 跟 + 人称代词 + 两个。名词 / 名词短语一般是指单个的人或动物（多为拟人），构成“二哥跟他两个、爸爸跟我两个、那个狗子跟你两个、三哥跟他两个”之类复指短语：

（8）我只要二哥跟他两个。｜三哥跟你两个下去。｜狗子跟你两个下好 [xɑu꜄] 吃。

比较：（正旦唱）俺哥哥因为少吃无穿来投托，曾被我赶离门恰和他两个（引者注：指“俺哥哥和他两个”）厮撞着。（赵令史云）是你的哥哥，便和他厮见，也不妨事。《全元杂剧·李行甫·包待制智赚灰栏记》

4. 人称代词 +（跟 +）人称代词 + 两个。结构中的两个人称代词可以是联合短语（详下），构成指人的“我（跟）你两个、他跟你两个、我跟他两个、你（跟）我两个”之类复指短语：

（9）我（跟）你两个去看下 [xa꜅] 子看一下。｜我相信他跟你两个。｜你对于对我跟他两个不错。

比较（详下）：感你两个好意。我虽醉有句话与你两个说：想人生青春易过，白发难饶。你两个年纪小小的，则管里被这酒色财气迷着，不肯修行办道，还要等甚么？《全元杂剧·谷子敬·吕洞宾三度城南柳》

从上面的简介来看，团风方言中后置的“两个”构成复指短语，除了拟人用法，大多是表示人的双数。即该方言用词汇手段“两个”表达人的双数的概念，并没有形成相应的语法形式，与元代的汉语书面语相同。这种现象如前所述在整个黄孝方言中普遍存在，除了少量词汇差异，各方言点在语法方面与团风方言完全相同。例如黄孝方言东片的黄梅方言和西片的孝南方言的用例：

黄梅：渠两个他俩还冒没来。｜哪两个要去？｜渠欢喜嗒这两个，不欢喜尔你妯娌两个。｜姆妈妈妈跟尔两个一阵一起去。｜渠就是嫌弃我跟二哥两个｜老师对不住尔跟渠两个。

孝南：他两个他俩还冒来呀？｜你不喜欢哪两个？｜我相信乜那两个，不相信你弟兄两个。哥跟你两个一路一起去。｜你莫怪他跟大哥两个。｜你把我跟他两个当苕傻瓜？

## 二、“NP+（+NP）+ 两个”的歧义与“两个”的虚化

第一节所举的例（1）到例（7）共7个用例，涵盖了“名词、代词、名词短语、代词 + 名词”与“两个”构成的7种复指短语和偏正短语。这些短语及其构成的句子都不存在歧义。但是，例（8）、（9）却有歧义。例如两例的第一个句子就存在括号中的歧义：

（10）我只要二哥跟他两个（“二哥跟他两个”可以是两个人或三个人）

我跟你两个去看下[xa²]子（我和你们两个共三个人去看一下｜我和你共两个人去看一下｜我跟随你们两个人共三个人去看一下｜我跟随你共两个人去看一下）

前一例有两义，后一例有4义。显然，前述3大类9个次类中，只有“名词/名词短语 + 跟 + 人称代词 + 两个”“人称代词 +（跟 +）人称代词 + 两个”两种格式可能有歧义。相应地，如果没有上下文，元代文献里的两个例子也可能有歧义。如前举最后1例中“我……与你两个说”，也可能是两个或3个人。以下先分三小节讨论造成歧义的三个条件，然后在第四小节讨论与之相关的“两个”的虚化问题。

（一）导致歧义的原因之一：“两个”前出现单数形式的人称代词。上述存在歧义的句子，其共同点是“两个”前出现了单数形式的人称代词。这类代词在“两个”前既可以指称单数，也可以指称双数，与前面单数的NP相加，“NP+ 跟 + 我/你/他 + 两个”就存在是指称两个人还是三个人的歧义，即“两个”可以复指整个“NP+（跟 +）我/你/他”，也可以仅仅复指单数形式的人称代词“我/你/他”：

（11）我跟你两个说（你 = 你 / 你们）。｜二哥跟他两个说（他 = 他 / 他们）。

如果“两个”前出现的不是单数人称代词，那么因为指示代词、疑问代词是用作指示、作定语，其“代词 + 两个”只能表示两个，不存在歧义；而名词或名词短语、人称代词的复数形式则或表示单数（只能与前面的成分构成联合短语被“两个”复指）、或表示复数（只能被“两个”复指），也不存在歧义。例（1）–（7）就是这样。这就是说，只要结构中的“两个”前不出现人称代词的单数形式，就可以避免上述歧义：

（12）我跟你两个说→我跟小万两个说（共两个人）｜我跟你们两个说（共三个人）

（二）导致歧义的原因之二：两个名词性成分中间的联系词为“跟”。同北京方言一样，团风方言的“跟”兼属连词、介词。在两个名词性成分中间，既可以表示联合关系，充当连词；也可以用于介引其后的名词性成分做状语，充当介词。这就使得例（10）的第二例可能有两个意义，连同“我 / 你 / 他 + 两个”构成的歧义，一个句子就可能有四个意义了，又如：

（13）二毛跟我两个去。（二毛跟随我$_{共两人}$去；二毛跟随我们两个$_{共三人}$去。二毛和我两个都$_{共两人}$去；二毛和我们两个都$_{共三人}$去。）

如果两个名词性成分中间的联系词不兼类，那么就减少或者消除了歧义：

（14）老王和你两个说。（只有两义：“老王和你两个”是三个人或两个人）

（15）老王随倒$_{随着}$你两个说。（只有一义：“老王、你两个”是三个人）

例（14）的“和”为联合连词，虽然借自普通话，显得较正式，但在团风方言中不兼介词，也就没有理解为介词的歧义；但是，“你”可以指单数或双数，因此其歧义没有完全消除。例（15）中的“随倒”是虚化尚不彻底的介词，没有兼属连词的歧义；且因为介词宾语“你两个”是复指短语，只能表达“两个”的意思，因而整个句子没有歧义。

（三）导致歧义的原因之三：句中没有否定词、副词、能愿动词等修饰成分。这实际上是由上述（二）派生出来的条件，上述有歧义的句子莫不如此。又如：

（16）姆妈$_{\text{妈妈}}$跟他两个说。（“姆妈跟他两个”是两人或三人；“跟”是连词或介词）

如果句中出现否定词、副词、能愿动词等修饰成分，那么这类词的语义指向都是前面的名词性成分，且只能出现在两个位置：其一，这类词出现在“跟”的前面，导致“跟”只能是介词，因为连词前是不出现这类成分的。这就消除了“跟”的兼类所导致的歧义（另详下）：

（17）你莫跟他两个说（歧义：你别跟他说｜你别跟他们两人说）

（18）伯伯能够跟他两个说（歧义：伯伯能够跟他说｜伯伯能够跟他们两个说）

（19）老师下跟我两个说笑话（没有歧义：老师都跟我们两个说笑话）

例（17）、（18）仍有歧义，是因为“他”的所指仍然可以是一个（“他两个”指一个人的现象比较特殊。详下）或两个，其歧义限于（一）中的范围。例（19）的范围副词“下”$_{\text{都}}$指向前面的普通名词，意味着“老师”不止一个，其后的“两个”即使在意念上也绝不包含“老师”，其“我两个”只能表示“我们两个”，句子也就没有了歧义（详下）。

其二，这类词出现在动词前面，也可以减少句子的歧义：

（20）你跟他两个莫说。｜伯伯跟他两个能够说。｜老师跟他两个下说笑话。

例中“莫、能够、下”的语义指向为前面所有的指人NP，“跟”只能是连接这些名词性成分的连词，因此其歧义限于（一）中的范围：“NP跟他两个”可以是两个或三个人。

以上三点，反映出导致“NP+ 跟 + 我 / 你 / 他 + 两个”歧义的原因只有两个，即“跟”存在的兼类和单数形式的人称代词指称对象的多少。黄孝方言其他点同样存在此类歧义，从略。

（四）“两个”的虚化及其重新分析。上文说过，“我跟他两个说”的“跟”如果是介词，那么这个句子就有涉及两个人或三个人的歧义。涉及三个人的意义很好理解，“跟”前的词指称一个人，“跟”后的词语指称两个人，共三个人。但这个句子如果只涉及两个人就不好理解：施事“我”是一个人，“跟”介引的“他两个”怎么也是指一个人？事实上，这类句子在整个黄孝方言以及毗邻的河南省的中原官话中都广泛存在，无论介词“跟”前后成分相隔多远，“两个”都像是表示“跟”前后所涉人数的总和。而且，句中使用“两个”却显得方言味儿更地道。这大概是因为“跟”兼属连词的缘故：在用作介词的时候，仍然残存着连词的某些特征，使得句子的主语和介词宾语仿佛可以被连接为“两个”。但是，这只是一种感觉，难以进行精确的句法分析从而赋予“两个”以地位：说“两个”是修饰谓语动词吧，不像；这个弱化了的成分在语音上属前，“代词 + 两个”必须连读。说是双数标记吧，“两个”前的直接成分又只能是表示单数。而且，仔细一推敲，就会发现上述感觉不确——句中的“两个”都可以删除而不改变基本意义：

（21）我不跟你两个说（= 我不跟你说）。

（22）姆妈多时就$_{\text{早就}}$冒$_{\text{没有}}$打算跟你两个说（= 姆妈多时就冒打算跟你说）。

这就是说，从表达的角度看，“两个”在句中是冗余成分。这就导致了“两个”的重新分析。考虑到其上述特征，我们应该将这个“两个”分析为助词，即分析为多少带有一点“交互”意义的助词。

北京话的“俩”与中原官话中的“两倌”（汪化云、李倩 2015）一样，都是由数量短语进而虚化为双数标记，这似乎反映出北方官话的某些共性。而“两个”在黄孝方言中却虚化为助词，与其在北方官话中合音为“俩”，走的显然不是同一个路子。值得注意的是，人们对南方的汉语方言，没有关于成熟的双数标记的报道，而双数标记在北方的官话方言中却大量存在，这是否与相邻的阿尔泰语系和藏缅语族诸语言的影响有关（参看王天佐 1986:28-34、王彦琳 2005）？这是一个值得进一步讨论的话题。

## 三、讨论

（一）文献中“俩”演变的路径。上文所述团风方言的歧义现象，除了“跟”兼属介词、连词造成的外，一个重要的因素是“两个”对前面词语复指的范围：是复指联合短语，还是复指人称代词？从第一节不难看出，元代“两个”的复指范围可以是联合短语，也可以仅是人称代词，与团风方言相同。这种现象在合音的“俩”出现之初仍然存在：“俩”在清后期的《八仙得道》中仍存在这样的用法：

（23）如今见你俩说得可怜，少不得把我的实情告诉你们吧！（第十一回）

（24）白牛号泣应令……跟在李玄后面，和飞飞、颠颠俩一同来至紫霞洞。（第二十二回）

可见这个“俩”和用在名词性成分前（俩老头儿）、独立做句子成分（买了俩）的“俩”一样，只是一个合音的数量词，可以复指前面的代词（例 23 的“你”）和联合短语（例 24 的飞飞、颠颠）。发展到现代，“俩”对前面复指的对象不能是联合短语了。根据张道俊（2006）文章中的数据推算，在 120 余万字的《王朔文集》中，“俩”字用于名词性成分后的为 243 例，其中用于人称代词后的 195 例，占 80% 以上，具体情形是；

我们俩（36 例），你们俩（53 例），他们俩（35 例），她们俩（5 例），咱们俩（13 例），谁们俩（1 例），我俩（5 例），你俩

（3 例），他俩（12 例），她俩（1 例），咱俩（31 例）

其余 48 例用在“父子、妯娌、娘儿”等集合名词和指代词后，没有复指联合短语的。这说明北京话（王朔写作用语）的“俩”确如刘丹青（2009）所言，发展成了人称代词的双数标记——念轻声，一般附着在人称代词后，意义虚化而不附着在联合短语后复指，即不再是一个合音形式的数量词。但“俩”也较多用在表示相互关系的名词后表示双数，因此“俩”不仅仅是人称代词而且也应该是部分名词的双数标记。

更进一步，《官场现形记》中的“俩”不能出现在人称代词的复数形式后，没有“我们俩”的说法：

（25）当下便有一个老禁卒说：“我带你去。我先替你通报，你俩好说话。”（第二十八回）

（26）起先他兄弟俩斗嘴的时候，一众家人都在外间，静悄悄的不敢则声。（第五回）

这就是说，不同的历史文献可能反映出“两个”这样的语法化路径：

“两个”后置复指名词性词语（元代文献）→后置的“两个”合音为“俩”复指名词性词语（见《八仙得道》）→“俩”用在集合名词和单、复数的三身代词后（见《王朔文集》《儿女英雄传》）→“俩”只能用在集合名词和单数三身代词后（见《官场现形记》）

其中《官场现形记》中的用法，显然比《王朔文集》、《儿女英雄传》中用法语法化程度高。这个演变路径中，“两个、俩”所附成分的生命度越来越高，符合 Corbett（2005）关于数与生命度关系的分析。至于不同用法出现时间的先后有些矛盾（《八仙得道》成书时间较《儿女英雄传》早），可能与不同作者所操方言中“俩”的发展速度不一有关，将另文讨论。

（二）历史演变的共时表现：汉语方言中的“俩”。据我们的初步调查，“俩”的复指对象在各方言中不一。如“我跟他俩、小王跟我俩”，在辽宁沈阳、丹东可以表示两个或三个人，也就是既可以复指前面的联合短语，也可以只复指人称代词；这意味着其“俩”的语法化程度相对较低，还不是真正意义上的双数标记，跟《八仙得道》的用法类似。在北京、河南浚县、山西大同，一般表示三个人，即“俩”只能附着在人称代词而不是联合短语后。其作为双数标记，与王朔的用法一样，语法化的程度较高。在山西平陆的中原官话中，双数的表达“只能在单数形式‘我’、‘你’、‘他’后加‘俩’构成‘我俩’、‘你俩’、‘他俩’而没有其他的形式表示。”（贺强 2005:144）靠近阿尔泰语言分布区的“俩”，其语法化程度显然比北京方言还要高一些。其双数形式“我 / 你 / 他 + 俩”与复数形式“我们 / 你们 / 他们、我都 / 你都 / 他都”的分工明确，没有“我们俩、他都俩”之类说法。显然，平陆方言的“俩”是更为纯粹的双数标记，是普通话中没有的、发展得更快一些的双数标记。“俩”在不同地域方言中的特征，正是其历时演变的共时投影。

（三）上文所述“两个、俩”在不同文献和不同方言中的用法分别对应，正是其语法化在共时、历时两个平面的反映，将另文讨论。而黄孝方言中置于名词性词语后的“两个”，显然处在这个语法化链条的前端，具有活化石的意义。

## 第五节　指示叹词[①]

### 一、研究背景

陆镜光（2005）认为，指示叹词是“既有叹词的特征又有指

① 本节的初稿曾在中国语言学会第 15 届学术年会（2010 年 8 月，呼和浩特）宣读，王洪君、魏刚强、吴继章、郭沈青、唐健雄等先生先后多所教正。主要内容曾以《“黄孝片”方言的指示叹词》为题发表在《中国语言学报》第 15 期（商务印书馆 2012）。根据 JCL 编辑部的建议，将该发表的文章进行较大修改并翻译为英文后，发表在《中国语言学报》（JCL）2014 年第 2 期，标题为 *DEMONSTRATIVE INTERJECTIONS IN HUANGXIAO CLUSTER OF JIANGHUAI MANDARIN*，作者为汪化云、曹道根。本节根据 2012 年发表的文稿改写。

示功能的词”。其所谓“叹词的特征”，指的是这类词只作独立成分或独语句；其所谓“指示功能”，即指给人看的功能。北京方言中单用的“喏”就是这样的指示叹词：“喏，喏，要这样挖才能挖得快！”（《现代汉语词典》）刘丹青（2011）进一步指出，叹词是一种不与任何词发生句法组合关系的“代句词”，其词汇义比较空灵，可以代替句子或小句用于现场性和瞬间性的直觉反应，表达有限的一些规约语义类别；而指示叹词是一种次生叹词，用来指示现场存在的事物，也用于言域，构成直指性叹词陈述句。综合陆镜光和刘丹青的上述观点，对指示叹词我们可以给出这样的功能定义：一种只作独立成分或独语句，以表达直指性陈述的、用于现场性和瞬间性直觉反应或用于言域的代句词。

指示叹词在汉语方言中广泛存在，很多作者有过记录。周政（2009：303）对陕西平利方言中的“啵儿”[por⁵²]就有这样的描述：“远指代词，指示处所…只作独立成分”。显然，这个“啵儿”应该是本节所谓指示叹词。其他如粤语的“呢”和“嗱”、吴语的“喏”、湘语的“喋”、赣语的 e、客家话的 $a^{33}$ 和 $me^{33}$ 等指示叹词，不同的作者都有过描写。（参看陆镜光 2005）但是，这些描写都比较简单，且其对所研究对象的词性判定都值得商榷。刘丹青则着眼于整个叹词系统，给指示叹词下了一个较恰当的定义（见上）。而陆镜光（2005）以广州话为主，兼及其他方言，对汉语方言中指示叹词的意义、功能进行了比较深入的研究，并提出了四点思考：汉语中有些叹词跟话语篇章结构有着密切的关系，指示叹词和指示代词可能存在历史渊源关系，指示叹词的“现场用法”和“非现场用法”可能存在语法化关系，汉语的指示叹词可能是人类语言中第四种指示词。不难看出，陆镜光对汉语指示叹词的研究具有开创性的意义。

根据前引刘丹青的观点，叹词具有代替句子和小句的功能；因此指示叹词可以看作是一种叹词性的指示词。对于人类语言中的各种指示代词，人们的研究甚为深入，Dixon（2003）甚至进行了跨语言的类型学研究。他把指示代词分为“名词性指示代词、副词性指示代词”两大类，还收入了“动词性指示代词”。应该说，其研究视野颇为宽广。但是，作者并没有提及“叹词性的指示代词”，而这类词在汉语方言中广泛存在。因此，对汉语方言中的指示叹词进行深入的研究，对于全面认识人类语言中的指示词，无疑具有重要的价值。然而，如上所述，对汉语各方言指示叹词进行深入研究的著述尚不多见。黄孝方言各方言点中，普遍存在数量不等的指示叹词。本节拟以湖北省武汉市新洲区、黄陂区和黄冈、孝感、鄂州3市以及江西省的九江、瑞昌两市所辖乡镇的30个方言点为例，讨论该方言指示叹词的意义、功能、分布特征，探讨其来源；并且与广州话和普通话的相应成分进行比较，讨论其异同、关系，希望能对陆镜光（2005）的上述思考有所印证。

## 二、团风方言指示叹词的意义、功能、分布和来源

黄孝方言各方言点指示叹词的意义、功能、分布和来源基本一致（详三），本小节拟以该方言中部的团风方言为例进行探讨。以下用例除特别说明的以外，均以县城团风镇方言为准。由于本小节涉及声调的内容颇多，为行文方便，先简介一下团风方言的声调系统（汪化云 1999）：

| | | | | | |
|---|---|---|---|---|---|
| 阴平 22 | 诗梯低 | 阳平 31 | 时题泥笛 | 上声 44 | 使体底 |
| 阴去 35 | 试帝替 | 阳去 24 | 是第事乏 | 入声 213 | 识滴敌 |

### （一）团风方言指示叹词的读音、分布、功能和意义

团风方言的指示叹词有播 [po$^{35}$]、绝播 [tɕiɛ$^{31}$ po$^{35}$]、tɕio$^{35}$ 三个。其中绝播的绝读轻声，调形近阳平31，播读重音。三个词都只能出现在对话中的后续句用于应答，指示听话人希望知道的事物的具体位置，其功能和分布完全相同，可以互换使用：都只能构成独语句（例5）或独立成分。充当独立成分时，多出现在句首（例1），

也可以出现在句中（例 2）、句末（例 3）。其出现在句末，往往是说话人看到听话人尚未发现目标时的补充强调：

（1）甲：菜刀在哪下儿哪儿？

乙：播 / 绝播 / tɕio$^{35}$，在桌子高头上。

（2）你是问大哥啦？播 / 绝播 / tɕio$^{35}$，在对面山上。

（3）甲：我的衣裳么怎么冒没有看倒看见？

乙：在大柜窦里里面，播 / 绝播 / tɕio$^{35}$（担心翻乱衣裳，补充强调就在眼前）。

这类指示叹词都用于“现场指示”：指示听说双方都可以看到且说话人认为是显而易见的实物（例 4、5）或情状（例 6）。所以，使用指示叹词时，说话人常常会以态势语辅助表意：

（4）锄头哇？播 / 绝播 / tɕio$^{35}$（用眼神示意），在大门边下儿旁边的旮旯里。

（5）甲：我是么冒看倒？我怎么没有看见？

乙：播 / 绝播 / tɕio$^{35}$！（用手指示处所）

（6）甲：他这门早儿心情么样？他现在心情怎么样？

乙：播 / 绝播 / tɕio$^{35}$（努嘴示意让甲看），还不是那个样儿还是那样儿。

指示叹词可以同词（例 7）或异词（例 8、9）连用，以强调其指示的急迫或不耐烦。其异词连用多为单、双音节的词连用，双音节指示叹词一般出现在后（例 8、9）：

（7）tɕio$^{35}$、tɕio$^{35}$、tɕio$^{35}$，在那下儿！

（8）那不是的？ tɕio$^{35}$、绝播！

（9）播、绝播，看见冒？和个瞎子样！像一个瞎子一样！

不难看出，播、绝播、tɕio$^{35}$ 三个词都用作指示，并具备了叹词可以在句前、句中、句后出现的分布特征，应该是具有指示功能的叹词。而且，三个词都强调对象的“显而易见”，用于现场的即时感性反应，多少具有一点“感叹”的意义，因而比北京话的“喏”

更像叹词中的典型成员。可见，无论从哪个角度看，团风方言的播、绝播、tɕio$^{35}$ 都可以称作指示叹词。

**（二）从语音的角度看团风方言指示叹词的形成**

团风方言的三个指示叹词语音相关，可以互换使用，应该是同一叹词的三个语音变体。

指示叹词用于现场性和瞬间性直觉反应，强调对象的显而易见，要求形式简洁，因此多音节叹词容易发生合音或省略。很明显，团风方言的 tɕio$^{35}$ 就是绝播 [tɕiɛ$^{31}$ po$^{35}$] 的反切式合音。而播 [po$^{35}$] 则是绝播的省略 —— 团风方言中的双音节叹词很多是前轻后重结构（汪化云 2013c），前面的轻读音节调值近阳平 $^{31}$，后面的重读音节调值为阴去 35。其前一音节可以省略，剩下的音节与整个双音节词的意义、功能完全相同，如：

（10）ɛ$^{31}$ xɛ$^{35}$ = xɛ$^{35}$，表示幸灾乐祸：ɛ$^{31}$ xɛ$^{35}$ / xɛ$^{35}$，该你赔耶！

（11）i$^{31}$ ɕi$^{35}$ = ɕi$^{35}$，表示幸灾乐祸，比 •ɛ$^{31}$ xɛ$^{35}$ 意义轻：i$^{31}$ ɕi$^{35}$ / ɕi$^{35}$，打破了，看么怎么办！

（12）n̩$^{31}$ hn̩$^{35}$ = hn̩$^{35}$，表示幸灾乐祸，洋洋自得：n̩$^{31}$ hn̩$^{35}$ / hn̩$^{35}$，你也有这一天儿！

（13）o$^{31}$ xo$^{35}$ = xo$^{35}$，表示出乎意料，不慎出现了坏结果：o$^{31}$ xo$^{35}$ / xo$^{35}$，碗跶摔破了！

绝播的轻重音模式和音高与这四个双音节叹词相同，同义的播也应该是绝播省略绝构成的。

距团风县城约 15 公里的马庙镇，其指示叹词为绝 [tɕiɛ$^{31}$]、啵儿 [pər$^{14}$]（刘晓然 2002）。跟县城的指示叹词相比不难看出：绝是绝播后一音节的省略，啵儿是播附加儿尾的产物 —— 团风方言的实语素附加儿尾，最后音素是 o 的音节一般与轻声的“儿”拼合为一个音节（汪化云 1999）；马庙方言的儿尾音 •ər，播音 po$^{14}$，后者儿化的拼合读音正是 pər$^{14}$。

可见，团风方言的双音节指示叹词可以通过省略前面或后面的音节以及合音等方式演变为单音节的简略形式，绝播应该是其完全形式。那么，绝播又是如何形成的呢？考虑到绝播与该方言的“这不”音质相近，而普通话的“这不”可以单用表示指示（详三（三））；考虑到团风方言的某些音变规律，我们认为绝播应该是“这不”的音变形式。

先说声调。团风方言的“这不”[tɕiɛ$^{35}$ pu$^{213}$] 和绝播 [tɕiɛ$^{31}$ po$^{35}$] 调值差异甚大，但绝播的声调是“这不”受轻声、合音的影响形成的。团风方言的轻声，是“自主的轻声”，其音高不受相邻音节的影响，只是比非轻声音节的声调读得轻短一些。其规律之一是：本调阴去 35 的字念轻声，可以念低降短调，调形接近阳平 31（汪化云 2004）①。“这”为阴去声，念轻声当读低降短调；调值近 31 的绝读得轻，正是“这”读轻声的表现。至于播，其调值 35 则是“不”和语气词“噢”[o] 合音（详下）的表现。因为具有强烈感情色彩的“噢”音高很高，所以“不噢”合音读作高升的 35 调。

再说声韵母。绝与“这”声韵母完全相同，无须讨论。而播与“不”声母相同，韵母相近，如前所述是“不”与“噢”的合音。团风方言的语气词“噢”表示强烈的感情色彩，可以用于感叹句或疑问句，如：真好噢！｜么$_{怎么}$搞的噢？下文将证明，团风方言的绝播来自反问句“这不”，用于强调所指示的事物，因此附上语气词“噢”是完全可能的。而由后加到元音交替或称“变韵”，是汉语方言中常见的语法化路径（刘丹青 2012），黄孝方言中黄梅话的反复问句“VP 不噢”，其中的“不噢”就合音为“啵”了，其句式也因此演变为是非问句“VP 啵”了（详第五章）。因此，团风方言的“不噢”合音为播 [po$^{35}$] 是完全可能的。② 显而易见，从声韵调

① 汪化云（2004）将该方言的轻声记作 21 短调，为便于比较，这里记作调形相近的 31 调。

② 按照 Heine & Kuteva（2005）的观点，“变韵”作为语法化的一个参数，对语法化的发生而言不是必需的；它可能、但不一定必然导致语法化。而在汉语方言中，语法化与变韵这个参数的联系非常密切。

的角度看，绝播当来自“这不＋噢”[tɕiɛ³⁵ pu²¹³＋o⁵]的合音，这种音变形式是固化“叹词化”（刘丹青 2012）成果的手段。

**（三）从意义、功能的角度看团风方言指示叹词的形成**

上文指出，团风方言的绝播当来自“这不”。但是，“这不”是否定形式，为什么表达出肯定的指示意义？恰当的解释是：“这不”是反问句“这不是的”的省略和叹词化。所谓叹词化，刘丹青（2012）认为是实词或相关短语失去原有组合能力和扩展能力转化为叹词的过程。团风方言的绝播正经历了这种包含着词汇化和语法化的过程。以下试阐述之。

本小节（一）中所述指示叹词的“现场用法”，指的是使用指示叹词在现场进行指示。同其他方言一样，团风方言进行现场指示也可以采取句法手段，这类手段可以概括为两种：其一，使用肯定的形式、陈述的手段，这种方式没有特别的色彩，如例（14）乙。其二，使用否定的形式、反问的手段。这种方式形式上为否定，实际上其否定词是肯定因子，整个句子表达的是强调肯定（吕叔湘 2002），具有较强的感情色彩，如例（15）乙：

（14）甲：米筛在哪里？

乙：在那下儿/在这下儿。

（15）甲：你看见板箩儿一种编得很密实的竹篮在哪下儿？

乙：这不是的？/这不是？

否定形式、反问手段的现场指示方式，应该是指示叹词的前身。其理由有二：第一，指示叹词表示指示和感叹，而反问句“这不是的/这不是”既表示指示又具有强烈的肯定语气和感情色彩，其功能和意义正与指示叹词分别对应，因此具备发展为指示叹词的基础。第二，反问手段的现场指示方式强调存在的显而易见，更符合口语中带感情色彩的表达，因而这种方式通常会优先得到选用而习语化（idiomization），于是就诱发了语法化和词汇化。因为习语化是语法化和词汇化都具有的特征（Brinton 和 Traugott，2005）。

先说语法化。就具体语言成分的演变而言，语法化指的是“非语法性的成分变为语法性的成分或语法性较低的成分变为语法性较高的成分”（董秀芳 2009）两种情形，团风方言指示叹词的语法化属于第一种情形。根据语法化的“频率原则”，某些实词或结构“使用频率越高，就越容易虚化”；“虚化表现在……语形的变化是由大变小，由繁变简”（沈家煊 1994）。这就是说，习语性的“这不是的？”容易虚化；而虚化了的成分要求在语音上尽可能简单化，这就不能不发生有理据或无理据的脱落或缩减，使得其完成语法化成为可能。再说词汇化。所谓词汇化，指的是非词汇性的成分变为词汇性的成分，或者词汇性较低的成分变为词汇性较高的成分（董秀芳 2009）。团风方言指示叹词的词汇化属于第一种情形。董秀芳（2010）认为，习语化是词汇化的初级阶段。可见，上述反问句的习语化，是完成语法化和词汇化的重要前提。考虑到团风方言三个指示叹词存在本小节（二）中所述的语音联系，我们认为其反问句和指示叹词之间应该经历了这样的演变过程：

这不是的？→这不是？→这不？→这不→绝播（这不噢）→播

↘tɕio$^{35}$

上述演变链条中的 7 种表达形式，除了“这不？”和“这不”以外都存在于该方言中，可以互换使用而基本意义不变（当然，其负载的句调、语气不一定相同。详下），可以证明这一包含 5 个演变环节的过程的存在。如：缸子你冻倒$_{放到}$哪下儿的？回答这个问题可以是下面 5 个句子中的任何一个：

这不是的？/这不是？/绝播！/播！/tɕio$^{35}$！

这 5 个句子都表示现场指示，表达的内容都相当于一个肯定的陈述：指明“缸子”显而易见地存在于听说双方目力所及的某个地点。而构成 5 个同义句的词语又存在语形的联系，因此认为它们分别构成了上述演变链条中的一个环节，是完全可以成立的。从这一点出发，可以推知其演变的链条中应该存在过“这不？”和“这不”两个环节。普通话中存在由反问句省略形成的表示指示的“这不？”和“这不”(详三(三))，就可以证明这一点。但是，这5个演变环节具有不同的性质：

第一，由“这不是的？”演变为“这不是？”。其输出项省略了语气词“的”，但仍是以否定的反问句表达肯定的意义，强调某种存在的显而易见。显然，这是口语中为了简洁而发生的语用省略，是其进一步演变的前提。

第二，由“这不是？”演变为“这不？”。其输出项省略了判断动词“是”。省略虽是一种语用手段，但长期使用会形成一种新的格式：重新分析。从语法的角度看，其演变的输入项是由指代词“这”和偏正短语“不是”构成的主谓短语；“不”在结构上属后，与“这”不在同一层次。输出项省略了“是”，“不”失去了依托，结构上悬空了，于是“这不？”之间就可能发生“改变分界”(Langacker1977)[①]的现象而重新分析。从意义的角度看，输入项“这不是？”是判断形式；输出项省略了判断词，“这不？”只能是指称形式。但判断形式和指称形式构成的都是反问的应答句，用于现场直指以回答询问，其意义相同。(这也是其省略的理据)而且，由于使用指称形式直指对象，其语气就更为强烈，表达也就更为具体[②]。将完全形式的意义转移到省略以后剩下的词语组合上，从而更具体地表达原反问句的意义，那么不合法的句法形式“这不”就可能发生跨层的组合，导致由非词汇形式向词汇形式演变的词汇化(董秀芳2002)。但是，由于“这不？”保留了输入项反问的句

① Langacker(1977)把结构层次的变化分为三类：(1)取消分界(boundary loss)，(2)改变分界(boundary shift)，(3)增加分界(boundary ereation)。“这不”中的“不”本属后，其与“这”形成一个整体，显然其分界改变了。

② 用指称形式表达判断，有着语气强烈的表达效果。例如讲修辞的著述常常举的一个例子：郭沫若的话剧《屈原》第五幕中婵娟斥责宋玉的台词，原文为判断形式：“宋玉……你是没骨气的文人！”郭沫若在排练现场听了后认为不够味儿，改为“你是没骨气的无耻的文人”，但仍觉不好。后来根据演员张逸生的建议，改为指称形式“你这没骨气的文人”，以直斥对方，语气强烈。参看张志公主编《现代汉语》下册p310，人民教育出版社1982。

调，仍属于句子范畴，其肯定因子“不”仍然存在，字面上可以看出其省略的成分因而可分析（analyzable），其语法化和词汇化并没有彻底完成。

第三，由“这不？”演变为“这不”。其输出项失去了反问的句调，不属于句子范畴，“不”也就不再是肯定因子，这就使得第二阶段具备的两种可能成为了现实。首先，“这不”跨层组合为一个词，基本完成了词汇化。董秀芳认为，汉语“词汇化的源头很多都是具有内部结构关系的句法形式。从句法形式变为词汇形式，一个重要的诱因是句法系统在某个方面发生了演变，从而造成某类结构形式不再是合法的句法形式，其中的一部分通过词汇化的方式进入了词库”。所谓“演变”包括 3 种情形：实词句法功能的变化，功能词的变化，词序的变化。不难看出，团风方言“这不”的词汇化方式比较特殊，其演变类型是上述三种类型以外的一种：主要成分的省略，产生了一个不合法的句法形式“这不”。“这不”跨层组合，通过转喻的手段凝固为一个词，跟“友于、勇于”等成词的情形近似。其次，由于这个环节的曾经存在，前两个环节的反问句调和否定形式演变为后两个环节的不负载特定句调和肯定形式。“这不”不再是句子，只能去范畴化（decategorization）而重新分析为指示叹词，从而基本完成了语法化。

第四，由“这不”演变为绝播。不难看出，输入项“这不”附加语气词“噢”，并通过轻声、合音的手段改变语音形式，以固定词汇化的成果，粘合成了肯定形式的指示叹词绝播，使得其输入项的“语义褪色”（semantic fading），最终完成了词汇化。由于汉字的原因，这个阶段演变的输入项还残存着省略的影子，但输出项的内部理据模糊，已经彻底去范畴化了：其两个音节没有一般汉字所具有的意义，看不出其所属的词类和内部语法结构，已经“非语素化”了（demorphologization），只能从整体上重新分析为指示叹词。这就是说，绝播的特殊语音形式也是其固定语法化成果的手段。这一阶段中“不噢”的合音特别重要，它是进一步重新分析的重要条件。

第五，由绝播演变为播、tɕio[35]。其输出项为以省略、合音的方式构成的单音节词，导致了绝播的两个词汇变体的产生，这也是语法化在形体方面求简要求的结果。

以上所述的5个演变阶段，前两个阶段主要表现为语用的省略，第三个阶段为基本完成词汇化和语法化，后两个阶段在进一步词汇化和语法化的基础上固化演变的成果，并且发展出单音节形式，反映出“这不是的”由句子演变为词，由非语法性的成分演变为语法性成分的过程。在汉语的历时发展中，句法子系统与词汇子系统的变化是密切关联的（董秀芳2009）。贝罗贝、李明（2008）区分了由语义驱动的变化和由句法驱动的变化，认为句法驱动的变化是：句法演变先于语义演变，语义演变无规律，而且重新分析通常改变直接成分的边界。这个过程常常导致词汇化或不太正常的语法化。团风方言中“这不是的”的叹词化，正是这种句法驱动的词汇化和语法化过程。

但是，团风方言中也可以用反问句“那不是的、那不是”进行现场指示，这类指示形式应该也有可能发展为指示叹词。为什么该方言只是“这不是的”而不是“那不是的”发展为指示叹词呢？这有两个方面的原因。第一，与指代词本身的特点有关：如前所述，近指代词在分布上为无标记项，较远指代词更为常用。第二，表示指示的反问句强调对象就在眼前，主观上认为对象的距离很近，所以人们更多地使用近指代词构成的反问句表达现场指示。这两点使得“这不是的”成了其指示叹词的源头。“那不是的”所指的对象也许实际距离并不远，但其心理距离要相对远一些。虽然不是不可以发展为指示叹词（详三（一）），但如果要从两类反问句中发展出一个指示叹词的话，那么基于上述理由，“那不是的”的概率应该会小一些。

## 三、黄孝方言指示叹词的类型及与其他方言同类成分的异同

黄孝方言各方言点指示叹词的源头相同，但形成的具体方式不一。将其与广州话、普通话中的相应成分相比较，可以发现三者在功能、意义或来源方面的某些异同点。

### （一）黄孝方言指示叹词的类型

如前所述，黄孝方言各方言点都存在用于现场指示的指示叹词。初步的调查显示，不同的指示叹词分布区域不一，但规律性不强。于是，我们随机调查了 6 个市的 30 个方言点进行研究，发现其指示叹词都是来自指示代词构成的反问句的省略。这些指示叹词可以分为以下四类。

第一类，与近指代词语音相关的指示叹词。此类指示叹词的地域分布最广，主要存在于湖北黄冈市、鄂州市和江西九江、瑞昌市，即黄孝方言东部、中部的方言中。如黄冈市浠水县清泉镇、关口镇、巴河镇、汪岗镇、绿杨乡，麻城市市区、顺河镇，蕲春县彭思镇、漕河镇，红安县太平桥镇，罗田县骆驼坳镇，团风县方高坪镇、淋山河镇黄州区，武穴市石佛寺镇；鄂州市杜山镇。这些方言中的几个指示叹词都是来自反问句“这不是的”的省略、音变，第二节已经以团风方言为例进行了讨论，不再赘述。

需要说明的是：儿化形式的“啵儿”一般是这些方言中并存的几个指示叹词变体之一，前述陕西平利方言的指示叹词“啵儿”当属此类。其“啵儿”的使用者是清代乾嘉时期来自湖北黄州移民的后裔（周政 2007），与今黄孝方言东部的 [por˥]“啵儿”使用者曾经生活在同一地域。由此可以推知，“啵儿”至迟在 200 年前就已经形成，并由移民带到了陕西平利。相邻的陕西白河方言的指示叹词“啵儿”[por˥]（柯西钢提供）当有着相同的来源。

第二类，与近指、远指代词的语音分别相关的指示叹词。此类较少，主要存在于黄孝方言东部和中部。黄冈市罗田县胜利镇方言

的指示叹词即属此类。该方言近指代词 nɛᵓ、tʂ̻ɛᵓ 调值为 25，远指代词 nɛ$^{2}$、na$^{2}$ 调值为 33。其中每类指示代词的第一个多为老派使用，是其方言中固有的成分；第二个多为新派使用，是普通话指示代词的叠置（汪化云 2000）。由于该方言指示代词很复杂，其指示叹词也非常复杂，计有 5 个之多：nɛᵓ pərᵓ、tʂ̻ɛᵓ pərᵓ，nɛ$^{2}$ pərᵓ、na$^{2}$ pərᵓ，pərᵓ。如问“ 东西耶？ ”其回答可以是：

（16）A：nɛᵓ pərᵓ / tʂ̻ɛᵓ pərᵓ / pərᵓ，在这里。

B：nɛ$^{2}$ pərᵓ / na$^{2}$ pərᵓ / pərᵓ，在那里。

除 pərᵓ 外，例（16）中两组指示叹词分别与该方言近指、远指代词的语音形式相关，其所指也有远近之分：近指叹词为 nɛᵓ pərᵓ、tʂ̻ɛᵓ pərᵓ，远指叹词为 nɛ$^{2}$ pərᵓ、na$^{2}$ pərᵓ，两组一般不可以互换使用。唯 pərᵓ 的所指不分远近，运用比较自由。而且，这些指示叹词也有使用者的差异：老派使用 nɛᵓ pərᵓ、nɛ$^{2}$ pərᵓ 较多，新派使用 tʂ̻ɛᵓ pərᵓ、na$^{2}$ pərᵓ 较多，新老派都使用 pərᵓ。由团风方言指示叹词的形成方式类推，我们认为该方言 5 个指示叹词应该也都是由反问句省略、语法化而来，其间应该存在这样的演变过程：

这 / 那不是的？→这 / 那不是？→这不 / 那不？→这不 / 那不→ nɛᵓ/tʂ̻ɛᵓ pərᵓ / nɛ$^{2}$/na$^{2}$ pərᵓ（“ 这 / 那不 ”的儿化形式）→ pərᵓ

这个过程中的各演变阶段除“这不 / 那不？ ”和“这不 / 那不”以外，都存在于该方言之中，并且其远指和近指两个系列的指示形式表意分别相同，每个系列内的词句可以互换使用，证明上述演变过程是完全可能存在的。远指叹词和近指叹词并存的现象，还存在于罗田县城凤山镇、武汉市新洲区旧街镇、鄂州市葛店镇等地。这类现象存在的点不多，但保留着两种指示叹词形成的轨迹，说明反问句“这不是的 / 那不是的”都有可能演变为指示叹词。

第三类，与远指代词语音相关的指示叹词。由于第二小节（三）说过的原因，此类极为少见。此类现象也存在于黄孝方言东部和中部，黄冈市所辖武穴市四望镇方言就是这样：其近指代词为

tsɛ꜄，远指代词为 nei꜄，指示叹词为 •nei po꜄。从上述第一、二类指示叹词的来源来看，•nei po꜄ 显然是来自远指代词构成的反问句的省略，其指示叹词的形成可能经历了这样的演变过程：

那不是的？→那不是？→那不？→那不→ nei꜅ po꜄（“那不噢”合音）

这个过程中的各阶段除“那不？”和“那不”以外，都存在于该方言之中，并且表意相同，可以互换使用，证明上述演变过程是完全可能存在的。黄冈市红安县高桥镇方言的近指代词为 nɛ꜄，远指代词为 na꜅；其指示叹词为 •na，与远指代词声韵母相同。虽然这个 •na 很像是直接由 na꜅ 弱化而来，但是考虑到黄孝方言其他方言点指示叹词形成的共性，我们认为这个 •na 亦来自该方言表示直指的反问句“那不是的、那不是”的省略。其用例如：

（17）甲：我的书呢？

乙：•na，在这下儿这里。

第四类，与近指和远指代词语音都相关的指示叹词。这主要存在于孝感市，即黄孝方言的西部。黄孝方言很多方言点的指示代词是二分的，其两个代词声韵母相同，依靠声调区别所指的远近（汪化云 2000）。在这种情况下，与指示代词声韵母相同的指示叹词究竟是与近指还是远指代词有关就不甚明确。例如孝感市孝南区方言的近指代词是“乜$_1$[niɛ꜄]、这 [tʂ̩ɛ꜄]”，远指代词是“乜$_2$[niɛ꜅]、那 [na꜅]”。每组的第二个词是普通话指代词的叠置，第一个词“乜$_1$、乜$_2$”才是其固有的指示代词。其指示叹词“乜”音 ꜀niɛ（王求是 2000），这个 ꜀niɛ 既像是近指代词 niɛ꜄、也像是远指代词 niɛ꜅ 直接变调构成。其用例如：

（18）你真是个瞎子，乜，乜$_1$ / 乜$_2$ 旁边不是的？

孝感市所辖安陆市方言也是依靠声调的不同来区别近指、远指代词“乜$_1$”[niɛ$^{35}$]、“乜$_2$”[niɛ$^{55}$]。其所谓“提示词”即指示叹词为“乜”[•niɛ]（盛银花 2007），与近指和远指代词声韵母相同。盛银花认为该方言的指示代词是由“提示词”演变而来。但是，我们认为轻声的、意义相对虚化的指示叹词 •niɛ，不应该是指示代词的源头，而只能是相反：由实到虚，其指示叹词来自指示代词。显然，•niɛ 也很像是由 niɛ$_1$/niɛ$_2$ 直接弱化而来。但是，考虑到上文所述黄孝方言三类由反问句演变为指示叹词的实例，尤其是考虑到团风县马庙方言以省略的方式构成指示叹词“绝（与“这”声韵母相同，念作轻声）、啵”的事实，我们认为作为黄孝方言一部分的孝南、安陆方言，其指示叹词也应该来自指代词所构成的反问句，其形成当经历了这样的过程：

乜$_1$/乜$_2$不是的？→乜$_1$/乜$_2$不是？→乜$_1$/乜$_2$不？→乜$_1$/乜$_2$不→乜

这个过程中的各阶段除“乜$_1$/乜$_2$不？”和“乜$_1$/乜$_2$不”以外，都存在于该方言之中，并且表意相同，可以互换使用，证明上述演变过程是完全可能存在的。

不难看出，上文讨论的黄孝方言指示叹词的形成过程，都没有出现两个共同的环节：“指代词 + 不？”和“指代词 + 不”。这是因为这种组合不符合黄孝方言方言的语法，所以不能成立。于是，前者只有去掉反问语气变为后者，然后跟语气词拼合而演变为“绝播”之类，再然后省略“播”构成单音指示叹词。所以，要证明这个环节的曾经存在，只能依靠普通话中“这不、那不”的形成过程（详下）来类推。上述四类指示叹词与指示代词相关的类型的地域分布，可以归纳为下表：

**黄孝方言指示叹词与指示代词相关的类型**

| 地域 | 黄冈、鄂州、九江、瑞昌 | 罗田、旧街、葛店 | 四望 | 孝感、黄陂、广水 |
| --- | --- | --- | --- | --- |
| 相关指代词 | 近指（最多） | 近指、远指 | 远指 | 近指 / 远指 |

以上四类指示叹词中，第二类的远指叹词和近指叹词并存，与指代词的联系明显，应该是相对原始一些的形式；其余三类指示叹

词可以看作是在其基础上的进一步虚化。不同地域的四类指示叹词都只能用于现场指示，与北京话“喏”的意义和功能相近——后者“表示让人注意自己所指示的事物”(《现代汉语词典》)，显然也是用作现场指示的。

**（二）黄孝方言指示叹词与广州话指示叹词功能的异同**

陆镜光（2005）认为，粤语广州话指示叹词的用法可以分为“现场用法”和“非现场用法”两类。现场用法与团风方言相同，其指示的对象可以是实物（例 19）或情状（例 20），实际存在于交际情景中（以下 4 例均转引自陆镜光（2005）所记录的粤语广州话，个别字根据笔者的调查有所调整）：

（19）**呢**，戴眼镜嗰个咪阿明啰！看，戴眼镜那个不就是阿明吗！

（20）**嗱**，系唔系啊，噉咪得啰！你看，是不是啊，这样做就可以了！

所指对象抽象地存在于言域（刘丹青 2012）中的用法，都叫非现场用法。这类用法比较抽象，可分为信息提取（21）和篇章指示（22）两大类，往往能起到引起注意或者提醒的作用——说话人用指示叹词把听话人的注意力引向某个话题上，目的是建立话题以便于继续进行会话和信息交流：

（21）（电视）我唔系好满意——**呢**，即系黄金时间呢！——两个电视台都报道同一件事。我不是很满意（电视）——诺，就是黄金时间啊！——两个电视台都报道同一件事情。

（22）（话题：买婚纱）**嗱**，你出去租都唔平喇，都要几千文，用完之后重要还返俾佢。诺，你在外面租也不便宜啊，也要几千块钱，用完以后还要还给他。

黄孝方言的指示叹词没有非现场用法。这就是说，如果把广州话的指示叹词视为完成了语法化的话，那么黄孝方言指示叹词尚处在语法化的初始阶段，没有通过隐喻的手段发展出“呢、嗱”那样相对抽象的话语篇章功能。但是，广州话的指示叹词只限于句首使用（陆镜光 2005），而黄孝方言的指示叹词则彻底完成了叹词化，如第二节所述可以在句首、句中、句末出现。在分布特征方面，黄孝方言的指示叹词显然比广州话的“嗱、呢”更像叹词。

**（三）普通话的“这不”及其与黄孝方言指示叹词功能的异同**

于宝娟（2009）把普通话的“这不”看作是话语标记，认为这个标记来自反问句“这不是吗”，是在与“在这 / 那里”之类的竞争中成为常用成分，经历了下面的语法化过程：

这不是吗 ?> 这不是嘛 > 这不是 > 这不

这种说法大体上是可以成立的。“这不”的“不”[$pu^{51-35}$]在北京话中念作阳平，与“不”在去声字“是”前的读音相同，也证明了这一点：变调出现在前，省略出现在后，省略形式“这不”仍保留着在完整形式“这不是吗”中的读音。但是，于宝娟的说法并不完整，需要作三点补充：

第一，“这不是吗”并非只是同“在这 / 那里”之类竞争。事实上远指代词“那”构成的“那不是吗、那不是、那不”也是并行的可以表示指示的成分，与近指代词构成的反问句也存在竞争，如（以下例句皆出自北京大学 CCL 语料库）：

（23）“我觉得我们到了”，泰斯指了指，大声说，“**那不是吗**？”

（24）你们瞧呀，**那不是**，他这副鬼样儿，简直和死了的猪狗差不多……

（25）小毛小病不出村，大病不出乡，**那不**，老县委的院子如今是滕州市第一人民医院。

排除心理距离的因素，上述 3 例中的“那”[$na^{51}$]是可以换成“这”[$tʂɤ^{51}$]的。当然，两类结构并不等价。据我们对北京大学 CCL 语料库的检索，“这 / 那”构成的两类结构使用频率不同：

| 这不是吗 / 嘛 / 么 | 这不是 | 这不 | 那不是吗 / 嘛 / 么 | 那不是 | 那不 |
|---|---|---|---|---|---|
| 29 | 40 | 287 | 10 | 22 | 5 |

其中近指和远指代词构成的完整形式的反问句使用都不多，分

别为 29 例、10 例。省略语气词的形式相对多一些，分别为 40 例、22 例。总体上看，其近指形式多于远指形式，趋于习语化。而省略了“是”的形式却分别向不同的方向发展：“这不”为 287 例，说明其使用频率高，已经在竞争中胜出，演变为一个常用的成分；“那不”才区区 5 例，使用频率处于绝对劣势。这种情形与黄孝方言不同地域指示叹词的整体分布情形类似：与近指代词相关的指示叹词分布面广，与远指代词相关的指示叹词分布面窄。

第二，上述演变过程也应该是词汇化的过程，其“这不”应该是指示叹词。理由有二：

首先，虽然除徐世荣（1990）外，一般辞书没有将“这不”当作词收录，但是其作为词的资格是无可怀疑的。“这不”不合乎汉语的语法结构，我们不能从其构成成分中推知其整体意义，但这个组合却能够独立地表达一个完整的意思，说明它已经凝固为一个词。而“这不”作为一个整体能够在口语中大量重现（上文统计的 287 例），也反映出其具备了一个词的使用特征。其位置可前可后，独立使用（于宝娟 2009），则证明“这不”具备了叹词的特征。

其次，“这不”具有现场指示（例 26）和非现场指示（例 27）的功能，其意义、功能跟广州话的“呢、嗱”基本一致，因此也应该看作指示叹词。如：

（26）**这不**，迎面过来了两个 20 多岁的“小建筑师”。

（27）也是，**这不**，1 月 13 日记者看到在东铁匠营一个商亭里赫然摆着一罐魔鬼糖……

作为叹词，“这不”可以构成话语标记或独语句、独立成分，只有语用功能，与句法层面的词类不同。

第三，在“这不是？”与“这不”之间，“这不是嘛”、“这不是”都应该存在反问句的形式，这在 CCL 语料库中不难发现。而且，其间还应该存在“这不？”这样一个演变阶段。例如：

（28）头顶震耳欲聋的电钻噪声，持续逾月的35℃以上高温……这不？信手写来，就是这么一大堆。

这样的例子虽不多见，但这个阶段的存在是无可怀疑的，否则难以解释由反问的句子形式向词汇形式“这不”的演变。只不过由于这种演变已经完成，“这不？”形式只有残存罢了。

由反问句“这不是吗”演变为应该看作是指示叹词的“这不”，其间当然也存在由语法结构凝固为词的词汇化过程。这个过程从侧面证明，黄孝方言指示叹词的前述词汇化和语法化过程是完全可以成立的。

从上面的讨论不难看出，黄孝方言的指示叹词绝播与普通话的“这不”源头基本相同，但发展不一。其中现场指示的功能二者完全一致，而“这不”则比绝播多出了非现场指示的功能。可见，“这不”跟广州话的“嗱、呢”一样，具备了相对完备的指示叹词功能。只不过因为其语法化、词汇化不彻底，有汉字“这不”的束缚而没有发生团风方言中绝播般的音变，人们无须证明而凭直觉就可以看出其来源，因而一般视其为省略形式，而不认可其为指示叹词。只有徐世荣（1990）凭着其敏锐的北京话词汇感，正确地将其收入了词典中。

## 四、小结

上文的讨论说明，黄孝方言用于现场指示的词既不是纯名词性（如“这”）的，也不是副词性（如英语的there）或动词性（如英语的look）的，而是叹词性的，因而正如陆镜光（2005）所说的那样，它们“很可能是人类语言里的第四种指示词”，其存在“对普通语言学应有启示作用”。其指示叹词与指示代词其中大多是与近指代词联系密切，这种联系表现为近指代词、远指代词构成的反问句经过省略，然后语法化、词汇化为指示叹词，完成其叹词化的演变。联系普通话的“这不”来看，黄孝方言指示叹词的形成模式应该反映出汉语指示叹词形成的某种共性（事实上，北京话的指示叹词“喏”也与古汉语的指示代词“若”相关）。不过，与广州话的指示叹词相比，黄孝方言的指示叹词虽然完成了词汇化，但语法化程度较低，只具有现场指示的功能。这说明现场指示功能是指示叹词最原始的功能，完全可以通过隐喻的手段进一步虚化发展出非现场指示的功能，产生话语篇章方面的引申用法即刘丹青所谓“言域的用法”，由语法性较低的成分变为语法性较高的成分。这就是说，黄孝方言的指示叹词可以为证明粤语广州话指示叹词两种功能之间的语法化关系提供间接的证据。

综上所述，本节的讨论对第一小节所述陆镜光（2005）的四点思考有所印证；而黄孝方言各方言点的指示叹词反映出的词汇化过程，则丰富了时贤总结出的汉语词汇化的类型。

## 第六节　表给予兼提示的叹词“假”①

黄孝方言中普遍存在表示给予兼有提示作用的叹词 tɕia。如湖北省团风方言的这个叹词音 tɕia，读降调，一般读阳平 31 调，念强调重音则为上声 54 调。前者没有同音字，本节按后者记作假。假可以出现在句中、句首、句末作独立成分或独语句，一般伴随有给予的动作（1、2），念强调重音或连用几个“假”则有不耐烦的色彩（3、4）：

（1）这是 50 块钱，假，拿倒着路上用。

（2）假，把这些钱把得姆妈把这些钱给妈妈。

（3）你是要衣裳吵？假！

（4）总跟倒在后头要，嫌人讨人嫌，假，假，假，拿去吃！

这个“假”也可以用普通话中虚化的“给”来对译，很像是“给

① 本节的部分内容以《说“嗟来食”的“嗟”》为题发表在香港中文大学《中国语文研究》2011 年第 2 期。

呀"[tɕi꜄ ·ia] 的合音（团风方言的"给"在推广普通话之前一直读 tɕi꜄，受普通话影响才读作 ꜂kɛ 的。在其读音替换的 20 世纪 60 年代，学生中曾有两个读音并用的现象，例如把"给他"说成 ꜂kɛ tɕi꜄ ꜀tʰa。笔者就有过这样的经历）。但是，综合古文献中的和汉语方言中的相关用例，我们认为这个表示给予兼提示的叹词应该是"嗟"。由于"嗟"的意义人们有不同看法，以下先讨论文献中"嗟"的意义，然后结合其他汉语方言中的表示给予和提示的叹词，归纳黄孝方言中这个叹词的特征，证明其假跟其他方言的同类叹词一样，是对古汉语叹词"嗟"的直接继承——事实上，汉语中的叹词、语气词很多具有意义和语音上的继承性；今天读作 ꜀ɕi 的语气词"兮"，在古代的读音和意义就跟今天的语气词"啊"类似。

## 一、文献中的"嗟"

《礼记·檀弓下》中有这么一段文字:"齐大饥，黔敖为食于路，以待饿者而食之。有饿者蒙袂辑屦，贸贸然来，黔敖左奉食，右执饮，曰:'嗟，来食。'扬其目而视之曰:'予唯不食嗟来之食，以至于斯也！'从而谢焉，终不食而死。"众所周知，这就是成语"嗟来之食"的出处。文中的黔敖所使用的"嗟"应该是个叹词，这一点人们一般都没有异议。但是，对"嗟"所表示的意义的解释，却历来众说不一。直到近几年，一些学术刊物上还刊出多篇文章讨论"嗟"的意义以及相关的断句等问题（张淑敏 2002），但却没有一个相对一致的结论。人们对叹词"嗟"的色彩意义有两种解释，两种解释都难以成立。

### （一）认为"嗟"有"无礼"的色彩

先看孔颖达对上述一段话的解释:"饿者闻黔敖嗟已，无敬己之心，于是发怒，举其目而视之曰：予唯不食嗟来无礼之食，以至于此困病。"孔氏以"嗟已"与"敬己"相对，谓其食为"嗟来无礼之食”，可见其视“嗟”为“无礼”之表现。张淑敏（2002）则认为这个“嗟”用于上对下、尊对卑的呼唤，有轻慢的色彩；在表示给予的祈使句中，这种色彩更明显。

不可否认，作为叹词，“嗟”的意义应该是因语境、音高的不同而不同的，如同现代汉语中的叹词“啊”一样。但是，无论在什么语境中，上古的“嗟”一般都没有无礼或轻慢、不敬的色彩。其常见的意义如：

（1）表招呼：公曰：“嗟！我士，听无哗。”（《书·秦誓》）

（2）表应答：舜曰：“嗟，然！禹，汝平水土，维是勉哉。”（《史记·五帝本纪》）

（3）表悲伤：父曰：“嗟！予子行役，夙夜无已。”（《诗·魏风·陟岵》。引者注：这个“嗟”有怜悯的意义）

这些义项、例子中的“嗟”都是用于上对下、尊对卑的，无论表示招呼、应答、还是悲伤，都没有无礼的色彩。在《礼记·檀弓下》中，饿者拒绝就食，显然是因为黔敖没有“敬请用餐”的缘故——郑玄给《礼记》作注时就认为“嗟，来食”的呼唤“非敬辞”。但是，没有使用敬辞并不等于无礼，因为其话语可以是中性的——黔敖左手捧着食品，右手拿着饮料，喊饥饿的人来用餐，这本身是一种富有同情心的人道行为，当然不可能是“无礼”的。“嗟，来食”充其量是一种例行公事式的中性言语，本身并无轻慢之意。至于“嗟来之食”在后世“多指侮辱性的施舍”（《汉语大词典》），应该是人们炒作那个“狂狷”之士的气节或曰过度反应而炒出的贬义。这个贬义是附着在整个成语之上，并没有指派给某个具体的语素。而说“嗟，来食”中的“嗟”表示轻慢、不敬云云，实际上是把成语“嗟来之食”的整体在后世产生的贬义派给了先秦时的叹词“嗟”，其中不仅存在整体与部分的差异，而且存在产生时间先后的不同，因而是难以成立的。

### （二）认为“嗟”表示“怜悯”

这体现在郑玄对上面一段话的解释：“‘嗟，来食’，虽闵而呼之，非敬辞。”《汉语大词典》也认为“嗟来之食”是“原指悯人饥饿，呼其来食”。“悯而呼之”似乎是其表达的意义。但是，叹词“嗟”表示“悲伤”或“怜悯”的意义，其后陈述的都是一个值得怜悯的事实，如例3“嗟！予子行役，夙夜无已”，《魏风·陟岵》中其他几段的“嗟”后句子也是这样。而这里的语境是施舍者喊饿者“来食”，“来食”本身并不是一个令人怜悯的事实，因此这个“嗟”与表示怜悯的“嗟”不同。退一步说，如果黔敖真的是用“嗟”表示怜悯，那么饿者也不至于生气而拒绝进食，黔敖也没有必要“从而谢之”——怜悯有什么错？为什么要道歉？可见，这个“嗟”不表示怜悯。

### （三）“嗟”是表给予、提醒的叹词

如上所述，在黔敖“左奉食右执饮”呼人就食的语境中，“嗟”应该是一个中性的词儿，表示给予且提醒对方注意，可以称之为“给予兼提示的叹词”。在普通话叹词中，唯有表指示的叹词“喏”与之意义相近。但是，将黔敖的话翻译成“喏，来吃吧”，似乎又隔了一层——使用“喏”，如上节所述是“表示让人注意自己所指的事物”，而与两手持物给人的意思不同。如果使用普通话中单用表示给予的“给”来对译，就比较贴切了：“给，来吃。”这个“给”用于拿着东西给人的时候，有提醒对方注意自己手上物件的意思，其色彩是中性的。下面的例子可以证明这一点（以下普通话用例出自北京大学CCL语料库）：

（4）不过，这些收据还是您拿去保存吧，以防万一。给，请您收下！

（5）如果不知哪条河有厂哪个湾头有货，没关系！给，这里面都是最新的样品。

（6）“这是我给你带来的点心，给！”我又说：“你们住在哪儿

啊？是这房子里吗？”

不难看出，三个例子中单用的“给”都具有指示叹词“喏”的提醒功能，又都具有表示“给予”的动词意义，跟一般动词“给”相比，显然虚化了，可以视为指示叹词，表给予：单用，后面一般不带宾语，例（4）中一般不能说成“给收据，请你收下”。而单用表示给予的实义动词“给”，则没有如同叹词般的提醒对方注意的意义，且后面可以出现宾语（见例后括号中的短句）。如：

（7）……可以引进，但工程师提出要房子、汽车、高薪，胡咸田毫不犹豫，给！（给房子！）

（8）100 亩地，给！还要更大些，将来可以发展。（给地！）

“嗟，来食”中的“嗟”是叹词，出现的持物与人的语境，可以用虚化了的“给”对译，因此可以认为是一个中性的“给予叹词”。这样的解释正合乎文意：黔敖没有使用敬辞，缺乏对人的尊重和体贴，狂狷的饿者觉得没有受到应有的尊重，于是拒绝进食。但黔敖使用的是中性的给予叹词，毕竟没有直接对其无礼，故饿者也只能“扬其目而视之”而已。

然而，这样的解释面临着孤证的尴尬：先秦文献中，“嗟”表给予的用例仅此一个。但如果拘泥于例证的数量，是没有办法讨论“嗟”意义的。据武振玉（2009）统计，在先秦 12 部传世文献中，作为一个词的“嗟”凡 20 见。我们发现其中 8 例带宾语，可以理解为动词，如《荀子·成相》：“嗟我何人，独不遇时当乱世！”剩下的 12 例叹词“嗟”分别表示叹息、呼告、赞美、应答、悲伤、怜悯等多种意义，因此“嗟”的每个意义其用例都不多，难以做到“例十法立”。至于后世文献中与给予相关的“嗟”，一般是《礼记》中用例的重复，故而对解释这个“嗟”的作用不大。但是，团风方言的给予兼提示叹词“假”，似乎可以证明就是这个“嗟”。这一点，需要结合其他方言的同类代词来讨论。

## 二、汉语方言的给予叹词与“嗟”音义相同

考虑到叹词是口语中的现象，因此可以从口耳相传的方言中去寻觅其踪迹。“嗟”在现代汉语方言中使用较多，跟《礼记·檀弓下》中“嗟”的意义、分布甚至读音都相同。

### （一）团风方言的叹词“假”与古汉语的“嗟”音义相同

无疑，“假”出现的语境与《礼记·檀弓下》的“嗟”一样，都是表示给予且提醒对方注意所予物品的句子，这从本节开头的四个例子不难看出。因此“嗟、假”的意义、功能应该相同，此不赘述。应该特别注意的是：“嗟、假”的读音也是相应的。“嗟”在上古为精母歌部字，在中古为精母麻韵开口三等字（郭锡良 1986）。而中古精组假摄开口三等字在团风方言中，一般声母读 tɕ 组，韵母为 iɛ，例如：

tɕiɛ　姐接婕节捷，tɕ$^{h}$iɛ　藉切且窃妾，ɕiɛ　邪谢屑泻泄写些

但是，团风老派方言中这类字残存着少量的文白异读（汪化云 2000）。其文读与上述一般读音相同，其白读（排在后）的声母同文读，韵母为 ia。其中的“斜”字还可以变调为上声构成动词（汪化云 2001），亦有文白两读：

| | | | | |
|---|---|---|---|---|
| 借 | tɕiɛ꜄ | 借东西 | tɕia꜄ | 老派或使用 |
| 笪 | tɕ$^{h}$iɛ꜄ | 桶笪倒倾斜着的，快扶正 | tɕ$^{h}$ia꜄ | 眼睛笪倒眯缝着眼，斜视 |
| 卸 | ɕiɛ꜄ | 卸货 | ɕia꜄ | 歪头卸甲衣冠不整貌 |
| 斜 | ꜁ɕiɛ | 斜坡 | ꜁ɕia | 斜目眼斜视的眼睛 |
| 斜 | ꜂ɕiɛ | 斜过去了一点儿 | ꜂ɕia | 老派使用 |

“嗟”在团风口语中不用而只有读书音，新派读꜀tɕiɛ，老派读꜀tɕia，正与上述残存的文白两读分别相应。其中“嗟”的老派读音与假的声韵母相同，声调不同，为阴平 22。但该方言的祈使句同普通话一样读降调，“嗟”的音高随语境而变化，出现在表示给予的祈使句中，是完全可能受语调的影响读作降调 31 或 54（强调时）的。可见，从音义两个方面来看，团风方言的给予叹词

"假"，其本字当是"嗟"。

**（二）兰银官话兰州方言的"加"与古汉语的"嗟"音义相同**

张淑敏（2002）认为，"嗟"在《广韵》为子邪切，折合为今兰州方言当念作"加"。而兰州方言的常用叹词"加"[tɕia³¹]一般"出现在表示给予的祈使句中，表示呼唤，以引起对方对所予物品的关注，其出现的位置较灵活。这种用法的'加'多含有轻慢、不敬的感情色彩，如果读得完足加重或重叠使用，这种色彩就越发浓烈"，于不敬之中又平添了不耐烦的语气（例3、4）：

（1）加，饭吃来！嘿，来吃饭！

（2）这个鞋拿上了穿去，加。这双鞋拿去穿吧，偌。

（3）加，这一毛钱拿上了赶紧走！喏！拿上这角钱快离开！

（4）加加加，拿上了去！

这个叹词一般只用于上对下、尊对卑，极熟的同辈间也用，但既不读重音也不连用。因此，张淑敏认为兰州方言的"加"就是古汉语"嗟"的沿用。"沿用"的看法是对的，但其对"加"色彩意义的解释还需要斟酌。据我们调查，该方言的"加"在重读和连用时确实有不敬、不耐烦的色彩，但那是强调重音和反复的手段带来的意义。"加"本身只有"提醒、给予"的意义，是中性的给予叹词，没有尊敬但也没有轻慢的色彩。只是在需要谦敬的场合不用于下对上而已（下对上应该谦恭，但"加"没有这个色彩意义），一般场合中父母子女间也是可以互相使用的（例1、2）。可见，这个"加"与"嗟"相似。

**（三）其他方言的给予兼提示的叹词**

西南官话武汉方言中，表示给予的叹词为 ᶜtɕia、ᶜtiɑ，与相邻的团风方言的假功能、意义相同，两个读音为自由变体。中原官话青海西宁方言的给予叹词 tɕia³¹、陕西汉中方言的给予叹词 tɕia³¹，其音义、功能与兰州方言的"加"完全相同。相邻的晋语陕西府谷方言中，老派用 tiɑ³¹ 作给予叹词；这个 tiɑ³¹ 跟兰州方言的"加"音近义同，联系武汉方言来看，可能是 tɕia$^{31}$ 的音变形式。其新派则用虚化了的“给”替换了 tiɑ$^{31}$，当是受普通话影响出现的现象。这既说明府谷方言给予叹词 tiɑ$^{31}$ 与普通话“给”功能、意义相近，也反映出 tiɑ$^{31}$ 在该方言中可能会逐步淘汰。（发音合作人：兰州 - 刘蕾、王菲，武汉 - 尉迟治平，西宁 - 谷晓恒、鲁娟娟、马清丽，府谷 - 王媛，汉中 - 唐健雄）

可见，团风、兰州、武汉、西宁、汉中、府谷等地方言中表示给予的叹词都是中性的，都可以记作“嗟”。而这个叹词在整个黄孝方言中都普遍使用。

## 三、小结

将古汉语的“嗟”与今中、西部官话和晋语的“假、加、tiɑ$^{31}$”之类进行比较，不难发现其共同点：都是表示“给予”的叹词，功能相同，读音基本对应。显然，上述各方言的“假、加、tiɑ$^{31}$”之类，是从音义两个方面继承了《礼记·檀弓下》中的“嗟”。考察“嗟”在上古出现的语境，参考现代汉语方言的“假、加、tiɑ$^{31}$”之类，我们完全可以说，“嗟，来食”中的“嗟”是中性的给予叹词。

黄孝方言中普遍使用的叹词“假”，直接继承了上古叹词“嗟”的意义用法和读音。

# 第四章　程度

程度，主要是与副词、形容词相关的范畴。同普通话一样，黄孝方言表达程度也大量采用程度状语、程度补语的手段。例如团风方言就使用程度副词“蛮 /꜀mɛ”、兼表感叹的疑问代词“几”、短语形式“不晓（得）几”等作状语表示程度，使用副词“狠、伤、死”和短语“青了肠”等等做补语表示程度：

（1）这个人蛮拐$_{\text{凶恶、坏}}$。｜今年的荸荠꜀mɛ$_{\text{蛮}}$，$_{\text{口语}}$甜。

（2）那个电视剧该几$_{\text{多}}$好看。｜借$_{\text{这}}$伢不晓得几$_{\text{非常}}$乖。

（3）农村里修水库好得狠。｜你怄青了肠，我硬怄伤了元$_{\text{元气}}$。

这些表达程度的手段，在黄孝方言各点都差不多。其程度主要是通过特定词语的词汇意义表达的，不是单纯的语法手段，本章不予讨论。我们要讨论的是形容词的生动形式，这是能产的表示程度的语法手段。这些手段主要有单纯重叠、嵌音重叠、重音和长音手段等，所表达的程度既有加深、极深，也有减弱、适中。有些手段在表达程度的同时，还表达一些色彩意义。

黄孝方言中的形容词生动形式，人们研究得不多，因为这些手段许多与普通话大同小异，没有引起人们足够的重视。就目前的情况来看，比较系统地研究黄孝方言生动形式的，有汪化云（2004）对黄州方言、盛银花（2010）对安陆方言的研究；其余研究比较零散。因此，有必要对黄孝方言表达程度的语法手段——形容词生动形式进行全面的考察。根据语料所表现出来的异同，本章把黄孝方言的生动形式分为三片讨论。东片：湖北省黄冈市所辖武穴市、黄梅县，江西省九江市所辖浔阳、江州、庐山区和瑞昌市。中片，黄冈市所辖蕲春、浠水、罗田、英山、团风、黄州、红安、麻城等市县区，孝感市所辖孝南、孝昌、大悟等县区，鄂州市，武汉市所辖黄陂、新洲区。西片，孝感市所辖应城、云梦、安陆等县市，随州市所辖广水市。这是一个两头小中间大的格局，其中中部广大地区黄孝方言的程度表达是一致的。以下以团风、安陆、九江为主要方言点，从语法手段的角度展开讨论。

## 第一节　单纯重叠表示程度

所谓单纯重叠，指的是形容词和少数动词不添加儿尾以外的词缀而构成的重叠。这种重叠在入句时可能需要带上结构助词“的”，或者需要儿化以表达某种色彩。考虑到很多重叠形式的某个音节是否儿化、是否带“的”并不影响重叠形式本身的成立，所以本节把儿尾、“的”排除在上述词缀之外。

汉语方言中有些单纯重叠在形式上与普通话基本相同，但所表达的意义却并不一定一致（汪化云 2014、汪化云、谢冰凌 2012）。黄孝方言中就存在这样的重叠，值得深入研究。

### 一、中片：团风方言的单纯重叠

团风方言的单纯重叠包括“AA、ABB（儿）的、ABAB 的、AABB(儿）的”四种。这四种重叠形式在中部各县市区普遍存在，功能和表达的程度也基本一致，汪化云（2004）曾以黄州方言为例做过介绍。为了跟其他片进行比较，这里以团风方言为例介绍。

#### （一）AA

AA 式重叠，是单音节形容词的构形重叠式（本节不讨论 AA 式的构词重叠）。这是与普通话“AA（的）”貌同而实则差异较大的重叠形式，可以充当定语、状语、补语。

1. 作定语。AA 做定语必须直接置于名词（N）前面，构成“AAN（儿）”的格式，与普通话 AA 作定语一般带“的”（大大的眼睛，高高的个儿）截然不同。A 是一般不单独作状语的形容词，第二个 A 念轻声；格式中的 N 以单音节的儿化形式最为常见，在 N 是双音节时可以不儿化。整个结构表示“稍有点儿 A 的 N（儿）”，即表示其 A 的程度不深，且 N 具有不讨厌或喜爱的色彩。如“细细鞋儿”，即表示鞋不大而小巧，有喜爱的色彩；“旧旧衣裳”即表示衣服稍有点儿旧，但不令人讨厌。其他如“酸酸味儿、长长脸儿、黑黑皮儿、细细窗儿、绿绿色儿、弯弯扁担、瘦瘦个儿”等均可仿此理解。

少数单音节不及物动词亦能出现在这种格式中，表示“有点像 A 的 N 儿”，即表示像 A 而程度不深，亦有“不讨厌”的色彩，如：病病像儿（有点像病的像儿）、垮垮屋儿。

2. 作状语。AA 作状语，其第二音节必须儿化，“AA 儿”表示程度加深。A，是能作状语的形容词“慢、险、轻、好、乖”等少数几个。“A 儿”一般念得重而长，具有强调的色彩，如“轻轻儿、乖乖儿、好好儿”等（a 例）。“慢、险”等有消极意义的极少数几个词构成此式，可将第一个 A 念重音，这就减弱了强调的意味（b 例）。试比较：

（1）a. 路上有水凼子，要慢慢儿地走，招倒跶了当心摔倒了。

b. 你慢慢儿走，我不送啊。

（2）a. 我从墙上扯起猛地跳下来，险险儿跶断了脚摔断了腿。

b. 昨日里我险险儿差点儿迟到了。

显然，a 句比 b 句的 AA 儿强调的意义显豁得多。AA 儿还能构成祈使句：慢慢儿的！轻轻儿的！

3. 作补语。AA 作补语必须带上轻声的“的”，构成“AA（儿）的”的格式，表示强调和程度加深。A 是形容词，能充当状态补语；其第二个 A 念重音并且可以儿化，其儿化形式有喜爱的感情色彩。如：

（3）我要捆得紧紧的，不ᶜ尽让你跑了。

（4）荸荠要晒得干干儿的，才好吃。

（5）把荞麦磨得细细儿的再做粑。

AA 充当不同的成分，不仅其儿化与否互不相同，而且轻重音模式、表示的意义也差别甚大。因此，可以将其看作三个不同的次类，三个次类的功能是互补的。它们的共同之处是都不能做谓语，不能说“眼睛红红的”。这也与普通话不同。

**（二）ABB（儿）的**

1.“ABB（儿）的”中的 A 念得较重，“的”念轻声且非有不可。其构成有以下三种方式：

第一，由单音形容词、少数单音节名词或动词加上一个叠音的后缀构成。此类结构较多，如：

赤：赤条条（儿）的　　酸：酸肌肌儿的酸溜溜的

痒：痒济济儿的　　黑：黑致致儿的

苦：苦殷殷儿的　　矮：矮顿顿儿的

热：热烘烘（儿）的　　辣：辣呵呵儿的

笑：笑眯眯儿的　　哭：哭兮兮的

水：水淋淋的　　毛：毛 $xa^{35}xa^{35}$ 的多毛貌

第二，有些“ABB（儿）的”结构可以看作是双音节形容词重叠第二个音节构成的。如：

热溜：热溜溜（儿）的　　年轻：年轻轻（儿）的

平展：平展展（儿）的　　精致：精致致（儿）的

齐整：齐整整儿的　　稳当：稳当当（儿）的

冷沁：冷沁沁（儿）的　　灵醒：灵醒醒（儿）的伶俐、漂亮

第三，本身有程度意义的偏正结构双音形容词，大都可以先颠倒语素再重叠在后的语素构成。如：

迸干：干迸迸（儿）的 肮臭：臭肮肮的

碰香：香碰碰（儿）的 冰冷：冷冰冰（儿）的

抿甜：甜抿抿（儿） 肮苦：苦肮肮的

梆硬：硬梆梆（儿）的 崭新：新崭崭（儿）的

抛轻：轻抛抛（儿）的

2.“ABB（儿）的”中的“BB”有很强的描绘作用，如“团鬏鬏儿的”意即“像妇女的鬏儿那样，圆溜溜的”。极少数情况下，同一个A可附加不同的BB，表示不同的色彩或意义，亦可证明其描绘作用。如：苦——苦殷殷儿的（微苦，不讨厌）/苦肮肮的（极苦、讨厌）；笑——笑眯眯儿的（小笑，眯着眼笑）/笑哈哈的（大笑，笑得无拘无束）。同一个BB附在不同A上的情形较少见。但是，很多“ABB（儿）的”中A与BB的组合没有规律，甚至完全没有理据可循。

“ABB（儿）的”儿化与否关系到格式的意义。儿化形式有喜爱或不讨厌的色彩，因而其表示的程度是“适中、合意”；非儿化形式是中性的或有贬义，其表示的程度是“加深”。以下现象可以证明这一点：表示程度深的ABB，一旦儿化就有了喜爱的色彩，表示程度适中，如：硬梆梆——硬而坚实；硬梆梆儿的——硬得适中，不讨厌。表示程度不深的ABB必须儿化，如“咸丁丁儿的”（咸得适中）。贬义词构成的格式则大多不能儿化，如“苦肮肮的”（很苦）。试比较：

（1）a. 热天头吃冰棒，冷冰冰儿的，蛮舒服。

b. 冷天头吃冰棒，冷冰冰的，亏你吞下去。

（2）a. 菜要腌得咸丁丁儿的。

b. 这碗菜咸丁丁的，么样吃。

（3）a. 屋里搞得臭肮肮的。

b. * 屋里搞得臭肮肮儿的。

3.“ABB（儿）的”可充当补语（4）、状语（5、6）、谓语（7、

8）、定语（9、10）。如：

（4）鱼圆子丸子要做得团鬏鬏儿的，白菜要腌得酸肌肌儿的。

（5）二伯行时，顺当当儿地当了三年村长。

（6）你慢拖拖儿地走，么早儿什么时候能到？

（7）这两天人试倒觉得软特［t'ie$^{2}$］特的打不起精神，特别软。

（8）这个菜辣呵呵儿的，蛮下饭使饭咽下。

（9）他总是笑眯眯儿的个像儿，管么样不发毛不管怎样都不发火。

（10）个那么一个白胖胖儿的伢儿，几天就瘦得这样。

**（三）ABAB 的**

“ABAB 的”式用于本身有程度意义的双音形容词的重叠：绷黄——绷黄绷黄的。其他如：雪白雪白的、卡白卡白的惨白惨白的、肮臭肮臭的。这类双音节形容词的前一语素表示程度极深，多有比喻的意义；如“飞、冰、滚、蜡、雪”等名词性、动词性语素，均为比喻的对象。例如“雪白”，意即像雪一样白。其描绘特征、表示的程度跟普通话一样，也跟相应的普通话词一样不能 AABB 式重叠。“ABAB 的”式常带“的”使用，A 念重音，可以做谓语、定语或补语。如：

（11）他脸上绷黄绷黄的，肯定有病。

（12）雪白雪白的个脸，几天就晒黑了。

（13）他的脸吓得卡白卡白的。

“ABAB 的”式如同反复的修辞格一样，有强调作用和夸张色彩，表示的程度极深。

**（四）AABB（儿）的**

这种重叠式与普通话略同。“AABB（儿）的”中，第一、第三音节念重音，一般要带“的”使用，整个格式表示程度加深。第四音节若儿化，则可增加喜爱的色彩；不儿化，则只是单纯强调程度的加深。双音形容词、“ABB（儿）”式形容词许多可以构成这样的重叠式，例如：干净—干干净净（儿）的，此为分别重叠每个语素构成；矮胖胖（儿）的—矮矮胖胖（儿）的，此为重叠第一个语素构成。比起“ABB（儿）的”来，“AABB（儿）的”显得正式一些，例如“精精致致儿的、稳稳当当儿的”就没有“精致致儿的、稳当当儿的”那样浓重的口语色彩。能单用的单音节动词、名词性语素，有的可以用这种格式构成形容词，这种“AABB”没有程度加深的意思，却有“纷繁不一”的意思，与普通话同：

包、疖(名)：包包疖疖的表面粗糙

汤、水(名)：汤汤水水的有汤有水的

玩、打(动)：玩玩打打的做事不认真

欠、挂(动)：欠欠挂挂的吃东西尚未完全满足

捞、末(动、名)：捞捞末末儿的连细小的部分也都归入

“AABB（儿）的”常充当谓语、状语、补语和定语：

（14）三爷三叔梗天儿啰啰唆唆的，几嫌人多讨人嫌。

（15）夜饭不能吃多了，要吃得欠欠挂挂的。

（16）他不么怎么认真，总是玩玩打打的做。

（17）包包疖疖的个扁担，叫我么样用？

（18）屋里扫得干干净净儿的，看了蛮舒服。

**（五）小结**

以上4种单纯重叠形式，在中部广泛存在。但是，在孝感市辖孝南、孝昌、大悟等地，AA式在直接修饰名词的同时，后面也可以出现结构助词“的”（AA的N），其用法接近西部的安陆（详下）等地。这是中西部之间的过渡现象。

## 二、西部：安陆方言的单纯重叠

单从形式上看，西部安陆方言的单纯重叠与团风方言大多相同，亦有“AA的、ABB（儿）的、ABAB的、AABB（儿）的”4种格式。

**（一）AA 的**

这是用于单音节形容词的重叠方式，一般情况下与团风方言AA 式的构成、功能、意义一致，只在修饰名词时与团风方言的AA 式重叠不同——其后面必须带上“的”，不说“黑黑头发”之类。如：

黑黑的 浓浓的 高高的 长长的 轻轻地 矮矮的 饱饱的

跟普通话一样，这种重叠可以做定语、状语、补语和谓语，表示程度适中（做定语）或加深（做状语、补语和谓语），这与其毗邻的西南官话是一致的：

（1）尔的个子高高的，应该去打篮球。

（2）轻轻地放下去，莫搞坏了。

（3）一定要吃得饱饱的再去。

（4）他 60 岁了，头发还是黑黑的。

**（二）ABB（儿）的**

这是单音节词根加叠音后缀构成的生动形式，与普通话同类形式的程度加深和增加形象色彩相同：软塌塌，意即“软得想要塌下去一样”，显然有描绘色彩。其构成方式与团风方言“ABB（儿）的”基本相同：有的可以看作是双音节词重叠后一个语素构成，此类极少，如：火辣—火辣辣；空荡—空荡荡的。有的可以看作是来自偏正式合成词的倒序并重叠在后的语素构成，如：

烘臭：臭烘烘的　　进干：干迸迸的

冰冷：冷冰冰的　　碰香：香碰碰的

黢黑：黑黢黢的　　瘪淡：淡瘪瘪的

通红：红通通的　　崭新：新斩斩的

有的可以看作是词根加重叠的词缀构成。此类最多，可以分为以下三种构成方式：

1. 形容词性词根 +BB。此类大多与普通话相同。如：

大剌剌　红通通　齐陡陡　硬救救　胖嘟嘟　稳夺夺

湿假假　轻飘飘　光溜溜　圆鼓鼓　软塌塌　矮唑唑

懒洋洋　干巴巴　绿垮垮　阴沉沉　酸机机　直统统

蔫妥妥(彝)

2. 名词性词根 +BB。此类也大多与普通话相同。如：

油滴滴　毛呼呼　气鼓鼓　气昂昂　雨兮兮

水淋淋　灰蒙蒙　眼巴巴　水滴滴

3. 动词性词根 +BB。此类较少：

笑嘻嘻　羞答答

安陆方言“ABB（儿）的”中 BB 的组合面不宽，绝大多数 BB 只能与一个 A 组合。同样，这种组合没有规律，许多甚至没有理据可循。例如：为什么是“绿垮垮、酸机机”而不是“酸垮垮、绿机机”？这是没有办法回答的问题，因为有些 BB 的意义、色彩不是那么明晰。“ABB 的”可以充当谓语、状语、补语和定语：

（5）屋里灰蒙蒙的，还么事家具都冒得(而且什么家具都没有)。

（6）他软塌塌地坐在那儿，不吃不喝的。

（7）乜ᵓ(这)个伢长得胖嘟嘟的，几逗人痛哦！

（8）直统统的几句话，叫人受不了。

同团风方言一样，“ABB 的”可以儿化；一旦儿化就有了喜爱的色彩，表示程度适中，如：光溜溜儿的、酸机机儿的、胖嘟嘟儿的。因此贬义的 ABB 不能儿化，没有“气鼓鼓儿的”之类。

**（三）ABAB 的**

这个格式用于本身有程度意义的双音形容词的重叠：蜡黄(像蜡一样黄)——蜡黄蜡黄的。跟团风方言相同，这是一种类似反复修辞格的重叠方式，表示程度很深，常常做谓语、补语、定语，如：

（9）他的手冰冷冰冷的，衣裳穿少了。

（10）他跑得飞快飞快的，哪个也撵不倒。

（11）尔的脸蜡黄蜡黄的，赶快去看医生。

### （四）AABB（儿）的

这大多是一般双音节形容词的重叠形式（1）；也有少数是四字格的所谓“叠词”，不能分解为双音节词（2）；还有些可以视为一个单音节形容词重叠后加上叠音后缀构成（3），也可以视为 ABB 重叠前一个 A 构成。同普通话一样，这种重叠表示程度加深。如：

1. 干净——干干净净　漂亮——漂漂亮亮
   自然——自自然然　轻松——轻轻松松
2. 空空荡荡　密密麻麻　松松垮垮
   包包疖疖　汤汤水水　玩玩打打
3. 羞羞答答　鼓鼓囊囊　皱皱巴巴
   慢慢吞吞　稀稀朗朗　稀稀拉拉

这个格式同团风方言中的相应格式一样，常常充当补语、谓语、定语、状语：

（12）出去玩，就要打扮得清清爽爽的。

（13）他们两个总是亲亲热热的。

（14）做事要认认真真地做，玩就要轻轻松松地玩。

（15）稀稀拉拉的几个人，开么事会？

儿化形式的“AABB 儿的”有喜爱、不讨厌的感情色彩，与团风方言相同：漂漂亮亮儿的。同样，贬义的“AABB 的”不能儿化，没有“松松垮垮儿的”之类的说法。

此外，安陆方言还有 ABA 式重叠如“急忙急甚急”等，亦是表示程度加深。这个格式用于少数双音节词，可能是 ABAB 省略了后一音节。此类不多，接近于词汇化，就不展开讨论了。

## 三、东片：九江方言的单纯重叠

九江方言的这类重叠有“AA、ABB（儿）的、ABAB 的、AABB（儿）的”几种形式，其表达的意义、结构方式，与团风方言、安陆方言差不多，仅各举几例说明。

**（一）AA**

AA 式亦为单音节形容词的重叠形式，常常充当谓语、补语，也可以作状语，必带“的”；做定语，可以带也可以不带“的”，分别与中片、西片一致。如：

（1）渠脸圆圆的。｜那扁担弯弯的。

（2）二哥长长脸儿，瘦瘦个儿。

（3）那是一条弯弯的扁担。

（4）渠是个有点懒的伢儿，也只能懒懒地做点眼罗一点点小事。

**（二）ABB（儿）的**

“ABB（儿）的”亦与团风方言相应格式的构成方式、功能、表达效果相同。常见的如“赤条条儿的、苦茵茵的、干迸迸的、臭烘烘的、顺荡荡的顺当当的”等。其儿化形式可以增加喜爱的色彩，贬义的重叠形式不能儿化，不能说“臭烘烘儿的”。这类重叠形式数量不多，以上重叠形式在九江方言中更多采用 AB 延长后一音节的方式，来表达描绘色彩和程度加深的意义。（详下）

**（三）ABAB 的**

这个格式用于本身有程度意义的双音形容词的重叠：冰冷—冰冷冰冷的。跟团风方言相同，这也是一种类似反复的重叠方式，因而有强调、突出的效果。这个格式常常做谓语、补语、定语，如：

（5）渠手冰冷冰冷的，衣裳穿少了。

（6）渠跑得许快许快很快很快，那么样快，哪个也撵不倒。

（7）尔脸蜡黄蜡黄的，赶快去看医生。

（8）么事拿渠气得眼睛紫红紫红的？什么事把他气得眼睛紫红紫红的？

**（四）AABB（儿）的**

这大多是一般双音节形容词的重叠形式（1）；也有少数是四字格的所谓“叠词”，不能分解为双音节词（2）；还有些可以视为一个单音节形容词重叠后加上叠音后缀构成（3），或视为 ABB 重叠前一个A构成，与中片、西片相同。同普通话一样，这种重叠都表示程度加深，入句须带“的”。如：

1. 干净——干干净净　漂亮——漂漂亮亮
   自然——自自然然　轻松——轻轻松松
2. 空空荡荡　密密麻麻　松松垮垮　包包疖疖
   汤汤水水　玩玩打打　飒飒刺刺
3. 羞羞答答　鼓鼓囊囊　皱皱巴巴　慢慢吞吞
   稀稀朗朗　稀稀拉拉　耨耨巴巴

这个格式常充当补语、谓语、定语、状语，其儿化形式有喜爱的感情色彩：

（9）出去玩，就要打扮得清清爽爽儿的。

（10）他们两个总是亲亲热热的。

（11）做事要认认真真地做，玩就要轻轻松松地玩。

（12）稀稀拉拉的几个人，开个么事会？

## 四、小结

从上面的讨论不难看出三点：第一，除了使用了儿化等手段表示了一定程度的主观量的减弱以外，单纯重叠表示的程度都是加深或者极深，都是偏重于表达客观量的增加的。这与其词形的变化是一致的——重复其语素，正是客观量增加的表现。第二，黄孝方言单纯重叠的构成、表意、功能大多相同，其中“ABAB的、AABB（儿）的”两种重叠方式，整个地区完全一致且与普通话相同。第三，各片不一致的是“AA、ABB（儿）的”两类。中部的AA修饰名词最有特色，必须直接出现在名词前；西部的AA则必须带“的”，与普通话一致；东部的AA带不带“的”都存在，介乎中、西片之间。“ABB儿的”在东部较少见，其他地方较多。此外，各片还有一些特殊的重叠方式，如西部的ABA等。

# 第二节　重叠加缀表示程度

所谓“重叠加缀表示程度”，包含两个方面的内容。一是格式中必有单音节或双音节形容词（含少量动词。下同）的重叠，以表示程度。二是加缀，即在重叠形式的中间或末尾附加词缀，以表达某些附加的色彩意义。以下仍将此类程度表达方式分三片进行介绍。

## 一、中部：团风方言的重叠加缀

中部的重叠加缀现象比较一致，汪化云（2004）曾以黄州方言为例进行过讨论。为便于比较，这里以团风方言为例，介绍其重叠加缀构成的形容词生动形式。这些生动形式共有三种格式，其所表示的意义、功能和构成方式，与普通话相应的形容词生动形式不完全一样。

### （一）AA 势儿

AA 势儿，即单音形容词重叠后加上词缀“势儿”。一般单音形容词都能进入这个格式，其第二个 A 念轻声，“势儿”音 sʅᵓ · ʅε。这个格式表示“稍有点儿 A”，即表示 A 的程度不怎么深，具有和缓、委婉的色彩。如“弯弯势儿”意即“稍微有点儿弯”，其他如“辣辣势儿、冷冷势儿、硬硬势儿”等，均可仿此理解。整个格式可作谓语（1）、补语（3、4），但作定语时必带“的”（5、6），作状语较少见（5）：

（1）这匹羊儿是大大势儿，换匹细点儿$_{小一点}$的。

（2）柿子要 noŋᵓ · noŋ$_{软软}$势儿才好吃。

（3）元宵粑做得瘪瘪势儿，吃也吃得。

（4）个$_{这个}$屋做得窄窄势儿，宽点儿就好了。

（5）他是个懒懒势儿的伢儿，也只能懒懒势儿地做点小事。

（6）咸咸势儿的一碗肉，他一努气儿$_{一气}$吃了。

表示动作行为的单音节动词亦可构成这种格式，表示“稍有点儿像A的样子”，即表示“像A”的程度不深且有着和缓的口语色彩。如“玩玩势儿”即“稍有点儿像玩儿的样子”，其他如“磬磬低(头)势儿、pʻu² · pʻu仆势儿、吹吹势儿”，均可仿此理解。

**（二）A里AB的**

这个格式与普通话相应格式的构成、表达的意义、功能相同。“A里AB的”用于贬义双音形容词AB的重叠，其A即第一、三两个音节念得重，其后常带“的”使用，整个结构表示程度加深，含有明显的贬义色彩。如“马[꜀ma]里马虎[꜁xu]的、糊[xu²]里糊涂儿[t3²]的、啰[꜀no]里啰唆的、穴傻、蛮里穴气的、慌里慌张的”等，可以做定语、谓语、状语、补语。如：

（7）莫总是慌里慌张的，稳重一点。

（8）穴里穴气的个像，一看就晓得你要惹事。

（9）梗天整天啰哩啰嗦的说，烦死人得子了。

（10）我硬气得糊里糊涂的，气死了！

**（三）AA（子）B**

“AA（子）B”中第二个A和词缀“子”均念轻声，本身具有程度意义而不能用程度副词修饰的双音形容词大多能构成这个格式。如：梆硬——梆梆（子）硬极硬；旷[꜂kʻuaŋ]散——旷旷（子））散分崩离析，散得厉害；肮苦——肮肮（子）苦极苦。

能进入“AA（子）B”中的词，与能颠倒语素构成“ABB（儿）的”的词是基本一致的。但是“AA（子）B”不是像“ABB（儿）的”那样表示程度的适中或加深，而是表示程度极深且具有夸张色彩。无“子”，格式亦可成立，而有之则夸张色彩更为强烈。AA（子）与B，类似状语与中心词的关系。如“冰冰（子）冷”即特别冷，像冰那样冷。整个格式可充当补语（1、2）、谓语（3、4），作定语则必带“的”（5、6）。如：

（1）么怎么把屋里搞得肮肮子臭喂？

（2）几大的劲多大的力气！把螺丝扭拧得固固紧特别紧。

（3）脸上把香脂一擦，碰碰香。

（4）个那个稻草抛抛轻轻飘飘，压不住的。

（5）迸迸干的碗面一碗面条，叫人么样吃？

（6）抿抿甜的个八宝粥，吃得厌 [iaŋᵓ] 人。

**（四）小结**

以上三种加缀重叠形式，在中部广泛存在。但是，在武汉市黄陂以及新洲的部分地方，“AA 势儿”说成“AA 神”，如“颤颤神、大大神、长长神”等，其表达的意义与“AA 势儿”相同。显然，“势儿”是其本字，意在表达“其势儿如 AA”的意义。“神”，当来自“势儿”的合音。黄孝方言中部的许多方言点，中古日母止摄字白读或为 ṇ，如第二身代词“尔”音 ꜂ṇ，远指代词音 ṇᵓ。因此，如果“势儿”的“儿”曾有过 ꜀ṇ 的读音的话，那么其反切式合音（sʅᵓ + ꜀ṇ），是可以读作“神”[꜀sən] 的。在西部，则没有这种加缀重叠的格式。而在靠近西部的孝南、黄陂、大悟等地，“AA（子）B”中一般不出现“子”，且整个结构也较少使用。这 3 个点是这种结构从多到少的过渡地带。

## 二、西部：安陆方言的重叠加缀

安陆方言加缀重叠的形式较多，但如前所述没有“AA 势儿”，“AA 子 B”也不多见。以下简介之。

**（一）A 儿 A 儿**

这是词缀“儿”附着在 A 后构成的两个儿化音节的重叠式。“A 儿 A 儿”是对 A 词义的弱化，表示稍具有 A 的性质或者状态，意即“有点儿 A”，与团风方言的“AA 势儿”类似，如：

薄儿薄儿　贵儿贵儿　旧儿旧儿

热儿热儿　老儿老儿　轻儿轻儿

整个结构常常带上“的”作谓语，作其他成分少见：

（7）今朝的豆腐老儿老儿的，蛮适合做炸豆腐。｜旧儿旧儿的一件衣裳，穿也穿得。

**（二）AA 子 / 大 B**

“AA 子 / 大 B”是与团风方言“AA 子 B”表意、功能、分布完全相同的形式，其“子（少）、大”一般只出现一个，如：

进进子干（极干） 焦焦子干（其干若焦然）

切切大湿　黢黢大黑　进进大干

这个结构可以充当谓语、补语，或带“的”作定语，其中的“子 / 大”一般不能省略。

（8）衣裳进进子干，还晒？

（9）切切大湿的裤子，么样穿？

（10）半个月，尔就晒得黢黢大黑。

（三）A 呣 [•mu]A、A 呣 AB、A 个 AB、A 里 AB

这四个都是表示程度稍深的形式，可以做定语、状语、谓语。但是这类形式除了“A 里 AB”（马里马虎、淘里淘气）外，都不具备能产性，接近词汇化了。下面的举例中涉及的是常见的例子：

（11）他早呣早$_{\text{很早}}$就来了。

（12）他长得黑呣黑草$_{\text{很黑}}$的。

（13）白个白净$_{\text{很白}}$的脸，太阳晒不黑。

（14）这个人总是小里小气的。｜马里马虎的要不得。

## 三、东片：九江方言的重叠加缀

九江方言的加缀重叠与团风方言大多差不多，不同的是“AA（子）B”的说法极为少见。

**（一）AA 势儿**

单音形容词重叠后加上词缀“势儿”，可以构成“AA 势儿”，一般单音节形容词都能进入这个格式。同样，其第二个 A 念轻声，“势儿”音 ʂʅˀ · ʅɛ；整个格式表示“稍有点儿 A”，即 A 的程度不深，并且具有和缓的口语色彩，如“小小势儿”意即“稍微有点儿小”。整个格式最常见的是作谓语（1、5、6）、补语（2），作定语时必带“的”（3），作状语较少见（4）：

（1）这双鞋大大势儿，换双细点眼罗小一点的。

（2）元宵做得瘪瘪势儿，吃也吃得。

（3）咸咸势儿的一碗肉，他一下儿吃了。

（4）渠总是懒懒势儿地做事。

（5）那屋里破破势儿。｜锅内水热热势儿。

（6）渠人憨憨势儿。｜细伢儿走路拐拐势儿不稳貌，像拐。

同样，表示动作行为的单音动词亦可构成这种格式，表示“稍有点儿像 A 的样子”，即表示“像 A”的程度不深且有着和缓的口语色彩。如“玩玩势儿”即“稍有点儿像玩儿的样子”。

**（二）A 里 AB 的**

这个格式与普通话、其他黄孝方言相应格式的构成、意义、功能相同。“A 里 AB 的”用于贬义双音形容词 AB 的重叠，第一、三音节 A 念得重，常带“的”使用，整个格式表示程度加深，有贬义色彩，如“急里急忙 / 慌里慌张、憨里憨包 / 傻里傻势傻里傻气”等，可以做定语、谓语、状语、补语。如：

（7）莫总是忙里忙慌慌里慌张的，稳重一点。

（8）傻里傻气的样子，一看就晓得要惹事。

（9）啰哩啰嗦的说，烦死人！

（10）我气得糊里糊涂的，气死了！

## 四、小结

从上面的描写可以看出两点。第一，黄孝方言加缀重叠与单纯重叠不同，前者不仅表示了量的变化，而且附加了主观量的表达。例如“AA 势儿”，意思是接近于 A，但又没有达到 A 的程度，显然附加了主观认为不大、不可恶等色彩和减量的表达。加缀，是导致主观量表达的主要因素。第二，东部和中部的加缀重叠比较一致，西部和中、西部的过渡地带，其加缀重叠受西南官话影响而格式略有不同。

## 第三节　长音、重音等表示程度

使用语音手段表达形容词的程度，在黄孝方言中也比较常见。例如：单音节无标记度量形容词，可以通过儿化的方式表示程度的减弱。这种格式本质上是加词缀“儿”造成的，但给人的感觉却是语音的变化。这种现象常常出现在问句中和拷贝问句中的形容词所构成的答句中：

问：棍子有几长儿？答：冒几长儿。（问：棍子有多长？答：没多长。）

问：山有几高儿？答：冒几高儿 / 高得很。（问：山有多高？答：没多高 / 高得很。）

这类问句的预设都是：询问对象的程度可能不深。如果实际情形也是程度不深，那么答句中形容词也须发生拷贝式的儿化，否则就不能儿化。如果没有程度不深的预设，句中形容词就不能是儿化形式：问：几宽？答：蛮宽 / 冒几宽儿。儿化形式的形容词还可以独立成句、充当句子成分：

几长儿？｜这个屋冒得几高儿。｜巴掌大儿的一个饼子，卖一块钱。｜格外能有几大儿？

这种现象在黄孝方言中普遍存在。儿化，是无标记度量形容词特殊性质的一种表现形态。表小和表程度降低，是儿化形式在汉语普通话、方言中常见的现象。这种现象在周边的西南官话、中原官话中也存在，张邱林（2003）等有过研究，且现象并不复杂，这里就不展开讨论了。本节要讨论的，是用长音、重音来表示程度极深的现象。这个现象在整个黄孝方言都存在，其所构成的格式也基本相同。但是，其涉及的现象相对复杂一些，故仍分为三个片分别介绍。

## 一、中片：团风方言的长音、重音表示程度

中部用长音、重音手段表示程度的情形比较一致，汪化云（2004）曾以黄州方言为例进行过讨论。为便于比较，以下仍以团风方言为例简介。

### （一）AB—了

这个格式表示程度极深，具有极强的描绘作用和一定的夸张色彩。其中的 B 念得长而重，约相当于两个音节的时值（用“B—”表示），且可念得更长以强化程度、增强夸张色彩；“了”念轻声，常带上“的”做句子成分。“了”、“了的”如前所述都应视为语气词。凡“ABB（儿）的”式重叠的结构，都可以将两个 B 合并念作长音、重音以构成此式：白净净儿的——白净—了极为白净。一些双音形容词也能延长后一音节构成此式：干净——干净—了极为干净。此式的功能与“AA（子）B”相同：

（1）这个伢儿身上臭肮—了的。

（2）塔 mɛ² 她的妈妈灵醒—了极漂亮、伶俐，现显得蛮年轻。

（3）玻璃抹得明润—了特别明亮。

（4）话说得刺極—了特别令人作呕。

（5）干净—了的一间房，蛮斯静清静。

（6）软꜀扭—了的个神孔儿模样，讨人嫌。

由于“AB—了”有极强的描绘作用，故能给人以形象感。如“甜抿—了”，令人感到仿佛在咂嘴品味；说“臭肮—了”，常伴有蹙眉缩鼻的动作。

### （二）A 补—了

这种格式以延长、加重动补结构中的补语来加深程度。补语都是表示程度的单音节副词、形容词等，多为“伤、驮、死、枯、赊”等甚词；中心成分 A 多为双音节形容词，也有单音节形

容词。这实际上与“AB—了”的构成机制相同，都是以长音、重音来强调程度。最常见的补语是念入声的“流。—”，表达“充满了某种状态”的意义。这种格式常常作谓语、补语，偶见作定语的用例：

（7）借这个女伢儿长得灵醒伤—了。

（8）一天到下昼黑下午、傍晚，总是神秘流。—了的。

（9）那不是的？你的眼睛瞎枯—了？

（10）漂亮赊—了的个伢，说死就死了，该几可惜！

（11）哎呀嘞，真好看，长得牌子驮—了模样极为俊俏。

## 二、西片：安陆方言的长音、重音表示程度

安陆方言中，用长音、重音加重补语或者谓语的最后一个音节，以强调程度加深的现象也极为普遍。其次类和构成方式与团风方言相同。

### （一）AB—了

同团风方言一样，“AB—了”在安陆方言中表示程度极深，同样具有夸张色彩和描绘作用。其中的 B 念得长而重，也相当于两个音节的时值，且可念得更长更重来增强结构的夸张色彩、强调程度之深；“了”为轻声，也可以带上“的”做句子成分。“ABB 的”式重叠的结构，大多可以将两个 B 合并念长音、重音以构成此式。例如：臭烘烘的——臭烘—了极臭。如前所述，“ABB 的”生动形式可能来自偏正式合成词的倒序并重叠在后的语素构成，也可以在动词、形容词、名词性成分后面附加词缀 BB 构成，因此“ABB 的”格式的成员较多；相应地，这类长音、重音结构也最为多见。此外，一些双音形容词也能构成此式：冷清——冷清—了极冷清。因此，“AB—了”格式的程度表达方式极多见。这个格式可以做谓语、补语，带上“的”还可以作定语（不多见）：

（1）霉豆腐臭烘—了的。

（2）李子红杏一了，肯定好吃。

（3）冷清一了的商店，赚不到钱。

（4）他屋里的鸡子鸡长得肉陀一了。

**（二）A 补一了**

这种延长并加重补语以表示程度的方式，与团风方言相同，即其 A 可以是双音节的，也可以是单音节的，其补语则一般是单音节的。“A 补一了”的功能也与团风方言相同；其最常见的补语也是念“流一”，但“流”不念入声念阳平，跟毗邻的西南官话一致；也表达“充满了某种状态”的意义。例如：

（5）她打扮得清爽流一了。｜这个冬天尔快活流一了。

（6）尔的眼睛瞎枯一了？

（7）亲热流一了的两个人，怎么吵起来了？

## 三、东片：九江等方言的长音、重音表示程度

中片、西片长音、重音表示程度的现象，在东片方言中存在的面更大，使用更为频繁。因为如前所述，在中部、西部广泛使用的“ABB 的”，在九江等地方言中使用偏少，而往往代之以“AB一了”式重叠。

**（一）九江方言中的“AB一了”**

如上所述，这种格式可以看作是“ABB”合并 BB 并延长加重构成的。“AB一了”在九江方言中使用较多，以下例子中前面的 ABB 重叠式就没有后面的“AB一了”常见，两个发音合作人把前面的例子几乎全部改为了后面的说法：

臭烘烘→臭烘一了　　干迸迸→干迸一了

年青青→年青一了　　热溜溜→热溜一了

甜冰冰→甜冰一了　　凉悠悠→凉悠一了

顺溜溜→顺溜一了　　圆溜溜→圆溜一了

同中部、西部方言一样，九江方言也有“A 补一了”格式，但

是很难跟“AB—了”区分清楚。因为“A补—了”格式中双音节的A并不多见，常见的单音节A加上“补—了”，与“AB—了”在形式上相同。尤其是颠倒AB即可构成BA偏正结构双音节词的，更像动补结构（干迸→迸干。“迸干”是偏正结构，“干迸—了”像动补结构），就与“A补—了”格式（凉透—了）没有区别。而且，这两类结构都趋于凝固，形成了特殊的构式。因此，我们把两个结构合为一类介绍。这两个格式一般充当谓语、补语，如：

（1）热天头吃冰棒，凉悠—了，蛮舒服。

（2）冷天头吃冰棒，冷冰—了，亏你吃得下去。

（3）鱼元子丸子要做得圆溜—了，白菜要腌得酸溜—了。

（4）二伯顺溜—了当了三年村长。

（5）渠总是笑眯—了，管么样都不发毛。

（6）脸上喷香—了，怎么屋里搞得臭烘—了吵。

（7）这个面干迸—了，叫人怎么吃？

（8）屋里冷荸—了，一点都不想回去。

（9）道上闹洋—了，你去看下么回事。

（10）咋又搞得哭憋—了，哪个挨你啦？

**（二）东片其他方言点的长音、重音结构**

东片其他方言点也使用上述两种长音、重音结构，如“干迸—了、哭憋—了”等。但是，黄梅、瑞昌、武穴等方言中使用ABB也较多，如瑞昌方言的“ABB”：

臭烘烘　干迸迸　甜抿抿　咸丁丁　团鬆鬆　软绵绵　苦茵茵

甚至有“赤膊溜溜”等结构，显然是双音节词加上重叠后缀构成。因此，东部九江以外其他方言的长音、重音结构，与中部、西部的“ABB、AB—了、A补—了”更为相似。

## 四、小结

“AB—了、A补—了”都是通过延长、加重结构中的后一音节来强调程度极深的，其构成的理据完全相同。但是，这类形式在各地的发展并不完全相同。在多数方言点上，仍看得出其构成方式，两种格式的区别是很清楚的。在九江方言中，这种区别不甚清楚，且相关的“ABB”使用不多，由此不难看出，该方言“AB—了”构式的发展更快一些。

## 第四节　讨论

### 一、不同格式表达程度的差异

从上面的介绍中可以看出，三个方言点表示程度的语法格式较多。问题是不同的格式并存使用，其区别是什么？汪化云（2004）曾把黄州方言形容词生动形式分为两大系列六个类。同样，团风方言除了“生动”这一共性外，也是各有个性的。上面的介绍说明，不同的格式表达不同的程度，因此可以将这些格式及其次类分为四“级”——不深级：AA 势儿、AAN（儿）；适中级：ABB 儿的；加深级：AA 儿、AA（儿）的、ABB 的、A 里 AB 的、AABB（儿）的；极深级：AA（子）B、AB 一了、ABAB 的。

从表达的色彩义的角度，可以把这些格式或其次类归入两大系列六个类：

第一，口气系列：和缓类——AA 势儿，强调类——AA 儿、AA（儿）的，夸张类——AA（子）B、AB—了、ABAB；

第二，感情色彩系列：褒义类——AAN（儿）、ABB 儿的、AABB 儿的，中性类——ABB 的、AABB 的，贬义类——A 里 AB 的。

每类各式在能进入的词语、功能等方面亦有差异。如“加深级”中，“AA 儿、AA（儿）的”各格式只能进入不同功能的单音形容词，且重叠式能否带“的”、作什么成分都不相同；“A 里 AB

的、AABB（儿）的”中也只能进入不同色彩义的双音形容词。

把这三项综合起来看，不难发现，黄孝方言形容词的各种生动形式大多有其独特的构造、独特的表达作用，其功能是互补的。

## 二、不同表达方式的共同点

本章讨论了黄孝方言中三种表达程度的手段：单纯重叠、加缀重叠、长音和重音。事实上，构成这三种手段的理据相同，都是表示对“量”的调整，都体现了形容词构形形式的象似性。

黄孝方言的重叠包括单纯重叠和加缀重叠，同普通话和其他方言、语言一样，显然都是对于形容词表示的程度进行“调量”（李宇明 1996）的。绝大多数情况下，重叠本身都是增加形容词程度的量，如前所述，这是客观量的增加。例如团风方言的“AA 儿、AA（儿）的、ABB 的、A 里 AB 的、AABB（儿）的、AA（子）B、ABAB 的”都莫不如此。这正是一种象似性的表现：重复构成成分，与增加的量之间存在着正相关，跟反复的修辞手段构成的理据相同。而“AA 势儿、AA（N 儿）、ABB 儿的”三个格式，虽有重叠却没有显著的增加量的意义，如前所述是因为词缀“势儿”、儿化等成分表达了减量的意义。

至于“AB—了、A 补—了”，不是通过重复一两个音节的手段表示增加量，但是却是用音长、音强两个语音手段来增加量的，因此和重叠一样，有增量效果。这也体现了象似性：音长和音强的增量与表示程度的增加，也存在正相关的关系。

不难看出，重叠、增加音长、音强的手段具有共性，都是增加语言成分的量：词形复叠、音量增加、音长加长。而这些显然都是在模拟客观现实，是对现实生活中一段时间内某个现象的重复或者状态延长的模拟。以增量来表达形容词程度的加深，充分体现了语言形式的重复与语义量关系的密切。而语言形式从来不是客观存在的机械反映，必然会带有说话人的主观情绪，主观量的表达势必渗透进客观量的表达之中。因此，重叠式、重音和长音手段中应该有着说话人主观量的隐性表达；而使用加缀、儿化等方式，则是其主观量表达的重要显性方式。

## 三、各片表达程度格式的主要异同

1. 整个黄孝方言表达程度所使用的重叠、重音和长音手段，大部分是一致的，例如都使用“AA、ABB（儿）的、ABAB、AABB（儿）的、AB—了、A 补—了、A 里 AB”等格式。绝大多数情况下，这些手段是表示程度的加深。表示程度的适中都使用其他辅助手段，例如中部“AAN 儿”中的儿化是其表达程度减弱的主因。东部、中部加儿化的词缀“势儿”，构成“AA 势儿”，也是表达程度减弱的手段。这是各片的共同点。

2. 中片表达程度的手段相对复杂。相对于中片，其他片的方言都有个别格式不存在或者使用较少的现象。例如西部一般不使用“AA 势儿”表示程度的减弱，东片的九江三个点较少使用“ABB 的”表达程度的加深等等。而各片也存在相应的补偿手段，例如西片用“A 儿 A 儿”表达程度的减弱，东片较多使用与“ABB 的”同义的“AB—了”格式等。

3. 各片表达程度都有少量特殊的方式。例如西片的“A 哷 A、A 哷 AB、A 个 AB、ABA”重叠，数量极少，接近词汇化了。中部，其 AA 必须紧跟在名词前使用，等等。正因为其量少，所以无碍于该片方言作为黄孝方言的组成部分。

# 第五章　疑问与否定

本章讨论黄孝方言的疑问与否定两个范畴。此所以将其归入一章讨论，是因为这两个范畴涉及的方言现象存在一些交集；例如下文第三节讨论的正反问句，就是既涉及疑问又涉及否定的方言现象。由于各点的此类语法现象有很多相同的地方，而本章必须全面介绍其疑问和否定的基本面貌，为第三节的讨论奠定基础，因此其第一、二节的分片介绍不可避免地有一些相似的内容。

## 第一节　疑问

黄孝方言部分方言点的疑问范畴，人们有过一些研究。例如刘晓然（2002）研究了黄冈（原黄冈县）方言的疑问代词，介绍了其单纯的和合成的疑问代词的分布特征、表达的意义。汪化云（2007a）全面考察了团风方言的疑问代词，将其归为三类，探讨了其源流。盛银花（2010）则从疑问语气词、疑问句两个角度，全面探讨了安陆方言的疑问范畴。此外，郭攀（2003）介绍了浠水方言的叠合式正反问句，黄亚芳（2015）介绍了九江方言的疑问句和疑问语气词。不难看出，这些研究都只是偏重于某一个方面：要么集中讨论了一个或几个方言点的疑问范畴，要么只讨论了一种疑问现象。本节拟全面简介三个代表点的疑问句、疑问代词，兼及相关的语气词。

## 一、各片的疑问句及相关语气词

黄孝方言的疑问句，除了正反问句外，与普通话区别不大。正反问句将在第三节讨论，本小节只讨论是非问句、特指问句、选择问句。以下将黄孝方言分为三个部分，来介绍这几类疑问句。这三个部分是——东片：湖北的黄梅县及其相邻的武穴市部分地方，江西的九江市浔阳、江州、庐山区，瑞昌市，以九江方言为代表点。中片，湖北黄冈市所辖浠水、罗田、英山、蕲春、武穴、黄州、团风、麻城、红安等县市区，武汉市新洲区，鄂州市，以团风方言为代表点。西片，孝感市辖孝南、孝昌、应城、大悟、云梦、安陆等县市区，随州市所辖广水市，武汉市黄陂区，以安陆方言为代表点。值得说明的是，各地语气词的实际音质不一，以下语气词的注音，只能是代表方言点的音质。

### （一）东片：九江方言的疑问句和语气词

1. 是非问句和语气词。是非问句句末较少出现语气词，字面上很像陈述句。其表示疑问是整个句子念升调。黄亚芳（2015）列举的有些句末语气词，如“吧、白、呗、啵”，都是“不”与语气词的合音，构成的句子大多并非是非问句而是正反问句。能出现语气词的是非问句，限于句中存在否定词、表示推测的“吧”，表示确认事态出现了某种变化的“俫”（相当于普通话“了 2”，或谓之“事态助词”）等几个（详下）：

（1）嗯 [n̩ʾ]$_{那，中远指代词}$个人是刘老师？

（2）兀 [uʾ]$_{那}$回考砸了，得 [teʾ]$_{这}$回不会又考砸了吧？

（3）渠回屋俫？$_{他回家了？}$

2. 特指问句和语气词。特指问句中有疑问代词，因此句末可以不出现语气词。如果出现有亲昵色彩的语气词 •ε，那么必与前面音节的最后音素发生连音音变，拼合为“嘞、呢”或“咧”；也可以出现表示不耐烦、撒娇的“嗄”[•ʂ̩ai]、强调疑问的“诶”[•εi] 等。

例如：

（4）渠做么事去嘞？他干什么去了？

（5）教室在哪里诶？教室在哪里啊？

（6）尔么嗒出去玩吵？你什么时候出去玩啊？

当然，特指问句中的疑问词也可以省略，直接出现询问的对象或事件，如：小伢，尔姆妈咧？其中就省去了“到哪儿去了”之类。又如：渠要是不去呢？其中就省略了“那怎么办”之类。这类特指问句的答句，与一般特指问句相同。

3. 选择问句和语气词。一般不用语气词，只是特别强调疑问时使用“诶、嗄”。例如

（7）渠是老师还是管宿舍的阿姨？

（8）尔是去看电影还是去打球诶？

（9）说嗄，吃饭还是吃包子嗄？

**（二）中片：团风方言的疑问句和语气词**

1. 是非问句和语气词。团风方言是非问句也是整个句子念升调，句末较少出现语气词，字面上很像陈述句。能出现的语气词为倾向于肯定的“啊”[•a]（必与前一音节的末尾音素拼合为独立音节“哦、哇、啦”等），表示推测的“呗”[•pæ]，表示确认事态出现了某种变化的“了”[•niɑu]（相当于“了2”）等几个：

（10）姐[ᶜtɕiɛ]那，中远指代词个人是刘师傅（啊）？

（11）那回考甩砸了，借[tɕiɛ˞]这回该不会又考甩了呗？

（12）你昨日回屋里去了（啊）？你昨天回家去了（啊）？

2. 特指问句和语气词。特指问句的结构跟普通话一样，句末也可以不出现语气词。如果出现强调疑问的语气词“诶”[•ɛ]，那么必与前面音节的最后音素发生连音音变，拼合为独立音节的“喂、呢、耶”；也可以出现表示不耐烦、撒娇的“吵”[•sa]等。例如：

（13）细爷做么事去了（喂）？小叔干什么去了呢？

（14）屋在哪下儿（呢）？房子在哪里啊？

（15）你么早儿出去玩（吵）？你什么时候出去玩啊？

其句中的疑问词也可以省略，直接出现询问的对象或事件，如：哥呢？其中就省去了“到哪下儿哪儿去了”之类。又如：他要是不来呢？其中就省略了“那么怎么办”之类。

3. 选择问句和语气词。选择问句一般不用语气词，只是特别强调疑问时使用“•ɛ、吵”等，•ɛ 必与前一音节的最后音素拼合为独立的音节“耶、喂”等。例如：

（16）你是村长、还是连长、还是书记（耶）？

（17）他下昼下午是去看戏还是去唱歌（喂）？

（18）说吵，吃粥还是吃面面条吵？

**（三）西片：安陆方言的疑问句和语气词**

1. 是非问句和语气词。安陆方言的是非问句表示疑问，也是整个句子念升调，句末较少出现语气词，字面上很像陈述句。能出现的语气词为表示求证的“啊”[•a]（必与前一音节的末尾音素拼合为“呀、哇、啦”等），倾向于肯定的“吵”，表示推测的“吧”[•pa]，表示确认事态出现了某种变化的“了”[•niɑu]（相当于“了 2”）等几个：

（19）尔吃了饭的？

（20）尔老儿老人家的合音身体还扎实吵？

（21）我们今朝下都去吃饭啦？

2. 特指问句和语气词。安陆方言特指问句的结构跟团风方言一样，但句末常常出现语气词。如果出现强调疑问的语气词“诶”[•ɛ]，那么必与前面音节的最后音素拼合为独立音节的“喂、嘞、耶”；也可以出现表示不耐烦、撒娇的“吵”[•sa] 等。例如：

（22）尔屋里人对于尔怎么样呃 [•ŋɛ]？

（23）哪个来了吵？

（24）乜ᵓ埋儿这次出去打工赚了几多钱嘞？

同样，句中疑问词也可以省略，直接出现询问的对象或事件，如：

尔的书诶？其中就省去了“在哪儿”之类。又如：学校不出钱嘞？其中就省略了“那怎么办”之类。

3. 选择问句和语气词。安陆方言的选择问句也是用“是…还是…”格式，其可以出现的语气词为 •ɛ，常常与前一音节的末尾音素拼合为独立音节“喂、耶”等：

（25）是尔先走还是我先走喂？

（26）尔是睡瞌睡还是上街耶？

（27）是尔来接我还是我自己搭车去耶？

**（四）小结**

不难看出，无论东片、中片、西片的是非问句、特指问句、选择问句，其基本结构是相同的。其不同的是使用语气词与否、使用什么语气词方面，但这种差异不是很大。

## 二、各片的疑问代词

黄孝方言各地的疑问代词有一些差异，以下仍分为东、中、西三个片予以简介。

**（一）东片：九江方言的疑问代词**

九江方言的疑问代词有四个最基本的形式：哪、么、几、怎么，并以此构成了一系列的复合疑问代词。其中“怎么”的构词能力很弱。

1. 哪 [ᶜnɒ]。“哪”是九江方言中负荷较重的疑问代词，可以分为“哪 1、哪 2”两个，分别承担了普通话中“哪、谁”的功能：既用于问物，也用于问人。

第一，“哪 1”同普通话“哪”的意义、功能基本相同，可以单用表示疑问，要求在同类人或事物中进行抉择，但一般不单独用作宾语：

（1）哪是尔的？ ｜但：？ 你要哪？

“哪”常构成复合代词“哪（一）样、哪（一）些、哪（一）点儿、哪（一）个 1、哪里”，用以询问事物、时间、处所，也问人，表示别择，其中的“一”可以省略，与普通话中相应词儿用法相同：

（2）哪（一）样好些？渠要哪（一）样？

（3）尔要哪个？哪一个是尔的？

（4）尔感冒了哇？在哪里诊呢？｜大哥上昼上午到哪里去了？

（5）渠到底哪一点儿赶不倒尔赶不上你？

“哪 1、哪里”都可以用于询问事理，表示“怎么”，常出现在反问句表示否定：

（6）我哪 1/ 哪里晓得得个事这件事？

第二，“哪 2”除虚指外（详下），必须构成相当于普通话“谁”的“哪个 2”使用：

（7）哪个拿我书嘞？渠是哪个？得ᵓ是哪个的书？

“哪个 2”问人表示“谁”，“哪个 1”问人表抉择，也问物，语音形式完全相同，只有根据语境确定其意义。但是，“一”在“哪个 1”中可以出现（例 3），在“哪个 2”中不行。

第三，“哪”及其构成的复合词的非疑问用法。这主要是虚指（8、9）和任指（10、11）用法，与普通话“哪”及其构成的复合词、“谁”分别相同。

（8）尔哪天到汉口去看一下姨爹姨父。

（9）得ᵓ个事冒有哪个晓得这个事没有谁知道。

（10）不管哪个谁说渠，渠都不听，上昼渠哪里都冒去。

（11）哪样好尔就买哪样，管不管渠几多钱要买。

“哪门”详下。

2. 么 [ᶜmo]。

“么”在九江方言中表示“什么”。但一般不单说，要构成复合词“么事什么、么样什么样、么咱什么时候”使用，用于询问事物、状况、时间、方式。如：

（12）就算我不去，跟尔有么事关系？

（13）跟这门人哭么事？为这种人有什么可哭的？

（14）渠凭么事跟我得一样呢的钱？他凭什么跟我得同样多的钱？

（15）么事人许狠啦？什么人这么厉害呀？为么事不说？为什么不说？

（16）么咱出去玩吵？什么时候出去玩呢？

“么”构成的复合词也有非疑问用法，即虚指和任指用法：

（17）跟渠，我冒么事好说哩。对他，我没什么可说的。

（18）渠做的饭冒有么事吃头没有什么吃头！｜跟渠混不出么事名堂。跟他混不出什么名堂。

（19）尔要么事就跟我说。渠答应了，我也冒么事没有什么意见。

3. 几 [ˊtɕi]。九江方言的“几”及其构成的复合疑问代词，可以分为问数目和问时间的两类。

第一，几、几多、几样 1。这类主要用于询问数目。“几”的意思是“多少”，主要用于询问不大于 9 的数目（例 20、23）；“几、几样”可以用于询问性状、程度，相当于普通话的“多”（21、22）：

（20）尔今年几岁多少岁？晓得三加三得得数是几吧？

（21）从九江到瑞昌有几远？渠有几大多大年纪？

（22）尔说渠好，渠到底几样多好？

（23）一把一共五样，尔拿回了几样多少样？

如果不清楚具体数目，或者估计数目大于九，往往用“几多”询问：

（24）尔要买几多？九十斤够呗够不够？

（25）有几多？冒得几多就算了。

第二，几久多久、几样 2 怎样。这类词用于问时间、状态等：

（26）要几久才能办好？

（27）尔说大哥恶，渠到底几样恶？

第三，非疑问用法。同吴语的“多少”一样，“几”可以充当副词，表示“多、多么”的意思。“几多”也可以表示非疑问的

"多少、那么多"的意思：

（28）我跟尔想了几多办法，尔自个冒有用。我替你想了那么多办法，是你自己没有能耐。

（29）就跟渠，做了不晓得几多事！单为他，不知道做了多少事情！

（30）搞得到几多算几多，我不晓得有几大的把握。

（31）兀个电影拍得不晓得几多好！

（32）得ᵓ几句话说得几过气多漂亮！

4. 怎么、哪么。与中部的黄孝方言（详下）不同，九江方言中使用"怎么、哪么"，询问原因、方式等，多用在动词、形容词、副词前面，用在名词性成分前极少：

（33）渠女婿长得不怎么的。

（34）怎么办呢？二哥不在屋里家里，渠爸叫渠得个时候去。

（35）尔怎么不去死啊？得ᵓ个话尔叫我么样说呢？

（36）一到得ᵓ里就把个茶杯跶摔了，是哪么怎么搞的耶？

用表示抉择的"哪么"询问原因，这是比较特殊的现象。此外，新派也偶用"咋、受何"表示"怎么"的意思：尔吃饭时间咋总是跟我得里不一样呢？你吃饭时间怎么老是跟我们不一样呢？ | 渠受何诶？他怎么了？

九江方言的疑问代词可以归纳为下表：

<table>
<tr><td colspan="2">疑问代词</td><td>主要作用</td><td>构成的复合疑问代词</td></tr>
<tr><td rowspan="2">哪</td><td>哪 1</td><td>问事物，表示别择</td><td>哪（一）样、哪（一）些、哪（一）点儿、哪个 1、哪里</td></tr>
<tr><td>哪 2</td><td>问人，相当于"谁"</td><td>哪个 2</td></tr>
<tr><td colspan="2">怎么 等</td><td>问原因、方式</td><td>怎么、哪么、受何</td></tr>
<tr><td colspan="2">么</td><td>问状态、对象、原因，</td><td>么事、么样、么咱</td></tr>
<tr><td colspan="2">几</td><td>问数目、时间等</td><td>几、几多、几样、几久多久</td></tr>
</table>

## （二）中片：团风方言的疑问代词[①]

团风方言的基本疑问代词最简单，共有三个（汪化云 2007a）：哪、么、几，其语音上的共同特点是都念上声。以这三个基本的疑问代词为基础，构成了一系列复合疑问代词。这与西片的黄孝方言点大都相同。

1. 哪 [ᶜna]。“哪”是团风方言中负荷较重的疑问代词，可以分为“哪 1、哪 2”两个，分别承担了普通话中“哪、谁”的功能：既用于问物，也用于问人。这可以分为以下三点介绍：

第一，“哪 1”同普通话“哪”的意义、功能基本相同。单用于询问事物，表示别择；一般充当主语，单独作宾语不常见，显得别扭：

（1）哪是我的哪个是我的？哪好些哪个好些？　但：？你要哪？

“哪 1”常构成复合代词“哪（一）样、哪（一）些、哪（一）点儿、哪（一）个 1、哪下儿哪儿、哪里”，用以询问事物、时间、处所，也问人，表示别择，其中的“一”可以省略，有时甚至不能出现。这些复合词与普通话中相应词儿的用法基本相同：

（2）二哥说哪（一）样好些？到底要哪样？

（3）你哪些如底有哪些不舒服？吃了哪些药？

（4）我哪点儿赶不倒你赶不上你？你哪（一）点儿痛人招人喜欢？

（5）大哥真朝上半天今天上午到哪下儿去了？哪里好玩些一些？

（6）哪（一）个是熟的？你办倒准备拿哪个？

“哪下儿”跟“哪里”都询问处所，可以互相替换，但前者更常用。此外，老派方言中还有“洒些、洒下儿、洒里”，可以分别替换句子开头的“哪些 / 哪下儿 / 哪里”。因为“洒”是“是”的声母 s 和“哪”的韵母、声调 ᶜa 的合音形式，而“是哪”一般出现在句子开头：

① 本小节的主要内容曾以《团风方言的疑问代词》为题，在全国汉语方言学会第 14 届年会（2007，杭州）交流，发表在香港中文大学《中国语文研究》2007 年第 2 期。

（7）洒下儿是哪儿 / 洒里是哪里有那些东西？洒些是哪些怪种做的？

“哪 1、哪里、哪下儿”都可以用于询问事理，表示“怎么”，常出现在反问句表示否定：

（8）我哪 1/ 哪里 / 哪下儿晓得这个事？

第二，“哪 2”除了虚指外（详下），必须构成相当于普通话“谁”的“哪个 2”使用：

（9）哪个来了？他是哪个？这是哪个的书？

“哪个 2”问人，“哪个 1”问人表别择也问物，语音形式完全相同，只有根据语境来确定其意义。但是，“一”在“哪个 1”中可以出现（例 6），在“哪个 2”中不能出现；“哪个 2”可以构成“是哪个”的合音形式“洒个”，用在句子开头（用在句中较别扭）；“哪个 1”不能构成“洒个”：

（10）洒个谁的书落掉倒在这下儿的。｜洒个谁一路刚才出去了？

（11）？我不晓得洒个出去了。｜？书上写了洒个的名字？

“谁”在少数固定组合中也可以使用，但有拽文的色彩，不是地道的团风方言词：

（12）我又不晓得你姓甚名谁！

第三，“哪”及其构成的复合词的非疑问用法。这主要是虚指（13–15）和任指（16、17）用法，与普通话“哪”及其构成的复合词、“谁”分别相同。其中“哪下儿、哪里”还可以用作应答语以解释原因（18）。例如：

（13）你哪天什么时候到汉口去看下儿姨爹姨父。

（14）这个事冒得没有哪个晓得，他这是哪下儿捡的个耳朵哪儿听说的。

（15）搞了半天，他还不晓得哪是哪弄这么长时间，还不知道什么是什么（或：谁是谁）。

（16）管不管哪个说他下都不听，上半天上午他哪下儿也冒去。

（17）哪样好你就买哪样，管不管他几多钱要买。

（18）哪下儿呐 / 哪里也是这么回事，我是要去的，他打了个挡禁阻拦了一下，我就冒去。

2. 么[ˊmo]。“么”也是团风方言中负荷较重的疑问代词，承担着普通话中“怎么、什么”两个疑问代词的功能，既用于问方式，也用于问事物，可以分为“么1、么2”两类。以下分三点介绍：

第一，“么1”意为“怎么”，不单说，常构成“么样1怎么样”，用于询问原因、方式等，多用在动词、形容词、副词前面，用在名词性成分前极少。除了表示“怎么样”外，“么样1”都可以省略为“么”，例如“么（样）搞的怎么搞的、么（样）办怎么办、么（样）不怎么不、么（样）好怎么好、么（样）的怎么的、么（样）回事怎么回事”，这使得“么1”单用表示“怎么”了，所以我们将其看作一个词：

（19）一进屋就把个茶盅儿跶摔了！是么（样）搞的耶？

（20）么（样）办呢？力你的哥不在屋里家里，力爷你爸叫他就这门早儿这时候去。

（21）你是么（样）不死啊？这个话你叫我么样说呢？

第二，“么2”意为“什么”，不单说，要构成复合词“么事什么、么个什么、么样2什么样、么门早儿什么时候、么时候儿什么时候”使用，用于询问事物、状况、时间。“么事”作修饰语大多省略为“么”，这可以看作是“么”单用成词（22、23）；“么样2”必须出现在名词性词语前面；“么门早儿”比“么时候儿”的疑问意味强（24。后者有拽文色彩）；“么个”只用于回问而不用于始发句（25、26）：

（22）豆腐落到灰草木灰窦里里面去了，搞的个么（事）名堂？

（23）么（事）人这恶躁什么人这么厉害？长的么样个像儿什么样子？

（24）他么门早儿说过这个话？你是么时候儿来的？

（25）父：你去买点儿那个回来？子：买点儿么个回来？

（26）母：我试倒身上不大那个。女：你身上不大么个啦？

“么事”不能省略“事”主要有这几种情形：一是做主语宾语不能省略，包括“为么事为什么、做么事干什么”这类动宾结构中的宾语在内：

（27）你说么事啊？你早上做么事去了？问你为么事不说？

二是表示疑问的短语“么事味$_{\text{什么味儿}}$”不能省略为“么味”（借是么事味？）。因为“么事味”还可以表示“没有意思”，是同形的另一个词，其中的“事”可以省略：

（28）么（事）味哟，做牛做马一生，到要死的时候儿连粥也冒得吃的。

团风方言有两个“么事”：“事”读轻声，“么事”是词，表示“什么”；“事”读阳去声，“么事”是短语，表示“什么事”，是“么事事”省略了中间的“事”。表示“什么”的“么事”常和语气词“啊”构成合音词“么嗄[saᵓ]”，表示强烈的疑问语气，例（27）中“么事啊”就可以替换为“么嗄”。

第三，“么”及其复合词也有非疑问用法，这主要指虚指和任指用法：

（29）他女婿长相不么样$_{\text{不怎么样}}$。我说了一句，他也冒么样$_{\text{没有怎么样}}$生气。

（30）你想么$_{\text{怎么}}$办就么办。不管么样，我也不得$_{\text{不会}}$和$_{\text{像}}$你那样做。

（31）你要么事$_{\text{什么}}$就跟我说。他答应了，我也冒么事$_{\text{没有什么}}$意见。

（32）听到说他当了个么（事）$_{\text{什么}}$科长，他一家人就神气五六$_{\text{很神气}}$的。

（33）他舞$_{\text{做}}$的饭点儿冒么吃头$_{\text{一点也没有什么吃头}}$，我只吃了一碗，落了$_{\text{后来}}$晓得么样$_{\text{很厉害}}$地吐！

“么事”还可以代替不便说的事物：个小么事的（可以理解为“这个小婊子养的”）！

3. 几[ᶜtɕi]。团风方言的“几”及其构成的复合疑问代词，可以分为问数目和问时间的两类。

第一，几、几多、几大点儿 / 几点儿$_{\text{多少}}$、几样。这类主要用于询问数目。“几”的意思是“多少”，主要用于询问不大于9的数目（34），还可以询问性状、程度，相当于普通话的“多”（35）：

（34）你今年几岁？晓不晓得三加三得$_{\text{得数是}}$几？三十加三十得

几十？

（35）从团风到汉口有几远？这个包有几重？有几（大）点东西？他有几大年纪？

“几”一般不单说，“几多”可以单说，后者的意思也是“多少”。如果不清楚具体数目，或者估计数目大于九，往往用“几多”询问。在不强调数量特别多时，“几多”往往儿化（36）：

（36）你要买几多儿？九十斤做不做得倒够不够？

（37）总是争多还少斤斤计较于数量的多少的，他要吃几多？

“几大点儿”用于询问数量不多的事物，不表示疑问时可以省略为“几点儿”：

（38）有几大点儿？冒几（大）点儿就算了。

“几样”表示“多少样、怎么样”，用于问数量和状态：

（39）你说他好，他到底几样怎么样好？

（40）一把一共五样，你拿回了几样多少样？

第二，几半天儿多久、几大下 [xa$^2$] 儿多久、几门早儿什么时候、几时什么时候，用于问时间。前两个用于询问时段，后两个用于询问时点。“几半天儿、几大下儿”比较常见，前者所指的时间略长于后者。“几时”大概是武汉方言词的借用，“几门早儿”则可能是“几时”和团风方言词“么门早儿”的糅合；这两个同义词都是新派用得多，更常见的是说“么门早儿”，老派、新派都使用：

（41）要几半天 / 几大下儿才能够办好？

（42）你真早儿今天几门早儿 / 几时 / 么门早儿回？夜下音些，晚上八点回不回得了？

第三，“几”类词的非疑问用法。同吴语区的“多少”一样，“几、几样”可以充当副词，都表示“多、多么”的意思，其中“几”可以看作是“几样”的省略：

（43）你看塔里他家的屋房子做得几多好啊！

（44）这几句话说得几样多么悦人令人喜悦啦！

“晓几……”是夸张的说法，意思是“不知道有多么……”；“好几”强调数量多（“几”的所指一般不超过九），意思是“好些”；在“十”和“几”之间加上“好”，有夸张的意味，整个结构强调数目多；“几时儿”是名词，表示一段时间：

（45）你看了那个电影冒？拍得晓几好啊！可惜好几个人冒去看。

（46）四十好几了，还冒找到个媳妇。来看人的有十好几个，下都看不上他。

（47）叫他们过几时儿一段时间再回去。

“几、几多”的虚指和任指用法，与普通话的“多、多少”相同：

（48）搞得到几多多少算几多，我不晓得有几多大的把握。

（49）这个人，脾气要几多丑坏有几丑。

（50）他的比我的大不了几多多少。

（51）我试到感觉到冒几大下儿没有多久。

团风方言的疑问代词可以归纳为下表：

| 疑问代词 | | 主要作用 | 构成的复合疑问代词 |
|---|---|---|---|
| 哪 | 哪 1 | 问事物，表示别择 | 哪（一）样、哪（一）些、洒些、哪（一）点儿、哪下儿、洒下儿、哪里、洒里、哪（一）天、哪个 1 |
| | 哪 2 | 问人，相当于“谁” | 哪个 2、洒个 |
| 么 | 么 1 | 问原因、方式，相当于“怎么” | 么样 1、么（样）搞的、么（样）办、么（样）不、么（样）好、么（样）的 |
| | 么 2 | 问状态、对象、原因，相当于“什么” | 么事、么个、么样 2、么（门）早儿、为么事、做么事 |
| 几 | | 询问数目、时间 | 几多、几门早儿、几时、几样、几大下儿、几半天儿、几（大）点儿 |

## （三）西部：安陆方言的疑问代词

同东部的九江方言类似，安陆方言的基本疑问代词有四个：

哪、么、几、怎么，其语音上的共同特点是主要语素都念上声。以前三个基本的疑问代词为基础，构成了一系列复合疑问代词，与黄孝方言中片大都相同，而“怎么”则与普通话的用法基本相同。

1. 哪 [ᶜna]。整个黄孝方言的“哪”都负荷较重，安陆方言的“哪”可以分为“哪 1、哪 2”两个，分别承担了普通话中“哪、谁”的功能：既用于问物，也用于问人。以下分三点介绍：

第一，“哪 1”同普通话“哪”的意义、功能基本相同。单用于询问事物，也问人，表示别择；一般充当主语，作宾语不常见，显得别扭（1）；但非疑问用法的“哪”可以作宾语（详下）：

（1）哪是我的哪个是我的？哪好些哪个好些？　但：？尔要哪？

“哪 1”常构成复合代词“哪（一）样、哪（一）些、哪（一）点儿、哪（一）个 1、哪下儿哪里、哪个场儿哪儿”，用以询问事物、时间、处所，表示别择，其中的“一”可以省略，有时甚至不能出现。这些复合词与普通话中相应的词儿用法基本相同：

（2）他说哪（一）样好些？到底要哪样？

（3）他到底哪个场儿不如尔？

（4）我哪下儿哪里晓得乜ᵓ个事？

（5）乜ᵓ这是哪个杂种做的？

“哪下儿”跟“哪个场儿”都询问处所，可以互相替换，但后者更常用。“哪 1、哪下儿”还可以用于询问事理，表示“怎么”，常出现在反问句表示否定：

（6）我哪 1/ 哪下儿晓得乜ᵓ个事？

第二，“哪 2”除虚指外（详下），必须构成“哪个 2”使用，相当于普通话的“谁”：

（7）哪个来了？他是哪个？是哪个的书掉倒乜ᵓ里那里的？

“哪个 2”问人，“哪个 1”问物也问人表别择，语音形式完全相同，只有根据语境确定其意义。但“一”在“哪个 1”中可以出现（例 5），在“哪个 2”中一般不出现。

第三，“哪”及其复合词的非疑问用法。这主要是虚指（8–10）和任指（11、12）用法，与普通话“哪”及其构成的复合词、“谁”分别相同。其中“哪下儿”还可以用作应答语以解释原因（13）。

（8）尔哪一天到汉口去看下一下姨爷姨父。

（9）乜ᵓ个事冒得没有哪个晓得。

（10）搞了半天，他还搞不清楚哪是哪。弄这么长时间，还弄不清楚什么是什么 / 谁是谁。

（11）管不管哪个说他下都不听，上半天上午他哪下儿也冒去。

（12）哪样好尔就买哪样，管不管他几多钱要买。

（13）哪下儿呐是这么回事，我是要去的。他拦辞了一下阻拦了一下，我就冒去。

2. 么 [ᶜmo]。“么”也是安陆方言中负荷较重的疑问代词，承担着普通话中“怎么、什么”两个疑问代词的功能，既用于问方式，也用于问事物，可以分为“么 1、么 2”两类。以下分四点介绍：

第一，“么 1”意为“怎么”，不单说，常构成“么样 1怎么样”，用于询问原因、方式等，多用在动词、形容词、副词前面，用在名词性成分前极少。除了表示“怎么样”外，“么样 1”都可以省略为“么”，例如“么（样）搞的怎么搞的、么（样）办怎么办、么（样）不怎么不、么（样）好怎么好、么（样）回事怎么回事”，这使得“么 1”同团风方言一样单用表示“怎么”，可以看作一个词：

（14）一到乜ᵓ个场儿就把个茶缸子跶摔了！是么样搞的耶？

（15）么办呢？二哥不在屋里家里，他伯伯叫他就乜ᵓ个时候去。

（16）尔是么（样）不死啊？这个话尔叫我么样说呢？

第二，“么 2”意为“什么”，不单说，要构成复合词“么事什么、么儿 [ᶜmɛ]什么、么人什么人、么样 2什么样、么时候儿什么时候”使用，用于询问事物、状况、时间（17–21）。“么事”作修饰语大多省略为“么”（21），这可以看作是“么”单用成词；“么样 2”可以作谓语、定语（17、20）；“么个”只用于回问而不用于始发句（20）：

（17）尔是么时候儿来的？他么样儿怎么样了？

（18）父：尔去买点么儿回来。子：买点儿么事回来？

（19）尔早上搞么事干什么去了？问尔为么事不说？

（20）甲：那个人是么样个人？乙：么个人啦？好人。

（21）搞么名堂？把豆腐掉到灰塘里去了。

同团风方言一样，“么事”不能省略“事”也有这几种情形：一是做主语宾语不能省略，包括“为么事为什么、做么事干什么”这类动宾结构中的宾语在内。二是表示疑问的短语“么事味什么味儿”不能省略为“么味”。因为“么事味”还可以表示“没有意思”，是同形的另一个词。

安陆方言也有两个“么事”：“事”读轻声，“么事”是词，表示“什么”；“事”读阳去声，“么事”是短语，表示“什么事”，是“么事事”省略了中间的“事”。表示“什么”的“么事”常和语气词“啊”构成合音词“么嗄[sa²]”，表示强烈的疑问语气，例（22）中“么事啊”就可以替换为“么嗄”：

（22）么事啊？他敢不去？

第三，“么”及其复合词也有非疑问用法，这主要指虚指和任指用法：

（23）他女婿长相不么样不怎么样。

（24）冒得么味哟，做牛做马一辈子，死的时候连粥也冒喝到口。

（25）他做的饭冒得么吃头。

（26）尔要么事就跟我说。他答应了，我也冒得意见。

3. 几[ᶜtɕi]。安陆方言的“几”及其构成的复合疑问代词，也可以分为问数目和问时间的两类。

第一，几、几多、几大、几样。这类主要用于询问数目。“几”的意思是“多少”，主要用于询问不大于9的数目（27），还可以询问性状、程度，相当于普通话的“多”（28）：

（27）尔今年几岁？晓不晓得三加三等于几多？三十加三十等于几十？

（28）从安陆到汉口有几远？这个包有几重？他有几大年纪？

“几”一般不单说，“几多”可以单说，后者的意思也是“多少”。如果不清楚具体数目，或者估计数目大于九，往往用“几多”询问（30）。在不强调数量特别多时，“几多”往往儿化（例29）：

（29）尔要买几多儿？九十斤够不够？

（30）有几多？冒得几多就算了。

“几样”表示“多少样、怎么样”，用于问数量和状态：

（31）一把连儿$_{\text{一共}}$五样，尔拿回了几样$_{\text{多少样}}$？

第二，几大下[xa$^{2}$]儿$_{\text{多久}}$、几咱儿$_{\text{什么时候}}$，用于问时间。前者用于询问时段，后者用于询问时点。

（32）得几大下儿才能够搞好？

（33）尔几咱儿回？

第三，“几”类词的非疑问用法。同吴语区的“多少”一样，“几、几样”可以充当副词，都表示“多、多么”的意思，其中“几”可以看作是“几样”的省略；“晓几……”是夸张的说法，意思是“不知道有多么……”：

（34）乜$^{2}$个电影拍得晓几好啊！

（35）乜ᵓ几句话说得几（样）$_{\text{多么}}$悦人$_{\text{令人喜悦}}$啦！

“几、几多”的虚指和任指用法，与普通话的“多、多少”相同：

（36）搞得到几多$_{\text{多少}}$算几多，我不晓得有几$_{\text{多}}$大个谱儿。

（37）乜ᵓ个人，脾气要几$_{\text{多}}$丑$_{\text{坏}}$有几丑。

（38）他的比我的大不了几多$_{\text{多少}}$。

（39）我试到$_{\text{感觉到}}$冒几大下儿$_{\text{没有多久}}$。

4. 怎么儿。大概是“么”的意义负荷过重，也由于周边西南官话的影响，安陆方言的新派常常在动词、形容词、副词前面使用

“怎么”或其儿化形式“怎么儿”来询问原因、方式等：

（40）怎么儿诶？尔今朝不能去送他啦？

（41）落乜ᵓ大的雨，他是怎么儿来的耶？

安陆方言的疑问代词可以归纳为下表：

<table>
<tr><th colspan="2">疑问代词</th><th>主要作用</th><th>构成的复合疑问代词</th></tr>
<tr><td rowspan="2">哪</td><td>哪 1</td><td>问事物，表示别择</td><td>哪样、哪些、哪（一）点儿、哪（一）个 1、哪下儿、哪个场儿</td></tr>
<tr><td>哪 2</td><td>问人，相当于“谁”</td><td>哪个 2</td></tr>
<tr><td rowspan="2">么</td><td>么 1</td><td>问原因、方式</td><td>么搞的、么（样）办、么（样）不、么（样）回事</td></tr>
<tr><td>么 2</td><td>问状态、对象、原因</td><td>么事、么儿、么人、么样 2、么时候儿</td></tr>
<tr><td colspan="2">怎么儿</td><td>问原因、方式</td><td></td></tr>
<tr><td colspan="2">几</td><td>询问数目、时间</td><td>几多、几门早儿、几时、几样、几大下儿、几半天儿、几大儿</td></tr>
</table>

**（四）讨论**

1.“么”的来源。黄孝方言中部、西部的“么”兼表普通话“怎么、什么”的意义，这是一个有特色的现象。吕叔湘（1985）认为，“怎么、什么”的“么”有着共同的来源：“（‘怎么’的）这个么字跟什么的么一样，也曾经有过‘勿’和‘没’的写法……所以我们可以说，怎么原来就是作么，作么就是作什么；怎么的用法有一部分跟作什么相同，不是偶然的。我们甚至还可以说，当何物这个语词一方面跟是字结合，造成一个新的疑问代词是勿（= 什么）的时候，它在另一方面又跟作字结合，造成另一个疑问代词作勿。”这就是说，普通话“怎么、什么”的源头都是“何物”的“物”与前加成分的组合。黄孝方言中部、西部的疑问代词“么”可以表示“怎么、什么”的意思，显然可以证明吕叔湘的上述观点，是“么”的历史演变的反映。不过，黄孝方言中部、西部的

“么”应该看作是“何物”省略“何”以后，分别与不同的后加成分组合，来表达“什么、怎么”的意思的。其一个语素兼有两个疑问意义，反映出“什么、怎么”同源的历史；其省略前面的成分、区别性成分出现的位置在“么”之后，正与普通话相反。这种省略、构词的方式，应该是很有特色的。

2. 黄孝方言疑问代词地域分布的差异。从上面的介绍中可以看出，中部的团风方言基本疑问代词系统比较简单，表现出长江流域汉语方言的共性（李荣等 2002；许宝华、宫田一郎 1999）：用“哪”兼表普通话的“哪、谁”，用“几、几多”而不用“多少”询问数量，用“么”表示“什么”。这些现象存在于西南官话、江淮官话、中原官话、湘语、赣语等方言的很多方言点中。但是，其用“么”兼表“什么、怎么”则反映出这两个疑问代词同源的历史。这个现象主要存在于江淮官话和西南官话交界处，应该有着类型学上的意义。

但是，由于“么”的意义负荷太重，由于普通话、西南官话的影响，“么”表示“怎么”的现象在中部以外的黄孝方言中在逐步消失：西部的新派出现了“么（样）了”与“怎么了”之类并存使用的现象；东部则“怎么”（还有“哪么、受何”）正式进入了方言，而不限于新派使用。

## 三、小结

黄孝方言的是非问句、特指问句、选择问句以及相关的疑问语气词大同小异，其疑问代词的面貌也大部分相同，尤其是使用“哪个”兼表普通话“哪个、谁”的意思，使用“几”询问数量、时间等等并兼表感叹，与相邻的西南官话、江淮官话基本一致。不同的是，其多数方言点主要使用“么”兼表“什么、怎么”的意义，普通话的“怎么”之类只是进入了东部方言，在西部方言只在新派中出现了使用的端倪。这种反映“怎么、什么”来源的现象，印证了汉语史上以“物”表示疑问，用于名词性、谓词性词语前的历史。

## 第二节 否定

本节讨论否定范畴。同普通话一样，黄孝方言否定范畴的表达有两类方式：一是用否定词表达，如使用“不、莫”之类，此即所谓标记否定；二是所谓无标记否定，即不用否定词却仍然表示否定的现象，例如用反问句表示否定。标记否定构成否定句，和与其相对应的肯定句之间构成缺性对立；前者有标记，后者无标记。（王相锋 1997）本节将讨论的，是有标记的否定现象。

对于黄孝方言某些方言点的否定范畴，一些作者进行了研究。其中盛银花（2010）对安陆方言否定范畴的各类表达方式的研究最为深入：不仅研究了该方言标记否定所使用的否定词以及否定式的构成、否定词的来源，还研究了无标记否定的类型、特征和语用意义，研究了否定辖域和否定的度量。其细腻的观察、深入的描写和力求探源、解释的努力，都是黄孝方言研究中前所未有的。

本节把视点投向整个黄孝方言，聚焦于三个片的否定范畴。考虑到整个黄孝方言否定范畴的表达方式大体相同，而盛银花（2010）的研究甚为细腻，因此本节不拟全面重复其论述。考虑到无标记否定事涉语用，故本节不予讨论；对于否定的辖域、否定的度量，也不拟展开分析。显然，本节的讨论对象只是黄孝方言的否定词及其构成的否定句式。为给出黄孝方言否定范畴的概貌，本节仍从第一节，将黄孝方言分为东、中、西三个部分，以九江、团风、安陆三个方言点为代表展开讨论。三个片的否定词及其功能大同小异。其相同的否定词为“冒、冒得、莫、不”，东片独有的否定词为“没、冒有”。

## 一、中片：团风方言的否定词和否定句

### （一）团风方言的否定词

团风方言有四个否定词：冒[mau꜅]、冒得[mau꜅tɛ꜆]、莫[mo꜆]、不[pu꜆]（汪化云 2004），简介如下。

1. 不。否定副词“不”跟普通话“不”的功能、意义完全相同，一般用在动词、形容词性词语前，或者反映否定性的主观意愿，或者反映否定性的主观评价，“主观”是其重要特征：

（1）我不去喝酒。（否定“去喝酒”的主观意愿，“去喝酒”未然）

（2）三伯不想到医院去看病。（否定“想到医院看病”的意愿）

（3）那根甘蔗太细了，不甜。（对“甜”的否定性主观评价）

（4）锄头柄要不长不短，用起来才顺手。（对“长短”的否定性评价）

2. 冒。这个否定词有两种记音。一是记作“冇”，包括笔者在内的很多作者（如盛银花 2010）都曾经这样记录；另一是记作“冒”，亦是包括作者在内的很多作者（如赵元任等 1948）都这样记录。两种记录方式各有利弊。记作“冇”，反映了这个词的意义。这显然是去掉“有”中间两横而造的方言俗字。《现代汉语词典》收有“冇”，注音为 mǎo，上声，意义有二：动词“没有”；副词“没有”。这是记录粤语等方言中否定词的音义的。黄孝方言表示“没有”义的副词和动词，其声韵母与“冇”相同，但是声调为阳去声。“冇”只是反映了其意义，却没有正确地反映其读音。记作“冒”，则这个字在黄孝方言中念阳去声，与该否定副词发音完全相同，但却不能反映其意义。考虑到“冇”毕竟不是为本方言造的俗字，为避免误会，本书一律用“冒”记录。关于这个词的本字，将在本节最后一小节略作讨论。

在多数情况下，“冒”是个否定副词，意义相当于古汉语否定

副词“未”，跟普通话副词“没有”的功能相同，用于动词和形容词性的词语前面，表示对客观事实或者现象的否定，“客观”是其重要特征。例如（另详下）：

（5）他磬倒低着个头，笔直一直冒昂起来。（否定存在“昂起来”的事实）

（6）我还冒吃饭，力屋里有么事吃冒你家有什么能吃的没有？（否定“吃饭”的事实）

（7）股票么样了？我冒看。你也冒去看？（否定“看”的事实）

（8）你说他怕丑害羞？他才不怕，脸也一点儿冒红。（否定“脸红”的现象）

（9）她一生总是那个样儿，总冒灵醒漂亮、伶俐过。（否定“灵醒过”的现象）

3. 冒得。这个词是“冒＋得”构成的。同“冒”一样，我们把其中的 mɑu$^{2}$ 记作“冒”。“得”念入声 213 调，强调时可以念阴去 35 调，可能是由动词“得”虚化而来的词缀。“冒得”在团风方言中是动词，与动词“有”相对，意义、功能与古汉语的否定动词“无”相当，与普通话的动词“没有 / 没”相同，一般用在名词性词语或形容词性词语前面，否定其后词语表示的事物或现象的存在。例如：

（10）街上这门朝这时候冒得人。（否定“人”的存在）

（11）塔娘他妈舞饭窝把狗把的做饭随便、不大卫生，冒得个名堂。（否定“名堂”的存在）

（12）个伢那个孩子大口大夹口无遮拦的，冒得深浅。（否定“深浅”的存在）

4. 莫。同汉语史上的“莫”一样，团风方言的“莫”表示劝阻，同普通话的“别、不要”意义、功能一样。例如：

（13）你叫他莫去。（劝阻“他去”）

（14）你莫说出去了嗬！你别说出去了啊！

（15）叫你莫买你要买，哏早儿如今失悔吧？

5. 小结。四个否定词的区别与普通话中相应的否定词一样，无须多说。为方便下文的讨论，这里仅将其最为明显的区别略说几点。

冒、冒得：前者一般是副词（冒看），后者是动词（冒得办法）。

冒、不：前者否定的是客观事实（冒去、冒落雨、冒红），着眼于已然的现象；“不”强调的是主观意愿，否定的是将来的动作行为（不去、不落雨）或已然的现象（不红。是为主观看法）

莫、不：都可以表示祈使。但是“莫”只是劝阻（莫说！他叫我莫去！），“不”表达命令，说话者主观愿望强烈（不去！）。

**（二）团风方言的否定句**

上文对否定词意义、功能的介绍，已经涉及否定句。这里对基本的否定句式和常见的特殊否定句式进行简要的介绍。

1.“不”构成的基本句式：不+VP/AP。“不”用在VP前反映否定性的主观意愿（16），以及用在AP前反映否定性的主观评价（17），是最基本的用法。上文已作介绍，这里再举两例：

（16）我真朝不看电影，你顶好也不去看。

（17）三哥就是个脾气不好，不发脾气就过不得难受。

“不”还构成一些特殊格式。第一，不…不。这类多为紧缩形式的假设复句：

（18）不造被窝不凉人。

这个句子意即：如果不掀开被子，人就不会受凉。比喻必须改变现状，才能成功。此类多为熟语，又如：

（19）舍不得金弹子，打不到巧鸳鸯。

有的则是复句中的分句：不怕不识货（，就怕货比货）。

第二，V不VP。这是正反问句，下文将专节讨论，仅举两例：

（20）你去不去？｜你困不困醒？你睡不睡觉？

这类句式有一个特殊的变体是“有不有”，意为“有没有”，是比“有冒得”使用更频繁的句式，其回答方式不能是“不有”，而只能是“有 / 冒得”：

（21）街上借门朝有不有人？冒得！街上这时候有没有人？没有！

（22）借这拐，塔他家大人有不有交到教导？

这个句式在整个中部都常常省略“不”，构成类似动词重叠的“VV”句式，仍然表示正反问：

（23）你吃吃？你吃不吃？｜你困困醒？你睡不睡觉？

（24）街上有有人？街上有没有人？

中部的红安县方言往往省略后面的 VP，构成“VP 不”式正反问句：尔困醒不？

第三，V1V1 不 + 可能补语，V2V2 不 + 可能补语。这个句式中也存在 V 的连用，但第一个 V 是话题，两个分句须对举才能成立：

（25）说说不得，打打不得。说吧，说不得；打吧，打不得。（无可奈何）

（26）看看不倒，问问不倒。看吧，看不到；问吧，问不到。（无可奈何）

第四，叫他 VP 不 VP。字面上看，这很像“VP 不 VP”式重叠，但却是紧缩的转折复句，意即“叫他 VP 但他不 VP”：

（27）叫他吃饭不吃饭，还在做作业。

2.“冒”构成的基本句式：冒 VP/AP。不难看出，否定副词“冒”用在动词或形容词性词语前面，表示对客观事实（28）或者现象（29）的否定：

（28）他冒说你的拐话。他没有说你的坏话。

（29）他不是黄疸肝炎，脸上冒黄没有发黄。

“冒”构成的常见特殊句式、词语有以下几个。第一，构成正反问句时，“冒”置于句末，后面一般不出现 VP，即构成“VP 冒”的句式（另详下）：

（30）他吃了冒？｜屋里有人冒？｜你手上有冒？

第二，构成“NP都冒VP……”。这个句式出现在复句的前一分句，表达一种极端状况，后一分句说出另一种更不可能的结果，跟普通话“连NP都没有VP……”的句式同义：

（31）连个跛子也冒打赢，还说要去当兵。

这个句式也可以用“不”构成：连个跛子也打不赢，还说要去当兵。

第三，在一些固定结构、复合词、正反问结构中，“冒”应该视为动词或动词性语素。例如“冒么事、有V冒V”等：

（32）那个伢梗天整天冒么事没有什么事情做得的，满在处到处惹祸。

（33）莫走，有吃冒吃无论有吃的没吃的（都）是那个意思，吃了中饭再走。

这似乎反映了“冒”曾经兼属过否定动词、否定副词。

3.“冒得”构成的基本句式：冒得NP/AP。即“冒得”用在名词或形容词性词语前面，否定事物或现象的存在：

（34）灶里冒得火，驾[ka˥]用开水泡点儿饭吃下子算了。

（35）接新大姐儿新媳妇就是要嬲才热闹，三天冒得大小三天之内，无论谁都可以跟新娘开玩笑。

（36）你冒得情事事情做得，买借些肉做么事！客气话

“冒得”还能构成几个有特定表达功能的句式：

第一：NP+都冒得……。这个句式出现在复句的前一分句，表达一种极端状况，后一分句说出另一种更不可能的结果，跟普通话“连NP都没有，更不……”的句式同义：

（37）枪都冒得一管杆，还说要去打东洋人。

第二：NP1+冒得+NP2+A。这是差比句之一，NP1是比较主体，NP2是比较对象，A是比较结果：

（38）哥哥冒得姐姐胖。

第三：有（+NP）+冒得。这是正反问句式之一，如：

（39）屋里有人冒得。｜你自家有冒得。（“冒得”都可替换为“冒”）

4.“莫”构成的基本句式：莫 VP/AP。即劝阻 VP/AP 的发生：

（40）你莫去！｜叫他莫去他要去。

（41）你莫大大意意的，要好生做。

“莫”构成的“叫莫、叫他莫”，相当于一个词，意思是“听便、随他去”，与字面意思相反。往往用在应答句，表达对对方认为是严重事态的无所谓态度：

（42）甲：二哥又冒上学。乙：叫莫，将来种田就晓得失悔的。

（43）甲：他总在我面前道你的拐说你的坏话。乙：叫他莫（说），我不在乎。

“莫”还表示揣测，意即“或许、莫非”：他真朝莫不来嗬？

## 二、西片：安陆方言的否定词和否定句

### （一）安陆方言的否定词

同中片一样，安陆方言有四个否定词：冒 [mɑu²]、冒得 [mɑu²tɛ˒]、莫 [mo˒]、不 [pu˒]，四个词的读音、功能与中片基本相同。盛银花（2010）曾对该方言的否定范畴有过较深入的研究，我们赞同其部分观点，但也有些与之不同的看法。以下不讨论观点的异同，径直给出我们调查得到的某些事实和结论。

1. 不。否定副词“不”跟普通话“不”的功能、意义完全相同，一般用在动词、形容词性词语前，或者反映否定性的主观意愿，或者反映否定性的主观评价。“主观性的否定”是其特征。

（1）有我在，不用怕。

（2）他不好意思，红倒脸不作声。

（3）那根甘蔗太细了，不甜。

（4）苕要不大不细的，才好吃。

2. 冒。盛银花（2010）将这个否定词记作“冇”，基于第一小节中的理由，我们仍将其记作“冒”。同样，安陆方言的“冒”是个否定副词，意义相当于古汉语否定副词“未”，跟普通话副词

“没有”的功能相同，用于动词和形容词性的词语前面，表示对客观事实或者现象的否定。例如：

（5）他一直坐在乜$^{2}$里，冒出去。（否定存在“出去”的事实）

（6）他们下吃了，就是刘老师冒吃。（否定存在“刘老师吃”的事实）

（7）小张的脸冒红（否定“红”的现象）

（8）她一生总是乜$^{2}$样儿，总冒胖过。（否定“胖过”的现象）

3. 冒得。同团风方言一样，这个词中的mau$^{2}$应该记作“冒”；“得”是词缀，念入声24调。“冒得”是动词，功能、意义均与古代汉语表示否定的动词“无”相当，跟普通话的动词“没有/没”相同，一般用在名词或形容词性词语前面，否定其后词语表示的事物或现象的存在。例如：

（9）他跟她堂客冒得话说，像两个外人一样。（否定“话”即交流的存在）

（10）他忙得一天到黑冒得空。（否定“空闲”的存在）

（11）他做事真是冒得深浅。（否定“深浅”的存在）

4. 莫。安陆方言的“莫”也是表示劝阻，同普通话的“别、不要”意义、功能一样。例如：

（12）百么事有人做，尔就莫管。（劝阻“管”）

（13）莫慌着！先别慌！我分开来把得尔者你们吃。

（14）莫马马虎虎的啊！

5. 小结。安陆方言四个否定词的区别与普通话中相应的否定词一样，几个词最为明显的区别与团风方言相同：

冒、冒得：前者是副词，后者是动词。

冒、不：前者否定的是客观事实（冒去、冒落雨、冒红），着眼于已然的现象；“不”强调的是主观意愿，否定将来的动作行为（不去、不落雨）或表达主观评价（不红）。

莫、不：都可以表示祈使。但是“莫”只是劝阻（莫说！他叫我莫去！），“不”用于祈使句表达命令，说话者主观愿望强烈（不去！）。

**（二）安陆方言的否定句**

以下对安陆方言基本的否定句式和常见的特殊否定句式进行简要的介绍。

1.“不”构成的基本句式：不 +VP/AP。“不”用在 VP 前反映否定性的主观意愿（15），以及用在 AP 前反映否定性的主观评价（16），是“不”最基本的用法。上文已作介绍，这里再举两例：

（15）我不看电影，尔也不看？

（16）三哥脾气不好。

“不”还构成一些特殊格式。第一，V 不 VP 诶。这是正反问句，下文将讨论，这里仅举两例：

（17）尔认不认得他嘞？

（18）尔喝不喝茶嘞？｜屋里头的东西多不多嘞？

这类句式也有一个特殊的变体是“有不有”，意为“有没有”，是比“有冒得”使用更频繁的句式；其回答也是“有 / 冒得”：

（19）甲：尔有不有乜$^{2}$那本书诶？乙：冒得。

这个句式在整个黄孝方言中都常常省略“不”，构成类似动词重叠的“VV”句式，仍然表示正反问：

（20）尔喝喝嘞？你喝不喝？｜屋里东西多多多不多嘞？

（21）诺儿有有人嘞？这儿有没有人？

第二，V1V1 不 + 可能补语，V2V2 不 + 可能补语。这个句式中也存在 V 的连用，但每个分句的第一个 V 是话题；两个分句须对举才能成立：

（22）说说不得，打打不得。说吧，说不得；打吧，打不得。（无可奈何）

（23）看看不到，问问不到。看吧，看不到；问吧，问不到。（无可奈何）

第三，叫他 VP 不 VP。这很像“VP 不 VP”式重叠，但却是紧缩的转折复句，意即“叫他 VP 但他不 VP”：

（24）叫他吃饭不吃饭，还在做作业。

2.“冒”构成的基本句式：冒 VP/AP。否定副词“冒”用在动词或形容词性词语前面，表示对客观事实（25）或者现象（26）的否定：

（25）我冒去上课。

（26）他不是高血压，脸上冒红没有发红。

“冒”构成的常见特殊句式有以下几个。第一，构成正反问句时，“冒”置于句末，后面一般不出现 VP，即构成“VP 冒”的句式（另详下）：

（27）他吃了冒？｜今朝开了会冒？｜尔手上有冒？

第二，构成“NP 都冒 VP……”。这个句式跟普通话“连 NP 都没有 VP……”的句式同义：

（28）连个跛子也冒打赢，还说要去当兵。

句式中的“冒”也可以换用“不”：连个跛子也打不赢，还说要去当兵。

3.“冒得”构成的基本句式：冒得 NP/AP。即“冒得”用在名词或形容词（语素对举构成的复合词“大小、长短”等）性词语前面，否定事物或现象的存在：

（29）灶里冒得火。｜他乜ᵓ个家伙冒得翻正。他这个家伙没有主见。

（30）乜ᵓ个伢哟，冒得一点儿大小。这个孩子（说话随便）不顾及听话人的（辈分、年龄、级别）大小。

“冒得”还能构成几个有特定表达功能的句式：

第一：NP+ 都冒得……。这个句式跟普通话“连 NP 都没有，更不……”的句式同义：

（31）书都冒得了，还上个么事学吵？

第二：NP1+ 冒得 +NP2+A。这是差比句之一，NP1 是比较主体，NP2 是比较对象，A 是比较结果：

（32）我弟弟冒得我高。（我比我弟弟高。）

第三：有（+NP/ 啊）+ 冒得。这可以构成正反问句式之一，如：

（33）屋里有人冒得？

（34）不管有冒得人来，我都要做好准备。

4.“莫”构成的基本句式：莫 VP/AP。即劝阻 VP/AP 的发生：

（35）天道快黑了，尔莫走！

（36）莫恼火，恼火有么事用呢？

## 三、东片：九江方言的否定词和否定句

### （一）九江方言的否定词

同中片一样，九江方言有四个否定词：冒 [mɑu꜄]、冒得 [mɑu꜄ tæ꜆]、莫 [mo꜆]、不 [pu꜆]，四个词的读音、功能与中片基本相同。另有“没、冒有”等，详下。例如：

1. 不。否定副词“不”跟普通话“不”的功能、意义完全相同，一般用在动词、形容词性词语前，或者反映否定性的主观意愿，或者反映否定性的主观评价。“主观性的否定”是其特征：

（1）我不去喝酒。

（2）三爸$_{\text{三叔}}$不想去医院诊病。

（3）兀$_{\text{那}}$根甘蔗好细，不甜。

（4）锄头柄不长不短，用到才随手。

2. 冒。九江方言的“冒”，新派或作“没”，是否定副词，相当于古汉语否定副词“未”，普通话副词“没有”，用于动词和形容词性的词语前面，表示对客观事实或者现象的否定。例如：

（5）渠礐到个头，一直冒昂到。

（6）渠不是贫血，脸冒白。

（7）股票哪么样了？我冒看。尔也冒去看？

3. 冒得、冒、冒有。同团风方言一样，九江方言的“冒得”是动词，意义、功能与古汉语的否定动词“无”、普通话的动词“没有 / 没”相同，一般用在名词或形容词性词语前面，否定其后词语表示的事物或现象的存在。作为否定动词，“冒得”的使用最为常

见，例如：

（8）街上这时冒得人。

（9）兀伢儿嘴许（那么）大，冒得把守。意即口无遮拦。

同团风方言一样，九江方言的“冒”在一些接近固定的结构中也可以是动词：

（10）渠姆妈弄吃邋遢不卫生，冒么名堂。｜兀伢儿梗天整天冒么事做得，到处惹事。

受当地方言动词“冒”和普通话动词“有、没有”的影响，九江方言和东片的否定动词可以是“冒有”：

（11）跟渠冒有好日子过。和他一起没有好日子过。

（12）我跟尔想了几多办法，尔自个冒有用没能耐。

4. 莫。九江方言的“莫”也是表示劝阻，同普通话“别、不要”意义、功能一样。例如：

（13）尔叫渠莫去。

（14）尔莫说出去哈！

（15）叫尔莫买死要买，将现在后悔了吧？

（16）我今喃今儿不去看电影，尔最好也莫去看。

5. 小结。四个否定词的区别与普通话中相应的否定词一样，几个词最为明显的区别与团风方言相同：

冒/没、冒得/冒有：前者是副词，后者是动词。“没、冒有”新派多用。

冒、不：前者否定的是客观事实（冒去、冒落雨、冒红），着眼于已然的现象；“不”强调的是主观意愿，否定将来的动作行为（不去、不落雨）或表达主观评价（不红）。

莫、不：都可以表示祈使。但是“莫”只是劝阻（莫说！渠叫我莫去！），“不”表达命令，说话者主观愿望强烈（不去！）。

**（二）九江方言的否定句**

以下对九江方言基本的否定句式和常见的特殊否定句式进行简

要的介绍。

1.“不”构成的基本句式：不+VP/AP。“不”用在VP前反映否定性的主观意愿（17），以及用在AP前反映否定性的主观评价，是“不”最基本的用法（18）。上文已作介绍，这里再举两例：

（17）我不看电影，尔也不看？

（18）三哥脾气不好。

“不”还构成一些特殊格式。第一，V不哦/诶。这是正反问句，下文将讨论，这里仅举两例：

（19）尔去不哦？｜尔困醒不诶？

第二，V1V1不+可能补语，V2V2不+可能补语。这个句式中也存在V的连用，但每个分句的第一个V是话题；两个分句须对举才能成立：

（20）说说不得，打打不得。说吧，说不得；打吧，打不得。（无可奈何）

（21）找找不到，问问不到。找吧，找不到；问吧，问不到。（无可奈何）

第三，叫他VP不VP。这是紧缩的转折复句，意即“叫他VP但他不VP”：

（22）叫渠洗脚不洗脚，还在打游戏。

第四，“不…不”句式，是紧缩的假设复句，常构成熟语（24、25）：

（23）三哥就是脾气不好，不发脾气过不得。

（24）不抄被褥不冷人。同团风方言“不造被窝不凉人”。

（25）舍不得金弹子，打不到巧鸳鸯。

第五，“不、要不”表示“如果不、要不然”，构成复句中的假设分句：

（26）尔再不好好读书，小心我把你的脚打断了渠。

（27）这个锁打不开，要不拿榔头打渠。

（28）要不我们把这些东西丢渠丢掉。

2.“冒”构成的基本句式：冒VP/AP。否定副词“冒”用在动词或形容词性词语前面，表示对客观事实或者现象的否定：

（29）鸽子冒咬死。｜猫冒班$_{把}$鸽子咬死。｜渠冒说尔拐话。

（30）尔说渠怕丑？渠才不怕，脸一点都冒红。

（31）渠生来就那样，从来冒刮气$_{帅气、精致}$过。

“冒”构成的常见特殊句式有以下几个。第一，构成正反问句时，“冒”置于句末，后面一般不出现VP，即构成“VP冒”的句式：饭吃完冒？｜小王班饭吃完冒？其中的“冒”，新派或作“没”（另详下）：

（32）渠吃没？｜屋里有人没？｜尔手上有没？

（33）我还冒吃饭，尔屋里有么事吃没？

当然，正反问形式被包含在更大的结构中时，一般采用“V-neg-VP”形式：渠吃冒吃我不晓得。

第二，构成“NP都冒VP……”，“冒”也可以换为“不”。这个句式跟普通话“连NP都没有VP……”的句式同义：

（34）连个拐子都冒打赢/打不赢，还说要去当兵。

第三，作动词，构成一些固定结构（例10），又如：

（35）莫走，吃冒吃$_{有吃的没吃的}$是那个意思，吃了中饭再走。

3.“冒得”构成的基本句式：冒得NP/AP。即“冒得”用在名词或形容词（语素对举构成的复合词）性词语前面，否定事物或现象的存在：

（36）灶内冒得火，驾[kauʔ]开水泡点喃$_{一点儿}$饭吃下算了。

（37）接新媳妇就是要嬲才热闹，三天冒得大小。

（38）尔冒得事做的，买这些肉做么事！

“冒得”还能构成几个有特定表达功能的句式：

第一：NP+都冒得……。这个句式跟普通话“连NP都没有，更不……”的句式同义：

（39）枪都冒得一个，还说要去打东洋人。

第二：NP1+冒得+NP2+A。这是差比句之一，NP1是比较主体，NP2 是比较对象，A 是比较结果：

（40）哥哥冒得姐姐胖。（姐姐比哥哥胖。）

第三：有（+NP/ 啊）+ 冒得。这是正反问句式之一，如：

（41）屋里有冒有？｜尔自家有冒有？

4.“莫”构成的基本句式：莫 VP/AP。即劝阻 VP/AP 的发生：

（42）莫把蛋糕一下吃了渠啊。

（43）莫把时间浪费了渠嗄。

（44）尔莫去！｜叫渠莫去渠要去。

（45）尔莫洋洋懂懂（大大意意），好生做。

同团风方言的“叫莫”一样，九江方言的“莫”也能构成表示“听便、随它去”的“等渠莫”：

（46）甲：渠总在我跟口说尔拐话。乙：等渠莫说，我管许多。

（47）甲：渠屋细伢读书好不上心。乙：等渠莫，渠屋反正有钱，去买个文凭。

## 四、否定词的来源简述

否定词是否定句明显的标记特征。它不仅是在否定句内部进行分类的标识特征，而且是与相应的肯定句对比时的标记特征——否定句与相应的肯定句构成缺性对立，前者有标记，后者无标记。黄孝方言的几个否定词在语音上有着密切的联系，其中“冒、冒得”的来源是个值得讨论的话题。

### （一）否定词“不、莫”

这两个唇音声母的词在汉语中从古到今使用频繁，人们对其来历多有讨论。黄孝方言的否定词“不、莫”显然是继承了其用法，无须展开讨论，仅简述如下。

副词“不”表示否定的用法，在先秦时期就存在。《书·舜典》：“契，百姓不亲，五品不逊，汝作司徒，敬敷五教，在宽。”黄孝方言“不”的基本功能显然与之相同。

副词“莫”表示“不要”的劝诫意义，在汉代就出现了。《史记·商君列传》：“秦惠王车裂商君以徇，曰：‘莫如商鞅反者！’”其表示揣测的意义在先秦就存在：文，莫吾犹人也。躬行君子，则吾未之有得。（《论语·述而》）黄孝方言的“莫”表示劝诫、揣测的意义，显然与上古汉语的用法一脉相承。

**（二）“冇、没”的来源简述**

汉语方言主要是东南方言和部分南方官话中，广泛存在明母的副词“冇、冇”。其来历众说不一。罗杰瑞（1995）认为，闽北方言中相当于普通话“没有”的否定词，来自“无有”的合音。徐时仪（2003）认为，否定副词“冇”来自于“无”——这表现在二者意义相同，而音韵相通。徐是这样解释的：《后汉书·冯衍传》中“饥者毛食”一句，唐代李贤注云：“《衍集》‘毛’字作‘无’，今俗语犹然者，或古亦通乎？”明人方以智《通雅》说：“江楚广东呼‘无’为‘毛’”。徐认为异文、故训证明了其上述来历。盛银花（2010）比较诸说，认为安陆方言表示“没有”的否定词来自“无”。如上所述，整个黄孝方言的否定“冇”的读音、功能、分布是相同的，盛的说法意味着黄孝方言的“冇”可能都来自“无”。

这种说法面临着音义两个方面的问题。

1. 先说意义。诸说所释否定词，均为动词，认为其来自动词性的“无、无有”当然“无有”问题。但是，黄孝方言的“冇”一般是否定副词，用在动词、形容词性词语之前。“冇得”才是动词。因此，上述对“冇”词源的说法于义不合，二者语法功能不一、词性不一，难以联系。

2. 再说语音。罗杰瑞、徐时仪说的否定词的语音，的确与“无”（毛）、“无有”（“冇”为上声，与“无有”的反切音同）相关，但黄孝方言的“冇”都是阳去声字，“无有、无”的韵母尤其是声调与之大不相同。硬说二者之间有源流关系，似乎理据不足。

我们认为，黄孝方言的“冒”可能来自最简单不过的“未”。其意义、功能如前所述完全相同：“冒、未”都是否定副词，都用在动词或形容词性词语前表示对主观意愿的否定、表达否定的主观评价。其语音相近：“未”为上古明母物部字；《广韵》无沸切，为明母未韵去声字。此与“冒”的m声母、阳去声调完全相同——黄孝方言中，古明母字今声母一般为m，次浊去声字归阳去声。问题是韵母虽然都是阴声韵，但音质稍有差异。究竟是什么原因使得这种差异得以产生，需要进一步研究。目前掌握的线索是，黄孝方言中，一些古明母字的今韵母读音较特殊，显然是受了其声母的影响。如团风方言：未，韵母为uei；但“亩牡茂贸”来自不同韵摄，其韵母却均为 ɑu；“目牧木沐穆苜、幕慕暮募墓拇”本为阴声韵，却一律变为阳声韵 oŋ。这个问题比较复杂，将与“冒得”一起专文讨论。但是，无论如何，说“冒”来自“未”，比起其他来源的解释来，在意义、语音两个方面都更有说服力。

不同来源的m声母否定副词在各方言中并存，正是东汉语中并存几个此类副词的最好解释至于东片的“没”，可能来自普通话副词的叠置。

**（三）冒得、冒有**

如前所述，“冒”一般是副词，“冒得”是动词。如同“未有”一样，“冒得”应该是副词“冒”和动词“得”的组合，“得”虚化后凝固成词。待考。东片的“冒有”，则来自普通话和当地方言词的糅合。

## 第三节　“V-neg-VP”及其相关句式[①]

本节主要讨论黄孝方言的正反问句。汪化云（2006）、项菊（2005）分别描写了黄冈市所辖诸县市区方言的正反问句，前者还研究了与之相关的句式、语气词的语法化问题。调查发现，该方言22个方言点的正反问句都存在“V-neg-VP”、“VP-neg”两种主要句式。根据语言的经济原则，一个方言中存在的几种正反问句式不可能完全同义，其间必然存在某种差异。那么，这些句式的差异是什么？不同正反问句式的地域分布是否一致？不同否定词构成的正反问句式是否相同？一般认为，汉语的是非问句是由正反问句发展而来的，那么，共时平面黄冈方言诸正反问句式的差异与历时平面汉语正反问句向是非问句的演变有什么联系？如何理解朱德熙关于该方言反复问句（即本文所谓“正反问句”。以下凡提及这个概念，一律称为“正反问句”）是“使用‘V-neg-VO’句式”的说法？本节拟以“V不VP”及其相关句式为主要考察对象，对这些问题进行的探讨。

本节第一至第三小节讨论否定词“不”构成的正反问句，第四小节讨论否定词“冇”构成的正反问句，最后进行归纳小结。

### 一、句式的异同：红安方言中的“V不VP”及其相关句式

黄孝方言中否定词“不”和“冇”构成的正反问句式存在差

① 本节的主要内容曾以《黄冈方言中的“V-neg-VP”及其相关句式》为题，在中国首届人类语言学国际学术研讨会（哈尔滨，2005）上报告，会后进行了较大的改动，发表在《汉学研究》（台北）2006年第2期。又，本书稿作为国家社科基金一般项目的最终成果送审时，匿名评审专家之一指出：“刘丹青的《语法调查研究手册》和笔者主编的《现代汉语》早已提出‘是非问句’应用西方‘yes-no question’的概念，则文中反复问句‘VP不VP,VP不嘞’均是可用摇头或点头代替答问的是非问句。”这是很有道理的。按照这种观点，本书所谓正反问句向是非问句的演变，实质上是其“是非问句”内部次类之间的演变。我们认为，无论是哪种演变，都是句式形态的演变。本节只是对黄孝方言中这种演变客观地予以介绍，不作概念方面的辨正。故沿用旧说，仍分别称之为“正反问句、是非问句”。

异，各县市区方言中的正反问句式亦不完全相同，所以我们将其分开讨论。本小节以红安方言为例，讨论“不”构成的“V不VP”及其相关句式的异同。这类句式在红安方言中存在最多，计有“V不VP（VVP）、VP不、VP不嘞[·ne]、VP呗[·pe]”四种。其中的“VP”可能是一个谓词或谓词性短语，“V不VP”中“不”前的“V”可能是一个单音节谓词或多音节谓词的第一音节（如例5），“VVP”是“V不VP”的省略形式（第二节已有介绍。为减少头绪，一般不举例说明，仅在第二小节（三）略述）。

**（一）“V不VP（VVP）、VP不、VP不嘞”的共同点：表达正反问**

红安方言中的这三种句式都是正反问句式，其答句都是要求听话人在对立项“V/不V”中选择一项（当然，答句也可以是“不晓得”之类）。下列每组的三个句子在某些场合（详下）可以互换使用：

（1）他来不来？｜他来不？｜他来不嘞？

（答：来/不来）

（2）小父$_{叔叔}$看不看电影？｜小父看电影不？｜小父看电影不嘞？

（答：看/不看）

（3）米铲不铲出来？｜米铲出来不？｜米铲出来不嘞？

（答：铲出来/不铲出来）

（4）黄州的雪落下得大不大？｜黄州的雪落得大不？｜黄州的雪落得大不嘞？

（答：大/不大）

（5）小毛$_{人名}$啰不啰唆？｜小毛啰唆不？｜小毛啰唆不嘞？

（答：啰唆/不啰唆）

**（二）“V不VP（VVP）、VP不、VP不嘞”的主要不同点：三个方面**

1. 语义倾向不同。普通话正反问句的语义倾向，赵元任认为是

“不倾向于哪一边的”。邵敬敏、朱彦（2002）也同意这一看法，认为正反问句的肯定与否定应该“各占百分之五十”。同样，红安方言的“V 不 VP（VVP）、VP 不”两种正反问句式表达的语义也不倾向哪一边，其疑问方向是居中的。比如问“她去不去 / 她去不”，说话人对“她”的“去”和“不去”都不清楚。因此，句子中可以出现“到底、究竟”之类寻根究底、强化疑问语气的副词，表现出说话人对肯定、否定的心中无数，例如：

（6）尔 [ˁn]$_{\text{你}}$到底把$_{\text{将}}$钱把$_{\text{给}}$不把得$_{\text{给}}$他？

尔到底把钱把得他不？

（7）中秋节那天，塔娘$_{\text{他妈妈}}$究竟在不在塔屋里？

中秋节那天，塔娘究竟在塔屋里不？

（8）媳妇伢到底能不能干？

媳妇伢到底能干不？

“VP 不嘞”则不然，其句子的语义倾向偏于肯定。说“他来不嘞”，说话人心理上倾向于“他来”，只不过有疑问而求证罢了。正因为该句式隐含着肯定的语义倾向，所以句子中不能出现“到底”之类寻根问底、强化疑问语气的副词：

（9）* 她到底长得宁馨$_{\text{漂亮}}$不嘞？

* 尔来的时候儿，小父究竟在屋里不嘞？

当句中出现“不晓得、搞不清楚”之类词语即说话人没有倾向时，作为间接问句出现在其后的只能是“V 不 VP、VP 不”，这也反映了“V 不 VP、VP 不”的语义不倾向哪一边。而“VP 不嘞”则不能出现在其后，这除了疑问语气词不能出现在间接问句中的原因，应该与该句式的语义倾向偏于肯定也不无关系。如：

（10）我也不晓得他怪不怪古$_{\text{古怪 / 滑头}}$。

我也不晓得他怪古不。

* 我也不晓得他怪古不嘞。

（11）搞不清楚他吃不吃饭。

搞不清楚他吃饭不。

* 搞不清楚他吃饭不嘞。

也因为三者的语义倾向存在上述差异，所以如果在句子的前言后语中出现了提示肯定倾向的信息（例中加线部分），那么说话人一般选择“VP 不嘞”以协调整句的语义倾向，而不倾向于选择“V 不 VP、VP 不”句式：

（12）长这胖，买包减肥茶喝下儿一下不嘞？

（认为听话人长胖了，倾向于让其买减肥茶。此为“前言”提示。）

（13）我像个非洲人不嘞？这半年把半年多艮的完全晒黑了。

（因为“晒黑了”，所以倾向于“像个非洲人”。此为“后语”提示。）

三种句式语义倾向的这种差异应该跟“嘞”的出现与否有关——“嘞”是表示疑问而偏于肯定的语气词（详第四小节）。

2. 语体色彩不同。一般认为，汉语中的“VP 不”来自正反问句原型“VP 不 VP”的后项省略（邵敬敏、朱彦 2002）。但是，“VP 不 VP”句式在现代汉语方言中一般表现为“V 不 VP”和“VP 不 V”两个次类，分别在前项或后项将双音节的 VP 省略为单音节的 V；两个次类“在分布上是互补的，即不在同一方言中共现”（朱德熙 1991）。在不存在原型“VP 不 VP”的方言中，后起的“VP 不”当然也应该来自其次类的后项省略。考虑到红安方言中没有“VP 不 VP”句式，也没有“VP 不 V”句式，而“V 不 VP”句式又是至少在 80 年前就存在于该方言中的句式（参看赵元任等 1948 中的“会话”），所以我们只能认为，该方言中的“VP 不”是“V 不 VP”句式省略 VP 并且将 V 恢复为 VP 而形成的。两种句式的这种关系，使得二者在语体色彩上存在着明显的差异：“V 不 VP”显得比较正式，表现出说话人寻根究底的意味；简短的省略式“VP 不”显得比较随意，在口语中更为常见。“VP 不嘞”是由“VP 不”加语气词“嘞”构成的，亦具有与之相同的口语色彩。因此，在书面语词出现比较多的句子里，“VP 不嘞、VP 不”两种句式显得比较别扭：

（14）张先生今天来不来？鄙人无从知道。

？张先生今天来不？鄙人无从知道。

？张先生今天来不嘞？鄙人无从知道。

在口语中，虽然三种句式都可以使用，但“V 不 VP”由于有寻根究底的意味，常用在显得比较正式的句子中。例（15）“我再问你一遍”虽是口语问句，但显得郑重其事，其后一般就倾向于出现“V 不 VP”，而不倾向于出现“VP 不嘞、VP 不”：

（15）我再问你一遍：张先生明早来不来？

？我再问你一遍：张先生明早来不？

？我再问你一遍：张先生明早来不嘞？

3. 能否表达祈使意义的不同。如果“VP 不嘞”用于询问听话人是否做某事，那么由于其表意偏于肯定，因此隐含着希望、祈使听话人做某事的意思。例如说“进来喝点儿不嘞”，就隐含着请对方进来喝茶的意思。这是“V 不 VP、VP 不”句式没有的言外之意。又如：

（16）尔去下子不嘞？（请听话人去一下）

（17）还吃点儿苹果不嘞？（请听话人再吃点儿苹果）

当然，上述区别不能抹杀三种句式的共同点。在语义倾向、语体要求不那么明显的场合，三种句式可以互换使用以表达正反问（参看（一））。

**（三）VP 呗**

“VP 呗”是口语色彩明显的句式，表达的意义与共同语“VP 吧”相同。它可以表达是非问（是非问也可以不用语气词而代之以上扬的语气表达。从略），答句为肯定形式“是的 / VP / 嗯”或否定形式“不 / 冒、不 VP / 冒 VP”（同正反问句一样，也可以是“不晓得”之类）：

（18）尔想徛站起来呗？

（答：是的 / 想 / 嗯；不 / 不想）

（19）他挖了恶我家的苕红薯呗？

（答：是的 / 挖了 / 嗯；冒 / 冒挖）

（20）尔在爹爹爷爷面前拆白撒谎，尔欠想、希望，慊承 [꜀sən] 挨打呗？

（答：不、不是的）

普通话是非问句表意偏于肯定（邵敬敏、朱彦 2002），红安方言也是一样，因此句中也不能出现强化疑问语气的“到底”之类：

（21）* 尔到底去呗？ * 他究竟跍倒蹲着的呗？

如果将句子换成祈使的语调，“VP 呗”也可以是祈使句。

（22）我俎我们走呗！ 尽看个么事什么？ 走呗！

可见，“VP 呗”与“VP 不嘞”在表意倾向的肯定、表达祈使意义方面具有共同点，其不同之处在于是表达正反问还是是非问。

（四）四种句式的异同可以用下表表示：

| 句　式 | V 不 VP | V 不 | V 不嘞 | VP 呗 |
|---|---|---|---|---|
| 是否表达正反问 | 是 | 是 | 是 | 否 |
| 是否具有口语色彩 | 否 | 是 | 是 | 是 |
| 表意是否倾向于肯定 | 否 | 否 | 是 | 是 |
| 是否可以表达祈使意义 | 否 | 否 | 是 | 是 |

## 二、地域差异：各片的“V 不 VP”及其相关句式

“V 不 VP”及其相关句式在黄孝方言 22 个点的方言中存在的数量不一，可以大别为三种情形。这三种情形分别存在于以红安县为代表的西北部地区、以黄梅县为代表的东部地区、以团风县为代

表的中南部、西部地区。不难看出，本节对于黄孝方言的分片与前面有些不同。

**（一）西北部方言中的“V 不 VP”及其相关句式**

西北部方言包括黄冈市辖红安、麻城两地和相邻的蕲春、英山、浠水、罗田部分地方，以及孝感市辖大悟、随州市所辖广水部分地方，存在“V 不 VP（VVP）、VP 不、VP 不嘞、VP 呗 [pe / pæ]”四种句式。但红安、麻城以外的地方，第三个句式为“VP 不哕 [・sæ]”，与“VP 不嘞”的表达作用相同。四种句式的异同我们在第一小节以红安方言为例进行了讨论，不赘。

**（二）东部方言中的“V 不 VP”及其相关句式**

东部包括湖北省黄冈市所辖黄梅县以及黄梅周边的武穴、蕲春部分地方，江西省九江市所辖浔阳、江州、庐山和瑞昌。东部方言中，“V 不 VP”及其相关句式只有“V 不 VP（VVP）、VP 啵 [・po]、VP 呗 [・pe]”三种。以下主要以黄梅方言为例讨论之，为便于比较，也列举九江方言的用例若干。

1.“V 不 VP、VP 啵”。黄梅方言的“VP 啵”的意思是“VP 不”，其“啵”的否定意义明显，不是单纯的语气词，因而决不能省略。出生、成长于黄梅县城的废名（冯文炳），在其反映家乡风情、使用了大量黄梅方言句式和词语的小说中，把这类句式都转写为“VP 不 /VP 不呢”（汪化云、陈金仙 2005），也反映了“啵”的否定意义。可见，这个“啵”应该是“不”与增强感情色彩的黄梅方言语气词“噢”[・o] 的拼合形式。“VP 啵”当亦是由“V 不 VP”省略后项发展而来，这表现在二者的异同分别与红安方言“V 不 VP”、“VP 不”的异同相仿佛：二者都是“不倾向于哪一边的”的正反问句，其中都可以出现“到底”之类强化疑问语气的副词（23），都可以作为间接问句出现在“我不晓得”等之后（24）；在语体要求不那么明显的场合，“VP 啵”与“V 不 VP”可以互换使用，其答句相同（25、26）。例如：

（23）尔到底挑不挑走？｜尔到底挑走啵？（答：挑走/不挑走）

（24）我不晓得渠[꜀khe]他喝不喝白酒。｜我不晓得渠喝白酒啵。

（25）渠马马妻子将现在去不去划船？｜渠马马将去划船啵？（答：去/不去）

（26）街上腊月三十开不开门？｜街上腊月三十开门啵？（答：开/不开）

但是，“V不VP”有着正式的色彩，句式中可以出现书面语词（27）；“VP啵”则有着随意的口语色彩，句式中一般不出现书面语词（28）：

（27）那些干部们廉不廉洁？

（28）？那些干部们廉洁啵？（当用口语词：兀些干部罗斯们不贪污啵？）

2.“VP呗”。黄梅方言中的“VP呗”也是口语句式，表意与共同语“VP吧”相同。“VP呗”可以为是非问句（29、30），其语义倾向偏于肯定，因此句子中不能出现强化疑问语气的“到底”之类词语（31）；同样，“VP呗”可以换上表示祈使的语调构成祈使句（32）。例如：

（29）小池离九江近呗？

（答：是的/近/嗯；不/不近）

（30）我晒黑了呗？这多时这一段时间/这么长时间总在外头外面跑。

（答：是的/晒黑了/嗯；冒/冒晒黑）

（31）渠把糖粑一种小食品园藏起来了呗？

（答：园起来了/嗯；冒/冒园起来）

但：*渠到底把糖粑园起来了呗？

（32）进来坐下呗！｜吃点儿东西呗！

3.比较。不难看出，黄梅方言的“V不VP、VP啵、VP呗”

与红安方言的“V不VP、VP不、VP呗”所表达的意义是分别相同的。与红安方言相比，黄梅方言少了“VP不嘞”句式。这种现象也存在于一江之隔的九江方言，比较下列九江方言的用例，不难看出这一点：

渠到上海了呗[•pɛ]？他到上海了没有？｜我得˜里走呗？我们走吧？｜小王，回屋啵[•po]？小王，回家吗？

上例也不能省去句末的“呗、啵”。这两个词显然都是“不”与不同的语气词的合音。而且，九江方言中还存在与之同义的分音形式，多用于强调、不耐烦的语境中：你怕不哎？(=尔怕呗？你怕不怕？)｜走不嗄？｜到底去不嗄？与黄梅方言不同的是，其句末可以与“不”合音的语气词不止一个。

**（三）中南部、西部方言中的“V不VP”及其相关句式**

这个地区包括黄冈市所辖黄州区、团风县及其周边浠水、罗田的部分地方，武汉市所辖新洲、黄陂区，孝感市所辖孝南、孝昌、应城、云梦、安陆等县市区。这个地区的方言中，“V不VP”及其相关句式只有“V不VP（VVP）、VP呗[·pæ]”两个。以下以团风方言为例讨论之，另举安陆方言数例比较。

1.“V不VP”（VVP）。团风方言的“V不VP”亦是语义“不倾向于哪一边”的正反问句，显得比较正式。如前所述，“VVP”是“V不VP”省略“不”的形式，显得随意、口语色彩强烈，与绍兴等地方言中的“紧缩式”（朱德熙1991）正反问句相近。两种句式在语体色彩要求不明显的场合可以互换使用，其答句相同。如：

（33）明朝明天你买不买鱼？｜明朝你买买鱼？

（答：买/不买）

（34）力你屋爹爹爱不爱穿皮袍子？｜力爹爹爱爱穿皮袍子？

（答：爱/不爱）

（35）你起不起去？｜你起起去？

（答：起去起来，离开所在处所 / 不起去）

（36）二毛的媳妇漂不漂亮？ ｜二毛的媳妇漂漂亮？

（答：漂亮 / 不漂亮）

由于“V 不 VP”的语义倾向是中性的，所以句子中可以出现强化疑问语气的“到底”等词语，整个格式可以作为间接问句出现在“我不晓得”之类后面。“VVP”由于是省略构成的口语句式，作为间接问句出现也比较自然（37）。但是，在因为存在强化疑问语气的词语而显得相对正式一些的句子中（38、39）出现，就有些不大自然，虽然这样的句子也有人使用：

（37）我不晓得干不干净。｜我不晓得干干净。

（38）她究竟胖得狠厉害不狠？ ｜？她究竟胖得狠狠？

（答：狠 / 不狠）

（39）你到底去不去？ ｜？你到底去去？

（答：去 / 不去）

2.“VP 呗”。“VP 呗”亦是口语句式，表意与共同语“VP 吧”相同。它可以为是非问句，语义倾向偏于肯定，句中不能出现强化疑问语气的“到底”之类（40、41）；也可以换上表示祈使的语调构成祈使句（42）：

（40）衣裳坏脏了呗？（答：是的 / 坏了 / 嗯；冒 / 冒坏）

但：* 衣裳到底坏了呗？

（41）她长得蛮长高呗？（答：是的 / 蛮长 / 嗯；不 / 不长）

但：* 她到底长得蛮长呗？

（42）甲：找个处所儿地方搓两圈打几圈麻将呗！

乙：要得。我们走呗！

3. 比较。不难看出，团风方言中的“V 不 VP、VP 呗”与红安方言中相应句式的表意是相同的。与红安方言相比，团风方言少了“VP 不、VP 不嘞”两个句式。安陆方言也是这样，例如：

尔喝不喝嘞？ ｜尔喝喝嘞？ ｜尔喝呗？

他还买不买乜˒本书嘞？｜他还买买乜˒本书嘞？｜他还买呗？

### （四）小结

从上文的讨论中我们不难看出，黄冈各县市区方言中的“V不VP”及其相关句式有同有异。其共同点是都存在“V不VP、VP呗”两种句式，而各地存在的“VP不、VP啵、VVP”三种句式也有着共性——都是“V不VP”在口语中的省略形式。据此，可以把黄冈市“V不VP”及其相关句式的地域分布归纳为下表：

| | V不VP | VP不/VP啵/VVP | VP不嘞 | VP呗 |
|---|---|---|---|---|
| 西北部 | + | + | + | + |
| 东部 | + | + | − | + |
| 中南、西部 | + | − | − | + |

其中“VP不、VP啵”与“VVP”的差异将在第四小节略作说明。

## 三、“V不VP”及其相关句式表现出的语法化过程

以第一、第二小节的描写分析为基础，以下来讨论相关的语法化等问题。

### （一）语气词“嘞、呗”

1. 红安方言的语气词“嘞”。如前所述，以红安方言为代表的西北部方言中，语气词“嘞”所可以表达疑问而偏于肯定的意思。其用法可以概括为以下三点：

第一，“嘞”可以用在反问句句末。作为一种修辞格，一般认为反问句是“无疑而问，明知故问……但它只问不答，把要表达的确定意思包含在问句里”（黄伯荣、廖序东2002）。因此，反问句中的“嘞”是以疑问的形式表达了“确定的意思”。相对于反问句“问”的形式而言，“嘞”所表达的显然是说话人没有疑问的肯

定语气：

（43）这样的话尔也打得开口说得出口，尔是么为什么不怕遭天雷打嘞？

（意思是：应该怕遭雷击）

（44）舍不得金弹子，么样怎么样打得到巧鸳鸯嘞？

（意思是：肯定打不着）

（45）哪个叫尔来的嘞？

（意思是：你不应该来！）

第二，用在设问句末。设问句同样是无疑而问，具有引导别人思考的作用（黄伯荣、廖序东 2002）。设问句的“无疑而问”可以这样理解：对听话人而言是“问”，引导其思考，“嘞”表达的疑问语气；对说话人而言是“无疑”，其问句中隐含着肯定的意思，“嘞”表达出偏于肯定的语气：

（46）他是哪个嘞？他是天堂寨庙上的主持和尚。他是谁呢？他是天堂寨庙里的主持和尚。

（47）小父做么事去了嘞？小父挖苕去了。叔叔干什么去了呢？叔叔挖红薯去了。

第三，用在是非问以外的疑问句末。红安方言的疑问句（指实施询问而不是自言自语的句子）如果句末没有语气词，那么一般只表达疑问，揣测的语气不明显。但是，如果在句末加上语气词“嘞”，就有着明显的揣测语气，试比较：

（48）他是骂哪个谁？（问话人因不清楚他骂的对象而提问，揣测的语气不明显）

他是骂哪个嘞？（问话人不清楚他骂谁，但表达出对答案的揣测）

（49）尔是想去还是不想去？（问话人因不知道对方想不想去而提问，揣测的语气不明显）

尔是想去还是不想去嘞？（问话人不知道对方想不想去，

但表达出对答案的揣测）

（50）我的帽子嘞？（问话人不清楚帽子在哪里，但表达了回忆、揣测的语气）

（51）小毛吃不吃饭？（问话人不清楚小毛吃不吃饭，句子只表达疑问，没有什么倾向）

小毛吃不吃饭嘞？（问话人不清楚小毛吃不吃饭，但句子表达出对答案的揣测）

“嘞”表达出“揣测”的语气，而“揣测”当然隐含着说话人的某种倾向，其意义是不同程度地偏于肯定的，如同共同语的“吧”一样——“吧”所在的问句“往往不是单纯提问而有揣测的语气”（吕叔湘 1980），因而“吧”在疑问句中都表达偏于肯定的意思（邵敬敏、朱彦 2002）。

红安方言语气词“嘞”的三种用法说明，“嘞”所表达的是疑问而偏于肯定的语气。这是第二节中“VP 不嘞”表达偏于肯定意思的根源：“VP 不”是中性问句，说话人在其后加上与之语义功能矛盾的、表达疑问而偏于肯定的“嘞”，就使得句式偏离中性而隐含着肯定的意思。

2. 红安方言的语气词“呗”。赵元任（1979）认为，现代汉语中有两个语气词“吧”。用于是非问句的“吧”是“不啊”的合音，用于祈使句的“吧”是“罢”的弱化。但红安方言与共同语不同。我们在第二节指出，红安方言的“VP 呗”与“VP 不嘞”两个句式在表达偏于肯定的意思和表达祈使的意思方面是相同的。考虑到两个句式的 VP 部分相同，而“不嘞”的合音与语气词“呗”发音相近，该方言没有跟“罢”同义、与“呗”音近的语气词，因此我们认为，其表示疑问或祈使的语气词“呗”应该都是来自“不嘞”的合音和语法化。这就是说，红安方言表示疑问或祈使的“呗”是同源的，与共同语表示疑问或祈使的“吧”是异源的不同。

3. 其他县市区方言中的此类语气词。其他县市区方言中亦广泛存在语气词“嘞 / 啰 [ · sæ]”，其表达的语气与红安方言“嘞”基本相同（例略）。尽管黄梅、团风、安陆等东部、中南部、西部方言中不存在“VP 不嘞”句式，但考虑到这些方言中的语气词“呗”都表达疑问而偏于肯定的语气，都可以用于祈使句（见第三小节），且这些方言的“呗”与“嘞 / 啰 [ · sæ]”的韵母分别相同，根据红安方言类推，我们认为这些方言的“呗”应该也是“不”和“嘞 / 啰 [ · sæ]”的合音。

**（二）“V 不 VP”及其相关句式反映出历时的演变过程**

黄孝方言中的“V 不 VP”及其相关句式，从共时的角度反映出历时的语法化过程，反映出其由正反问句向是非问句的演变。这集中表现在西北部的红安方言中。该方言中存在“V 不 VP、VP 不、VP 不嘞、VP 呗”四种句式，构成了一个渐变的链条：在比较正式的“V 不 VP”句式基础上省略 VP，发展出口语句式“VP 不”；“VP 不”加上表示偏于肯定的语气词“嘞”，使得“VP 不嘞”的语义倾向偏于肯定，为其由正反问句演变为同样表意偏于肯定的是非问句“VP 呗”奠定了语义基础。而由“VP 不”与语气词“嘞”连用，到“不嘞”合音语法化为是非问语气词“呗”，则表明其演变在语音层面的彻底完成。可见，红安方言中存在着由“V 不 VP”向“VP 呗”演变各阶段的印记：

V 不 VP——→ VP 不——→ VP 不嘞——→ VP 呗

一般认为，汉语的正反问句发展为是非问句的轨迹应该是三个阶段（邵敬敏等 2003）：

VP-neg-VP?——→ VP-neg?——→ VP 吗?

不难看出，除了语气词的语音形式不同和多出了“VP 不嘞”之外，红安方言中“V 不 VP”及其相关句式正反映了汉语史上正反问句发展为是非问句的不同阶段，是“不”和“嘞”合音为语气词“呗”过程的共时投影。而且，其多出的“VP 不 + 嘞”句式更深入地反映了演变过程中的重要细节——由于带上了语气词“嘞”，意义开始偏于肯定。

一般说来，几个同义句式在某方言中并存，其原因主要有两个：一是语言或方言接触造成句式的叠置，二是本方言内部句式的发展。我们也许可以把上述正反问句式并存的现象解释为有共同语或强势方言句式在当地方言中叠置，如同我们曾经指出的一些北方方言句式在黄冈方言中的叠置一样（汪化云 2001）。但是，在没有确切的证据之前，这种假设我们不能考虑。因为按照常理，在存在叠置的同义句式中，具有口语色彩的是该方言的固有句式，具有非口语色彩的是外来句式。而前述赵元任等（1948）的纪录则表明，今天具有非口语色彩的“V 不 VP”句式早在 1936 年就存在于当地方言中。这就是说，不仅口语色彩的“VP 不”是、而且非口语色彩的“V 不 VP”也应该是该方言固有的句式。同义句式并存，反映的是该方言正反问句向是非问句的演变。其“V 不 VP”的非口语色彩，应该是该句式形体较长，在口语中使用较少造成的。这说明非口语色彩可以来自方言外部，也可以产生于方言内部。多种正反问句式之所以能够在黄孝方言中并存，可能是因为该地处于相对闭塞一些的大别山腹地及南麓，上述演变过程虽然基本完成，但发展缓慢，且各地发展进度不一，故而仍残留着历时演变过程的印记。

其他各县市区方言中此类句式的发展亦表现出有规律的现象。东部处于沿江平原地带，上述演变过程发展得相对快些：黄梅、九江方言中只有“V 不 VP、VP 啵、VP 呗”句式，即只存在演变过程中相当于“VP 不”的“VP 啵”这一个环节，不存在“VP 不嘞”这种向“VP 呗”过渡的句式。这就与邵敬敏等指出的普通话同类演变的三个阶段一致。而同样处于沿江平原地带的中南部、西部，长期以来是该地区的政治、文化中心，上述演变过程发展得更快：团风方言中只有“V 不 VP、VVP、VP 呗”句式，不存在演变过程中的“VP不、VP不嘞”两个环节，其演变彻底完成。其“VVP”虽然也是口语中的省略形式，但只是一种“紧缩式”的省略，不是上述演变过程中的一环。可见，黄孝方言虽然都完成了上述演变，但却由西北向东、向中南表现出这样的渐变现象：

1. 存在演变过程中间的两个环节（红安等西北部方言共有四个相关句式）；

2. 存在演变过程中间的一个环节，与邵敬敏、朱彦（2002）指出的“三阶段”完全一致（黄梅、九江等东部方言）；

3. 不存在演变过程中的环节，已彻底完成演变（团风、安陆等中南部、西部方言）。

不同地域的“V不VP”及其相关句式发展不平衡，应该是历时的演变过程在地域平面的共时表现。

**（三）黄孝方言语气词“呗”与共同语语气词“吗”形成的差异**

邵敬敏、朱彦（2002）认为，VP-neg“是古汉语正反问和现代汉语‘吗’字是非问之间的一种过渡格式，长期处于句尾的否定词‘不’、‘没’，非常容易弱化，变成轻读，并且语法化为语气词”。这当然是对的，这种演变方式可以叫作“弱化式”。但黄孝方言则反映了另外一种语法化方式：句尾的“不”与表示疑问而偏于肯定的语气词“嘞/哕”拼合，构成新的用于是非问句的语气词“呗”，从而完成语法化。这种方式可以叫作“拼合式”。可见，方言的复杂，导致了同一类语法化过程方式的多样。（普通话的“吗”是否也来自“没+语气词a”，这值得再研究。）

## 四、“V冒VP”及其相关句式

本小节简述黄孝方言的“V冒VP”及其相关句式。“V冒VP”及其相关句式在黄孝方言中比较统一，一般有两个句式：V冒

VP、VP冒。而“VP冒+语气词”只出现在江西省辖九江、瑞昌的方言中。

### （一）多数方言点的“V冒VP”及其相关句式的类型和语体色彩

如前所述，“冒”一般是副词。同该方言的“VP不”类比，“VP冒”应该是由“VP冒VP”省略第二个VP发展而来的。考虑到黄孝方言没有“VP冒VP”，在“VP冒VP”的两个次类中，该方言也只有“V冒VP”而没有“VP冒V”；所以我们认为，同黄孝方言前述“VP不”句式的来源相似，“VP冒”当亦是由“V冒VP”省略后面的VP，并将前面的V恢复为VP而形成的。正因为如此，“V冒VP”也显得比较正式，有深究的意味；“VP冒”是简短的省略形式，显得比较随意，在口语中常用。两种句式在语体要求不明显的场合可以互换使用，其答句都是肯定形式“V/VP”或否定形式“冒/冒VP”（也可以是“不晓得”）。如团风方言中的两种正反问句：

（52）你昨日出冒出工农民参加集体劳动？｜你昨日出工冒？

（答：出了；冒/冒出）

（53）二毛吃冒吃干净光？｜二毛吃干净了冒？

（答：吃干净了；冒/冒吃干净）

（54）我脸上红冒红？｜我脸上红了冒？

（答：红了；冒/冒红）

当“冒”前的V是“有”时，“V冒VP”中的“冒VP”必须换成“不有/冒得动词，没有”（55）。其中的“不”音•pu，意思相当于文言的“未”，如前所述只出现在“有不有”中，应该是“不、未”没有严格分工现象（吴福祥2002）的残存。当VP是“有”或“有+宾语”时，“VP冒”中的“冒”（是动词而不是副词。参看第二节）可以换成动词“冒得”（56、57）：

（55）屋里有不有人？外头有不有？屋里有没有人？外面有没有？

屋里有冒得人？外头有冒得？

（答：有 / 冒得）

（56）你下都，音 xa² 把我了，你还有冒？你都给我了，你还有没有？

你下把我了，你还有冒得？

（答：有 / 冒得）

（57）屋里有人冒？屋里有没有人？｜屋里有人冒得？

（答：有 / 冒得）

### （二）多数方言点“V 冒 VP、VP 冒”的语义倾向

两个句式都是肯定否定“各占百分之五十”，因此都可以加进“到底”之类强化疑问语气的词语，或者作为间接问句出现在陈述句中，例如团风方言的用例：

（58）老王到底买冒买票？｜老王到底买票冒？

（答：买了 / 冒买）

（59）我也不晓得老王到底买冒买票。

我也不晓得老王到底买票冒。

### （三）多数黄孝方言点没有与“冒”声母相同的语气词“吗”之类

普通话使用语气词“吗”构成的是非问句，黄孝方言中大多数县市区方言都采用“陈述句结构 + 上扬语调”的方式来表示，如团风方言的用例：

（60）你吃了↗你吃了吗？｜我勤快↗我勤快吗？｜他报了名↗他报了名吗？

不难看出，多数黄孝方言点的“VP 冒”没有进一步演变为是非问句，“冒”也没有“弱化，变成轻读，并且语法化为语气词”（邵敬敏、王鹏翔 2003）。

### （四）九江方言的“V 冒 VP”及其相关句式

江西境内的黄孝方言有些特殊，其“V 冒 VP”使用较少，更多使用的是“VP 冒”或者“VP 冒 + 语气词”，且“冒 + 语气词”

往往合音，形成类似语气词的音节。如：

（61）尔上学咩 [•mei]? 你上学了没有？｜尔有餐巾纸咩？你有餐巾纸吗？

（62）渠走唛 [•mai]? 他走了吗？｜伢儿长胖唛？孩子长胖了吗？

（63）吃饭冒？吃饭没有？

（64）街上这时有人么？

（65）这么拐，渠屋大人有教（教育）么？

“冒”是单用形式，“咩、唛、么”是“冒”分别与“诶 / 哎 / 哦”合音的形式。同“VP 不”一样，九江方言存在与合音形式同义的分音形式，用于强调、不耐烦的语境中，表达不同的语气（略）：

（64）尔你吃冒诶？（= 尔吃咩？）你吃了吗？｜尔吃冒嗄？（= 尔吃唛？）

这些“冒”与语气词合音构成的句式，显然为是非问句。

## 五、小结

从上文的讨论中，我们可以看出黄孝地区所属各县市区方言中“V-neg-VO”和相关句式的现状及其所反映的语法化过程，同时不难得出下面两点结论。

### （一）黄孝方言“V-neg-VO”及其相关句式发展不平衡

将“冒”与“不”构成的正反问句的发展现状和地域分布进行比较，我们可以发现下述两个不平衡：

1. 不同地域的正反问句发展不平衡。除了第三小节提到的不同地域各类句式存在的多少不一样以外，各地的常用句式也不相同。在西北部和东部方言中，“VP 不”与“VP 冒”及其带语气词的形式，都是常用的句式。“不、冒”对不同结构的正反问句式的选择相同，都是“VP-neg”。但在政治、文化中心的中南部、西部方言中，“不、冒”对正反问句式的选择不一样，其最常用的句式分别是“V 不 VP（VVP）”和“VP 冒”，这与共同语相应的句式是最接近的，可能与共同语的影响有关。

2. 不同否定词构成的“V-neg-VO”及其相关句式，其发展也不平衡。黄孝方言的“V不VP”已经衍生出是非问句，“V冒VP”大多只产生了省略形式“VP冒”，而没有发展为是非问句；后者只是在九江、瑞昌有了进一步的发展，其“冒”与语气词合音产生了新的语气词，构成了是非问句。从与共同语相应句式的比较来看，黄孝方言“V不VO”及其相关句式的发展明显地快于“V冒VP”及其相关句式。

**（二）黄孝方言正反问句“使用‘V-neg-VO’句式”的说法不完整**

朱德熙（1991）认为，“湖北话”（其举例包括黄孝方言）的正反问句是“使用‘V-neg-VO’句式”的。这句话不错，但是不完整。因为黄孝方言是几个正反问句式并存，并不限于使用“V-neg-VO”的。而且，“VP-neg”的使用更为常见：如前所述，口语中多数地方“VP不/VP啵”两个句式比“V不VP”更为常用，“VP冒”则是整个片口语中通用的句式。朱德熙引用的方言材料反映黄孝方言的正反问句式不够全面，因而不能概括不同县市区方言的正反问句、不同否定词构成的正反问句的差异和发展的不平衡。当然，朱先生对多数方言正反问句分布的分析是可靠的（汪化云、李倩 2013）。

我们知道，朱德熙关于黄孝方言正反问句的材料引自赵元任等的《湖北方言调查报告》。为什么这些材料不能反映黄孝方言正反问句的现状？我们认为有三个可能的原因：其一，限于当时的条件，《湖北方言调查报告》的发音合作人一般是在武汉读书的青年学生；受共同语或武汉方言的影响，学生们只对调查者提供了比较正式的句式，没有反映其方言正反问句的全貌。其二，赵元任等没有对该方言的正反问句进行深入全面的调查。其三，赵元任等对黄孝方言的调查是1936年，80年来黄孝方言正反问句有了新发展，滋生出了新的句式。究竟是哪个原因导致了朱德熙的说法不完整？

由于材料不足，我们现在还不能肯定。但是，考虑到现在 80 岁以上的老年人使用“V-neg-VO”及其相关句式与中青年人完全相同这一因素，我们对上述第三个可能的原因持否定态度。

# 第六章　句式与语序

## 第一节　概述

句式是与句型相关的概念。“句型和句式都是根据结构分出的类名”（黄伯荣、廖序东 2007），句型是根据全句特点分出的上位类名，所谓“主谓句、非主谓句”和“动词谓语句、主谓谓语句”等都是汉语的句型；句式是根据句子的局部特点分出的下位类名，所谓“把字句、被字句”都是局部特点突出的句式。语序则是语素、词语在词语、句子中的排列顺序。汉语的语序是表达语法意义的主要手段，除了构词的语素顺序，汉语的语序都与一定的句型和句式相关。所以，本章将句式与语序集中起来讨论。当然，有些与其他范畴相关的句式，例如正反问句等，本书放在其他相关章节讨论。以下先简介黄孝方言句型、句式和语序的一般情形。

### 一、与共同语相同的句型和句式、语序现象

作为现代汉语方言，黄孝方言的句型一般与共同语相同，例如“动词谓语句、形容词谓语句、名词谓语句、主谓谓语句、非主谓句”等，在语法上就都与共同语一致。其构成成分的语序，一般也是主语在前、宾语在后，定语和状语在中心语之前，补语在中心语之后。以下是团风方言的用例：

（1）恶我的爸爸上个月到北京去了几天，这个月想到欧洲的几个城市玩下子。

（2）真朝今天一大早就这热，晏昼 [ŋanˀ ·tsou] 中午只怕要热得剥皮。

（3）门朝明天天晴晴天，伢们儿的衣裳要拿出来晒下子。

（4）塔他的舅母娘百艺百行的能干、很多行业的事都懂，管么事她下会做。

（5）样事所有的东西都涨价，白菜一斤要 5 块钱。

（6）哎呀嘞，好大一条蛇，你来看吵！

至于特殊句式，黄孝方言有些也与共同语相同，例如“连谓句（7）、兼语句（8）、存现句（9）”等，连“把字句（10）、一般比较句（11）”也部分与共同语相同，如团风方言的例子：

（7）二姐换了新衣裳骑个电动车上街去了。

（8）你去叫隔壁二爷来抹牌，叫他黑了晚上就在恶里我家吃夜饭。

（9）台上一把连一共坐倒 7 个人的，下是大队干部。

（10）你把牛牵到塘里去喝点儿水，再牵到树荫下头系 [tɕiˀ] 倒。

（11）我的身体冒得你好，眼睛也赶不倒赶不上你。

以上内容显然不能是本章讨论的对象。

## 二、语用导致的特殊语序和相关句式

有些现象似乎与共同语有语序的差异，例如：

（12）书买了冒我的？｜你吃了饭冒早上？｜买一点先。

（13）叫他吃一碗再。｜张老师，说两句吧还！｜劝她下儿、稍微。

这 6 个例子中有 5 个是状语后置的（底下加双横线的部分）。这种后置成分都很短，一般为一两个音节，大多是表示时间、先后、频率、程度浅的。不难看出，这些后置的状语很像粤语的“你行先你先走”、吴语的“买一点凑再买一点、明天做过明天重做、尔走起你先走”之类"后置状语"（汪化云、占小璐 2014）。而且，三个以上音节的状语，表示程度深的或处所、肯定否定、情态等的状语，如"蛮、在处到处、不、阴阴儿的"等，一般不后置，没有"你去莫、他能干蛮"等说法，这也与吴语的同类状语（汪化云 2015）类似。但是，上述后置成分都可以前置，而且在后置的状语与句子的主体之间都可以有（但非必有）一个短暂的停顿，当状语是两个音节时尤其如此。因此，这些后置的成分只能是状语的后置而不是"后置状语"。尽管上述后置现象在口语中极为常见，但我们将其视为一种修辞现象——同第一句中的定语"我的"后置一样，这是一种习用的倒装句，是一种语用的而不是语法的现象。即这里的语序表达的是语用意义：句子的主体是说话人急于先表达的内容，后置的定语状语是对前面表述的一种补充。当地人习惯了这种补充式的表述，丝毫没有刻意突出后置成分的意思，因而与共同语中突出后置的定语、状语不完全相同。既然这种表达很常见而且后置成分与句子主体之间可以不停顿，其表达的语用意义又与共同语倒装句不同，那么这种表达是不是曾经有过"后置状语"的过程呢？是不是由行将消亡的语法现象向修辞现象的转化呢？这是值得进一步探讨的。但是，如同不讨论上述定语的后置一样，本章不讨论这种目前被我们视为语用的状语后置现象。

## 三、本章讨论的对象及其研究概况

排除了上文所述的研究内容，那么本章要讨论的就应该是黄孝方言中的以下三种现象：第一，具有一定独特性的所谓特征句式（详下），例如"一 V"结构等；第二，在其他某些方言中也存在，但在共同语中没有的句式，例如"意向处置句"（把它吃了他）等；第三，与共同语语序不同的双宾句、宾补同现句、差比句等。此外，语素顺序与共同语不同的合成词，也是本章讨论的内容。

关于黄孝方言的特征句式、其他方言也存在而共同语中不存在的句式，虽有作者进行过研究，但大多限于简单的描写，且对句式的定性值得商榷（详下）。关于黄孝方言与共同语语序不同的词和句式，也有作者进行过研究。例如何洪峰（2001）对团风方言比较句的研究，左林霞（2001）对孝南方言“把字句”的研究等，都有着深入的描写。汪化云（2001）甚至把黄冈县方言中存在两种语序的“双宾句、宾补同现句、差比句、合成词”等，概括为“文白异序”现象，还从句子理解的角度研究了该方言的处置式、被动式使用同一标记的现象。应该说，就个别方言点而言，这种研究是比较深入的。而且，此前的研究几乎涵盖了所有的特殊句式、特殊语序现象。但是，这些研究都只是局限于少数方言点，对于这类现象在黄孝方言各点的差异，对于这类现象在地域上的推移演变，人们并没有从相对宏观的角度进行深入的探讨。因此，在全面描写的基础上进行深入的比较研究，无疑是这个研究领域应有的发展。

## 第二节　“一 VP”结构[①]

黄孝方言中，数词、副词、连词“一”与 VP（多为单个动词）的组合颇具表现力。但是，人们对该方言的“一 VP”结构仅有过简单的提及（汪化云 2004），并没有深入的讨论。本节拟对这个结构进行全面的考察。调查发现，除了少许词汇差异，黄孝方言各点的“一 VP”构成的句子在语法方面完全相同。因此，本节主要以处于该方言中片的湖北黄冈市团风县方言为例讨论之，对于其他方言点仅举少量有代表性的或必要的用例予以简介。本节不讨论“一老一实、看一看”等固定、半固定结构，对于在语法方面与共同语相同的“一 VP”结构的次类只作概括的介绍，而重点讨论黄孝方

① 本节的主要内容曾以《黄孝方言的“一 V”结构》为题，在“第七届汉语方言语法国际学术研讨会”（陕西师范大学·2014.9）大会报告，2016 年刊于刘丹青、邢向东主编《方言语法论丛》第七辑（商务印书馆）。

言中与共同语、与其他方言不同的“把NP一V倒”这个“特征句式”。然后联系李宇明（1999）对共同语“一V”结构的论述，联系殷晓杰和张家合（2011）对山东胶南方言、孙立新（2013）对陕西关中方言中特殊“一V”结构的描写，讨论共同语和方言中“一V”小句表达量的大小和能否自足两个方面不一致的现象，以及与“特征句式”概念有关的几个问题。

## 一、两类不同的“一VP”结构及“一”的意义

本小节以团风县城团风镇的方言为例，介绍黄孝方言中的“一VP”结构。团风方言中“一VP”结构所构成的小句，大多在语法上不自足，要求有先行小句或后续小句；少数可以独立成句，在语法上是自足的。依据是否要求有伴生小句这一条件，该方言的“一VP”结构可以分为A、B两个类别。以下先分别介绍两类“一VP”结构，然后概述其中“一”的分布和意义，说明确立讨论重点的原因。

### （一）A类：必有先行小句或后续小句的“一VP”结构

可以依据“一”的意义和“一VP”小句与必有的伴生小句的关系，将此类“一VP”构成的小句分为以下4个次类。

1、由序数词“一”构成的“一VP”。其中的“一”表示序数“第一”，这类“一VP”构成的小句必要求“二VP……”等构成的后续小句，与之组合成表达有序并列关系的复句形式。例如：

（1）**一摸**光，二摸财，三摸打起来。（儿童击掌游戏的开头语，伴随动作为两人双掌相对抚摸三次，然后交错击掌：你拍一，我拍一，个个干部挂靛笔；社员做，干部吃，还说社员不努力。你拍二，我拍二……）

（2）个$_{\text{一个}}$大队干部在社员面前抖雄$_{\text{耍威风}}$，**一呼**、二诈、三丢丑$_{\text{丢脸}}$，这要不得。

2、由副词“一$_1$”构成的“一VP”。副词“一$_1$”表示“一

旦/开始”的意思，当是由序数词“一”虚化而来。其形成的“一VP”小句，要求出现与之构成一般并列关系、顺承关系的后续小句。例如：

（3）他**一**$_{一旦}$**来**了，你赶快跑。

（4）左跳财，右跳呆[꜀ŋai]$_{不能动弹}$；这门早儿$_{这时候}$右眼睛**一**$_{开始}$**跳**，肯定要出事。

如例中夹注所示，副词“一$_1$”的两个意义并不相等。“一旦”意即“有朝一日”，即事件在当下并未实现；“开始”意即“发端”，即事件在当下已经实现。因此，副词“一$_1$”在有些句子中有歧义。例（5）的“一上台”，就可以是“一旦上台”或“开始上台”的意思，这只有根据上下文进行区别：

（5）**一上台**，头脑壳窭里$_{脑袋里面}$立马发昏。

3、由副词“一$_2$”构成的“一VP”。动态副词“一$_2$”表示短时完成的语法意义（汪化云1994），是“一旦/开始”意义的虚化。其“一VP”可理解为“VP了一下”，所构成的小句必要求出现与之构成转折、因果等关系（或可分析为顺承关系）的后续小句（例6）或者先行小句（例7）：

（6）他掉头**一看**，和尚哈哈**一笑**。｜二哥只是把脸**一红**，一句话也不说。

（7）你问么事他下不说，只晓得把眼睛**一翻**。

这类“一VP”都可以构成后续小句。例（6）的“一VP”小句就都可以变换到句末，但意义跟原句略有不同：所表述的两个事件的先后颠倒了，小句间的逻辑联系也可能改变。如：

二哥只是把脸**一红**，一句话也不说→二哥一句话也不说，只是把脸**一红**。

他连忙掉头**一看**，和尚哈哈**一笑**→和尚哈哈**一笑**，他连忙掉头**一看**。

4、由连词“一”构成的“一VP”。其“一”应该是表达“一旦、开始”意义的副词的虚化，常与“就”呼应使用，表达复句中分句间事理、时间的逻辑联系。此类“一 VP”所构成的小句常表示条件，要求出现表示结果、相继事件之类的伴生小句。

（8）那个人晓几爱搭嘴儿那人不知道有多喜欢聊天，**一说**一下 [xa²] 半天一下午。

（9）**一打**开门，满屋是蚊虫，**一抓**一大把。

**（二）B 类：可以没有后续小句或先行小句的“一 VP”结构**

依据 V 后是否必有体助词“倒”，这类“一 VP”构成的小句可分为 5、6 两个次类：

5、V 后不出现“倒”，充当补语的“一 VP”结构。其“一”为副词（或视为数词），表示突然和“动作一次”的意义，与副词“一 2”意义相近；VP 为单个动词。这种“一 VP”结构充当补语，可以没有先行或后续小句，其前面必有补语标记“得”或完成体标记“了”（以下两例括号中的文字都可以不出现。为提供较为完整的语境，本节以下的此类方言例句中或出现了相关的另一小句，但其括号中的小句都是可以不出现的）：

（10）他（不做声不做气地走进来，）吓 [xɛ˳] 得 / 了我**一弹** [˳tʰan] 吓得我一跳。

（11）我一巴掌（打过去，把它）打得灰**一捧**。

6、“一 V 倒”结构。这个结构中的 VP 为“V 倒”，副词“一”表示“整个、全都（那么样）”，助词“倒”表示持续。（详二）该结构常见的功能有二：一是充当句子的述语，可以没有后续或先行小句。如：

（12）他把位置**一占倒**全都那么样占着，（叫人么样怎么样走过去？）

（13）梗 [˓kən] 整天把个脸**一垮倒**整个那么样板着。

以上“一 V 倒”作述语的两例中，都出现了介引处置对象的介词“把”构成的状语，显然都是处置句。

二是在“得”的后面作补语，或作主语、定语等（详下），也可以没有后续或先行小句：

（14）他把字写得一困倒写得全都那样歪着、倒着。｜把裤子穿得一扯倒全都那么样歪着、扯着。

（15）他的脸气得一红倒整个那么样红着。｜二哥吓得眼睛一闭倒眼睛都那么样闭着。

其“一V倒”为降级述谓结构，从属于表达主要信息的述语，因而没有对伴生小句的要求。同作述语不同，补语中的“一V倒”可以出现（14）或不出现（15）在把字句中，不一定跟“处置”有关系。可见，这个“一V倒”在功能和能否自足方面与第5类的“一VP”类似。只不过由于“一…倒”的存在，所表达的不是“突然、动作一次”，而是“整个都那样VP并持续”的意义，具有描绘作用（详三）。比较：

（16）我把他说得脸一红脸突然红了——我把他说得脸一红倒脸那么样整个红着。

**（三）不同意义的“一”的分布特征简述**

同共同语一样，团风方言的数词“一”可以是最小的正整数，也可以是排在第一的序数。但是构成“一VP”入句后，在相关成分的作用下发生了虚化，演变为副词或连词。从上文讨论的6种“一VP”结构中，不难看出团风方言中不同意义“一”的主要分布特征：当“一VP”与后续小句构成有序排列的并列复句时，表示排序最先的“一”是序数词。（次类1）当“一VP”与后续小句构成一般并列或顺承关系的复句时，“一”为副词，表示“一旦、开始”的意思。（次类2）当“一VP”与相关小句构成转折、因果（顺承）等关系的复句且可以出现在句末时，“一”为表示短时完成的动态副词。（次类3）当“一VP”与后续小句构成条件、假设或兼顺承关系时，“一”为连词。（次类4）当“一V”充当补语时，“一”是表示突然和“动作一次”的副词。（次类5）当“一”与“倒”组合，“一”是表示“整个、全都（那么样）”意义的副词。（次类6）“一”的6种意义存在着联系，存在着由一种意义向另一种意义演变过渡的中间现象；此与共同语大多一致，无须赘述。而且，“一”的 6 种意义，前 5 种在共同语和其他方言中也存在，因此本节都不拟展开讨论。

第 6 种意义构成的“一 V 倒”作述语的把字句（记作“把 NP 一 V 倒”），是该方言中特有的不同于共同语的处置句，是本节的主要讨论对象。而充当补语的“一 V 倒”，其特殊性仅在于具有描绘色彩，将在第三小节略作说明。

## 二、“把 NP 一 V 倒”的构成

如上所述，团风方言中的处置句式“把 NP 一 V 倒”，在语法上都是可以自足的。共同语中，也存在结构类似的“把 NP 一 V”句式，但都是不自足的，要求必有后续小句或先行小句。（汪化云 1994）例如：

（1）共同语：贝利把球向上一挑，一晃身子，盘过守门员，把球送进门。

（2）共同语：他说着，做了个鬼脸，把舌头一伸。

单单是“贝利把球向上一挑、他把舌头一伸”而没有后续或先行小句，两个片段都不能成立。如第一小节所述，这种句式在团风方言中也存在。显然，该方言的“把 NP 一 V 倒”与这种句式不同，这与其构成的成分和表达的意义都有关系。本小节先讨论这种句式的构成成分。

### （一）“倒”的意义和功能

团风方言有两个同形的“一 V 倒”，其“倒”的意义不同。第一，“倒”表示完成，充当补语。如：他把菜一炒倒就走了。其中的“一”是连词；“倒”表示“结束、完成”，是意义较实的动相补语，可以用“好、完、到”等补语替换而不改变基本意义。这类“一 V 倒”小句不自足，其“一”属于第一小节所介绍的 A 类中的第 4 个次类。第二，“倒”在“把 NP 一 V 倒”中是持续体助

词（参看第二章），相当于共同语中表持续义的“着2、着3”，表示动词词义本身指明的静态状态的固定或动作结束后留下的状态的固定。（郭锐 1993）如：

（3）坐倒吃不如徛倒吃。坐着吃不如站着吃。｜听倒！等下儿一路去[tɕʰiˀ]。听着！等一下一起去。

（4）他把牙齿一舍[sɛˀ]倒都那么样呲着，脸一红倒都那么样红着，伯伯吓得把口一奓倒整个那么样张着。

例中“动作结束后留下的状态的固定”（坐倒、徛倒、听倒、舍倒）和“静态状态的固定”（红倒）等意义，主要都是由“倒”表达的。显然，“把 NP 一 V 倒”中的“倒”表达的语法意义也是这种“持续义”。

**（二）V 及相关的 NP 的特征。这可以分三点讨论。**

1. 先说 V。因为“倒”表示持续体，而“一 V 倒”为口语结构，所以“一 V 倒”中的 V 多为具有［+ 静态］、［+ 持续］、[+ 可控] 特征的单音节口语常用动词，如“坐、徛站、困睡、堆、戴、穿、醒、翻、敞、盯、看、关”等，一些表示变化的口语常用的单音节形容词如“红、绿、黑、黄、恶凶恶”等也可以出现在其中：

（5）你么把猪屎在路上一堆倒都那么样堆着？｜他把眼睛一睩倒那么样整个睩着，蛮吓人。

（6）好行好生，好好的说话，莫动不动就把脸一红倒。

具有 [+ 进行 ]、[+ 瞬间 ] 或 [+ 不可控 ] 意义特征的动词不能出现在“一 V 倒”结构中，不能说：* 我在路上一跑倒。｜ * 炮众鞭炮一炸倒。｜ * 把雨一落倒。共同语“把 NP 一 V”句式的动词与团风方言“把 NP 一 V 倒”句式的动词不同，其所表示的动作可以是瞬间完成的，如：红梅把铁锨一丢，捂着脸哭了。

2. 正因为“一 V 倒”中的动词具有 [+ 可控 ] 的特征，所以其 V 的施事一般是人或其他有生命的事物，即其生命度高。前述“把 NP 一 V 倒”诸例的施事都是人，例（7）、（8）“一 V 倒”的施事都是动物：

（7）个那个狗子把尾巴一翘倒整个那么样翘着！（又想咬人。）

（8）那个鸡公把头一昂倒整个那么样昂着，（得闷雄势特别威风。）

3. 也因为动词具有 [+ 可控 ] 的特征，所以其“把”后的 NP 多表示人或动物可自控的身体部位，或人或动物可以处置的物体；前者如“眼睛、尾巴、鼻子、脸、神儿、心”，后者如“位置、处所、猪屎”等。这个 NP 一般为一个词构成，如前举诸例；但也有较长的短语构成的，这往往是为了突出事物的量：

（9）你看你看，三哥把一大堆土粪在路上一堆倒那么样都堆着！

**（三）“一”的意义**

“一 V 倒”结构中的“一”是副词，意为“整个、全都（那么样）”，表示动作行为状态的完全实现，可以视为表达一种“主观大量”（李宇明 1999），即：主观认为或是表示动作的时间长，或是表示动量的多、大。这表现在可以用范围副词“梗个整个、完全”（当 NP 是一个对象时）或“下都”（当 NP 不止一个对象时）替换“一”而句子的基本意义不变（但描绘的色彩没有了。详下）：

（10）把头一昂倒整个/全都那么样昂着≈把头梗个整个昂倒 / 把头下都昂倒。

（11）把鸡屎在路上一洒倒那么样都洒着≈把鸡屎在路上下都洒倒

例（10）的“头”是人或动物的身体部位，其“一”有两种替换方式。这是因为这类对象很多情况下只有一个，例如“头、心、脸”等；或者虽有两个，但往往是同时被控的，跟一个的情形相同，如“眼睛（一眨）、鼻窟窿鼻孔”等。但是，这“头”之类有时指的是一个群体的，其对象就不止一个了。NP 可以表示单个或多个对象，因此可以替换“一”的词语不同：例（10）中的施事可以是一个人（小王把头一昂倒）或一群人（几个当兵的把头一昂到），因此后面要分别用“梗个整个、完全”/“下都”来替换“一”以保证基本意义不变。但无论如何替换，“一”表示主观大量是毫无疑义的。这是因为汉语的“一”虽然可以表示最小的正整数，但也可以表示一个整体，用在谓词前可以是“都、一概”的意思——《诗·邶风·北门》:“王事适我，政事一埤益我。”朱熹注:“一，犹皆也。”因此，“一”完全可以表达主观大量，与共同语“把 N 一 V”中“一”表示动作和变化突然出现（殷志平 1999；詹开第 1987）不同。

**（四）“把”的有无**

团风方言中“把 NP 一 V 倒”中的“把”同共同语的介词“把”一样，用于介引处置对象，但是前者中的“把”都可以省略，且句子仍然表达处置的意义。例如：

（12）把眼睛一翻倒，吓死人得子吓死人了≈眼睛一翻倒把眼睛那么样瞪着，吓死人得子

（13）他把脸一红倒≈他脸一红倒他把脸那么样红着

这说明作述语的“一 V 倒”结构本身就是表示处置的，如同团风方言的意向处置句“把鱼吃了他”中去掉“把”仍表示处置一样（汪化云 2014，参看第三节）。当然，用了“把”，整个句子显得比较正式；没有“把”，就更像口语（所以本小节用≈表示前后两句的关系）。这使我们不能不产生这样的联想：黄孝方言中的意向处置句和“一 V 倒”作述语的持续处置句，可能本来都是不用“把”的；用“把”显得正式，可能是共同语影响的结果。试比较：

（14）意向处置句：把苹果吃了他→苹果吃了他。把苹果吃掉。

（15）持续处置句：把路一挡倒，烦死了！→路一挡倒，烦死了！把路都那么样挡着，烦死了！

但是，以上两例中没有“把”的句子，如果其中的“他 / 一…倒”也不出现，句子就只能表达与共同语相同的意义而不能表达处置的意义：

（16）苹果吃了。｜路挡住了，烦死了！

因此，“一…倒”和句末的“他”，都应该视为该方言的特殊处置标记。

## 三、“把NP一V倒”表达的意义及其在黄孝方言中的分布

本小节先讨论团风方言“把NP一V倒”句式所表达的语法、语用意义，然后举例简介黄孝片其他代表性方言点上这个句式的基本情况。

### （一）“把NP一V倒”表达的基本语法意义

从上一小节对“倒”、V和相关的NP、“一”、“把”的分析中，可以看出构成“把NP一V倒”句式语法意义的几个要素：持续而不是进行、人或动物可控的处置和处置对象、全部实现。联系第一小节的讨论，考虑到“一”具有的描绘作用（详下），可以总结出该句式所表达的意义是：某种针对NP的处置行为已经全部结束（把…一V），并且在那么样地持续着（一V倒）。即“处置结束并那么持续着”，如：

（1）他把好处所儿一霸倒。

（2）他把个神儿一坤倒？不得会吧！

（3）你把那个屋房间一占倒那么样整个占着，气要气死他！

（4）（真把你冒得诊真拿你没办法，）又把脚一翘倒那么样整个翘着！

不难看出，“把NP一V倒”结构构成陈述句，是对其持续状态的描绘；例（1）意即“他把好处所都那么霸占着”，“一霸倒”即“霸”已经全部结束，并且持续保持着“霸”的那种状态。构成疑问句，是对其持续处置状态的质疑，例（2）即质疑“他”脸色的“坤”全部结束并保持着“坤”的模样。构成祈使句，是希望听者做出一个全部持续处置的状态，例（3）即要求听者造成持续“占”的那种状态。构成感叹句，是对持续处置状态的感叹，例（4）就是对听者又“全部持续处置”行为“翘”的无可奈何的感慨。

### （二）“把 NP 一 V 倒”表达说话人的不满情绪，隐含着原因小句

这个句式用作陈述句，表达出说话人这样的心理：某个对象一般不应该“一 V 倒”，而施事偏偏主动地“把 NP 一 V 倒”。这一点从上述诸例的翻译中不难发现。这应该与人们普遍的心理状态有关，与“一”和“倒”的配合有关。

“一 V 倒”中的“一”，如前所述是表达主观大量，意为“整个、全都（那么样）”。但俗话说，“光棍只打九九，不打十足”，这体现了当地人处事不过分的心态。而“穷高则危，大满则溢”（《后汉书》卷六三），“天道恶盈，器满则覆”（《旧唐书》卷一〇五），因此施事“整个、全都（那么样）”地 V 是过分的。而这种过分行为的持续（倒），就更过分了。“一”和“倒”的配合，使整个结构隐含着对“一 V 倒”不满的情绪。如：

（5）你梗天整天把个脸一板倒那么样都板着，么要得怎么要得（要不得）！

（6）大伯把个路一占倒那么样都占着，叫别个么样走！

正因为“一 V 倒”表示不满的情绪，因此这种句式的施事大都是第二身、第三身，是可以被说话人即第一身不满的对象，如以上的举例。又如：

（7）你把肉一挂倒那么样都挂着。｜他把屁股一翘倒那么样整个翘着。

如果施事是第一身，句子就明显地表现出说话人的霸道、炫耀、挑衅的色彩，表现出“极为过分”的贬义，如同流氓在公众场合炫耀“老子是坐过牢的”一样：

（8）我就要把个脚一翘倒那么样整个翘着，看你敢么样？

这个结构构成疑问句、祈使句、感叹句，则表现出对句子所表达过分行为的质疑、期盼和感叹（参看本小节（一））。

正因为“一 V 倒”结构表达了不满的情绪或过分的色彩，所以该结构中隐含着一个所致不满、表示过分的原因小句，即第一小节说过的可以出现也都可以不出现的小句。例（5）、（6）、（8）中

的后一分句就是这种可以隐含的小句："么要得"、"别个么样走"、"看你敢么样"分别是导致不满的原因。无之，句子中可以隐含，因而可以成立；有之，则意义更加显豁。表达不满、过分的原因可以隐含在句子中，而不用言语形式表达出来，因而"把NP一V倒"结构在语法上是自足的。

**（三）"把NP一V倒"的描绘色彩**

这表现在"一"中隐含着对"V倒"的描绘。"一"的意义是"整个、全都（那么样）"，有强调整体"那么样"的隐含意义，因此整个"一V倒"也具有描绘状态的色彩。在相邻的浠水、蕲春、罗田、英山等县，"把NP一V倒"的"一"前往往使用弱化的远指代词"嗯"[•ṇ]或定指词"箇"[ᶜko]那么样、这么样，以强化对"V倒"状态的描绘；还可以用"箇"取代"一"，其描绘色彩略淡但基本意义不变，如罗田方言：

（9）他把头一昂倒≈他把头箇昂倒≈他把头嗯/箇一昂倒那么样整个昂着

团风方言没有"箇"，但可以在"一"前使用中远指代词"姐"（汪化云2004）或者远指代词"那样"来强化对"V倒"状态的描绘；同样，"姐/那样"也可以替代"一"，使描绘色彩略淡但基本意义不变，足见其"一"有描绘作用：

（10）把腰一哈倒≈把腰姐/那样哈倒≈把腰姐/那样一哈倒那么样都哈着

副词"一"有描绘色彩，所构成的"一V倒"当然也有描绘色彩。因此，将"把NP一V倒"翻译成共同语，须使用表示描绘的"那么样"之类。

**（四）"把NP一V倒"充当其他句子成分的语用意义**

除了作述语，"把NP一V倒"结构还可以充当主语、定语、补语。充当不同的成分，除了都具有描绘作用外，其表达的意义并不相同。如：

（11）把脸一板倒的事我做不出来。｜把脸一板倒是要不得的。｜你气得把脸一板倒，有么什么用？

例（11）中三个句子的“把脸一板倒”都有描绘色彩。前两句的述语“我做不出来、要不得”，还反映出说话人“不满”的情绪。后一句“脸那么样板着”是“气”导致的，说话人并无“不满”的意思（参看本节一（二））。这大概是因为“把脸一V倒”在第一句中是同一性定语，与“事”所指相同，跟在第二句中作主语的“把脸一板倒”一样，处在句子的表层；与直接成分、述语（我做不出来/是要不得的）一起表达句子的主要信息，结构中隐含的意义容易从表层看出。而后一句的表意重心是主语、述语，补语“把脸一V倒”只是一个降级述谓结构，其隐含的意义难以上升到表层，因而只表达出“一V倒”本身所具有的描绘色彩（参看本小节（三））。这只是初步的推测，需要再研究。

**（五）黄孝方言各点“把NP一V倒”结构在语法上是一致的**

本节开头说过这一点，这里举该方言西片的孝南、东片的黄梅两个方言点的几例，以见一斑：

（12）孝南：尔把刀一横倒，蛮吓人。｜他冒把脸一红倒。｜尔莫把刀一比倒吵！

（13）黄梅：尔[ᶜn̩]你把个刀一比倒，我将现在不去了！｜渠他冒把脸一黑倒。｜尔莫把个那个、这个位置一占倒！

上述两组例子，也是用于描绘持续处置的状态，表示“把NP都那么样V着”的意思；把字句也可以自足，而无须出现伴生小句，其“把”也可以删除而不改变基本意义；“一”也是表示主观大量，有描绘色彩。比较一下不难看出，黄孝方言东片和西片两个点的“把NP一V倒”句式，其构成、功能、表意等等，与中片的团风方言是完全一致的。

## 四、"把 NP 一 V 倒"是黄孝方言的特征句式

李如龙（2001）主张研究汉语各方言的特征词，将其作为界定不同方言的重要因素。罗杰瑞（2006）也认为，古全浊声母变为今清声送气这一特点不能成为赣语区别于其他方言的充足理由，而应根据特征词把赣语与客家、吴等方言区别开来。由此而来顺理成章的一个推断是：语法具有稳固性，也应该作为划分方言区的要素。因此，探讨方言中的"特征句式"，显然也很有必要。这里，我们试讨论一下"特征句式"的问题。该如何界定特征句式呢？我们认为，跟特征词一样，特征句式也应该是"区内大体一致、区外比较少见"（李如龙 2001）的句式，应该具有对内对外两个方面的独特性。"把 NP 一 V 倒"就是这样的特征句式，以下简述之。

### （一）对内的普遍性和独特性

如前所述，"把 NP 一 V 倒"在整个黄孝方言中普遍存在，显然是"区内大体一致"的。而且，在黄孝方言的处置句系统中，这个句式还具有独特性。为证明这一点，有必要以团风方言为例，简介其处置句系统。根据句中动词表达的动态，其处置句可以分为三类（汪化云 2014）：

1. 已然处置句：处置行为已经完成。句中有表示完成的"了"之类。如：大毛把碗跶摔破了。其"跶破"的处置行为已经完成。同共同语一样，此类是用把字句表达的。

2. 未然处置句：处置行为并未完成。此类有三个次类。第一，否定处置行为的，其"把"前有否定词，如：我冒没有把那个锅打破。第二，表达一般处置意向的，其 VP 后常出现趋向动词、介词短语等不及物成分。如：你把东西拿起来。｜我要把桌子搬到外头去。以上例子中的"打破、拿、搬"均未完成，是与共同语相同的把字句。第三是强调处置意向的，如：你把饭吃了他｜衣裳我扯撕了他。其"吃了他 / 扯了他"是意向的突出强调而处置行为并未实

施；此与共同语不同（汪化云 2014，参看第三节）。

3. 持续处置句：处置行为在持续中。此类可以都是把字句，句子中必出现体助词“倒”以表示处置的持续。从语用的角度，可以将其分为两个次类：一是表达一般持续意义的，如：你把伞打倒~着~ ｜他把眼睛翻倒的~眼睛瞪着呢~。二是描绘持续状态的，如：你把位置一占倒~那么样都占着~ ｜我把头一昂倒~那么样整个昂着~。显然，后者的动词前必须出现“一”。

不难看出，该方言的处置句一般要出现介词“把”介引处置对象，这是其与共同语相同的特征。但是，如第三小节所述，“把 NP 一 V 倒”和意向处置句都可以省略“把”而不改变意义，依然表示处置，显然是这类处置句不同于共同语处置句、也不同于该方言中其他处置句的独特之处。可见，“（把）NP 一 V 倒”句式独特而在片内一致，当然应该是黄孝方言的特征句式。

**（二）对外的独特性**

“（把）NP 一 V 倒”中的“一 VP”与共同语、与其他汉语方言的类似结构存在明显的区别。

李宇明（1999）认为：汉语的“一”是“最小的整数，因此‘一 V’容易使动作带有‘小量’的附加色彩。所谓小量，或是表示动作的时间短暂，或是表示动量的少、小。汉语史上，动量的表示方式由‘数 + V’发展为‘V+ 动量’，但是‘数 + V’并没有完全消失，而是残留沿用至今。‘一 V’便是残留形式之一。这种残留形式发展到今天有两个特点：第一，‘一’虽然转化为副词，但仍然具有使动词带有‘小量’附加义的作用。第二，‘一 V’的自足性较差。多数‘一 V’都要有后续成分，这便是‘一’语法上非自足性的表现：要求表达它对某种相关动作或现象的影响力”。李的这番论述，说的是共同语中的“一 V”表达主观小量、不自足的成因，显得理据充足。但是，这种说法用于黄孝方言的“把 NP 一 V 倒”句却不合适：不仅其“一”不表示“小量”而表示“整个、全都（那么样）”的“大量”，而且其句子是自足的。有学者在笔者（2014）报告后指出，这是“一V倒”结构的层次等导致的：“V倒”先组合，然后“一”再与“V倒”组合，其V后出现了动态助词。而李宇明所讨论的“一V”中，其V大都是光杆动词；由于“一V”本身表示动态，因而“不能再带时态标志”。因此，这两种结构并不相同。这种说法有一定的道理。但是，这样的解释似乎还不够。因为不能在共同语的“一V”后加上“倒”而构成跟黄孝方言相同的句式。二者“一VP”差异的原因，应该是黄孝方言的“（把）NP一V倒”中，表示“不满”的原因小句被隐含，故而可以自足；而“一”表示“整个、全都（那么样）”，故而可以表达主观大量。共同语中的“一VP”则没有这些特点。这就是说，二者的差异跟各自句式的整体特点有关。黄孝方言的“（把）NP一VP倒”，反映出其句式的特殊性。

更能说明问题的，是两个方言中的形式上也是由“一V”构成的句子。一是陕西关中方言：其“把N一V”结构普遍可以表示完整体，构成自足的把字句，也不表示主观小量（孙立新2013）。这种结构往往出现在祈使句中，虽然表示处置（未然），但语气比较委婉，带有“试试，做一下”的意思；V也是单音动词居多，其后也不出现包括动态助词在内的其他成分。例如西安方言中的例子：

（1）把票一买把票买了（售票员提醒乘客买票）！｜把中午饭一做（催促听话人做饭）！

（2）把蚊子一打（让听话者打蚊子）！｜大家把石头一抬（招呼众人抬石头）！

二是山东胶南方言：其“一V”可以表示“V（一）V”或“V一下”的意思，所构成的小句可以自足，“一”表示量的大（5）、小（3、4）不一定。（殷晓杰、张家合2011）如：

（3）你把床单一铺！你把床单铺一下！

（4）刚洗的盘子（沾了一点菜，）拿水龙头上一洗吧！拿水龙头上冲一下吧！

（5）衣服（太脏了，）放洗衣机里一洗吧！衣服放在洗衣机里洗一洗吧！

关中方言的“把 NP 一 V”、胶南方言的“一 V”，在可以自足、可以表达主观大量方面与黄孝方言的“一 V 倒”一致，而与共同语的“一 V”不同；其表示完整体或可以表示主观小量则与共同语一致，而与黄孝方言不同。这可能是因为其“一 V”是来自“V 一 V”中前一个 V 省略（殷晓杰、张家合 2011）的缘故。这说明：在共同语和不同的汉语方言中，哪些“一 VP”可以构成自足的句子、其“一”表达的量的大小，并不相同。决定其不同的，除了“一 VP”小句构成成分的差异，是否隐含着特定的意义，还有“一 VP”结构的来源等差异。这些差异，反映出不同方言的差异，是不同方言区的人们约定俗成的。不这样看，我们无法回答这样的问题：共同语表示持续的“着”为什么不能构成“一 V 着”结构？三音节的“V 一 V”通过省略构成双音节形式以满足韵律的要求，为什么在共同语、吴语中习惯省略“一”构成“VV”结构，而关中、胶南方言则习惯省略第一个 V 构成“一 V”结构？

因此，上述黄孝方言、共同语、关中方言、胶南方言中“一 VP”结构的差异，可以看作是共同语、所涉诸方言语法特征差异的表现。黄孝方言中“（把）NP 一 V 倒”句式对外具有独特性，甚至在黄孝地区移民后裔的陕南、鄂西方言中，这种独特的句式我们在调查中没有发现，也没有此类句式的报道。可见，我们完全有理由视之为该方言的特征句式之一。

**（三）关于特征句式的排他性**

排他性是与独特性相关的表述。李如龙（2001）论及方言特征词，总是谨慎地使用“区外比较少见”之类说法。这说明完全排他的特征词难以寻觅——毕竟，汉语各方言共存而彼此影响了几千年。特征句式也存在类似的问题：在毗邻某方言的周边地区，也可能存在该方言的特征句式。例如在黄孝方言周边的大冶、武汉等地的赣语、西南官话（汪国胜 1992，黄志明 2002，黄晓雪 2010）

中，“（把）NP 一 V 倒”就有人也使用。但是，其存在的面不大，因而这个句式比一般特征词更具排他性。据此，我们觉得对排他性和独特性都要考虑其“度”，纯而又纯的独特现象难求，而周边地区的少量现象，不应该影响主体方言中“特征句式”的界定。

## 五、小结

上面的讨论说明：黄孝方言“一 V 倒”中的“一”是表示“整个、全都（那么样）”的副词，“倒”是表示持续的体助词；整个结构构成的“把 NP 一 V 倒”处置句，可以省略介词“把”而基本意义不变；句式中隐含着施事“过分”的意义，具有表达主观大量和语法上自足的特点。其“一…倒”应该视为描绘持续处置状态的标记，而“（把）NP 一 V 倒”处置句应该视为该方言的特征句式。

在研究汉语方言的分区或类型差异时，我们在语法方面往往考虑到的是 OV、VO 及其蕴含的其他语序现象等。但是，除了考虑这些差异外，参考李如龙以特征词给方言分类的做法，把视野拓展到独特的方言语法现象例如特征句式，应该有其必要。而哪些现象可以归纳为方言的特征句式，需要在深入描写、全面比较各方言语法的基础上才能确定。这个问题比较复杂，需要另文讨论。

# 第三节　意向处置句①

本节讨论黄孝方言的意向处置句。

## 一、研究概况

### （一）什么是意向处置句？

处置句是汉语的重要构式之一。出于不同的研究目的，人们

① 本节的主要内容曾以《黄孝方言的“意向处置句”》为题，在“中国语言学会第 17 届年会”（北京语言大学·2014.9）小组报告，《中国语言学报》（JCL）2015 年录用，待刊。

对其次类的划分各不相同（参看沈家煊 2002，吴福祥 2003，曹广顺、龙国富 2005）。汪化云（2014）依据句子表达事件的情状，将黄孝方言的处置句分为“已然、持续、未然”三类（参看第二节四），意向处置句属未然处置句。例如湖北团风方言的“我把饭吃了他、饭你吃了他”就是意向处置句，其“吃了他”是意向的强调而处置并未实施。黄孝方言可以用“把字句”或其他句式构成意向处置句，但句末一般须出现第三身代词“他 / 渠”念轻声、虚化的形式。翻译为共同语，大都应该使用把字句并去掉“他 / 渠”。例如黄梅方言的“尔 [$^{c}$n̩] 把 [$^{c}$ma] 苹果吃了渠 [$_{c}$k$^{h}$æ]、苹果尔吃了渠”，就都应该翻译为“你把苹果吃掉”。

**（二）对黄孝地区以外方言的意向处置句研究**

意向处置句在汉语方言中存在的面很大，其构成的方式、表达的语义基本相同，人们有过一些研究。其中石毓智、刘春卉（2008）的研究涉及的面最广，他们把汉语方言中“带回指代词的处置式”即本节所谓意向处置句分为 A、B、C、D 四型，认为各型的主要地域分布不同：其 A 型“$X_{\text{处置式标记}}$+NPi+VP+Proi”，主要分布在河南、湖北、广东等方言；其 B 型“（NPi）+X+Proi+VP”，主要分布在闽方言；其 C 型“NPi+VP+Proi”，主要分布在江浙一带和客家话；其 D 型“S+VP+NPi+Proi”，只见于粤方言。显然，石毓智、刘春卉将此类句式定性为处置句是不错的，这些不同类型的句式也确有地域分布的某些差异；但是他们认为某型句式主要存在于某地，就有点儿以偏概全了。（详二）对于黄孝地区周边某些方言中的意向处置句，人们虽然注意到了其可以构成其他句类（“句类”即句子的语气类型）的事实，但却只将其作为祈使句研究（李崇兴、胡颖 2006，易亚新 2003，黄晓雪 2011），而没有进行全面的考察，其缺憾是显而易见的。

**（三）对黄孝方言意向处置句的研究**

对黄孝方言中的意向处置句，人们也有过一些考察（汪化云

2004）。但那都是对个别方言点部分现象的简单介绍，并没有深入系统地展开。有些研究甚至存在一些误判，例如左林霞（2001）、石毓智和刘春卉（2008）就都认为，孝感方言（今孝感市孝南区方言）受共同语影响，处置式由句末必须出现“他”，变得可以不出现了。这种说法缘于未全面考察孝感方言处置句的系统，未区分其不同的类型，因而不甚准确。事实上，如汪化云（2014）所述，黄孝方言中的已然处置句（我把饭吃干净了）、持续处置句（位置一占倒！把位置那么样占着）、一般未然处置句（把衣裳脱下来），其句末是一直都不能出现“他/渠”的，并非共同语的影响造成了其现状。而共同语处置式对黄孝方言的新派虽然有影响，但其意向处置句末的“他/渠”并非都可以去掉，且“他/渠”的有无其意义也有明显的差异。

**（四）共同语中的意向处置句**

句末出现虚化的第三身代词的处置句，普通话中并无用例，汉语史上却可以看到踪迹。如《三国志》裴注引《魏略》：“将我儿杀之，都不复念。”全面考察黄孝方言中的意向处置句，研究其句式的构成、表达的意义、出现的句类和地域，探讨其源流，对于澄清关于黄孝方言意向处置句的误判，对其他汉语方言中意向处置句的研究，对汉语处置式形成的研究，应该都是有价值的。

## 二、意向处置句的句式、意义和出现的句类

黄孝方言意向处置句的句式，各方言点有些差别；其意义和出现的句类，各方言点基本一致。本小节以黄孝方言中部的湖北省团风县老派方言为例，介绍其三个基本句式和三个变式、表达的意义和出现的句类。

**（一）意向处置句的基本句式**

团风方言意向处置句的基本句式是黄孝方言中最为复杂的。依据句中VP是否及物和是否出现介词“把”，可以将其分为A、B、

C 三式。

A 式：S+ 把 $T_{受}$+VP+ 他。A 式同共同语把字句一样，必出现介词“把”，其 $T_{受}$为充当次话题的受事成分。整个句式像是 SVO 句式中有定的受事通过“把”提到 VP 前充当次话题，然后用轻声的“他”回指构成的；翻译为共同语应该使用“把字句”。如：

（1）你把作业做了他。你把作业做完。

（2）我等下儿把末子碎末吃了他。我等一会儿把碎末儿吃掉。

（3）他要把锅和碗盏下 [xa²] 都打破他呐？他要把锅和碗盏都打破吗？

A 式的 VP 为动作性强的及物性成分，以作用于受事而表达处置的意义。因此，其 V 多为动作性强的及物动词，如“吃、打、搿扔、点、写、磨”等。有的动词虽然不及物，但动作性强，带上补语后可以带宾语，形式上与及物动词一致，也可以构成 A 式。如：他硬是要把脚腿跑断他。“跑”动作性强、不及物，构成“跑断”后可以带宾语“脚”，于是构成了 A 式。

B 式：$T_{受}$+S+VP+ 他。B 式中无介词“把”，其 VP 亦为动作性强的及物性成分，$T_{受}$为充当话题的受事成分。整个句式像是 SVO 句式中有定的受事前置充当话题，然后用轻声的“他”回指构成的；翻译为共同语一般使用“把字句”。如：

（4）那些被絮棉絮我明朝搿扔干净他。我明天把那些棉絮扔光。

（5）包面馄饨他么不下吃他嘞？他怎么不把馄饨都吃光呢？

（6）那些衣裳你一定要洗了他。你一定要把那些衣裳洗完。

B 式与相应的 A 式大都可以互相变换而意义不变：那些衣裳你要洗了他←→你要把那些衣裳洗了他。这说明两个句式相通，表达的意义相同。唯“把 + 三身代词”构成的 A 式不能变换为 B 式：大哥要把他 / 你 / 我杀了他→＊他 / 你 / 我大哥要杀了他。这是因为 B 式的句首出现三身代词，容易与紧随其后的施事误会为领属关系，显得别扭。如果其三身代词后面带上语气词并且停顿以区分层次，句子就可以成立了：你呀，大哥要杀了他。值得说明的是，两式的这种关系并不意味着 B 式是 A 式省略“把”构成的，因为该方言 $T_{受}$一般充当话题，充当次话题不能没有介词“把”等的介引：你把记录打破他→＊你记录打破他。此表现出鲜明的官话特色，与吴语的受事前置一般直接作次话题（如杭州话：他报纸嘛看看，篮球嘛打打。详见刘丹青 2001）不同。

C 式：S+VP$_{不及物}$+他。C 式绝无介词“把”；VP 为动作性强的不及物成分，如“跑、跳、躲”等，一般不能是动作性弱的“睡、坐、跍”之类。C 式的动词不及物，没有直接的受事（详下）；其后却出现类似受事的“他”，整个句式仍是强调处置的。但 C 式不能翻译为共同语的把字句，而应该翻译为动结式。下面三例分别用“跑掉、走掉、溜走”翻译“VP 他”，正是其强调处置意向和结果的表现：

（7）你不晓得跑他？你跑了他！你不知道跑掉？你跑掉！

（8）我么办？我要走他！我怎么办？我要走掉！

（9）二哥只怕要溜他。二哥只怕要溜走。

显然，C 式表达的动作行为会对第三方产生某种影响。比如“我要走他”的预设是：第三方出于某种目的希望“我”留下。“我要走掉”显然会对第三方产生不利的后果，因此该第三方可以看作是一个间接的“受事”。（这一点是《中国语言学报》（JCL）的匿名审稿人指出的。）可见，C 式尽管没有直接的受事，但句末的“他”在意念上是回指动作行为涉及的第三方的。从下文二（四）和三可以看到，C 式与 A、B 式表达同样的意义，除动词及物与否以外，三者的构成要素基本相同，故将其归入意向处置句。C 式应该是受 A、B 式的影响形成的。

**（二）意向处置句的变式**

根据构成成分的隐现和配置方式的不同，团风方言意向处置句的 A、B 两式可以构成以下三个变式。

变式 1：S+VP+ 他。这个变式为省略 B 式的 $T_{受}$或 A 式的“把 $T_{受}$”构成。省略的条件是交际双方对受事的共喻，上述例（1）-（6）就可以省略为下面的句子而意义不变：

（10）你做了他。｜我等下儿吃了他。｜他要下打破他呐？

（11）我明朝要撂干净他。｜你么不下吃他嘞？｜你一定要洗了他。

变式 1 翻译为共同语，应恢复省略的受事构成把字句才不改变意义，如：你做了他→你把作业做完。

如果施事为交际双方共喻，变式 1 还可以省略 S，形成“VP+ 他”的结构。同样，在施事共喻的前提下，C 式也可以省略 S，形成“VP+ 他”的结构。这样，变式 1 与 C 式及其省略 S 的形式，其语符列分别相似 —— 你做了他：你跑了他｜做了他：跑了他。

变式 2：（把）$T_{受}$ +VP+ 他。这个变式是在交际双方对施事共喻的前提下，由 A、B 式省略 S 构成的，如上述例（1）—（6）可以省略为下面的句子而不改变意义：

（12）把作业做了他。｜等下儿把末子吃了他。｜要把锅和碗盏下打破他呐？

（13）那些被絮明朝撂干净他。｜包面么不下吃他嘞？｜那些衣裳一定要洗了他。

句中的“把”也可以省略并将 $T_{受}$置于句首做话题（如前所述，$T_{受}$作次话题须有“把”介引）：把作业做了他→作业做了他｜等下儿把末子下吃了他→末子等下儿下吃了他。变式 2 翻译成共同语也要使用把字句：把作业做了他~把作业做完~。｜那些被絮明朝撂干净他~明天把那些棉絮扔光~。

变式 3：$T_{受}$ +S+ 把他 +VP+ 他。此式由 A、B 两式糅合并且删并除“他”以外的共有成分构成，其受事和“他”共出现 3 次，强调的意味很重，翻译为共同语也应该使用把字句：

（14）那个细伢我要把他磨死他，才解恨。那个小孩我要把他折磨死，才解恨。

（15）这碗饭你把他吃干净他！这碗饭你把它吃光！

（16）那个猪脚他想把他嚼细了他呐？那只猪蹄他想把它嚼碎吗？

三个变式均由A、B两式省略、糅合构成，反映出两式及其变式是相通的。与变式1语符列相似的C式，则仅仅能省略S。而无论是基本句式还是变式、省略形式，句末的"他"都必不可少。

如前所述，石毓智、刘春卉（2008）把汉语方言中"带回指代词的处置式"分为ABCD四型，认为各型分别存在于不同的地域。其实，其所谓四型在黄孝方言等方言中大多存在：其A型"$X_{处置式标记}$+NPi+VP+Proi"，相当于团风方言的A式；其B型"（NPi）+X+Proi+VP"，类似于团风方言的变式3；其C型"NPi+VP+Proi"，类似于团风方言的B式和省略"把"的变式2；其D型"S+VP+NPi+Proi"，在团风方言中不存在，但团风方言多出了C式和变式1。此足见团风方言意向处置句的复杂。据我们初步调查，其他方言例如浙江的某些吴语方言点，也存在与团风方言类似的各式意向处置句（例略）。这说明并非某型意向处置句主要分布于某地，石毓智、刘春卉对此类处置式的分类、地域分布的说明都值得商榷。这可能是因为其使用的大都是第二手材料，未进行实地核准造成的。

**（三）意向处置句的意义**

沈家煊（2002）指出，共同语处置式（把字句）的语法意义主要是表示"主观处置"，即说话人主观认定施事S对受事T作了某种处置。这有两种情形：一是客观上甲处置乙，说话人主观上也认定甲处置乙。如：他把那碗酒喝了。二是客观上甲未处置乙，而说话人主观上认定甲处置乙。如：他把大门钥匙丢了。"主观处置"的核心是"说话人认定"。团风方言的意向处置句属于处置式的一种，也常常使用把字句表达。但既然只是强调处置意向而处置行为未然，那么无论A、B、C哪一种句式和变式，其主要语法意义就都只能是“强调（主观或希望）将处置”。这表现在其出现的句类、构成要素的特征等方面，本小节先从其出现的句类来看句式整体对语法意义的表达。

**（四）意向处置句出现的句类与人称**

从上文可以看出，团风方言的意向处置句可以构成祈使句（例1、6、15）、强调主观意志的陈述句（例2、4、8、9、14。以下简称“主观意志句”）、疑问句（例3、5、7、16），不构成感叹句。这些句子要么强调或要求施事将处置、突出主观意志，要么表达对“强调（主观或希望）将处置”的疑问，各句类都包含“强调将处置”的意义。但是，如第一小节（二）所述，一些作者却将黄孝地区周边方言中的同类句式当作祈使句研究。导致这种现象的原因，应该是其多用作祈使句而引起了人们的特别关注。我们调查发现，交际中该句式常用于这样的表达：希望对方进行某种处置，因此其谓语动词的施事多为第二身。其实，不同的句类对于句中施事的人称有限制，这有三种情形：

第一，疑问句的施事可以是任一人称，用以表达说话人对任一施事某种主观意向的质疑：

（17）花布他要下扯破他呐？他要把花布都撕破吗？｜他要死了他呐？他要寻死吗？

（18）蜡烛你要吹熄他呐？你要把蜡烛吹熄啊？｜你要跑他呐？你要跑掉吗？

（19）我能不能把锅跶破他？我能不能把锅摔破？｜我要躲了他呐？我要躲起来吗？

第二，祈使句是让听话人发出某种动作行为，其施事只能是第二身：

（20）他再锻骂你，你把他捶瘪他。他再骂你，你把他揍扁了。

（21）（你）想跑他，就赶早。（你）想跑掉就趁早。

第三，主观意志句强调听话人、说话人或第三者将进行某种处置，施事可以是第一、第二或第三身：

（22）他要把屋房子卖了他。｜大哥想把那个事说了他。

（23）我要把力你屋屋烧干净他！我要把你家房子烧光！｜再哭，我走他。再哭我就走掉。｜我晓得，你想跑他。

意向处置句的施事为第二身者常用，构成祈使句最常见；但显然其所构成的并不限于祈使句。

## 三、意向处置句的构成要素

本小节仍以团风方言老派为例，讨论意向处置句的构成成分及其反映出的句式意义。

### （一）三式及其变式中表达“将”的成分

意向处置句表达语法意义“将”，因此句中往往出现表示意向的词；第二小节中的例（3、6、8、9、14、16）就存在表示能愿和揣测的“要、想、只怕”等。此外，还可以用表示将来时间的词语帮助表达这一意义，如第二小节的例（2、4）中的“等下儿、明朝”。当然，意向处置句本身是未然处置句，因此表示意向的成分有时可以不出现。这有三种情形：一是疑问句。因为是表达对处置行为的疑问，故而其处置都是未然的，可以不用表示意向的词语而构成意向处置句，如第二小节中的例（5、7前），又如：

（1）我吃了他呐？｜你把桌子抽掀翻他呐？｜他冒把钱烧了他？

二是祈使句。祈使句用于命令或请求对方做某事，本来就是说话人的意向，其处置行为未然，故而可以不使用表示意向的词语而构成意向处置句，如第二小节中的例（1、7后、15），又如：

（2）头剃了他！把头发理了！｜把他舞死他。把他弄死。｜你躲了他！你藏起来！

三是施事为第一身的主观意志句，强调说话人的意向，无须表示意向的词语而构成意向处置句：

（3）我跑了他！｜老子把你打死他！

这就是说，只有施事为第三身的意向处置句和施事为第二身的主观意志句中一般要出现表示意向的词语，例如第一小节的例（3、9、22），又如：二哥要吃了他！｜我听说，你要躲他。因此，一般没有“他吃他、他走他、我听说你躲他”的说法。这类句子表述的是第二身或第三者的意向，当然需要使用一些表示意向之类的表达别人主观情感的成分。

**（二）三式及其变式中 VP 的其他特点**

意向处置句表达主观将处置的意义，其 VP 有意义和形式两方面的限制。除了第二小节（一）所述“动作性强、及物与否”以外，其 VP 一般为非褒义的复杂形式。

第一，VP 一般不能是褒义的。沈家煊（2002）认为，汉语处置式产生的动因，是说话人在表述客观处置事件的同时，还要表达自己对事件的主观情感和态度。后者主要体现在表达说话人的情感上，“这就是所谓的‘移情’（empathy）现象……在说话人的心目中，施事成了责任者，受事成了受损者。”正因为如此，共同语把字句常有不如意的含义。团风方言的意向处置句 A、B 式及其变式也是这样：其 VP 多为贬义的，表示人或物经由某种处置而消失、损坏或偏离正常状态，如“捶瘪、扯破、吹熄、剪断、打落、闹毒死”等；其补语也多具有消极意义，如“垮、瘦、破、穿、烂、死、断、熄、扁、弯、痛”等。其 VP 也有中性的，如“吃了、写完、点着、吃干净”等；其动词后的成分可以是完成体助词“了”或中性结果补语“起来、着、完”等。C 式中的 VP 也都是贬义或中性的，如“跑了、躲了、溜了”之类。但是，意向处置句的 VP 一般不能是褒义的。例如可以说：把他吃干净他！而不能说 * 把头洗干净他！这是因为前者的“干净”意为中性的“完”，后者的“干净”表示褒义的程度。（黄晓雪 2011）VP 一般不能为褒义，正是其“主观认定”、“不如意”意义的主要表现。

第二，VP一般为多音节的复杂形式。其原因一是因为需要用复杂形式表达处置及其结果，所以VP多为动结式或“V了”，“磨死、杀了、撂干净、跑了”之类，使得处置及其结果显得明确。二是韵律的要求。意向处置句是口语句，其常用动词一般是单音节的。因为单音节动词不能构成一个音步（冯胜利1997），所以往往在动词后加上重读的单音节或双音节结果补语，构成一个标准音步或超音步（super foot）；或加上轻声的“了”，构成一个“残音步”（incomplete foot）。“捏死、洗干净、炒了、溜了”之类组合，可以使韵律和谐。不过，残音步中轻声的“了”常常省略，于是单音节动词与其后轻声的“他”重新构成一个残音步和复杂形式。（参看三（四））

**（三）三式及其变式中一般不出现否定词**

如第二小节所述，同武汉、宿松方言同类句式（李崇兴、胡颖2006，黄晓雪2011）一样，团风方言的意向处置句多用于祈使句，还常用于主观意志句，强调将进行结果明确的处置而不是不处置，因此句中一般不出现否定词。下面的句子不能成立：

（4）*冒把碗跶了他！ *饭冒烧煳了他！ *钥匙不要落了他！ *莫把伢儿冻病了他！ *冒死了他

将否定词去掉，句子才能成立。可以出现否定词的两种句子都不表达对意向处置本身的否定：

第一，正话反说的反语中可以出现否定词“莫”，表达的是肯定的意思（黄晓雪2011）。如：

（5）莫把花生剥了他，你！ | 你莫把饭吃了他！ | 你莫把碗洗了他！ | 你莫跑了他！

这几个句子都是反语，其中的“莫”并不表示否定，不是禁止而是强烈地敦促听话人进行某种处置；其否定词都可以删除而意义不变：把花生剥了他，你！ | 你把饭吃了他！ | 你把碗洗了他！ | 你跑了他！

第二，如本小节例（1）所示，疑问句中可以出现否定词。“疑问＋否定词”或表示对未处置的怀疑，如例（6）；或构成反问句表示肯定，如例（7）。可见，否定词并不否定意向处置本身：

（6）你冒把记录打破他呐？你没有把记录打破吗？｜他冒跑了他？他没有跑了？

（7）我未必不能把这碗饭吃了他？我难道不能把这碗饭他吃掉？

**（四）三式及其变式句末的“他”**

如果不构成意向处置句，团风方言 VP 后的“他”可以用作回指，为第三身代词：

（8）那伢儿命苦，你要好生待他。｜二哥瞎搞，我昨日叫人打了他。

（9）三毛不是个东西，你莫耳理他。｜那个猪好恶躁，我打了它一棍子的。

例（8）前一句的 VP 动作性不强，后一句 VP 表已然；例（9）前一句为否定的陈述句，后一句“他”没有处在句末。4 句都不能是意向处置句，其“他”都是回指句中加线成分的第三身代词。而且，即使是意向处置句末的“他”，也可以有回指的理解。第二小节（一）节提到，“他”在意向处置句末，“像……回指”前置的受事 / 动作行为涉及的第三方，就证明了这一点。但是，意向处置句末的“他”在很多情况下却不能理解为回指成分。这表现在三个方面：

第一，由于“他”在逐步虚化，很多当地人没有“他”是回指的语感。例如黄亚芳（2015）就认为九江方言意向处置句末的“渠”（详下），是“用在谓词后表示处置义及将来完成语义，相当于共同语中的‘掉’或‘了 1’”。这与我们接触到的该方言区很多发音合作人的语感相同。

第二，当 $T_{受}$ 为“我、你”时，说第三身的“他”是回指第一、第二身的“我、你”，显然很矛盾：

（10）我要把你撵走他！我要把你撵走！

（11）你能把我吃了他？你能把我吃了？

（12）你呀，领导这回肯定要拍熄他！你呀，领导这次肯定要把你制服！

第三，C 式的 VP 是不及物的一价动词，“我跑他”中的“跑”不可能有直接的受事，因此“他”不是宾语，只是意念上涉及的间接受事，不能视为直接的实指的回指成分。

以上三点证明，句中的“他”不是回指成分。那么，“他”究竟是什么性质的成分？其他方言中同类的“他”，人们或视为虚化的第三身代词（李崇兴、胡颖 2006），但一般没有明确其虚化后的具体性质。我们试从“他”出现与否导致的差异，来考察其意义和性质。先看例子：

（13）你把饭吃了。｜你把饭吃了他。

（14）我把老人送走了。｜我把老人送走了他。

（15）我跑了。你吃了。｜我跑了他。你吃了他。

（13）、（14）都是把字句，（15）是一般动词谓语句。每例竖线｜前的句子无“他”，均为陈述句，表示处置已然或动态的完成；｜后的句子增加了“他”，却变成了祈使句、主观意志句，即“强调（主观或希望）将处置”的 A、C 式和变式 1，其 VP 变成了未然的。这说明“他”的作用应该是构成意向处置句以强调主观意志，是意向处置的标记。下面的例子从不同的角度进一步反映出其意义：

（16）* 三毛想把茶杯打破了。｜三毛想把茶杯打破了他。

（17）我要把面包吃了（他），[ 你肯定要打我。]

（18）那些瓷器我要打干净！≈那些瓷器我要打干净他！

例（16）是把字句，出现了表达“将”的“想”，应该可以表达意向处置；但是前一句无“他”，句子不能成立；后一句有“他”，才构成了意向处置句。例（17）去掉“他”，须加 [ ] 中的后续句才能成立。例（18）没有“他”可以成立，此与韵律有关：其补语为双音节即其VP（打干净）是超音步；但去掉“他”的句子也弱化了原文的强调色彩。可见，意向处置句末不能没有“他”，否则会导致不能成立/改变意义/弱化强调。这说明“他”不仅是意向处置标记，还有成句、强调的语气词作用；而“他”处在句末念轻声，应该视为强调（主观或希望）将处置的语气词。

但是，对周边方言中“单音动词+他”构成的意向处置句中的“他”，人们有明确的定性。如：

（19）吃他！（把他）吃了！（=吃了他）｜跑他！跑掉！（=跑了他）

两个句子是省略S的变式1和C式。易亚新（2003）、黄晓雪（2011）认为，常德、武汉方言里与（19）两句中相同的“他”是表示“完成”的助词。这种看法应该是个错觉。上文说过，意向处置句的VP是复杂形式，常常由动词和表示处置结果的成分构成。这里的“吃、跑”为光杆动词而句子可以成立，是因为说话人把“V他”组成了一个复杂形式的VP、弱音步。这导致研究者将其后面虚化的“他”视为类似于“了”的成分。事实上，“完成”的意义是存在于句式中的，来自VP后常常出现的完成体助词“了”或结果补语而不是“他”。句式的语法化，使得轻声的“了”在求简的口语中可以省略。但省略的成分是可以恢复而不改变意义的，例（19）括号中“=”后的说法就证明了这一点。我们不能把构式中省略成分表达的意义摊派给“他”，否则无法解释省略成分的恢复即括号中的现象。可见，例（19）中的“他”不是完成体助词，也应该是强调（主观或希望）将处置的标记、语气词。

## 四、意向处置句的源流和分布差异

本小节先讨论团风方言意向处置句的形成和演变，以探讨整个黄孝方言此类句式的得义之源和语法化过程；然后讨论黄孝方言的意向处置句在地域分布和年龄分布两个方面存在的一些差异。

### （一）意向处置句的源流

一般认为，汉语处置式来自连谓句第一谓词“把”之类的虚化（吴福祥 2003；曹广顺、龙国富 2005）。这可以解释第二小节所述团风方言各类把字句的形成，却不能说明无“把”的意向处置句 B 式的来历。而第二小节（二）证明，A、B 两式及其 3 个变式是相通的，那么就应该有着共同的来源。吕叔湘（1984）指出，处置式在近代汉语中用得甚广，主要原因是很多情况下受事名词必须移到谓语动词之前。朱德熙（1982）认为，跟处置式关系最密切的是受事主语句，因为很多处置式去掉“把”就变成了受事主语句。而团风方言意向处置句的 $T_{受}$都是有定的，因此，其 A、B 两式产生的共同原因是：SVO 句中有定的受事前置，直接或通过介词“把”介引充当话题或次话题；句末的“他”，最初应该是回指这个受事的。如三（四）所述，这类回指现象在团风方言中本来就存在。而且，这种现象在古汉语中也长期存在，如：

（1）**弥与纥**，吾皆爱**之**。（《左传·襄公二十三年》。）

（2）**三里之城，七里之郭**，环而攻**之**。（《孟子·公孙丑下》。）

（3）帝谓虑曰：“郗公，天下宁有是邪！”遂将**后**杀**之**。（《三国志·武帝纪》裴注）

（4）师便把**枕子**当面抛**之**，乃告寂。（《祖堂集》卷四）

四例中后置的“之”都是用作回指的。从句子结构来看，其例（1）类似 B 式，例（2）类似变式 2。例（3）、（4）中的“将、把”仍有一定的动词性，但两例都类似团风方言 A 式，处置意义明显。与例（1）–（4）类比，我们认为团风方言句末念轻声、虚化的“他”应该是由回指而逐步语法化，进而可以出现在 C 式中的，与从 $O_1$ 与 $O_2$ 同指的 $V_1O_1V_2O_2$ 连动式发展为狭义处置式的路子中，$O_2$ 起始阶段的演变（曹广顺、龙国富 2005）相似。这意味着团风方言乃至整个黄孝方言意向处置句的形成应该经历了下列三个阶段。

第一，“话题优先”使得团风方言 SVO 句式中动词后有定的受事前置于 V，像北京话等官话方言那样（刘丹青 2001），在“把”后作次话题或在句首作主话题，其后用可以指人或物的第三身代词“他”回指，构成受事在及物动词前后都出现的 A 式或 B 式。受事对象被双重指示，所以得到了加强和突出（石毓智、刘春卉 2008），此为其句式中“强调”意义的得义之源，也反映出其语序向 TV 型演变过程中，VO 语序的稳固性。而句中常常出现表示意向的成分，句子经常用于表达主观意向而动作行为未然，使之形成了“主观将处置”的意义。两类意义的结合，使得黄孝方言意向处置句的“强调（主观或希望）将处置”的句式意义得以形成。而两式的省略或杂糅则产生了 3 个变式。

第二，A、B 式及变式中句末的“他”语义多余，导致重新分析。两式及其变式的 $T_{受}$与“他”分别出现于 VP 前后，二者距离很近；使用主要与篇章层级存在对应的第三身回指形式（李榕 2013），并非必要。因此，“他”的回指功能逐渐丧失，语音弱化，强调处置的意义凸显。而其处在句末语气词位置，故被重新分析为强调（主观或希望）将处置的语气词、意向处置标记。

第三，A、B 两式的扩展形成了 C 式。“扩展”（extension），指一个结构形式在不直接改变底层结构的情况下，表层表达式发生了变化（吴福祥 2003）。按常理，C 式的 VP 不及物，其后就不能出现受事成分“他”。但是如前所述，C 式存在间接的受事“第三方”，而变式 1 跟 C 式结构类似，二者的 VP 都是动作性强的，因而在型式（pattern）上具有相似性（analogues）：$S+VP_{及物}+$他 $\longleftrightarrow$ $S+VP_{不及物}+$他。于是变式 1 中 VP 的“及物”规则被去除，非实指的“他”可以出现在动作性强的不及物 VP 后构成 C 式，强调（主观或希望）将处置。上文二、三中所述 ABC 三式及其变式表达的语法意义相同，构成要素的特征除了动词及物与否外完全相同，证明了扩展的存在；下文四（二）中关于 C 式在黄孝方言中地域分布不一的现象，不仅证明了扩展的存在，还证明了其扩展在地域上是渐进的、非全面的。

以上三个阶段所构成的语法化历程，在团风方言中仍然清晰可辨。上文三（四）中认为，该方言意向处置句末的“他”可以有回指的理解，正是其语法化起始阶段的痕迹；而这个“他”很多情况下难以视为回指成分，正是其语法化基本完成的表现。这两点也意味着该句式还存在进一步语法化的空间。

**（二）意向处置句地域分布的差异**

黄孝方言可以分为东片、中片、西片三部分，意向处置句在不同片的差异主要有两点。

第一，强调（主观或希望）将处置的句末语气词，一般与第三身代词的声韵母相同，因此各片这个语气词的读音不一。东片的湖北黄梅、武穴和江西九江（浔阳、江州、庐山）、瑞昌方言中，这个语气词来自第三身代词“渠”[꜀xɛ / ꜀kʰæ]，在武穴音·xɛ，在黄梅等县市音·kʰæ。中片的湖北鄂州、蕲春、英山、罗田、浠水、黄州、团风、新洲、红安、麻城、孝南、孝昌、黄陂方言，西片的湖北安陆、云梦、应城、大悟、广水方言中，这个语气词都来自第三身代词“他”[꜀tʰa]，音·tʰa。西片个别点如孝昌县花园镇方言中虚指的“他”声母弱化，音·la，与当地第三身代词꜀tʰa的声母不同。

第二，老派方言中，A、B两式在各片都可以成立，但C式在各片扩展的情形不一。中片靠近武汉，其鄂州、黄州、团风、孝南、孝昌、黄陂、浠水、罗田方言中，C式都可以成立，与武汉（其汉口诸区在清末民初属黄陂辖域）方言（李崇兴、胡颖 2006）相同；但麻城、红安、英山方言中，施事为第二身和第一身时，C式才能成立，可以说“我要走他、尔溜他”，而没有“大哥只怕要跑他”的说法。东片多数地方只有施事为第二身时，C式才可以成立，例如黄梅方言可以说“尔跑渠”，而没有“我要走了渠｜大哥只怕要溜渠”的说法。少数地方如九江方言，C式的范围与麻城、红安、英山方言相同，可以说“尔 / 我困渠哈！”你/我睡吧！不说“渠困渠哈！”

比较东片、中片可以发现，C 式优先扩展到的是施事为第二身的句子（无怪乎人们多将意向处置句视为祈使句），其次是施事为第一身的句子，施事为第三身的句子较难扩展出 C 式。

西片的安陆、云梦、应城、大悟、广水一般没有 C 式，如安陆方言与 C 式相应的用例：

（5）尔莫上当，快麻点赶快走！｜我要走！｜他只怕要溜了。

这与陕南平利、白河等县的清代乾嘉时期来自黄孝地区移民后裔的方言一致。从 200 年前就脱离母体的平利、白河方言只有 A、B 式及其变式而没有 C 式来看，黄孝方言某些点老派的 C 式使用受限，应该是 A、B 两式的扩展在地域上渐进、因而扩展面不一的表现：西片和陕南移民方言没有这种扩展；靠近武汉的中片，则大多扩展形成了 C 式；其他地方，只扩展形成了施事为第二身或者还有第一身的 C 式。

**（三）意向处置句的新派和老派差异**

我们调查了黄孝地区 87 位发音合作人，50 岁以上 16 位，是为老派；19 岁到 49 岁 71 位，是为新派。除了四（二）中所述 C 式使用地域的限制以外，老派一般都使用意向处置句的 A、B 两式。新派受共同语影响，使用意向处置句的情况比较复杂：在不同的方言点表现不一，在同一方言点的表现也不尽相同。较为集中的现象有两个方面。

第一，各方言点的新派，其意向处置句末大多与老派一样以使用“他 / 渠”为常。当然，也可以不使用“他 / 渠”，但两种表达方式的句式、意义不同：句末使用“他 / 渠”的句子可以有不用“把”的 B 式和诸变式，整个句子有“强调（主观或希望）将处置”的语气。不使用“他 / 渠”的句子则与共同语相同，必须使用介词“把”引进受事，并不特别强调处置的意向；而且，必须将句中动词及其补语、状语念作重音（**黑体字**）作为补偿，句子才比较顺，否则有转文的色彩。如中片的黄冈市罗田方言的例子：

（6）尔把作业**做**了（他）。你把作业做完。

（7）我等一下把饭**吃完**（他）。我等一会儿把饭吃掉。

（8）他要把锅和碗盏下**打破**（他）呐？他要把锅和碗盏全都打破吗？

（9）那些被絮我明朝**撂干净**（他）。我明天把那些棉絮扔光。

（10）葡萄他么不**下吃**了（他）嘞？他怎么不把葡萄都吃光呢？

（11）那些衣裳尔**要洗**了（他）。你要把那些衣裳洗完。

（12）尔莫上当，**要跑**（他）！你别上当，要跑掉！

（13）我**要走**了（他）！我要走掉！

（14）他只怕**要溜**（他）。他只怕要溜走。

显然，句末不使用"他"的句子，其语气也减弱了，必须加以强调才像方言句。重读句中表达新信息的成分，正是其向非意向处置句演变过程中对意向处置句原有的"强调"特征的继承。

第二，各片新派意向处置句的使用存在个体差异，情形不一。以下三个点的两类情形比较突出：

1、黄梅的一些新派出现了句末不能用"渠"的两种现象：一是句中存在结果补语或表未然的词语时，句末一般不出现"渠"（但要使用"把"）；大概是因为前者往往要重读而后者表示出处置是未然的意向，可以对语气词"渠"的删除进行补偿（15）。二是疑问句末不出现"渠"，因为这类句子无须强调意向处置（16）。这就是说，新派在有理据不用"渠"时，是尽量不用的，而老派一般要使用括号中的"渠"：

（15）尔把白菜卖**干净**（渠）。｜我**等一下**把饭吃完（渠）。

（16）渠要把锅打破（渠）啦？｜葡萄渠他么不下吃了（渠）嘞？

2、麻城方言老派的施事为第一身和第二身的C式（17。第三身不构成C式）、孝南方言老派的施事为第三身的C式和疑问句

（18），新派一般要删掉括号中的“他”。如：

（17）麻城：尔要赶快跑（他）！｜我要走（他）！

（18）孝感：尔要小心，他只怕要溜（他）喔。｜葡萄尔么不下吃了（他）嘞？

这显然是因为C式是由A、B式扩展而成，容易受共同语影响而“退化”为非意向处置句；而疑问句无须强调意向处置，故句末的“他”可以不出现。

总之，新派的意向处置句在发生变化，其A、B式的主观意志句、祈使句相对稳固一些，C式、疑问句在变化，在一些地方与共同语趋同的现象较多。

## 五、小结

以上主要以团风方言为例，兼及其他县市区方言，讨论了黄孝方言的意向处置句。不难看出，该方言意向处置句表达“强调（主观或希望）将处置”的意义，可构成祈使句、主观意志句、疑问句。其VP为动作性强的、非褒义的复杂形式；句中往往出现表示意向的成分，一般为肯定形式。其源流可以简括为：存在表示未然要素的SVO句，其有定的受事前置充当话题或用“把”介引的次话题，VP后用“他/渠”回指，构成受事被双重指示的A、B式。两式的省略、杂糅，形成了3个变式。是为VO向TV语序演变的中间形式，为其“强调（主观或希望）将处置”的得义之源。其句末的“他/渠”因语义赘余而重新分析为强调（主观或希望）将处置的语气词；A、B式省略而成的变式1的扩展，则形成了不及物动词构成的C式。三种句式存在地域分布的差异，老派的A、B两式并未在各片都扩展形成C式。受共同语影响，新派使用意向处置句与否大多两可，而以使用为常。部分地方的新派使用意向处置句与否在变异：有结果补语和出现未然词语的句子、疑问句这些存在补偿因素和无须强调（主观或希望）将处置的A、B式句子，以及部分C式句子，其句末的“他/渠”在被淘汰。

意向处置句在汉语方言中存在较多，不能是黄孝方言的但可以是整个汉语南方方言的特征句式。其中C式可以算黄孝方言东片、中片的特征句式。

## 第四节　特殊语序

### 一、研究概况

语序，指特定语法结构中有意义成分（meaningful element）的排列次序，这些有意义成分可以是句子成分、词、语素。（吴福祥 2012）本节所谓特殊语序，则是指表达同一意义的两种（少数为三种。下同）语序并存，两种语序模式的成分组构、层次结构、范畴类别以及语法关系相同。语序是汉语及其方言表达语法意义的重要手段，但是共同语和各方言的语序并不完全相同。黄孝方言与共同语不同的特殊语序，涉及双宾句、差比句、宾补同现句和部分合成词，一些作者进行过研究（程从荣 1998；左林霞 2001；汪化云 2001；何洪峰 2001；项菊 2004）。还有作者对个别方言点异序并存的成因和差异进行了初步的探讨，例如汪化云（2001）发现，黄冈方言的两种语序，一种具有口语色彩，另一种具有正式的色彩。他用方言文学作品和方言谚语、歇后语、惯用语等多种用例，论证了该方言的两种语序是类似文白异读的“文白异序”现象，证明两种语序正在发生竞争，向着“文”强“白”弱的方向发展。

但是，上述研究存在两个问题：一是研究者往往专注于一个方言点的语序现象，研究的面不大；二是研究方法以描写为主，极少对异序的差异进行解释。因此，这种研究亟待扩大样本的范围，考察异序并存现象在不同方言点上的演变，探讨异序并存的成因和差异的本质，将其纳入整个汉语方言的语序表现中进行研究。

本节拟对整个黄孝方言的特殊语序进行全面的考查。考虑到整个黄孝方言的语序大都相同，本节把黄孝方言分为三个片介绍：东片为江西九江（浔阳、江州、庐山区）、瑞昌；湖北黄冈市辖的黄梅、武穴。中片为湖北黄冈市辖的蕲春、浠水、罗田、英山、黄州、团风、麻城、红安，武汉市新洲区，鄂州市。西片为孝感市所辖除汉川以外的市县、武汉市黄陂区、随州市辖广水市。以下各挑选一个具有代表性的方言点进行介绍，探讨其异序并存的特点、性质和成因。这三个方言点是：东片的九江市，中片的团风县，西片的安陆市。为讨论方便，本节沿用汪化云（2001）的说法，将与共同语相同的语序称为“文序”，将与共同语不同的语序称为“白序”。以下分四类讨论。

## 二、各片双宾句的语序

### （一）本小节讨论的双宾句

根据句中谓语动词的意义特征，黄孝方言中的双宾句可以分为“给予”（把$_{给}$）、“称叫”（叫）、“询问”（问）三类。我们不认为“取得”意义的动词构成的句子（如：拿他一本书）是双宾句，所以不予讨论。显然，以上双宾句中的述语动词都是三价动词。其中“询问”类动词构成的双宾句跟共同语相同，只有一种语序：我问你一句话。共同语“称叫”类动词构成的双宾句，黄孝方言中通常用重复动词的连谓句表达，如：我们叫他叫刘书记。如果换成“我们叫他刘书记”，则有拽文的色彩。以上两类双宾句，本节不展开讨论。唯“给予”类动词构成的双宾句（简称“给予”双宾句）是我们的讨论对象，这类句子在黄孝方言中有两种语序。即：

a.S+V+O$_{间}$+O$_{直}$　　b. S+V+O$_{直}$（+得 / 似 / 给）+O$_{间}$

括号中的成分表示其一般可有可无，在间接宾语由三个以上的词构成时以出现为常。但是，两种语序并不等价，其中 a 式显得较正式，是文序；b式是很土俗的方言句式，是白序。

### （二）并存两序的“给予”双宾句的地域分布

“给予”双宾句在新派中并存两序，老派一般只使用白序而较少使用文序，这是整个黄孝方言中都存在的现象。例如其东片、中片、西片的三个点并存上述句式的用例：

团风　a. 我给了他三十块钱。

b. 我把了三十块钱（得）他。

a. 你送花和尚鲁智深点儿肉。

b. 你送点儿肉(得)花和尚鲁智深。

a. 我教了小毛个善法子。

b. 我教了个善法子（得）小毛。

九江　a. 我还了渠三十块钱。

b. 我还了三十块钱（给）渠。

a. 尔送花和尚鲁智深点子肉。

b. 尔送点子肉(给)花和尚鲁智深。

a. 我教了小毛个善法子。

b. 我教了个善法子（给）小毛。

安陆　a. 我还了他三十块钱。

b. 我还了三十块钱（给）他。

a. 尔送梁山寨上的鲁智深点儿肉。

b. 尔送点儿肉(给)梁山寨上的鲁智深。

a. 我教了小毛个好办法。

b. 我教了个好办法（给）小毛。

### （三）各点的差异

除了构成句子的一般词汇差异外，三个点上“给予”双宾句的差异是：白序句中使用的有“给予”意义的介词（括号中成分）在各处不同：东部一般为轻声的“给”；中部多为轻声的“得”，而在蕲春和毗邻的八里湖农场（县级）为轻声的“似”；西部多为轻声的“得”，但在安陆等地为轻声的“给”。这个介词可以与表示给予的动词如“送、把给、还、借借出”等连用，构成“V 得 / 给 / 似”的组合，相当于一个表示给予意义的动词，如同共同语的“V 给”一样；“得 / 给 / 似”还可以单用，出现在直接宾语后、间接宾语前。例如：

团风：你送点钱得他｜你把钱送得他。｜莫把得他。

蕲春：尔送点钱似他｜尔把钱送似他。｜莫把似他。

九江：尔送点钱给渠｜尔把钱送给渠。｜莫拿给渠。

安陆：尔送点钱给他｜尔把钱送给他。｜莫拿给他。

蕲春和八里湖“V 似”的连用，与唐宋时期“似”的同类用法一致：

百丈索道吾信，岩便取，呈似和尚。(《祖堂集》卷四)

今日把似君，谁为不平事。(贾岛《剑客》)

欲把相思说似谁，浅情人不知。(晏几道《长相思》)

这种以“似”表示“给予”的用法，在中部、西部其他方言点也存在。但是，其“似”与前面成分形成的组合已经词汇化了，且不具能产性，如团风方言常见的仅有一个“好似”：

生怕好似他了。｜你莫好似了三毛。

这两个句子的意思分别是“生怕他得到了好处、你别把好处给了三毛”。形容词“好”用作使动，“好似”连接施事与受事，整个结构相当于一个表示给予的动词，足见其已经词汇化了。

文序双宾句是共同语双宾句的叠置（汪化云 2001），无须多说，以下讨论白序双宾句的形成和特点。

**（四）白序双宾句的形成**

团风方言的白序双宾句，应该是连谓句中后一个动宾短语中的动词虚化为介词，进而被省略构成的。汪化云（2001）证明，该方言的白序双宾句本来是“动宾 + 介宾”结构。但是，这个结构中的介词却有“给予”意义，其后的宾语太长时一定要出现，很像是一个动词。"在一个特定的共时状态，如果观察到某个形式具有 AB 这种过渡性功能，那么就可以断定这个形式的 A 功能和 B 功能之间具有衍生关系。"（吴福祥 2003）考虑到这一点，考虑到"得"在邻省的湘语、赣语中可以是表示"给予"的动词（彭兰玉 2005），我们认为团风方言的介词"得"应该来自动词的虚化。其他方言点可以省略的"似、给"念轻声，与共同语的"给"一样，也应该是来自给予义动词。东南方言中同类双宾句的后一宾语前可以出现的"把"（韶山。曾毓美 1999）、"得 / 等 / 丹"（衡阳 / 邵阳 / 邵东。林素娥 2008），其前身是动词或仍有动词用法，也证明黄孝方言白序双宾句中的介词来自动词，句式的前身应该是两个动宾短语连用的连谓句。

"类双宾句"也证明了这一点。团风方言的类双宾句即"我买本书（得）他"之类句子，是与白序双宾句相似的一种句式。（汪化云 2005）这类句子也表达"给予"意义，其后一宾语表示给予的对象，其述语为包含"制作、取得、移动、舍弃"义的单音节二价动词。类双宾句在整个黄孝方言都存在，是受白序双宾句的类化、词汇扩展而形成的，如：

九江：他吃不得饭，你煮点儿粥（给）他。

安陆：慢着儿，你拿个笔（给）我。

蕲春：你买本书（似）他。

类双宾句中的二价动词是个开放的类，却构成了三价动词才能构成的句式，是因为其两个宾语之间可以出现轻声的"得 / 似 / 给"。这个表示"给予"义的介词与二价动词一起构成关涉三个名词语的句子，说明其前身应该是动词——汉语的介词一般来自动词的虚化，"得 / 似 / 给"当来自表示"给予"的动词，其所构成的"动宾 + 介宾"的句子本为连谓句。不这样理解就无法解释句中动词的配价。而这类介词虚化后可以省略，其二价动词在构式中就成了临时的三价动词（汪化云 2005）。

### （五）白序双宾句的特点

1. 白序双宾句来自“前重”的连谓句。汉语连谓句中两个动宾短语连用，容易导致其中一个动词虚化。汉语共同语的处置式，一般认为是连谓句的前一动词“把/将/以/持/取/捉”等虚化构成的（吴福祥 2003；曹广顺、龙国富 2005）。例如：

将弓射之，矢没其卫。（《论衡·儒增》）

句中的动词“将”后来虚化为表示处置的介词。这说明其动宾短语连用时在前的动词容易虚化，在后的动词意义较重要而不发生虚化，这可以称作“后重”型连谓句。而黄孝方言白序双宾句的前身连谓句，可以说是“前重”型连谓句：第一个动词在句式中的意义突出而不虚化，第二个动词意义逐步虚化并省略。从语音的角度看，白序双宾句的后一宾语一般也比前一宾语念得轻，这正是“前重”的语音反映。

2. 白序双宾句的前身是连谓句，反映出这种句式是对于客观事象先后顺序的模拟：送物→与人。而省略介词后，这种先后顺序仍然存在。这符合象似性的原则。

3. 先秦汉语的介词短语多位于动词语之后（战于长勺），而介词是一种联系词，其置于动词语和名词语之间，符合所谓“联系项居中”的原则：即“联系项的优势语序是位于所联系的两个成分之间”。（刘丹青 2004）黄孝方言连谓句中在后的动词虚化而发生重新分析，导致介词短语后置，正与先秦汉语中介词短语后置于动词的优势语序一致。介词“得/给/似”的所处位置，具有“中介者居中”的象似性。

介词“得/给/似”的可以出现，说明白序双宾句和类双宾句的句式尚未最后形成。而形成中的白序双宾句，由于来源的因素，其线性结构显然也符合象似性原则。

## 三、各片差比句的语序

### （一）差比句语序的一般情形

差比句是表示比较主体超过或不如比较对象的句式。黄孝方言的差比句普遍存在以下两种语序（汪化云 2001）：

a. 主体 + 比 + 对象 + 比较结果　b. 主体 + 比较结果 + 似 + 对象

即比较结果可以出现在比较主体和比较对象之后，也可以出现在二者之间。其中 a 式为文序，b 式是白序。后者是东南方言的常见句式。值得说明的是，b 式的“结果 + 似”还有其他形式，但都词汇化了，详下。

### （二）三个方言点共有的现象

三个点都并存两个句式。例如：

团风

a. 你不比他差。｜日子比狗毛多。｜屁股比头高。｜你不比他长高。

b. 你不差似他。｜日子多似狗毛。｜屁股高似头。｜你不长似他。

九江

a. 尔不比渠差。｜日子比牛毛多。｜屁股比头高。｜尔不比渠长。

b. 尔不差似渠。｜日子多似牛毛。｜屁股高似头。｜尔不长似渠。

安陆

a. 尔不比他差。|尔不比他长。｜屁股比头高。｜日子比牛毛多。

b. 尔不差似他。|尔不长似他。｜屁股高似头。｜日子多似牛毛。

b 式与唐宋以来近代汉语中的用法一致，如：

逆旅主人相问，今回老似前回？（宋・刘克庄《风入松》词）

岁晚客天涯，短发苍华，今年衰似去年些。（宋・刘克庄《浪淘沙》词）

一个丑似一个的和尚。（明・吴承恩《西游记》第二十回）

### （三）两序并存的条件

上述两种句式并非可以无条件并存，b 式的存在受限。第一，表示比较结果的形容词必须是单音节的，否则不能构成 b 式，整个黄孝方言都是这样。例如团风方言的双音节形容词只能构成 a 式：

* 你不聪明似他。｜ * 我不小气似你。但：你不比他聪明。｜我不比你小气。

这与韵律的制约（冯胜利 1997）有关。在 b 式差比句中，轻声的介词“似”在语音上总是黏附在述语之后。即“差似”之类连读，构成一个功能相当于动词的单位。而汉语中双音节音步是标准音步，单音节的“似”自然就要求重读的单音述语与之组合；“双音节词 + 似”就不能构成一个合乎韵律的动词性单位，故而 b 式难以成立。a 式则不然，其表示比较结果的形容词存在于介引比较对象的状语之后，如果是双音节词，那么正好独自构成一个音步，因而合乎韵律，可以成立。（汪化云 2001a）

第二，b 式构成的肯定句，大多是趋于固定的短语，即基本上熟语化了；a 式则不然。如团风方言的例子：

a. 屁股比头高。｜屁股比肩膀高。

b. 屁股高似头。（喻末大于本）｜但 * 屁股高似肩膀。

例中“屁股高似头”是熟语，故其构成成分一般不能替换为别的词语。“屁股比头高”不是熟语，故“头”可以用“肩膀”替换。这说明 b 式的肯定句趋向于固定。中部的团风方言存在这类熟语较多：

屁股高似头。｜嘴巴甜如蜜，屁眼辣似姜。｜三年的鸡头毒似砒霜。｜管你骡大似马、马大似骡。不管你的骡子比马大，还是马比骡子大，我都有一定之规。｜倔似条一头牛。｜kou꜄聪明、狡猾似兔儿。｜纸牌落地，大似皇帝出牌不能反悔。｜瘦死的骆驼大似马。｜丑似闹药坏似毒药。

相反，b 式的否定句虽一般限于老派使用，但有一定的能产性，如团风方言的用例：

二哥不差似他。｜我的钱不多似二哥。｜三毛的媳妇不恶似力你的媳妇。

这三个例子都没有相应的肯定形式，且新派一般不使用。

第三，各方言点使用b式差比句的多少不一。大抵是中片、东片老派的使用比较普遍，新派也有使用的；西部仅有老派使用少量熟语性的肯定句，否定句的使用极为罕见，新派一般不使用。这就是说，由东、中片而西，b式的使用逐步减少了。这可能与西部周边不使用b式否定式的西南官话影响有关。

**（四）白序差比句的来源和部分比较结构的词汇化**

1. 白序差比句中的介词“似”，最初当然是表示“像”的意义；这个意义至今在黄孝方言中仍然残存，何洪峰（2001）就曾指出这一点。但是，无论是否表示“像”的意思，这个“似”都可以介引比较对象。作为联系项，“似”处于形容词和名词语之间，如前所述符合先秦汉语的优势语序特点，体现了“中介者居中”的象似性原则。而且，b式差比句中表示比较结果的单音节形容词和介词构成一个音步，联系紧密，很像一个词，处于比较主体和比较对象之间，这也是一种中介者居中的语序，显然也符合象似性的原则。因此，将“似”分析为表示差比的介词是合适的。

2. 如上所述，先秦时期的优势语序是介词短语置于动词后。但是如前所述，魏晋南北朝时期，介词短语开始大量前移。（张赪2002）本来后置的介词短语必须或可以前置于动词成为新常态，意味着汉语更倾向于采用“前置词 + 空间方位名词 +V”的结构。当然，“介词 + 比较对象”构成的介词短语，在唐宋时期仍以后置为常。直到今天，“一年胜似 / 强似一年”的说法仍不鲜见，足见这个意义的介词短语语序之相对稳固。黄孝方言跟其他东南方言一样，正集中反映了这类结构的稳固。

3. 如上所述，老派的b式肯定句熟语化了，否定句也多见。更进一步，黄孝方言老派中，一些“否定词 + 形容词 + 介词”的结构趋向于词汇化，即作为一个词用于连接比较主体和比较客体，表示二者的高下、多寡等差异。如团风方言的“不及于、赶不倒、不热乎、不丑似”：

他不及于赶不上你。｜我硬简直不丑似接近于磕头。｜你不晓得吃肉赶不倒赶不上喝汤？

例中“不及于、不丑似”没有肯定式“及于、丑似”，可见二者分别是表示差比结果的动词，如同共同语的“勇于、急于、敢于、乐于”等结构一样。“赶不倒”虽有相应的肯定式“赶得倒”，但是“赶不倒、赶得倒”与共同语的“来得及”相似，显然也是词。另，在“手冻得冰似铁冰冷像铁”中，“冰似铁”虽有三个音节，但应该理解为表示“冰冷”的一个词，与“布衾多年冷似铁”（杜甫）中的短语“冷似铁”不同。这些结构显然都已经词汇化了。

## 四、各片宾补同现句的语序

可能补语与宾语在单音节动词后同现，这就是所谓“宾补同现句”。这类句子的宾语、补语语序可以有不同的排列，在黄孝方言中构成以下四种句式（不一定并存，详下。汪化云 2001）：

a. 述语 + 得 / 不 + 补语 + 宾语

a1. 述语 + 得 / 不 + 补语 1+ 宾语 + 补语 2

b. 述语 + 得 / 不 + 宾语 + 补语

b1. 述语 + 宾语 + 不 + 补语

其中 a、a1 式为文序，b、b1 式为白序。出生后长期生活于黄梅县的作家废名，其小说中就存在颇多 b 式句子：枯树枝煮得一餐饭熟。｜我也奈你不何了。四种语序的分布不同，这有三种情形。

### （一）可能补语表示结果

如果是在中心语和结果补语间插进“得 / 不”构成的可能补语与宾语同现，那么黄孝方言存在 a、b 两种语序。在中部的团风方言中，当补语的语义指向主语或述语时，宾语还能出现在“不”和补语之间，构成“述语 + 不 + 宾语 + 补语”的句式：

a. 你打得赢他。　　　　　　　　　　你打不赢他。

b. 你打得他赢。　　你打不他赢。　　你打他不赢。

a. 你吓得死人。　　　　你吓不死人。
b. 你吓得人死。　　　　你吓人不死
a. 我撵得倒他们。　　　　我撵不倒他们。
b. 我撵得他们倒。　　我撵不他们倒。　　我撵他们不倒。

但是，东部和西部却有些不同。九江、安陆方言的宾语不能出现在“不”和补语之间，没有“打不他赢、撵不他们倒”等语序，这应该与这种句子缺乏理据有关：“打不他赢、撵不我们倒”的否定副词理应直接否定补语，用在名词性成分前不合乎副词的一般使用规律。其用例如：

九江　a. 尔吓得死人。　　　　尔吓不死人。
　　　b. 尔吓得人死。　　　　尔吓人不死。
　　　a. 尔打得赢渠。　　　　尔打不赢渠。
　　　b. 尔打得渠赢。　　　　尔打渠不赢。
　　　a. 我撵得倒渠几个。　　　　我撵不倒渠几个。
　　　b. 我撵得渠几个倒。　　　　我撵渠几个不倒。
安陆　a. 尔吓得死人。　　　　尔吓不死人。
　　　b. 尔吓得人死。　　　　尔吓人不死。
　　　a. 尔打得赢他。　　　　尔打不赢他。
　　　b. 尔打得他赢。　　　　尔打他不赢。
　　　a. 我撵得倒他们。　　　　我撵不倒他们。
　　　b. 我撵得他们倒。　　　　我撵他们不倒。

**（二）可能补语表示趋向**

如果是在述语和趋向补语间插进“得 / 不”构成的可能补语与宾语同现，那么这个补语是单音节的，其语序有 a、b 两式。这个补语是双音节的，则存在 a、a1、b、b1 四种语序。其中“× 去”做补语可以构成 a、b、b1 三式，“× 来”做补语可以构成 a1、b、b1 三式。整个黄孝方言基本如此，如：

团风　a. 他听得进话。　　　　他听不进话。

| | | |
|---|---|---|
| | b. 他听得话进。 | b1. 他听话不进。 |
| | a. 他吃得进去饭。 | 他吃不进去饭。 |
| | b. 他吃得饭进去。 | b1. 他吃饭不进去。 |
| | a1. 他说得出话来。 | 他说不出话来。 |
| | b. 他说得话出来。 | b1. 他说话不出来。 |
| 九江 | a. 渠听得进话。 | 渠听不进话。 |
| | b. 渠听得话进。 | b1. 渠听话不进。 |
| | a. 渠吃得进去饭。 | 渠吃不进去饭。 |
| | b. 渠吃得饭进去。 | b1. 渠吃饭不进去。 |
| | a1. 渠说得出话来。 | 渠说不出话来。 |
| | b. 渠说得话出来。 | b1. 渠说话不出来。 |
| 安陆 | a. 他听得进话。 | 他听不进话。 |
| | b. 他听得话进。 | b1. 他听话不进。 |
| | a. 他吃得进去饭。 | 他吃不进去饭。 |
| | b. 他吃得饭进去。 | b1. 他吃饭不进去。 |
| | a1. 他说得出话来。 | 他说不出话来。 |
| | b. 他说得话出来。 | b1. 他说话不出来。 |

### （三）可能补语为“得/不得”

如果可能补语“得/不得”与宾语同现，那么整个黄孝方言的语序基本一致：其肯定句只有类似 a 式的句子，否定式有 a、b1 两式：

| | | |
|---|---|---|
| 团风 | a1. 打得他。能打他 | 打不得他。不能打他 |
| | | b1. 打他不得。不能打他 |
| 九江 | a. 打得渠。 | 打不得渠。 |
| | | b1. 打渠不得。 |
| 安陆 | a. 打得他 | 打不得他。 |
| | | b1. 打他不得。 |

### （四）两序并存的两个条件

上述两序得以并存，有两个条件。（汪化云 2001）第一个条件是：述语动词一般应该是单音节的，否则构成的句子大多很别扭，其中白序 b 式大多不能成立。如团风方言的用例：

a.？你辩论不赢他们。｜？你辩论得赢他们。

b.* 你辩论不他们赢。｜ * 你辩论得他们赢。

a1.？我们商量得出办法来。｜？我们商量不出办法来。

这同差比句一样，与韵律的制约有关。在 a 式“述语 + 得 / 不 + 补语 + 宾语”、b 式“述语 + 得 / 不 + 宾语 + 补语”、a1 式“述语 + 得 / 不 + 补语 1+ 宾语 + 补语 2”中，述语后紧接单音节、轻声的“得 / 不”，这个“得 / 不”在语音上属前。“得 / 不”要求单音节述语与之组合，以构成双音节音步。b1 式“述语 + 宾语 + 不 + 补语”的述语后没有轻声的单音节成分，不存在上述韵律的制约，因而没有对述语音节的要求：

b1. 你辩论他们不赢。

又，文序句 a、a1 式多用于正式的场合，具有与共同语同类句式相同的特征，对述语音节的要求没有白序句严格，所以双音节动词构成的 a、a1 只是有些别扭而已。

第二个条件是，可能补语与宾语同现句的 b1 式“述语 + 宾语 + 不 + 补语”，要求宾语尽可能是单音节的。团风方言中“我撵他们不倒”的宾语“他们”为两个音节，就没有其宾语只有一个音节的自然。当然，我们说要求宾语尽可能是单音节的，这意味着宾语也可以是不止一个音节的，尽管这样的宾语出现在 b 式的否定句中可接受度差一些，但毕竟是可以存在的。不过，如果上述白序句中的宾语超过了两个多音节词的长度就显得十分别扭，难以成立；相应的文序句则没有这个限制，如：

a. 你吓不倒梁山寨上的花和尚鲁智深。

* b1. 你吓梁山寨上的花和尚鲁智深（就吓）不倒。

这是因为 b 式中如果宾语太长，那么可能补语和述语就隔得太远，其间的语义联系在口语中就被削弱了，整个句子就不够紧凑；必须重复述语（括号中的成分）来保证述语、补语的联系，句子才能成立。而 a 式中因为可能补语紧承述语，且一般不会太长，述语与宾语不会隔得太远；而宾语又是述语直接关涉的对象，二者意义密切相关，因而述语、补语、宾语联系紧密，故而没有宾语长度的上述限制。

**（五）各片的差异**

以上 a、a1、b、b2 四个句式，在东片、中片方言尤其是老派方言中，大多比较普遍地存在。但是，白序句式 b、b1 式在西片的使用却在减少。这种现象在各方言点表现不一。其主要情形是：带趋向补语的白序句式，西片较少使用；除少数老派外，不说“你听得话进、他听话不进、他吃得饭进去、我说话不出来”。在安陆及其周边方言中，带趋向补语、带可能补语“倒”的白序句式都不常用，一般没有“撵得他们倒、撵不他们倒、撵他们不倒”的说法。在应城及其周边方言中，白序否定句一般不使用，没有“你吓人不死、他吃饭不进去、我说话不出来”等说法。白序句在带趋向补语和用于否定句时使用受限，是其在西片的主要变化。如前所述，否定词在宾语前的 b 式，在东片、西片都不使用。

**（六）白序宾补同现句的特点**

从上面的讨论不难看出，黄孝方言白序宾补同现句不仅使用受限，而且在西部趋于消亡。其语序特点是：无论是 b 式还是 b1 式，其宾语都出现在补语之前，即其排列顺序是：

述语（动作行为）+ 宾语（对象）+ 补语（可能的结果、趋向）

显然，这种语序正反映了客观事象中的先后顺序：先有动作行为，然后才有动作行为涉及的对象，最后才有可能的结果或趋向。这是对其动作行为过程的模拟，其语序符合象似性的原则。这种语序在宋元白话中大量存在（岂能瞒得我过。朱德熙 1982），在今黄孝方言中虽然存在，但使用受限。

## 五、各片部分合成词的语序

黄孝方言中存在这样一种现象：同一组语素组成的合成词有意义基本相同的两种语序，两种语序的结构中组成成分间的语法关系一般也相同。例如“公、鸡”，可以有“鸡公、公鸡”两种语序，两序都是偏正结构，意思都是“公鸡”。又如“羊牯儿、公羊儿”，虽然两组语素中“公、牯”形体不一，但二者都是“公羊”的意思，两组语素可以算是基本相同。而“羊牯儿、公羊儿”显然都是偏正结构，但语序相反。这种现象在各地存在的多少不一。

### （一）中片老派方言中这种现象最为多见

团风方言中偏正结构的动物名词，大多有表示性别的语素在前和在后两种语序（汪化云 2001）：

| | | | |
|---|---|---|---|
| a. 牯牛 | 公羊儿 | 伢猪儿 / 郎猪 | 公狗儿 / 伢狗儿 |
| b. 水牯 / 黄牯 | 羊牯儿 | 猪牯 | 狗公儿 |
| a. 牸 [꜀sa] 牛 | 婆羊儿 | 草猪儿 | 婆狗儿 / 草狗儿 |
| b. 水牸 / 黄牸 | 羊婆儿 | 猪婆 | 狗婆儿 |
| a. 婆鸭子 | 公鸭子 | 婆猫儿　伢猫儿 | 公鸡 |
| b. 鸭婆 | 鸭公 | 猫婆 | 鸡婆　鸡公 |

例中的“水牯、黄牯、羊牯”即公水牛、公黄牛、公羊，“水牸、黄牸、羊婆”即母水牛、母黄牛、母羊，余类推。以上大抵是形体较大的动物（牛）用“牯、牸”表示性别；形体较小的动物（鸡鸭狗猫）用“公、婆”表示性别；形体介乎二者之间的，雄性用“牯、郎、公”，雌性用“婆”表示性别。“伢、草”只用于表示幼畜的公母。以上 a 式为文序，b 式为白序。少数双音节合成词也有类似的现象：

| | | | | | | |
|---|---|---|---|---|---|---|
| a. 客人 | 回去 | 记念 | 整齐 | 喜欢 | 勉强 | 每天 |
| b. 人客 | 去回 | 念记儿 | 齐整 | 欢喜 | 强勉 | 天每儿 |

a. 祈求　　纸钱　　事情　　　应该　　晴天　　药粉子

b. 求祈　　钱纸　　情事　　　该应　　天晴　　末药儿中药粉剂

**（二）东片、西片这类现象略少**

1、九江方言中常见的异序并存的动物名词只有以下几个：

a. 公牛　母牛　草猪　公鸡　母鸡　母鸭　公鸭　草狗

b. 牛牯　牛婆　猪婆　鸡公　鸡婆　鸭婆　鸭公　狗婆

其特点是：异序并存仅限于常见动物名词，而城里不常见的“牛”等等，年轻人几乎没有性别语素的印象；其老派白序名词的性别语素多为“公、婆”，仅“牛”用“牯”表示雄性（庐山的地名“牯岭”中仍存在。“牯岭”即“牯牛岭”之简称）。其余动物名词大多跟共同语相同。其他合成词异序并存的仅限于几个常用的名词、形容词、动词：

a. 回去　　整齐　　喜欢　　纸钱　　应该

b. 去回　　齐整　　欢喜　　钱纸　　该应

2、西部的安陆方言与此类似，其动物名词异序并存，常见的只有以下几个：

a. 牯子（公牛）　公鸡　母鸡　公鸭　母鸭　牸娃儿（母牛）

b. 水牯、黄牯　　鸡公　鸡婆　鸭公　鸭母　水牸、黄牸

其余动物名词的构成与共同语语序相同：伢狗（公狗）、草狗（母狗）、男猫、米猫（母猫）、脚猪 / 郎猪（公种猪）、伢猪（公猪）。特殊的是“豚子（母猪）、尖娃儿（小公牛）”，其词源可能跟特定器官有关，待考。其他合成词异序并存的也不多：

a. 喜欢　　勉强　　整齐　　纪念　　应该

b. 欢喜　　强勉　　齐整　　念记　　该应

不难看出，其异序并存的也是常见动物的名称，和几个常用的动词、形容词。

**（三）白序名词的特点**

文序动物名词与共同语一致，无须多说，这里说说白序动物

名词的特点。白序动物名词的前一个语素，一般表示的是原型范畴（prototype eategory），例如不分性别的“鸡、鸭、猪”等等；后一语素表示的对象，则是这个原型范畴中的下位范畴，如“公、婆、牯”等。原型范畴反映的是一般属性，而下位范畴反映的是特殊属性。这种一般到特殊的语序排列，符合人们认知对象的一般规律：先认识其原型属性，后发现其特殊属性。刘宁生(1995：81—89)曾着眼于空间关系，认为汉语中存在着一个“参照物先于目的物”的语序原则，他指出，“整体先于部分……实际上是由‘参照物’到‘目的物’的一种特殊方式”。黄孝方言的白序动物名词显然合乎这一原则，是对人们观察事物规律的模拟，其象似性是不言而喻的。（汪化云 2015）这种语序与先秦汉语中“城濮、帝甲、丘商（商丘）”显然是一致的。

以上白序动物名词在赣语中也大量存在，且其性别语素可以构成无生命名词。黄孝方言中也有性别语素构成无性别差异的其他名词的现象。例如：“牯、公”在团风方言中可以构成“马牯石头：大马牯、细马牯、火马牯，麻牯风化石，鹅公包鹅头上的隆起，椅牯杌？趸儿无靠背坐具、脚牯兜儿脚后跟”，“鼻公”在麻城方言中用以指称“鼻子”。这些无性别差异的名词，数量不多，但现象与赣语相同。可见，黄孝方言的白序动物名词与赣语等东南方言以及少数民族语言中同类词语的语序一致。（汪化云 2001a、2015）

值得说明的是，白序的非动物名词使用范围都不大，且与相应的文序词意义、功能、词性不一定完全相同。这有四种情形：第一，两个词的词性、功能和意义相同，仅有口语词和书面语词之别。如：钱纸、纸钱，整齐、齐整，勉强、强勉，客人、人客。第二，两个词意义相近，但词性功能不同。如“记念、念记儿”，前者是动词，可作谓语中心（记念他）；后者是名词，常在半固定的结构中做宾语（留个念记儿）。“喜欢、欢喜”，前者是及物动词，常作谓语中心（喜欢北京）；后者可以是动词（欢喜吃辣的），也可以作名词（欢喜＝筹码），还可以构词（欢喜坨一种小食品）。第三，两个词意义、功能、词性基本相同，但色彩意义不同，因而使用的范围不同。白序词使用的范围小，限于一些半固定结构，表示特定的色彩、意义。如“事情、情事”都是名词，但前者是书面语，口语为单音节的“事”；后者是口语，常指没有必要做的事，出现在否定结构中（冒得情事做得）。“应该、该应”都是动词，但前者是书面语词；后者是口语词，特指因果报应的“应该”（做了亏心事，遭报应是该应的）。“祈求、求祈”都是动词，但前者是书面语词，后者不用于肯定句而只出现在否定句中（我不得求祈他）。“药粉子、末药儿”都是名词，但后者不见于书面，特指中药粉剂。第四，两个词意义、词性、功能相同，但语素意义不同。如“回去”的“去”，意思是“往、到”，“回、去”指方向一致的同一个动作行为；“去回”的“去”是“离开”，“去、回”是两个动作行为。

## 六、小结

### （一）白序词句的特点

以上四种异序并存的结构，显然都是语法格式而不是语用格式。其白序应该是该方言中的“基本语序”或“无标记语序”（吴福祥 2012），其文序应该是共同语语序的叠置（汪化云 2001）。问题是，既然是汉语方言，黄孝方言的白序为什么跟共同语的差异这么大呢？我们认为这首先与操当地方言者的认知心理有关。这些白序词句的共同特点是临摹性，即对客观事象的模拟：白序双宾句、宾补同现句的语序，模拟的是动作行为的过程，白序差比句模拟的是联系者居中的一般客观现象，白序动物名词模拟的是人们认知对象的过程——原型范畴居前。这就是说，这些白序的共同点是象似性，是客观存在的顺序在词句中的体现。

此外，当两个动宾短语连用构成连谓句时，当地人的心理是“前重”，因而后面的动词容易虚化。这与当地人说话也前重一样；

当地学习共同语者的所谓湖北特色之一，也是前面的词语发音重于后面。连谓句的前重，可以看作是象似性的特殊表现。

**（二）白序反映出对汉语史上特定阶段某种优势语序的继承**

如前所述，白序双宾句的前身“动宾 + 介宾”结构和白序动物名词，是对先秦汉语语序的继承，白序差比句是对唐宋时期同类句式的继承，宾补同现句是对宋元白话中同类句式的继承。该方言虽为官话，但其白序有着 VO 型语言的某些特征，与多数东南方言相同，反映出临摹客观事象的象似性特征，与共同语中相应语序的遵循“抽象原则”相反。其异序并存的现状，是北方官话语序对南方推移、逐步影响南方方言的表现。

**（三）四类现象发展阶段的差异**

正如汪化云（2001）所说的那样，黄孝方言的异序并存现象都是文白异序现象，但同文白异读一样，四类语序现象发展的阶段不同。其双宾句的白序使用频繁，文序多少有些正式的色彩，处在“文弱白强”阶段；其宾补同现句两个语序的使用几乎同样普遍，处在“文白相持”阶段；其差比句、动物名词的白序要么使用受限，要么所涉名词在减少，处在“文强白弱”阶段。

## 第五节　处置句与被动句

### 一、研究概况

本节讨论黄孝方言的处置句与被动句。如前所述，黄孝方言表示处置意义，可以使用句末出现虚指的“他 / 渠”的意向处置句（苹果吃了他 / 渠），可以使用“一 V 倒”结构构成的具有描绘作用的持续处置句（位置一占倒）。而表示被动，可以像共同语一样，使用没有被动标记的受事主语句（碗打破了）。这些现象或与共同语相同，或前面已有介绍，无须讨论。本节只讨论使用表示被动和处置的介词构成的被动句和处置句，即所谓“标记被动句”、相对于意向 / 持续处置句而言的一般处置句。之所以把这两个句式放在一起讨论，是因为在黄孝方言的多数点上，处置标记和被动标记可以是同形的介词。

对黄孝方言中的这两个句式，有些著述进行过探讨。汪化云和郭水泉（1988）以黄州方言为主兼及周边方言，较早研究了其“把”字句。从分辨“给予、处置、被动”三类意义的角度，他们较为详细地对三个均出现“把”的特殊句式进行了描写。张林林（1989）详细描写了九江方言中由“等”构成的被动句，认为该方言介引被动句施事的介词“等”虚化自动词“等”。何洪峰和程明安（1996）也较深入地描写了黄冈县方言的“把”字句。左林霞（2001、2004）则先后对孝南方言中共用标记“把”的处置式和被动句进行过研究。这些研究的共同特点是以描写为主，偶有解释；都是着眼于某个特定的方言点。也有少量著述涉及的方言点较多，但对材料失于甄别——由于发音合作人为高校学生，因而其用例是书面语和口语材料的杂陈；有一个方言点甚至被记录了七八个表处置的介词（让、给、被、叫、尽、把、把得），明显不合乎语言的经济性原则，歪曲了该方言此类句式的本来面貌。

本节拟对黄孝方言使用介词介引受事或施事的处置句、被动句进行全面的探讨。以下把黄孝方言分为三片分别讨论。东片：湖北的黄梅县及其相邻的武穴市部分地方，江西的九江（浔阳、江州、庐山区）和瑞昌市，以九江方言为主要方言点；在第五小节讨论“等”的语法化时，为避免语料的重复使用，改以黄梅方言的语料为依据。东片的特点是表处置和被动的介词一般不共用。中片：湖北黄冈市辖浠水、罗田、英山、蕲春、武穴、黄州、团风、麻城、红安等县市区，武汉市新洲区，鄂州市，以团风方言为代表点。其特点是处置句、被动句的介词都是“把”。西片：孝感市辖孝南、孝昌、应城、大悟、云梦、安陆等县市区，随州市所辖广水市，武汉市黄陂区，以孝南方言为代表点。其特点是既共用“把”作为处置、被动标记，又使用“着、尽”等作被动标记。考虑到人们对三类现象已经分别进行了较为详细的描写，本节仅简述其概况，然后进行异同的比较，试解释其源流。

## 二、东片：九江方言的处置句、被动句

东片九江方言的处置句、被动句，一般分别使用不同的介词作标记，与共同语类似。

### （一）处置句

东片方言的处置句有两种情形。

一是大多数的情形：跟共同语类似，使用“把”或与“把”音近的介词介引处置对象。但是，使用“把”作处置标记的限于新派；老派处置标记的读音各地不一：在九江、瑞昌等地或音“班”[꜀pan]，在黄梅读如文读的“妈”[꜀ma]。“妈、班”声调相同，声母发音部位一致。考虑到周边方言的这个介词都是“把”（详下），我们觉得“妈、班”可能都是来自“把”的音变。新派使用的“把”，当来自共同语和周边权威方言的影响。这需要进一步研究。以下是九江方言老派的用例：

（1）下个月就搬新家了，我打算班屋里的家具换渠 [꜁$k^hæ$]。

（2）莫班时间浪费了！

（3）尔还不班鸟儿放渠？｜莫玩了，赶快班作业写了渠！

（4）我们班剩饭吃渠算了。

（5）猫冒班鸽子咬死。小王冒班饭吃完。

（6）我班那些剩菜倒了。

不难看出，九江方言处置句很多特点跟共同语一致：否定词、表意愿的词出现在“把”之前（1–3、5），述语不能是光杆动词（1–6）。此外，其非意向处置句句末不出现“渠”（2、5、6）。跟其他黄孝方言点类似，其意向处置句（1、3、4）即使使用了“班/把”，句

末还须出现虚指的“渠”，而“班/把”也可以不出现：

（7）作业做了渠！｜饭吃了渠！｜快点走了渠。

二是较为少见的情形：即九江的部分老派用“拿”介引处置对象，如：

（8）尔跟我拿事说清楚咯。你给我把事情说清楚了。

据石毓智、王统尚（2009）研究，给予义动词“拿”发展成处置式标记的方言主要存在于东南方言中，如上海、涟源、泰兴、常宁、汝城、湘乡等方言就是这样（泰兴方言：我已经拿锅碗洗掉了）。九江方言的“拿”并不表示给予义，却能充当处置标记，可能是相邻的东南方言影响所致。

**（二）被动句**

1. 九江方言表示被动，新派多使用介词“被”，老派一般使用“等”。老派的用例如：

（8）执照等兀个那个警察没收了。

（9）我的脚等渠的开水泡烫了。

（10）小心点儿，莫等蛇咬了渠。

不难看出，同共同语的“被字句”一样，其述语不能是光杆动词（8-10），否定词出现在被动标记“等”之前（10）。

2. 同共同语不同的是，“等“介引的施事成分必须出现而不能省略，“阶级敌人等打倒了”是不能成立的。如果不出现施事而又要表达被动，那么就必须使用无标记的被动句，试比较：

（11）伢儿等绳儿绊倒了。→伢儿绊倒了。

（12）本儿等渠撕破了。→本儿撕破了。

而且，其“等”字句很少有如例（10）那样的否定形式（否定句中的事件是未然的，一般不构成“等”字句）。要表达否定被动的意义，常常使用无标记的被动句。如（张林林 1989。详本节五）：

（13）？白鸽子冒等猫咬死。→白鸽子冒咬死。

（14）？柳树冒等大风刮倒。→柳树冒刮倒。

使用“等”引进施事的被动句，与不使用“等”、不出现施事的被动句的区别是：前者强调施事，有归咎责任主体的意味，后者只是陈述被动的事实，而不突出施事的责任。

3. 九江方言中的“等”字句同早期共同语中的“被字句”一样，表达的语用意义是：对于句子主语表示的对象来说，是不如意的事件，前述诸例莫不如此。又如：

（15）我躲在兀里，等老李看到了。

（16）凶手等几个青年人绑起来了。

正因为如此，一般没有“某某等学校评为三好学生”的说法。

## 三、中片：团风方言的处置句、被动句

团风方言的处置句、被动句使用同一个介词“把”，构成“NP1+ 把 +NP2+VP”的句式；而且，“把”还有“给”这一动词意义。因此，其一个语符列就可能存在三个意义。如：

（1）鱼把猫子吃了。

这个句子可有的三个意义皆来自对“把”的不同理解：第一，理解为处置意义，即一条大鱼把一只在水边溜达的猫给吃了；第二，理解为被动意义，即鱼被猫吃了；第三，理解为给予意义，即（某人）把鱼给猫吃了。以下将表示“处置”的“把”记作“把 1”，将表示被动的“把”记作“把 2”，将表示“给予”的“把”记作“把 3”。本小节不讨论“把 3”构成的连谓句或兼语句等。

### （一）“把 1”构成的处置句

1. 团风方言“把 1”构成的处置句，与共同语的“把字句”基本相同。其 VP 不能是光杆动词（例 2。诗歌或戏曲中有例外：老汉我真朝今天把亲提），且必须由动作性强的及物动词构成（* 老李把名人成了），“把”后必出现处置对象：

（2）我把这个事做下子。｜你赶快去把家具搬来。

（3）哥把碗打了个缺儿缺口。

（4）他把那个鸡打断了翅管本字“翅杆”，即翅膀。

（5）眼睛花了，我把那棵树当成了人。

（6）姐把鱼吃干净了。｜你把书扯破了。

2. 表示处置的介词“把”，可以用肯定否定相叠的方式构成正反问句（7），把字句中否定词、能愿动词、时地名词可以出现在“把+NP2”之后（8-10），这与共同语不同：

（7）a. 你把不把他送去？｜b. 你把不把碗里的饭吃干净？

（8）你把这个事莫说了，呵！

（9）他把磨子能够一把举起来。

（10）我把鸡儿上半天送去。

其中例（7）a 中的“把”，也可以是表示给予意义的动词，这需要结合语境区别。汪化云、郭水泉（1988）曾给出了一些具体的区别办法，例如：当 VP 为动宾短语时，NP2 与宾语有领属关系（3、4）或同一关系（5）；当 VP 为动补短语时，补语的语义指向是 NP2（6）——这些情况下，句子一般是处置句。这里就不展开讨论了。

3.“把”介引工具。我们知道，汉语史上介引处置对象、工具的“把”都是由持拿义动词虚化而来的（详下）。这两种介词用法在团风方言中都存在，是汉语史上“把”演变的投影。工具介词“把”的用例如：

（11）只剩这点儿，把么事送情？只剩下这么一点儿，拿什么东西送礼？

（12）我把这个钱交学费。我拿这笔钱交学费。

**（二）“把 2”构成的被动句**

1. 团风方言“把”构成的被动句与共同语介词“让”构成的被动句类似，其后的施事必须出现，其 VP 必须是可以带宾语的动作动词（“睡”可以带处所、施事宾语），这同九江方言一样：

（13）a. 饭把我吃了，新床把我睡了。｜b. 书把小王扯破了。

（14）猪把二伯关起来了。

如果 VP 为动宾短语，则 NP1 与宾语可能有领属（15、16）或同一

（17）关系，如：

（15）那本书把我扯了三页。

（16）我的头把碗打出了血。

（17）那棵树把我当成了人。

这类句子中的“把”也可能是表示“给予”的动词（13），须根据语境区分（汪化云、郭水泉 1988）。

2. 汉语的被动标记或来自表使役、容许的动词，团风方言的“把”也有这类动词意义：

（18）把我的头发急白了。

（19）衣裳莫把风吹跑了。

这就是说，团风方言的“把 2”也应该是来自上述使役、容许意义的“把”。

**（三）“把 3”构成的动词谓语句**

1. 上文说到，团风方言的“把字句”在表达处置、被动意义时，存在表示“给予”的歧义。汪化云、郭水泉（1988）认为，如果“把”后面出现的 VP 是以形容词、能愿动词、趋向动词、带谓词性宾语的动词为中心构成的短语，或者是光杆动词（或者还有语气词），那么句中的“把”只能表示给予：

（20）（冒得现钱），你把东西也要得。

（21）（要看猴把戏），你把钱就开始。

（22）你把凳儿（我）就下来。

（23）二伯把几个学费不冤枉。

（24）我把钱买。｜二爷把我吃啵。

实际上，这些句子是连谓句或紧缩复句，前面一段以“把”为中心构成一个陈述，“把”只能是动词。

2. 表示被动和给予的“把”后常常出现轻声的“得”（蕲春等地作“似”），或在双宾句中的直接宾语后带上“得”，然后带间接宾语。“得”有“给予”义，类似共同语动词后的或动词的“给”：

（25）那个包子把得被/给我吃了。｜老王把得被/给老周囥倒藏着了。

（26）我把本书（得）他。

例中“把得”的词性也应该依据语境来区分。其中动词“把得”可以正反复叠构成“把不把得”：

（27）这个苕把不把得他吃？

（28）你的车子把不把得我骑？

**（四）“把字句”兼表处置和被动的原因**

把字句的歧义，是“把”的多义引起的，这类现象在汉语方言尤其是东南方言中存在颇多。朱德熙（1982）指出，北京话中的“给”也兼有表示被动（29）和处置（30）的用法。例如：

（29）你说的话全给我听见了。｜房子给土匪烧了。

（30）我给电视机修好了。｜我给电视机弄坏了。

石毓智、王统尚（2009）对这类现象进行过研究，认为：“汉语方言中，大约85%左右的处置式和被动式共标记现象都是‘给予’类动词语法化的结果。这类动词的概念结构和所出现的句法环境，决定了它们具有向两种句式发展的可能性”。黄晓雪（2014）则综合学界的看法，对这种演变进行了三点归纳：

1. 关于“把”的本义和作处置标记。“把”从手巴声，本义为“握”，是表示持拿义的动词。在汉语语法史上，持拿义动词容易演变为处置标记。例如“将”，就是由具有持拿义的动词（《三国志·魏志·华佗传》：行数里，昕卒头眩堕车，人扶将还，载归家，中宿死）演变为处置标记的（将革命进行到底）。因此，“把”作处置标记，应该来自连动结构“V1（把）+N1+V2+N2”中的持拿义动词V1的虚化（贝罗贝1989）。据此，团风方言的处置标记“把”应该来自持拿义动词。而且，“把”的本义持拿义本来也存在于团风方言的固定短语中：

（31）来个客，屋里样事冒得，把毛无存。家里来个客人，什么也没有，拿一根毛都不存在。

如前所述，团风方言的工具介词也虚化自持拿义动词。

2.“把”表示给予义。“把”在湘语、赣语、江淮官话、西南官话中表示给予义（吴语苏州方言中的“拨”、粤语中的“畀”与之音义相关），来自其本义持拿义。大约在魏晋之后，持拿义的“把”常与给予动词“与”连用，构成连动结构（把 NP1 与 NP2）或者复合动词（把与）。由于组合同化或曰“词义感染”的原因，“把”吸收了“与”的给予义。这种说法与团风方言中“把”的演变相符。团风方言中的这种演变可以细化为包含了先后两个阶段的一个过程：一是“把”被同化。“与”所具有的“给予义”即持物与人，这个意义中蕴含了“把”的本义“持拿”，使得“把”被同化具备了意义基础。二是“与”被删除。在“把与＋与事”结构中，由于“把、与”同义，使得“与”的语义赘余而在句式中被删除，“把”就自立门户表达“给予”义了。如前所述，中片的处置介词、动词“把”后常出现表给予念轻声且可以省略的“得 / 似”，证明这个过程在共时平面仍然清晰可辨。这可以解释“把得 / 似”可以带间接宾语（与事）而不能带直接宾语的现象：

（32）钱把似 / 得他。但：* 把似 / 得钱他。

3.“把”作被动标记。这个功能来自给予义动词“把”。但是，由“给予”动词演变为被动标记，中间存在一个“使役、容许”义动词的阶段（江蓝生 2000。详五）；而如（二）所述，团风方言中存在这个意义的“把”（你就把他打）。

这就是说，团风方言被动标记与处置标记同形，并不是直接来自给予义动词。按照上述三点来推论，黄孝方言中片的“把”应该存在平行的两条演变线索：

↗工具介词，处置标记

持拿义（存在于固定短语）

↘给予义动词→使役、容许义动词→被动标记以上“把”的6种意义，在中片团风方言中并存，是其历时演变过程的缩影。

## 四、西片：孝南方言的处置句、被动句

西片孝南方言的这两个句式跟中片有同有异。其同是：跟中片一样使用“把”表示被动和处置，也表示给予；其异是：存在单纯表达被动的介词，这一点又与东片类似。

### （一）用“把”表示给予、被动和处置

1.“把”表示给予，是动词。这个“把”也可以带上轻声的“得”构成复合动词，或在双宾句中的直接宾语后使用“得”，然后带间接宾语。如：

（1）尔把十块钱（得）他。你给他十块钱。

（2）快把（得）我。快给我。

但与中片一样，“把得”也不能带直接宾语，不能说“把得十块钱”。

2.“把”为处置标记，介引处置对象。汉语史上“把”由持拿义动词虚化为介引工具、介引处置对象的两种介词用法，在孝南方言中都存在，与中片相同。“把”介引工具、材料等，相当于共同语介词“用、拿”（3、4）；“把”介引处置对象，与共同语“把”的用法基本相同（5–7）：

（3）尔把么事写字？尔用什么写字？

（4）尔把这个钱交学费。你拿这笔钱交学费。

（5）尔把这事敢说出去。｜你敢把这事说出去。

（6）尔还不赶快把这些东西丢了他。

（7）尔叫伢们把椅子、桌子莫搬进去了。

不难看出，孝南方言处置句中的否定词、能愿动词可以出现“把”之前，也可以出现在介词短语之后。

3.“把”为被动标记，介引处置对象。孝南方言的“把”也有

表使役、容许的用法（8、9。其后不能出现“得”），与表示被动的“把”并存使用，后者常常带上有给予义的“得”（10–13），“把”后也不能省略施事：

（8）乜个鬼天，把我热得汗直流。

（9）他要打尔，尔就把他打。你就让他打。

（10）东西把（得）别个偷走了。东西被别人偷走了。

（11）今着把（得）他占了个便宜。今天被他占了个便宜。

（12）尔的心把（得）狗子吃了。你的心被狗吃了。

（13）蛮老实的个伢，把（得）你教坏了。

不难看出，西片孝南方言“把”的意义、功能与中片团风方言完全相同。

**（二）用被动标记“着、尽”介引施事**

1. 着。孝南方言被动句最常用的标记为“着”。“着”新派音 ꜀tʂɑu，老派音 tʂo꜄，用法跟共同语的被动标记“叫、让”相当，其作用都是引出施事者。如：

（14）头发着火烧了。

（15）你的良心着狗子吃了。

左林霞（2004）认为，孝南方言被动标记“着”是从“遭受，蒙受”义动词“着”虚化而来，与人们指出的“被”的虚化过程大致相同。这个意义出现较晚，在宋元时代的作品里才较多见。如：

（16）一度着蛇咬，怕见断井索（宋·普济《五灯会元》卷二十）

2. 尽。“尽”音 ꜂tɕin，在孝南方言中兼动词、介词，相当于共同语“让”。作为介词，“尽”表示被动，引出施事，构成被动句。如：

（17）鱼尽财喜吃了。

（18）书早就尽别个拿走了。

（19）放贼精明点，莫总是尽别个当苕盘耍弄。

这个“尽”和“着”可以对举使用，但是意义并不完全相同。如：

（20）这个事莫尽他晓得了，要着他晓得了就不得了。

例（20）中的“尽”也可以理解为表示容许的动词，这是被动标记“尽”的前身（详本节五）。又如：

（21）把欢喜坨一种糯米制成的小食品捡藏好，莫尽他看到

在孝南方言中，动词和介词“尽”有时并不容易区分。例（20）、（21）可以有两解，正是“尽”由容许义动词向表示被动的介词演变的中间阶段的表现。

**（三）表示被动的“把、着、尽”的异同**

孝南方言的被动标记“把、着、尽”有一个共同点：其介引的施事（介词宾语）必须出现，这与其他黄孝方言相同，而与共同语的“被”不同。后者介引的施事是可以不出现的：衣服被淋湿了。孝南方言的被动标记后不能缺少施事，说明其词义较实，未完全虚化——“尽”的动词义“容许”仍在与表被动的介词义并用，有时难以区分；“把”构成的句子也有是表示给予、处置还是被动的歧义。至于其他特征，如动词必须及物、不能是光杆等等，均与共同语相同。

孝南方言的三个被动介词的差异，主要是使用范围不同。“着”的语法化程度最高，与“被”的传统用法表意相当，一般表示不如意的事，使用范围最广，是被动标记的主要形式。“把（把得）、尽”表被动，但仍存在动词义，且“把”兼表处置，故使用范围较窄，也没有“着”字句的不如意色彩。

相邻的大悟、孝昌等方言的被动、处置标记与孝南方言相同。安陆方言的被动标记是“尽/把得”，其中“尽”的使用最为频繁；“把得”兼作给予义动词，用作表被动较少。应城、云梦、黄陂等方言，表被动以使用“把得、给得（新派）”为主，也有使用“尽、被（新派）”的。后四个点的处置、被动标记可以都用“把”。

## 五、东部的“等”的虚化①

“等待”义的“等”演变为“容许”义，进一步虚化为被动标记的现象，常见于赣语、客家话、湘语（何亮 2005），相邻的部分吴语和西南官话、江淮官话中也存在这个现象（何忠东、李崇兴 2004，张林林 1989）。人们探讨了“等”虚化的条件，但都存在一些不足：何忠东、李崇兴（2004）对西南官话湖南汉寿方言的“等”由“容许”义到作被动标记的研究很有概括性，但对于“等”由“等待”义到“容许”义的演变没有给出条件。何亮（2005）从句法结构内语义关系变化和相关词义演变的角度研究“等”的演变，但所指出的认知原因显得烦琐，有的甚至令人费解（详下）；其所使用的材料既有历史文献的也有不同方言的，因为庞杂而说服力不强。以下用黄孝方言东片的语料，探讨“等”的语法化过程。

如前所述，黄孝方言的被动标记“等”存在于与赣语毗邻的 5 个县级方言点：九江市的浔阳、江州、庐山区和瑞昌市；黄冈市黄梅县。除了张林林（1989）对九江方言中的此类现象有过描写和对“等”的虚化有过简述外，这个“等”没有引起人们研究的兴趣。这里主要以黄梅方言为例，讨论“等”的语法化。为讨论方便，以下将表示等待、容许、作被动标记的“等”分别记作“等 1”、“等 2”、“等 3”。

### （一）黄梅方言中“等 1”向“等 2”的演变

黄梅方言中的“等 1”是动词，意为“等待”，常出现在下列句式中：

**句式 0：NP1+ 等 +NP2**

该句式有“（NP1）等不等（NP2）”、“（NP1）等（NP2）呗 / 啵”、

① 本节的主要内容曾在“南方官话国际学术研讨会”（广西科技师范学院 2015.11）报告，覃远雄、罗自群、伍和忠、孙红举等先生补充了西南官话中的相关用例。武汉大学卢烈红教授审读了全文，修订了例句。2016 年被《方言》审稿通过，待刊。

“(NP1)等(NP2)补语”等变式，如：

（1）我嗒地 [taˀ •ti] 还等 1 渠三天。我们还等他三天。

（2）尔 [ˁn̩] 等 1 不等 1 万师傅？我不等 1。你等不等万师傅？我不等。

（3）渠就走了，么不等 1 下子呢？他就走了，怎么不等一下呢？

（4）等 1 得急死人的，尔将还等 1 渠啵？等得急死人的，你现在还等他吧？

句式 0 中的“等”是唯一动词，不可能演变为表示“容许、被动”。诱发其演变的句式是：

**句式 1：NP1+ 等 +NP2+VP**

即句式后段出现了 VP。因为“等”表示“容许、被动”的句子后段都有 VP（详下），其前的“等”才有虚化的可能。但即使后段出现了 VP，其“等”也不一定就是“等 2”。何亮（2005）认为，句式 1 中如果“N1 与‘等’之间没有一种主动积极的关系，‘等’不反映 N1 的意愿”，那么其“等”就还是“等 1”。这类关于“等”演变的说法比较费解。我们认为，由“等 1”向“等 2”的演变须具备以下四个条件。

1. NP2 一般是有生名词。“等 2”后面出现的 NP2 显然应该是兼语成分，即“等 2”的受事、VP 的施事；因此一般应该是有生名词，才能成为容许的对象（5、6）。如果 NP2 为无生名词，如例（7、8）中的“太阳、几天”，其“等”只能是“等 1”；因为无生名词一般不能充当容许的对象、VP 的施事：

（5）等 2 渠去，莫理渠。让他去（采取某种行动），不要理他。

（6）尔等 2 渠短，莫还嘴。你让她骂，不要还嘴。

（7）我等 1 太阳出来才去。

（8）还等 1 几天看下子。

例外的是，当 NP2 的语义角色是工具时，可以是无生名词。因为工具是人和某些动物器官的延伸，实际上是代替有生名词的、具有某种施事的功能的。这种情况不多见，需要有特定的上下文：

（9）a.（渠见死不救，）等 2 板车把意个伢轧死了。让板车把那个孩子轧死了。

b.（渠自家不动手杀，）等1板车把意个伢轧死了。等板车来把那个孩子轧死了。

a句因为有“见死不救”，工具角色“板车”就成为容许的对象，“等”为“等2”；而b句中主观愿望是置孩子于死地而不承担责任，“等板车……轧”，使得“等”只能是“等1”。

2. VP是NP1可控的动作行为。VP可控，则“等2”的“容许”义才可以成立，如例（11）的“（汽车）碾死”。而不可控的行为如例（10）的“（天）下雨”，是不以人的意志为转移的，因此就无所谓“容许”了，其“等”只能是“等1”：

（10）不能够等1天下雨，要想办法抗旱。

（11）等2汽车碾死渠，莫救渠。让汽车轧死她，别救她。

如果“可控”与否不清楚，则有歧义。例（12）中的“（大人）来搬”对于省略了的NP1来说具有可控、不可控两种可能，因而“等”有歧义，可以是“等1/等2”（例（9）a亦然）。这可以看作是由“等1”向“等2”演变的中间形式：

（12）等大人来搬。等待大人来搬。/让大人来搬。

3. VP是进行中的行为。等待出现的现象一般是尚未进行的行为，例（13）的“（姐）炒菜”不是进行中的行为，“等”不可能是“等2”；容许出现的现象可以是进行中的行为，例（14）的“伢罗斯买药去了”在进行中，其中的“等”是“等2”：

（13）尔等1姐炒菜。你等姐姐炒菜。

（14）渠等2伢罗斯买药去了。她让孩子们买药去了。

如果“等NP2+VP”为条件分句，表达的是非进行的行为，“等”为“等1”：

（15）等1伢罗斯困渠再走。等孩子们睡了再走。

（16）等1屋的人家里人走掉了我才始才跟你说。

4. VP的施事限于NP2。如果其施事是“NP1+NP2”，那么

"等"为"等 1"：

（17）（我）等二哥一路一起走。

因为"（一路）走"的施事包括"我、二哥"，是一种共同完成的行为，所以不存在 NP1 容许 NP2 的可能，"等"只能是"等 1"。因此，其施事限于 NP2，"等"才可能是"等 2"（例见前）。

综上四个条件，"等 1"演变为"等 2"的语法语义环境可以概括为这样一个语符列：

**句式 2：NP1 非VP施事 + 等 2+NP2 一般有生、施事 +VP 可控、进行**

但是，满足了上述条件，并不一定能构成句式 2。如下列说法是不能成立的：

（18）* 哪个等（尽 [ˊtɕin]）尔出来的？谁让你出来的？

（19）* 姆妈等（叫）哥去找尔。妈妈让哥哥去找你。

必须将"等"换成其后括号中的词语，句子才能成立。这是因为该方言中"等"发展为被动标记后，其"容许"的用法受限，一般用"尽、叫"表示容许、使令的意义。如同其他黄孝方言用"把（得）"表示被动，而表示容许的"把（得）"不多见一样。

在东片以西的黄孝方言例如团风方言中，"等"的"听任、容许义"只是残存：

（20）莫急，你等我看下子着等/让看一下再说。

这个例子中的"等"，既可以理解为"等待"，也可以理解为"听任、容许"；其两解显然是其意义处在由"等待"向"让、容许"虚化之中（等待其发生即容许其发生），但没有进一步虚化。

### （二）黄梅方言中"等 2"向"等 3"的演变

黄梅方言的"等 3"表示被动的句子，也大多有"遭受"的意义，如例（1–2）；但是，受共同语"被字句"的影响，被动标记"等"也可以表达中性色彩（3）；不过，表示褒义色彩很别扭（4）：

（1）狗等 3 讨米的打死掉。狗被叫花子打死了。

（2）花等 3 人摘干净光了。｜渠今昼今天等 3 渠姆妈短掉骂了一餐顿。

（3）板车等渠$_{她}$卖了。

（4）？伢罗$_{孩子}$真朝$_{今天}$等老师表扬了。

江蓝生（2000）指出，汉语中使役句转化为被动句有三个条件：一是主语为受事；二是使役动词后的情况是已实现的；三是谓语动词是及物的。汉语方言中的“等2”演变为“等3”同样应满足这三个条件，且“等”后必出现施事。汉寿方言中“等”的演变就是这样（何忠东、李崇兴2004）。黄梅方言的“等”演变为被动标记的句式也包含上述4个条件，即：

**句式3：NP3$_{受事}$+等+NP2$_{施事}$+VP$_{实现、及物}$**

1. VP是及物的。被动句的主语可以看作是谓语动词的受事转换到动词前构成的，因此句式中的谓语动词必须是及物的，否则就不可能有受事及其前置。如：

（5）（鱼）等3猫吃掉。鱼让猫吃了。

（6）等2渠跑渠。让他跑掉。

例（5）中的“吃”是及物动词，因此“吃”的受事例如“鱼”之类就有可能前置于动词构成被动句，其“等”就是“等3”。但是例（6）中的“跑”是不及物动词，尽管其后出现了类似对象的“渠”，但是由于没有可以前置的受事，因此“等”只能是“等2”。

2. NP1不出现，NP3为受事主语。受事成分如果出现在谓语动词之后，那么尽管谓语动词是及物的，也不能构成被动句，其“等”只能是“等1、等2”（7）。只有受事NP3前置做主语或省略，“等”才可能是“等3”（8–9），这个条件实际上蕴含了上述第一个条件：

（7）尔几个莫去，等1/2大人来驮麻袋。你们别去，等/让大人来扛麻袋。

（8）麻袋等3大人驮走了。

（9）完了，执照等3伢喃搞落$_{丢}$了。

NP3作主语，那么原“句式2”中的NP1必须删除，因为被动标记前不需要这个语法化之前的施事。

3. “NP2+VP” 是已实现的。如前所述，“等 1” 后的 VP 一般是尚未进行的；“等 2” 后的 VP 一般是进行中的而不是完成了的。“等 3” 表被动的句子大多有 “遭受” 义，意味着 “NP2+VP” 应该是已经实现的；其 VP 后一般会出现 “了、过” 等表示实现的词语。否则，“等” 一般是 “等 2”：

（10）皮鞋等 2 皮匠补好（，不补好就不能穿。）

皮鞋等 3 皮匠补好了（，现在可以穿了。）

（11）小明等 2 老师批评（，不解释。）

小明等 3 老师批评过（，冒解释。）

（12）伢等 2 细姑抱倒（，尔去舞饭。）。

伢等 3 细姑抱倒了 (，我才能够抹牌。)

否定句中动作行为一般是未然的，因此例（13）a、b 用 “等 3” 很不自然，一般要去掉 “等 3” 和其后的名词，构成无标志的意念被动句（13c。参看本节二）：

（13）a.？鸽子不等猫吃。｜ b.？饭冒等小王吃。| c. 饭冒吃。

但例（13）a 句去掉 “等猫” 后的 “鸽子不吃” 变成了主动句，改变了原意，不能成立。当然，如果 VP 后出现了表示完成的成分，那么 “等 NP” 前出现否定词的句子仍然可以表示被动，因为这类句子中的 VP 是完成了的，否定词指向的是整个被动句所表述的事件的（例中的 “等狗咬过”）：

（14）我冒等狗咬过。我没有被狗咬过。

4. “等” 后必出现施事。“等” 表示被动跟共同语的 “被” 不同，其 “等” 后必须出现施事。同 “等 2” 后的 “NP2” 一样，这个施事一般是有生名词（见以上诸例）或无生的工具角色（15）。如果没有施事，“等” 必须删掉，以构成无标记的意念被动句（16。参看本节二）：

（15）衣裳等雨 $ts^{h}a^{ʔ}$ 淋湿了。

（16）那匹猪（等）杀了。｜书（等）扯了。

这意味着黄梅方言的“等 3”不是一个单纯的被动标记，而兼有介引施事的功能。

**（三）讨论**

关于汉语中使役、被动兼用现象产生的原因，桥本万太郎（1987）认为是阿尔泰语系的背景导致的，存在于中国北方。但是，黄孝方言处于中国中部，远离阿尔泰语言，其容许、被动都使用“等”表示，显然与桥本的说法相左。我们认为，黄孝方言本身存在着由表“容许、让”的动词虚化为被动标记的机制：如前所述，黄梅以西的黄孝方言普遍存在着表示容许义的“尽、把”转作被动标记的现象。

1. 用“尽”作被动标记。“尽”音 ᶜtɕin，在黄孝方言中普遍以之表示“容许、让”的意义。如著名艺术家田克兢用武汉口音表演的独角戏（方言小品）中婆婆说媳妇的台词：

（1）媳妇说是厂里不尽去（不景气），不尽去就是不让去，不让去就不去呀！

田先生模仿的是老派汉口人即早期从黄孝地区移民汉口者的方言，反映出“尽”至今仍存在的容许意义——这段话用黄孝地区多数县市区的方言说，依然有着双关的表达效果（“尽去”与“景气”同音）。而在黄孝地区的孝南、孝昌等地方言中，“尽”发展出被动标记的用法，引出施事，构成被动句。如前举孝南方言的用例（放贼点，莫总是尽别个当苕盘）。同样，“尽”作被动标记，须构成与句式 3 类似的“$NP3_{受事}$ + 尽 +$NP2_{施事}$ +$VP_{实现、及物}$”句式——其 VP 后一般有表示实现的成分，且句子一般是肯定句（鱼尽财喜吃了 / 书早就尽别个拿走了）。如果句中有否定词，且 VP 后有表示完成的成分，那么“尽”是表示容许还是被动标记，并不容易区分，这正是由“容许”向被动介词演变的中间阶段：

（2）把欢喜坨$_{一种糯米制成的小食品}$捡$_{藏}$好，莫尽他看到。

（3）这个事莫尽他晓得了，要尽他晓得了就不得了。

2. 用“把（得）”作被动标记。如前所述，黄孝方言普遍使用给予义动词“把（得）”兼表被动，包括上述孝南、孝昌等方言。但也须构成与句式 3 类似的“$\text{NP3}_{\text{受事}}$ + 把（得）+$\text{NP2}_{\text{施事}}$ +$\text{VP}_{\text{实现、及物}}$”句式。前举团风方言就是这样（鱼把猫子吃了 / 鱼冒把得猫子吃干净）。当然，这个给予义动词并不是直接引申出被动标记的用法，而是经历了演变为表示容许意义的阶段。前举团风方言的用例就是这样，再举，表容许的“把、把得”各一例：

（4）工资把$_{\text{让}}$他扣，我不怕！｜你把得$_{\text{让}}$她看一眼睛$_{\text{一下}}$。

由于该方言“把、把得”以表示“给予、被动”为常，其通过“容许”义演变为被动标记的过程已经完成，且常用“尽”表示“容许”，故而“把、把得”可以表达的“容许”意义没有引起一般研究者的注意。

不难看出，黄孝方言表达被动的“尽、把、把得、等”，都虚化自表达容许意义的动词，从方言的角度印证了江蓝生（2000）的论述：“这种兼用完全是汉语语法本质特征的表现，与阿尔泰语的影响应无关系”。而且，黄孝地区的孝南、孝昌等地方言存在更普遍的现象是用表示遭受义的“着”兼表被动（左林霞 2004），也证明桥本万太郎（1987）关于被动标记来源的说法不能成立。至于桥本认为是由“给予”义动词直接演变为被动标记的原因，可能是方言中“容许”意义的“把”之类演变为被动标记之后，其容许意义只有残存而使用不多，因而被调查者忽视了。

## 六、小结

黄孝方言三个片的处置、被动标记各不相同，反映出其此类介词的发展。“把”兼表给予、被动、处置，存在的面最大，是中部唯一的处置、被动标记，与周边的某些西南官话等方言也相同，可能是其固有形式。东片的处置、被动标记分别为“把（班/妈）、等”，西片的处置、被动标记可以是“把、着、尽”，两片在使用

“把”的同时，产生了“等、着、尽”等被动标记，应该是黄孝地区两端的方言趋向于分化兼职介词、向表达的精确发展的现象。其由表示容许的动词“等、尽、把”虚化为表示被动，可能是受共同语“让”、周边赣语的“等”（何亮 2005）的影响而产生的用法。介词“着”存在于孝南、孝昌等地，则是近代汉语用法的继承（但汉语史上被动标记“着”后可以不出现施事（李蓝 2006）），与其西面（如相邻的随州方言）、南面的西南官话等（张定 2006）一致，应该与其影响不无关系。

# 结　　语

以上第二章到第六章，我们对黄孝方言的7类语法现象进行了讨论，其主要内容和主要观点可以归纳为以下五个方面。

## 一、关于黄孝方言语法的主要共同点和内部差异

这部分研究可以为该方言归属的讨论提供依据。从上文不难看出，黄孝方言中存在着很多颇有特色的共同点。这是视之为一个方言区划的重要依据。例如：多数地方用“把”兼作被动和处置标记（第六章），用“倒”表示持续体，用“了的”表示经历体，用“下子、下儿”而不是动词重叠表示短时体，用具有连接作用的助词“着”（意为“再说”）表示所谓“先行体”，存在句末的体标记“在、在里”演变为语气词“在/的/里/在里”的现象（以上均见第二章）；老派多用“尔”作第二身代词，用指量短语“嗒这几个”的不同省略、合音形式“嗒、几、姐”构成三身代词复数标记，存在表示提示的叹词“嗟”（嗟来之食）和指示叹词“播儿”（以上均见第三章）；存在AAB式重叠（肮肮臭），用长音、重音的“VP-了”结构表示程度加深（如：白净—了。均见第四章）；用“几”询问数量兼表感叹，相当于“没有”的否定副词和动词为来自“未”的“冒”和“冒得”（以上均见第五章）；存在表示持续处置的“（把）NP一V倒”句式、表示处置意向的意向处置句式，动物名词、双宾句、差比句、宾补同现句异序并存，两种语序有着

“文白”的差异（以上均见第六章）等。这些特点中的某一个或几个可能也存在于周边的某个方言中，如西南官话也用“倒”表示持续体（罗自群 2006），但是，作为一个整体，其不可能同时存在于周边的其他方言中。因此，这些特点是其与周边方言区别的重要特征，其中“语序”一项显然具有汉语东南方言、南方少数民族语言与北方汉语方言语序叠置的特点。当然，该方言内部也存在一些语法差异，根据这些差异，可以将其分为东北片、东南片、中片、西片四个小片，或者东部、中部、西部三个小片。（第一章第三节）其中中片（中部）对上述共同点有着突出的、比较统一的表现。

## 二、关于“有限度”方言接触导致的方言语法演变

所谓有限度的方言接触，指的是相邻方言边缘地域的彼此接触。（邹嘉彦、游汝杰 2004）这种接触只会导致相邻方言边缘之间的有限影响，对整个相关方言区的影响是波浪式的、逐步减弱的。与不同方言的接触，会导致某个方言的几个边缘地带之间存在较大的差异，但没有导致受影响方言面貌的全面改变。研究有限度的方言接触，可以考察方言的渐变现象，发掘历史变异在地域分布上的共时反映，为汉语语法史和语法化的相关研究提供佐证。黄孝方言处于不同方言的包围之中，其语法在地域上存在一些渐变现象，就反映出“有限度”的地缘型方言接触导致的历时演变。如山区农村的指代词很多是二分的，通过变调区别近指和远指；平原、丘陵地带存在共同语、西南官话、中原官话的远指代词“那”的叠置，从而形成指代词“近指、中远指、远指”三分的现象，部分中心城市则由“那”取代原有的远指代词形成新的二分（见第三章）。又如中部、西部多数地方的反复问句为“V 不 VP、V 冒”，中部部分地方为“VP 不嘞、V 冒”，东部的九江、黄梅等地合音为“VP 呗 / 啵、VP 咩”，与周边的赣语类似，逐步完成了反复问句向是非问句的演变和新的语气词“呗 / 啵 / 咩”的形成（见第五

章)。再如句末的“在、在里”,在东北片是进行体助词兼语气词或单纯的语气词,与河南境内的中原官话相似;在西片就只是出现在持续体助词后的语气词,与周边的西南官话相同(见第二章)。还有,在黄孝方言东部、西部分别产生了被动标记“等、着/尽”(第六章),与中部的主体部分大不相同,也是邻近方言影响下发生的变异。与周边方言的“有限度”接触,导致了黄孝方言语法现象在地域上的渐变,是其不同发展阶段的投影。

## 三、关于“纵横度”方言接触导致的方言语法演变和历史层次

所谓纵横度方言接触,指的是不同方言因为大规模移民等因素导致的全面接触。(邹嘉彦、游汝杰 2004)由于不同的方言势均力敌,或者外来方言表现出某种程度的强势,交际的需要使得人们对另一方言不能不接受,这就导致原居民方言和客居民方言发生彼此的全面影响而逐步融合。对这种现象的研究,可以通过方言现状的分析,分清其中积淀的历史层次,弄清其融合的历史。黄孝方言部分地方存在一些与赣语完全相同或者密切相关的特殊语法现象。例如表示完成的“得”演变为经历体助词,在周边方言中找不到用例,而在赣语中却存在相当于普通话“了 1、了 2”的“得”,这正是黄孝方言的经历体助词“得”的源头;与“得”的演变机制相同,黄孝方言用表示现实体的“了”构成“了的”表示经历体;副词“将”在东部表示现在时(尔将去呗?),与安徽宿松、江西德安等地的赣语一致,而其他黄孝方言中没有这种现象;(以上均见第二章)东南片、东北片存在赣语中常见的人称代词“渠(他)”,存在定指词和结构助词“箇”(箇个事;慢慢箇走),而“箇”在陕南平利为近指代词;东部存在远指代词“意”(以上均见第三章)等等。同当地方言中许多古全浊声母仄声字白读(如:读铁毒鼻夺荡)为送气声母一样,导致这些现象的主因是明初的“江西填湖

广”。如前所述，存在上述方言现象的地区，在元末为徐寿辉、陈友谅等农民军争战的主战场，战后人口锐减；明初，占当地人口总数70%左右的江西移民与土著的“纵横度”方言接触，形成了该区域方言600多年前的语法面貌，融合于该方言的部分赣语语法要素沿用至今，反映出其早期的历史层次。而陕南、鄂西的移民后裔方言中存在的上述现象，则是其通过黄孝地区移民向西北方的传播。其与黄孝方言存在差异的现状，是其200多年来守旧与演变的不同表现。此外，东部用“兀”作远指代词（第三章），与西北的汉语方言一致，或许也是类似的方言接触造成的。

## 四、关于“宽泛度”方言接触导致的方言语法演变和历史层次

所谓宽泛度的方言接触，指的是方言间的影响是全面的，但是其强度不如纵横度的方言接触；其影响宽而泛，多表现为文化型方言接触。（邹嘉彦、游汝杰 2004）这主要指共同语和权威方言对其辐射区内弱势方言的影响。研究这种影响，可以弄清近代在共同语、权威方言影响增强下黄孝方言的发展，理出其大致的历史层次。如用“么”（当来自“物”，受“哪、几”等感染而念上声）表示“怎么”和“什么”（第五章），存在于黄孝方言多数地方和清代乾嘉时期来自鄂东北的陕南、鄂西移民方言中，应该是乾嘉之前就存在的语法现象。“么”的使用，反映出其前身“物”在早期近代汉语中表示疑问的历史（吕叔湘 1985）。黄孝片多数地方以三身代词和“屋”合音作领格（第三章），西部、东部使用疑问代词“怎么”（第五章），这些都与相邻的武汉等方言相同而不存在于陕南、鄂西的移民方言，则是100多年来受武汉方言等西南官话影响的结果。武汉作为中心大城市在近代的崛起，导致了黄孝方言与西南官话的“宽泛度”接触。后者作为强势方言，对前者的语法发展有一定影响，构成了其在近代演变的历史层次。

## 五、关于黄孝方言的归属

进行了上述研究和概括，我们可以说说黄孝方言的归属。虽然其东部、西部的方言语法现象与中部有些不同，但是如前所述，中部作为黄孝方言的主体，具有独特的语法面貌，代表了包括东部、西部在内的所有黄孝方言语法面貌的主流。与其他江淮官话、西南官话、赣语的语法进行比较，我们认为黄孝方言的区划归属不能是相邻的任何一个方言。以上四个方面的概述说明：黄孝方言语法不仅具有其自身的特点，而且异源方言语法成分在其中妥协共存。如与江淮官话相同的“把、几$_{复数标记}$”，与中原官话、西南官话分别近似的“在、在里、那”，与赣语相同的“得、等、渠、箇、将”，与西南官话相同的“把、么、下子、冒得、VP- 了、那、倒、着”——此类最多。因此，将其归入江淮官话、中原官话、赣语都不太合适。将其归入西南官话也不行，因为如赵元任等（1948）所述，其特殊的方音面貌与江淮官话更相近。其语法中也有很多不同于相邻西南官话的特点，例如表示持续的句末虚词“在、在里”，就与武汉等方言似同实异。因此，可以综合各类方言特点，称黄孝方言为“中江官话”，作为官话大区下一个独立的方言区划。事实上，1935年《申报》首次出版全国分省地图集中，其全国方言地图中也有“中江官话、下江官话和上江官话”的划分（这是本书稿作为国家社科基金的最终成果送审时，匿名评审专家之一提醒作者的）。近年来，网上也有“中江官话”的提法，把黄孝方言及其周边的安徽和河南等地的相关方言包括在内。尽管他们的“中江官话”的范围与我们的划分不尽相同，但显然证明：早在80年前，人们就意识到了黄孝方言及其周边方言的特殊性，而这种对于黄孝方言特殊性的认识，也被部分现代方言学者所接受。

把黄孝方言独立为官话次方言的划分，也与丁邦新（1998）的看法一致。但是，黄孝方言归属的问题比较复杂，需要结合其语音情况另文讨论。

# 参 考 文 献


Brinton I. J and E.C.Traugott  2005. *Lexicalization and Language Change* Cambridge Cambridge University Press Corbett, Greville G.2005 《Number》影印本，北京：北京大学出版社。

Dixon, R.M.W  2003  Demonstratives : a cross-linguistic typology. *Studies in Language* 27.1。

F& H-J. 弗里德里希·温格瑞尔、汉斯－尤格·施密特 . 认知语言学导论 [M]，彭利贞等译 . 上海：复旦大学出版社，2009。

Langacker, Ronald W. 1977. Syntactic reanalysis. In Li, Charles N. (ed.), *Mechanisms of Syntactic Change*, Austin: University of Texas Press, Austin.

贝罗贝　1989　早期“把”字句的几个问题，《语文研究》第 1 期。

贝罗贝、李明　2008　语义演变理论与语义演变和句法演变研究。沈阳、冯胜利主编《当代语言学理论和汉语研究》，商务印书馆。

曹广顺　1995 《近代汉语助词》，北京：语文出版社。

曹广顺、龙国富　2005，再谈中古汉语处置式，《中国语文》第 4 期。

曹秀玲　2000　汉语“这 / 那”不对称性的语篇考察，《汉语学习》第4期。
曹志耘 1998 汉语方言里表示动作次序的后置词,《语言教学与研究》第4期。
曾毓美 1999 《韶山方言研究》,长沙:湖南师大出版社。
陈 爽 2006 汉语方言句末虚词“在”的类型学考察及历时探源,《惠州学院学报》第1期。
程从荣 1998 浠水方言双宾句的特点,《中南民族学院学报》第1期。
储泽祥 2004 赣语岳西话的过程体与定格体,《方言》第2期。
戴耀晶 1997 《现代汉语时体系统研究》,杭州:浙江教育出版社。
戴昭铭 2000 历史音变和吴方言人称代词复数标记的来历,《中国语文》第3期。
丁邦新 1998 《丁邦新语言学论文集》,北京:商务印书馆。
丁加勇 2003 汉语方言句末“着”的类型学考察,《常德师范学院学报》第1期。
董秀芳 2009 汉语的句法演变与词汇化,《中国语文》第5期。
董秀芳 2010 来源于完整小句的话语标记“我告诉你”,《语言科学》第3期。
冯春田 2002 《数量结构合音词“俩”、“仨”的几个问题》,《语言研究》第2期。
冯胜利 1997 《汉语的韵律、词法与句法》,北京:北京大学出版社。
龚佩琏 1982 新县方言的语音系统及其与普通话的对应规律,《信阳师范学院学报》第2期。
郭 攀 2003 湖北浠水方言中的叠合式正反问,《中国语文》第3期。
郭 锐 1993 汉语动词的过程结构,《中国语文》第5期。

郭锡良　1986 《汉字古音手册》，北京：北京大学出版社。
何　亮　2005　方言中“等”字表被动的成因探析，《语言科学》第1期。
何　瑛　2010　从方所范畴到语气范畴：句末助词“在里”的由来，《安顺学院学报》第3期。
何洪峰　2001　黄冈方言的比较句，《语言研究》第4期。
何洪峰、程明安　1996　黄冈方言的“把”字句，《语言研究》第2期。
何忠东、李崇兴　2004　汉语“使役”“被动”规律性演变的方言佐证——汉寿方言中的“等”字被动句，《武汉理工大学学报》第2期。
贺　强　2005　平陆方言的人称代词，《和田师范专科学校学报》第3期。
胡松柏　2009 《赣东北方言调查研究》，南昌：江西人民出版社。
黄伯荣、廖序东　2007　主编《现代汉语》（下册），北京：高等教育出版社。
黄群建　1995 《阳新方言志》，北京：中国三峡出版社。
黄群建　1995a　黄石方言语音记略，《湖北师范学院学报》第5期。
黄晓雪　2006　安徽宿松方言的事态助词“在”，《长江学术》第3期。
黄晓雪　2011　宿松方言中句末带“佢”的祈使句，《语言研究》第2期。
黄晓雪　2014 《宿松方言语法研究》，北京：中国社会科学出版社。
黄亚芳　2015　九江话语气词使用情况研究，《艺术科技》第1期。
江蓝生　2000　汉语使役与被动兼用探源。《近代汉语探源》，北京：商务印书馆。

江蓝生　1994 《燕京妇语》所反映的清末北京话特色（上），《语文研究》第4期。

蒋绍愚　1994 《近代汉语研究概况》，北京：北京大学出版社。

竟　成　1993　动态助词“了”的语法意义及其实现，《中国对外汉语教学学会第四次学术讨论会论文集》，北京：北京语言学院出版社。

柯西刚　2013 《白河方言调查研究》，北京：中华书局。

孔令达　1986　关于动态助词“过1”和“过2”，《中国语文》第4期。

李　蓝　2006　“着”字式被动句的共时分布与类型差异，《中国方言学报》第1期。

李　荣　1965　语音演变规律的例外，《中国语文》第2期。

李　荣　2012 《方言存稿》，北京：商务印书馆。

李　榕　2013　汉语篇章层级对第三人称回指的影响，《汉语学习》第5期。

李崇兴　1996　宜都话助词“在”的用法和来源，《方言》第1期。

李崇兴、胡颖　2006　武汉方言中“V+他”形成的祈使句，《江汉大学学报》第6期。

李荣等　1987　中国社会科学院和澳大利亚人文科学院《中国语言地图集》，香港：朗文出版有限公司。

李荣等　2002　李荣、熊正辉、张振兴主编《现代汉语方言大词典》，南京：江苏教育出版社。

李如龙　2001 《汉语方言特征词研究》，厦门：厦门大学出版社。

李如龙　2007 《汉语方言学》，北京：高等教育出版社。

李如龙、张双庆　1992 《客赣方言调查报告》，厦门：厦门大学出版社。

李如龙、张双庆　1999 《代词》，广州：暨南大学出版社。

李宇明　1996　论词语重叠的意义，《世界汉语教学》第1期。

李宇明　1999　“一 V…数量”结构及其主观大量问题,《汉语学习》第 4 期。
林素娥　2008　汉语南方方言倒置双宾结构初探,《语言科学》第 3 期。
刘丹青　2001　吴语的句法类型特点,《方言》第 4 期。
刘丹青　2003　《语序类型学与介词理论》，北京：商务印书馆。
刘丹青　2004　先秦汉语语序特点的类型学观照,《语言研究》第 1 期。
刘丹青　2009　语法化理论与汉语方言语法研究,《方言》第 2 期。
刘丹青　2011　汉语史语法类型特点在现代方言中的存废,《语言教学与研究》第 4 期。
刘丹青　2011a　叹词的本质——代句词,《世界汉语教学》第 2 期。
刘丹青　2012　实词的叹词化和叹词的去叹词化,《汉语学习》第 3 期。
刘伦鑫　1999　主编《客赣方言比较研究》，北京：中国社会科学出版社。
刘宁生　1995　汉语偏正结构的认知基础及其在词序类型学上的意义,《中国语文》第 2 期。
刘晓然　2002　黄冈方言的疑问代词,《湖北师范学院学报》第 4 期。
刘晓然　2002　黄冈方言的中指代词,《海南师范学院学报》第 5 期。
刘勋宁　2014　释“吾”“我”，“首届古代汉语与民族语文国际学术讨论会”论文（中南民族大学）。
陆镜光　2005　汉语方言中的指示叹词,《语言科学》第 6 期。
罗杰瑞　2004　关于官话方言早期发展的一些想法 . 梅祖麟译,《方言》第 4 期。

罗杰瑞　2006　从音韵看汉语方言,《方言》第1期。
罗竹风　1997　主编《汉语大词典》,上海:汉语大词典出版社。
罗自群　2006　现代汉语方言持续标记的比较研究,北京:中央民族大学出版社。
吕　延　2011　怀宁方言的归属,《安庆师范学院学报》第4期。
吕叔湘　1955　释景德传灯录中“在”“着”二助词,《汉语语法论文集》,北京:科学出版社。
吕叔湘　1980　主编《现代汉语八百词》,北京:商务印书馆。
吕叔湘　1985　吕叔湘著、江蓝生补《近代汉语指代词》,上海:学林出版社。
吕叔湘　2002　《吕叔湘全集》第一卷,沈阳:辽宁教育出版社。
聂国春　2004　丰城方言代词概要,《新余高专学报》第1期。
潘允中　1982　《汉语语法史概要》,郑州:中州书画社。
裴学海　1954　《古书虚字集释》,北京:中华书局。
彭兰玉　2005　《衡阳方言语法研究》,北京:中国社会科学出版社。
桥本万太郎　1987　汉语被动式的历史·区域发展,《中国语文》第1期。
邵敬敏、王鹏翔　2003　陕北方言的正反是非问句,《方言》第1期。
邵敬敏、朱彦　2002　“是不是VP”问句的肯定性倾向及其类型学意义,《世界汉语教学》第3期。
沈家煊　1994　“语法化”研究综观,《外语教学与研究》第4期。
沈家煊　2002　如何处置“处置式”?——论把字句的主观性。《中国语文》第5期。
沈家煊、完权　2010　《汉语句法的类型转变》述评,《当代语言学》第3期。
盛银花　2007　安陆方言的指示代词,《汉语学报》第4期。

盛银花　2010　《安陆方言语法研究》，武汉：华中师范大学出版社。

施其生　1985　闽、吴方言持续貌形式的共同特点，《中山大学学报》第4期。

石毓智、刘春卉　2008　汉语方言处置式的代词回指现象及其历史来源。《语文研究》第3期。

宋金兰　1994　汉语方言持续貌助词语源新探—兼与梅祖麟先生商榷，《玉溪师专学报》第2期。

孙　杰　1999　安徽霍邱叶集话中的“在”字，《湖北师范学院学报》第1期。

孙立新　2013　《关中方言语法研究》，北京：中国社会科学出版社。

孙宜志　2006　安庆三县市江淮官话的归属，《方言》第2期。

陶小青　2001　定山话的人称代词，《上海大学学报》第2期。

汪国胜　1994　《大冶方言语法研究》，武汉：湖北教育出版社。

汪国胜　1999　湖北方言的“在”和“在里”，《方言》第2期。

汪化云　1994　论时态副词“一”，《上海师范大学学报》第1期。

汪化云　1999　团风方言的儿尾，《方言》第4期。

汪化云　2000　黄冈方言的指示代词，《语言研究》第4期。

汪化云　2000a　武汉方言残存的白读与黄冈方音，《湖北师范学院学报》第3期。

汪化云　2001　黄冈方言变调构词现象初探，《中南民族学院学报》第4期。

汪化云　2001a　黄冈方言文白异序现象初探，（台北）《史语所集刊》第七十二本第三分。

汪化云　2002　汉语方言指示代词三分现象初探，《语言研究》第2期。

汪化云　2004　《鄂东方言研究》，成都：巴蜀书社。

汪化云 2005 “句法向”对“语义价”的反作用,《语言研究》第3期。
汪化云 2006 黄冈方言的“V不VP”及其相关句式,(台北)《汉学研究》第2期。
汪化云 2007 “天将以夫子为木铎”中的“将”,《文史哲》第4期。
汪化云 2007a 团风方言的疑问代词,香港中文大学《中国语文研究》第2期。
汪化云 2008 《汉语方言代词论略》,成都:巴蜀书社。
汪化云 2009 “鼻”的读音,《语言研究》第1期。
汪化云 2011 方言指代词与复数标记,《中国语文》第3期。
汪化云 2011a 省略构成的人称代词复数标记,《方言》第1期,人大第6期复印。
汪化云 2012 汉语方言tɕ类复数标记的来源,《语言研究》第1期。
汪化云 2012a 宣城方言的“的、个、的个”,《中国语文》第2期。
汪化云 2013 西北方言指代词兼第三身代词现象的再探讨,《语言科学》第2期。
汪化云 2013a 黄孝方言进行体的表达方式,李小凡、项梦冰主编《承泽堂方言论丛》,语文出版社。
汪化云 2013b 弱势方言构成要素的濒危,《中国方言学报》第3期。
汪化云 2013c 团风方言的“轻声读阴去”现象,《语言学论丛》47辑。
汪化云 2014 从语法现象看杭州方言的性质,《方言》第4期,人大2015年第2期复印。

汪化云 2014a 黄孝方言的“一V”结构，“第七届汉语方言语法国际学术研讨会”（陕西师大）论文。（2016年刊于刘丹青、邢向东主编《方言语法论丛》第七辑。北京：商务印书馆）
汪化云 2014b 黄孝方言的意向处置句，“中国语言学会第17届年会论文”（北京语言大学）。
汪化云 2015 客赣方言的动物名词与楚语，第18届客家方言国际研讨会论文（南昌大学）。
汪化云 2015a 说“X的那种”，《语言教学与研究》第1期。
汪化云 2015b 吴语的后置副词状语，“第二届民族语文描写与比较学术研讨会”（上海师大）论文。
汪化云 2016 黄孝方言的经历体助词，《语言学论丛》第52辑。
汪化云 2016a 黄孝方言的“在”类词研究，《语言研究》第4期。
汪化云 2016b 汉语方言三身代词与指代词关系研究，《中国语言学报》JCL第1期。
汪化云、曹道根 2014 DEMONSTRATIVE INTERJECTIONS IN HUANGXIAO CLUSTER OF JIANGHUAI MANDARIN，《中国语言学报》JCL第2期。
汪化云、陈金仙 2005 废名小说中的“不”及其相关句式，《中国语学研究开篇》（日本）VOL.24。
汪化云、郭水泉 1988 鄂东方言的“把”字句，《黄冈师专学报》第1期。
汪化云、李倩 2013 固始方言的“可”字句，《方言》第4期。
汪化云、李倩 2015 固始方言的“两倌”，《中国语文》第2期。
汪化云、谢冰凌 2012 杭州方言的动词重叠，《浙江外国语学院学报》第6期。
汪化云、占小璐 2014 玉山方言的框式状语，《中国语言学报》（JCL）第1期。

王　健　2005　汉语方言中的两种动态范畴，《方言》第3期。

王　力　1957　《汉语语法纲要》（龙果夫注），新知识出版社。

王福堂　1998　关于客家话和赣方言的分合问题，《方言》第1期。

王浩洪　1992　《黄冈地区概况》，鄂黄地图内字（1992）第22号。

王求是　2000　孝南方言的指示代词，钱曾怡、李行杰主编《首届官话方言国际学术研讨会论文集》，青岛：青岛出版社。

王求是　2003　孝感（孝南）话语气词“了”和“的”的连用，《孝感学院学报》第5期。

王求是　2007　孝感方言的语气助词“在”，《孝感学院学报》第5期。

王天佐　1986　试说汉语嘴头话的人称代词与彝语的关系，《民族语文》第4期。

王彦琳　2007　《“俩”的多角度分析》，北京语言大学硕士研究生学位论文。

吴福祥　1996　《敦煌变文语法研究》，长沙：岳麓书社。

吴福祥　2002　汉语能性述补结构“V得/不C”的语法化，《中国语文》第1期。

吴福祥　2002a　南方方言里虚词“到(倒)”的用法及其来源，《中国语文研究》第2期。

吴福祥　2003　再论处置式的来源，《语言研究》第3期。

吴福祥　2009　从“得”义动词到补语标记—东南亚语言的一种语法化区域，《中国语文》第3期。

吴福祥　2012　侗台语差比式的语序类型和历史层次，《民族语文》第1期。

吴福祥　2012a　语序选择与语序创新——汉语语序演变的观察和断想，《中国语文》第4期。

吴早生　2008　光山方言体助词“在”，《阜阳师范学院学报》第2期。

武振玉　2009　先秦汉语叹词试论，《吉林大学学报》第5期。
项　菊　2004　湖北黄冈方言的差比句，《黄冈师范学院学报》第5期。
项　菊　2012　英山方言句末“在”的用法及相关问题的讨论，《方言》第4期。
邢向东　2014　论晋语时制标记的语气功能，第七届汉语方言语法国际研讨会（西安）论文。
徐　丹　1988　浅淡这/那的不对称性，《中国语文》第2期。
徐国玉　1989　由“一十V”做谓语而构成的复句，《东疆学刊》第4期。
徐世荣　1990　《北京土语词典》，北京：北京出版社。
徐思益　1958　也谈“概数’，一并试论现代汉语“数”的语法范畴，《语文知识》第4期。
许宝华、宫田一郎　1999　《汉语方言大词典》，北京：中华书局。
杨永龙　2002　汉语方言先时助词“着”的来源，《语言研究》第2期。
杨永龙　2008　河南商城（南司）方言音系，《方言》第2期。
易亚新　2003　常德方言的“它”字句，《语言学论丛》第28辑。
殷晓杰、张家合　2011　山东胶南话中特殊的“一V”结构，《中国语文》第3期。
殷志平　1999　动词前成分“一”的探讨，《中国语文》第2期。
于宝娟　2009　论话语标记语“这不”、“可不”，《修辞学习》第4期。
余彦文　1991　《鄂东风俗志稿》，鄂黄地图内字（1991）第19号。
袁家骅　1983　《汉语方言概要》，北京：文字改革出版社。
詹伯慧　1962　浠水话动词“体”的表现方式，《中国语文》第8、9期。
詹伯慧　1981　《浠水方言纪要》，东京：龙溪书舍。

詹开第　1987　两种表示动相的格式,《句型和动词》, 语文出版社。

张　赪　2002《汉语介词词组语序的历史演变》, 北京：北京语言文化大学出版社。

张　定　2006　枞阳方言被动标记“着”的历史来源及其语法化,《安徽教育学院学报》第 1 期。

张道俊　2006　“俩”与“两个”的句法功能差异及其原因,《孝感学院学报》第 2 期。

张林林　1989　九江方言中的“等”字句,《九江师专学报》第 2、3 期合刊。

张林林　1991　九江话里的“着”,《中国语文》第 5 期。

张邱林　2003　陕县方言的儿化形容词,《语言研究》第 3 期。

张淑敏　2002　兰州话叹词□ [꜀tɕia] 的用法研究,《甘肃教育学院学报》第 3 期。

张维佳、张洪燕　2007　远指代词“兀”与突厥语,《民族语文》第 3 期。

赵元任　1979　吕叔湘译《汉语口语语法》, 北京：商务印书馆。

赵元任等　1948《湖北方言调查报告》, 上海：商务印书馆。

周　政　2009《平利方言调查研究》, 北京：中华书局。

周国炎　2009　布依语完成体及其体助词研究,《中央民族大学学报》第 2 期。

邹嘉彦、游汝杰　2004　主编《语言接触论集》, 上海：上海教育出版社。

朱德熙　1978　“的”字结构与判断句,《方言》第 1、2 期。

朱德熙　1982　语法讲义, 北京 : 商务印书馆。

朱德熙　1991　“V-neg-VO”与“VO-neg-V”两种反复问句在汉语方言里的分布,《中国语文》第 5 期。

左林霞　2001　孝感话的“把”字句。《孝感学院学报》第 5 期。

左林霞　2003　孝感方言的人称代词,《培训与研究—湖北教育学院学报》第6期。
左林霞　2004　孝感方言的标记被动句,《语言研究》第2期。

# 附 录 一

## 汉语方言三身代词与指代词关系研究

**提要** 汉语中有些三身代词和指代词同源，是因为其人称域和指代域存在概念的认知映射。这种同源的痕迹存在于方言之中。大部分官话和东南方言的第一身、第二身概念与近指、远指概念有着系统的对应，所以其“尔”演变为第二身代词“你”和远指代词“那”，而第三身代词的空格也只有近指、远指以外的指代词来填补。由于第三身概念所指对象的心理距离远，而k系远指代词也后起于东南方言，因此与n系、k系远指代词音近的旁指、特指代词“他、其”，分别演变为两类方言的第三身代词。西北方言的第三身概念曾对应近指和远指概念，而今多以远指代词“兀/那”兼指第三身，其产生的机制来自阿尔泰语系。近指的“伊”演变为闽语第三身代词的机制可能与之类似。

**关键词** 指代词；第三身代词；映射；类型；特征；阶段

## 1. 导语[①]

汉语中有些指代词和三身代词同源，其痕迹存在于汉语方言之中。对于这类现象，人们早就有过研究。王力（1980）曾论述过旁指代词“他”演变为第三身代词、远指代词“那”来源于“尔”等问题。吕叔湘（1985）研究了近代汉语指代词演变为三身代词的几种现象，列举了其在部分方言中的分布。张惠英（2001）考察了汉语及其亲属语言中的此类现象，认为第三身代词和指代词的密切关系，可以看作是汉藏语系的一个特点。唐正大（2005）研究了关中方言中的第三身代词与远指代词同形的现象，认为其“与现代阿尔泰语系诸语言在类型特征上是一致的”。林素娥（2006）则把汉语方言中两类代词的同源关系归纳为“第三人称代词与远指代词同形、第二人称代词与指示代词同形”两类，认为这种现象是内部交际功能不平衡导致的代词功能游移。不难看出，人们对汉语中两类代词同源关系的研究是随着时间的推移而逐步深入的。但是，从方言研究的角度看，这些研究还存在一些不足。例如吕叔湘的研究只是间或涉及方言，唐正大的研究集中于关中方言。林素娥的研究虽然比较全面地考察了汉语中两类方言代词的同源现象，但其考察的范围还可以再扩大，其分类和论点还可以再斟酌。而且，这些研究对此类同源现象产生的原因也认识不一。因此，结合汉语史的研究成果，全面考察汉语方言中三身代词、指代词的同源关系，探讨二者之间的演变机制，从而归纳其类型，应该是上述研究在汉语方言领域的合乎逻辑的深入。本文正是拟进行这样的研究，其出发点是

① 本文为中国国家社会科学基金项目（12BYY027）和教育部人文社会科学规划基金项目（11YJA740084）成果之一。初稿蒙浙江财经大学曹道根教授、山西大学史秀菊教授多所教正。两位匿名审稿人对送审稿提出了极为中肯的修改意见。主要发音合作人：浙江财经大学08-12级汉语言文字学硕士研究生陈东刚、王婵、季文娇、贾盖东，教师杨建忠、荆亚平博士；西北民族大学林涛教授。史秀菊教授提供了文水、交城、离石、汾阳、兴县方言的代词资料。浙江大学彭利贞教授提供了认知语言学的有关资料。对以上给予作者帮助的人士，谨此一并致以衷心的感谢！

基于以下三点认识：

第一，汉语的人称域和指代域存在概念的认知映射。汉语方言中的一些三身代词和指代词同源，表现为两类代词之间的演变。从认知语言学的角度看，其演变的前提不仅是两类代词具有相同的指示（index）功能，而且是因为两个概念域存在意象图示（image schemas）的相似。例如“我—你”与“这—那”就存在空间“近—远”的相似，这导致产生概念的认知映射（cognitive mapping），即人们运用一个域的概念对另一个域的概念进行思考或概念化（F&H-J.2009:133）。江淮官话湖北武穴方言用指代词“这、那$_{\text{中远指}}$、兀$_{\text{远指}}$”构成指量短语作复数标记，与三身代词分别对应（汪化云 2011），就反映出其人称域和指代域概念映射的存在：

俺这几个 / 这些人$_{\text{我们}}$ | 尔那几个 / 那些人$_{\text{你们}}$ | 渠兀几个 / 兀些人$_{\text{他们}}$

两个域的概念映射，要求目的域（target domain）的各个实体与始发域（source domain）的各个实体呈系统的对应关系（systematic correspondence）。这使得某一领域的概念可能被转移到另一领域，形成一种新的概念结构，即规约化的词汇化的隐喻意义。（束定芳 2002：98；陈治安、唐瑞梁 2006：116）汉语的“他、其”由指代词演变为第三身代词就是其例。

第二，汉语各方言人称域与指代域的概念对应并不一致。这是因为各方言两个概念域的映射模式并不相同。这是文化依存评价（culture-dependent evaluations）造成的。因为文化、情境语境对概念映射具有调节、取向的作用，即映射的内容随着文化、情境语境的变化而变化。（F&H-J.2009:133；陈治安、唐瑞梁 2006：134）例如由于指称对象与说话人的实际距离等原因，山东牟平方言可以有远指代词与第二身代词、近指代词与第三身代词对应的复数形式（高玉峰 2003），反映出概念映射差异的一个侧面：

俺这些儿$_{\text{我们}}$ | 傢这些儿 / 乜些儿$_{\text{你们}}$ | 他这些儿 / 乜些儿$_{\text{他们}}$

各方言人称域和指代域概念映射的差异，构成了其概念实体互相演变的不同特征。这些不同的特征之间存在着相互依存的种种关系，从而形成了不同的特征束，即不同的类型。

第三，汉语方言人称和指代两个域的概念对应从古到今存在发展变化。

基于上述三点认识，本文以第三身代词“他、渠、兀 / 那 / 伊”的来源为纲，将汉语方言指代词和三身代词的关系分为三大类，在第 2、3、4 节分别讨论，然后在第 5 节归纳其特点。

## 2. 官话中两类代词的关系

官话的第三身代词大多来自旁指代词“他”，导致这种演变的条件是汉语的人称域和指代域存在概念的认知映射，而旁指和第三身概念的内涵相通，“他”与远指的“那”音近。

### 2.1 第三身代词“他”的产生及其在汉语方言中的分布

“他”本为旁指代词，在唐初才由旁称用法发展为第三身代词（郭锡良 1980）。吕叔湘（1985：6–10）对其演变曾有过这样的概括：“他字在古代汉语里只作‘其他’讲……魏晋以后，单用他字指‘他人’（引者注：即旁称）逐渐多了起来……到了唐代，这种真正的第三身代词他字就很常见了”。第三身代词“他”分布在绝大多数官话中（为简便计，本文将“绝大多数官话”简称为“官话”），李荣等（2002）收录的 16 个官话方言点全都如此：

东北官话　哈尔滨：꜀tʰa

中原官话　洛阳：$^{c}t^{h}a$，西安：$_{c}t^{h}a$，万荣：$^{c}t^{h}a$，西宁：$^{c}t^{h}a$
北方官话　济南：$^{c}t^{h}a$，徐州：$_{c}t^{h}a$
江淮官话　扬州：$_{c}t^{h}a$，南京：$_{c}t^{h}a$
西南官话　成都：$_{c}t^{h}a$，武汉：$_{c}t^{h}a$，柳州：$_{c}t^{h}a$，贵阳：$_{c}t^{h}a$、$_{c}la_{口语}$
兰银官话　银川：$_{c}t^{h}a$，乌鲁木齐：$_{c}t^{h}a$

许宝华、宫田一郎（1999：1292–1295）收录的官话方言点的第三身代词，除了中国西北部的部分官话方言点以外（详 4.1 节），都是这样。正因为如此，罗杰瑞（2004：298）将是否使用第三身代词“他”，作为区分官话和非官话的三个条件之一。

“他”演变为第三身代词，其前提之一是汉语的人称域和指代域存在概念的认知映射。

## 2.2　汉语人称域和指代域存在概念的认知映射

唐以前的汉语只有第一身、第二身代词，二者“可以合称为‘对语代词’”（吕叔湘 1985：2），与后来产生的第三身代词不在同一平面。第一身、第二身概念构成了上古汉语的人称域，其所指对象有着“我近、你远”的心理距离和实际距离的差异；而近指、远指概念构成的指代域，其所指对象显然也有着类似的距离差异。因此，两个概念域存在相似的空间“近－远”的意象图示，容易产生概念的认知映射。如前所述，这种映射要求两个域的概念实体呈系统的对应，于是第一身与近指、第二身与远指的概念对应就应该是必然。这种对应在汉语史和汉语方言中都有着清晰的反映。

2.2.1　第一身代词与近指代词的概念对应。无论是上古汉语还是现代官话，“此、这”与“吾、我”之类的词形差别都很大，二者的实体对应并不多见，这似乎不支持其人称域和指代域存在概念映射的说法。这是由于“自我中心”（egocentricity）的缘故，使得第一身代词在交际中最为重要；而近指代词在分布上为无标记项，在交际中也很重要，因此二者互相借用的可能性低。（林素娥 2006：99）所以，吕叔湘（1985：187）认为“汉语里只有第一身代词跟指示代词没有发生过关系。”显然，这种说法从官话的角度看是可以成立的（详第 3、4 节）。但是，前述江淮官话湖北武穴方言以近指代词构成第一身代词的复数标记，证明这两个实体的心理对应还是存在的。只不过这个复数标记在长江中游地区的一些汉语方言中发展成为所有三身代词的复数标记（汪化云 2011），使得人们往往忽略了其对应的源头。

2.2.2　第二身代词与远指代词的概念对应。远指代词“那”在唐初已经出现，其来源主要有两种看法：王力（1980：284）曾倾向于来源于“尔”，吕叔湘（1985：187）则认为“似乎不如假定那从若出较为合适”。虽然“尔、若”都是舌头音的远指代词，但吴福祥（1996：49）认为“那”来源于“尔”的说法为长，因为“南北朝时期，‘尔’的用例却以绝对优势压倒‘若’，在分布上以连体性功能为主（‘尔’+体词），不仅时间上与唐初的‘那’相接，而且用法上也与‘那’相合”。可见，“那”来源为“尔”的说法可以成立。第二身代词“你”的写法，其产生不晚于唐初，一般认为其前身是在先秦就出现的第二身代词“尔”（吕叔湘 1985：3）。这就是说，汉语的“你、那”都源自“尔”。事实上，先秦汉语中的“尔”就是兼作远指代词和第二身代词的（郭锡良 1989），因而“你、那”所表达的两个概念是对应的。这是两个概念域存在认知映射的最有力的证明。①

① 问题是人称域和指代域究竟哪一个是始发域？我们认为人称代词“尔”应该出现在前，其理由有二：第一是代词内部交际功能的差异（林素娥 2006）。交际活动中，“我、你”为参与主体，指代词的所指则以主体为坐标确定远近；而人称代词的所指是人，其生命度和在对话情景中的显著性超过了指代词。因此，同一词形兼作第二身代词和指代词，应该是前者为源，后者为流。第二是二者出现时间的先后。先秦文献中，“尔”更早见的是第二身代词用法，指代词用法少见。据郭锡良（1989）统计，后者在先秦仅《诗经》中 3 见，汉魏六朝时才普及开来。这说明“尔”的第二身代词用法出现在前。其两个域的概念映射，始发域是人称域，目的域是指代域，远指代词是由第二身代词通过隐喻分裂（splits）而来。

2.2.3　上述对应在官话方言中也有表现。使用第三身代词“他”的官话，就大都以“你 / 尔”为第二身代词、以“那”为远指代词。许宝华、宫田一郎（1999：2741 — 2745、2271–2275）收录的官话代词大都如此。李荣等（2002）收录的 16 个方言点除牟平（详第 5 节）外都是这样：

济南：你꜂ȵi— 那 na꜄ ｜柳州：你꜂ni— 那 na꜄ ｜洛阳：你꜂ni— 那 na꜄
西安：你꜂ni— 那 nɛ꜄ ｜徐州：你꜂ni— 那 na꜄ ｜扬州：你꜂liɪ—la꜄
万荣：你꜂ȵi— 那 nai꜄ ｜南京：你꜂li— 那 laʔ꜆
哈尔滨：你꜂ni— 那 na꜄ ｜银川：你꜂ni— 那 nə꜄ ｜
成都：你꜂ni— 那 nə꜄ ｜武汉：你꜂ni— 那 na꜄
贵阳：你꜂li— 那 la꜄ ｜西宁：你꜂ȵi— 那 nɛ꜄
乌鲁木齐：你꜀ȵi— 那꜀nei

## 2.3　第三身代词“他”的形成机制

2.3.1　“他”演变为第三身代词的前提。古代汉语中不存在第三身代词，表达的需要必然导致其他词来填补其空格。吕叔湘（1985：187）指出：“古代多借指示代词为第三身代词，如之原来是近指代词，其原来是中指（较近的远指）代词，彼原来是远指代词。”不过，由于汉语人称域与指代域存在实体的对应，因此“彼、之”之类近指、远指代词的争相客串，都不能演变为第三身代词。两个概念域的这种对应、空格和客串的存在，只能是其他相关指代词演变为第三身代词的前提。

2.3.2　“他”演变为第三身代词的具体条件。为什么是“他”演变为第三身代词？除了上述前提之外，还有两个原因。其一，是旁指代词和第三身代词“他”内涵相通。上文所述古汉语的“人称域、指代域”，其概念元素各只有两个。但概念域是有层次的。

人称域与相关的第三身概念，指代域与相关的旁指、特指概念，分别构成了人称域和指代域的上位范畴（superordinate categories. F&H–J.2009:93），可以分别称作“上位人称域、上位指代域”。如上所述，第三身概念与“对语代词”构成的人称域不在同一个平面，是其以外的“其他”实体；而旁指概念也是近指、远指概念以外的“其他”实体。因此，这两个上位范畴的意象图示相似（similariti），因而也存在认知映射。既然第三身概念与旁指概念内涵相通，存在对应，那么由上位指代域转移到上位人称域，其理据充分。其二，是因为透母的“他”与泥母的“那”同为舌头音声母，韵母同为歌部，因而读音相近。我们知道，第三身概念所指对象的心理距离远，而音近义通，因此与远指代词“那”语音相似的旁指代词“他”演变为第三身代词最为合理。如前所述，第三身代词“他”和“那”都产生于唐初，说明“那”的语音影响从时间的角度看是有可能的。

以上两点，使得“他”在东晋以后由旁指发展为旁称，进而演变为第三身代词，完成了两个域的概念映射导致的实体转移。而上位指代域留下的旁指空格，则由“其他、别”之类来填补了。

2.3.3　三身代词的演变机制。不难看出，汉语共同语中“他”的演变路径是：旁指代词→旁称代词→第三身代词。北京话的“人家”、西南官话的“别个”，也在“顺着这条道走”，表现出“跟古代汉语以及大多数语言的借用指示词作第三身代词的取径不同”（吕叔湘 1985：10）。其实，兰银官话的“别”也是这样[①]，这反映出官话共同的演变机制。

① 兰银官话的旁指代词“别”在向第三身代词演变：宁夏银吴片的“别”分布在银川、同心、中卫、中宁、灵武、盐池、贺兰、平罗、青铜峡、吴忠等市县，是“除己称和对称以外的泛指”，可以带“们”表示复数。（李树俨、李倩 2001：228）可见这个“别”是用作单数旁称，处在向第三身代词演变的初始阶段。而甘肃河西片民勤 [ᶜpie]、白银 [paᵓ] 的“别”是与“他”并用的第三身代词；但有“说话者羡慕第三人称或至少有积极的主观评价”的意义。（雒鹏 2006：47）可见，这个“别”差不多完成了向第三身代词的演变。

### 2.4 汉语人称域与指代域演变的阶段和官话代词的特点

从上文的讨论可以看出，汉语的人称域与指代域的概念映射，2000 多年来发生了演变。这种演变可以分为两个阶段：第一阶段，即上古汉语两个概念域存在“我、近”和“你、远”的对应，“尔”演变为第二身代词“你”，并分化出远指代词“那”。第二阶段，即汉语中出现了旁指代词“他”演变为第三身代词，其“用法大致跟我和你平行”，进而发展到“性质已经跟第一第二身相近……近代汉语里头已经把一、二、三身等量齐观了”（吕叔湘 1985：2、5），从而形成了三个概念构成的、三分的人称域。

官话则全面继承了其演变成果。第三身代词“他”、远指代词“那”音近并存，构成了其代词的特点。

## 3. 东南方言中两类代词的关系

东南方言（李如龙 2007）指官话、晋语以外的汉语方言。多数东南方言的第三身代词“渠”来自特指代词“其”。闽语大多不用“渠”，本节不拟讨论。以下述及“东南方言”，除了特别说明，一般不包括闽语。

### 3.1 第三身代词“渠”的产生及其在方言中的分布

“其”用于指示，是“特指”的指示代词。（王力 1980：280）写成“渠”字，始见于《三国志》。（吕叔湘 1985：14–16）发展为真正的第三身代词，在六朝还少见，唐初才盛行。（郭锡良 1980）“渠”或作“佢、倸”，广泛分布于吴语、赣语、客家话、粤语、平话、湘语、徽语和部分闽语中，李荣等（2002）收录的东南方言 20 个点（含 1 个闽语点），有 16 个点的第三身代词为“渠”（上海、苏州、崇明的第三身代词“伊 / 俚 / 夷”，其本字为“渠”。参看陈忠敏、潘悟云 1999：19）：

赣　语　南昌：꜁tɕʰie，黎川：꜂kɛ，萍乡：꜀hã
客家话　于都：ku꜅，梅县：꜁ki
粤　语　东莞：꜃kʰui，广州：꜃kʰøy
平　话　南宁：꜁ky
吴　语　宁波：dʑiɪʔ꜇，金华：gəʔ꜇，温州：꜁gei，上海：꜁ɦi，
　　　　苏州，꜀li，崇明：꜁ɦi
徽　语　绩溪：꜁ki
闽　语　建瓯：ky꜇

伍云姬（2000：6、7、18）认为，湖南方言第三身代词来源于“其”，至今有 35 个方言点保留着这类读音。许宝华、宫田一郎（1999：2032–6611）收录的词也证明，东南方言第三身代词大多为“渠”。同样，“其”演变为第三身代词，其前提是东南方言的人称域和指代域存在概念的认知映射。

## 3.2　东南方言人称、指代域存在过类似官话的概念认知映射

3.2.1　很多东南方言点的第一身代词、近指代词可能同源。如前所述，官话第一身与近指概念的对应许多只是一个心理存在，但东南方言中这种对应却是一个客观事实。基于二者音近的原因，伍云姬（2000：15）认为：湖南方言“第一人称代词与近指代词关系非常密切。”她甚至以此质疑吕叔湘关于“第一身代词跟指示代词没有发生过关系”的说法。这种现象在东南方言中存在面很大，李荣等（2002）收录的 19 个东南方言点，其近指代词和第一身代词都是舌根音声母或韵母也相近的有 15 个点（第一身—近指）：

长沙：꜂ŋo — ko꜄ ｜ 娄底：꜂ŋ̍ — ꜂ko ｜ 萍乡：ŋɔ꜄ — kɔ꜄
梅县：꜁ŋai — ꜂ke ｜ 南昌：꜂ŋo — ꜂ko ｜ 杭州：꜂ŋo — kəʔ꜆
丹阳：꜁ŋə — kæʔ꜆ ｜ 东莞：꜃ŋɔ — kɐm꜄ ｜ 宁波：ŋo꜅ — kiɪʔ꜆

温州：꜃ŋ̍ — ki꜆ ｜苏州：ŋəu꜅ — ꜀kᴇ ｜南宁：꜃ŋo — kieŋ꜄

上海：꜁ŋu — gəʔ꜇ ｜崇明：꜃ɦŋ̍ — kəʔ꜆ ｜广州：꜃ŋɔ — ꜂kɐm

语音的对应意味着其第一身代词与近指代词可能同源，且存在概念的对应。

3.2.2　东南方言第二身代词多为“尔 / 汝”，与官话同源。李荣等（2002）收录的 19 个东南方言点，有 15 个的第二身代词为“尔 / 汝”：

长沙：꜂ȵi ｜娄底：꜂n̩ ｜萍乡：ȵi꜄ ｜南昌：꜂n̩ ｜黎川：꜂nɛ

东莞：꜃nɐi ｜广州：꜃nɐi ｜绩溪：꜂n ｜南宁：꜃ni ｜于都：ȵi꜅

梅县：꜁n̩ ｜崇明：꜃ɦn̩ ｜杭州：꜂ni ｜丹阳：꜁ŋ̍ ｜温州：꜃ȵi

陈忠敏、潘悟云（1999：8）认为，“吴语的第二人称原来应该是‘汝’”。伍云姬（2000：9、19）发现，湖南方言有 65 个即近三分之二的方言点，其第二身代词来自“尔”；其余多为 ŋ̍，也可能来自“尔”。而“你 / 尔 / 汝”这三个词是同源的（王力 1980：261），这证明东南方言的第二身代词大多与官话同源。

3.2.3　东南方言可能曾普遍使用来自“尔”的远指代词。东南方言中常见的远指代词是舌根音、喉音声母的，其本字为晓 / 见母的“许 / 箇”（汪化云 2008），是后起的现象。因为“尔”在先秦就出现了，而“许”出现在汉唐之间，“箇”产生于南北朝后期。（李如龙、张双庆 1999：272，吕叔湘 1985：243）这意味着其方言可能是先使用“尔”，而后换用“许、箇”的。潘悟云、陶寰（1999：62）就认为，吴语的“k- 系指代词可能是属于一个后起的创新现象”。这就是说，后起的 k 系远指代词大范围地取代了东南方言原有的远指代词。既然东南方言第二身代词大多来自“尔 / 汝”，那么其原有的远指代词就可能同官话一样来自“尔”。因为东南方言是北方的汉族移民与东南地区土著语言的融合；在新的远指代词产生之前，这些操汉语者使用远指代词“尔”是顺理成章的。东南方言少数地方如粤语广东阳江、广州（章炳麟《新方言·释词》：广州谓彼处曰那些），闽语海南琼山、福建邵武，湘语湖南宁乡、安仁、双峰、衡阳、吉首、浏阳，吴语浙江金华岩下和苍南金乡、江苏宜兴，都存在远指语素“那”（伍云姬 2000，许宝华、宫田一郎 1999：2271–2279）。江西赣语的 93 个点（陈敏燕等 2003），据我们统计有 26 个点的远指代词语音形式来自“尔”。这都可能是其原有面貌的残存。

看来，东南方言中可能大量存在过“你—那”的对应。李荣等（2002）收录的东南方言点就有 5 个点存在这种对应的残存（第二身—远指）：

南宁：꜂ni — ɲi꜄ | 绩溪：꜂n — nɔ꜄ | 萍乡：ȵi꜄ — ꜀lẽ
娄底：꜂n̩ — lo꜄ | 长沙：꜂ȵi — lai꜄

其他如湖南新化（n̩21 — n̩21）、浏阳、常宁、攸县、双峰、韶山、湘潭、安化、衡阳、辰溪、隆回、新邵、绥宁、邵阳、涟源荷塘，安徽歙县、宿松，浙江淳安、遂昌、苍南金乡，江西高安老屋周家，湖北阳新，广东阳江等东南方言点，都存在这种对应（李如龙、张双庆 1999，伍云姬 2000，许宝华、宫田一郎 1999）。

以上三点证明，东南方言中应该有过如同官话的人称域与指代域一样的概念映射。

### 3.3 东南方言第三身代词产生的动因

既然东南方言人称域和指代域有过类似官话的概念映射，那么，在第三身代词存在空格的前提下，因为各个实体呈系统对应的要求，其上位指代域中的近指、远指之外的概念必然对上位人称域发生反作用，其第三身代词的产生就是必然。但是，为什么是“其”而不是其他指代词演变为第三身代词？这也有音义两个方面的因素。

3.3.1 意义的因素。如前所述，“其”为特指代词。所谓“特指”，是“表示一种认指，即说话人心目中所指的某种事物，认指可以是近指，也可以是远指。”（孙锡信 1992）。而第三身代词是“我、你”之外的特定对象，其所指的实际距离可近可远，与特指代词意义相通。因此，“其”演变为“渠”具备了意义条件。

3.3.2 语音的因素。虽然东南方言中可能有过如同官话一样的人称域与指代域的概念映射，但是，后起的 k 系（见母 / 晓母）远指代词取代了原有的远指代词，将这种映射屏蔽了。李荣等（2002）收录的 19 个东南方言点，有 14 个点存在 k 系远指代词（娄底、长沙、绩溪、萍乡用“那”，详 3.2 节。金华用 məʔ꜂）。其中专作远指的有 11 个点：

广州：꜂kɔ ｜东莞：꜂kɔ ｜于都：kæ꜔ ｜温州：꜂he ｜南昌：꜂he
苏州：꜀kuᴇ ｜丹阳：꜁kə ｜梅县：ke꜄ ｜黎川：꜂hɛ/꜀ŋ̍

上海、杭州的“那儿”也残存着“海、许”的说法（钱乃荣 1999：75）。兼作远指的有 3 个点：

崇明：kəʔ꜇ 那 / 这 ｜宁波：kiɪʔ꜇ 这 / 那 ｜南宁：kiɐŋ꜄ 这么样、那么样。也用“那”

陈敏燕等（2003）所列江西赣语 93 个点的远指代词，据我们统计有 65 个点是舌根音、喉音声母；伍云姬（2000：17）也指出，湖南方言“远指代词发源于舌根音”；吴语中这类远指成分也存在较多（钱乃荣 1999：75），客家话、粤语的远指代词“嗰”（许宝华、宫田一郎 1999：6515）亦属此类。由此不难推知其 k 系远指代词对“尔”系远指代词的取代。①

由于第三身代词所指对象的心理距离远，因此与 K 系远指代词声母音近的特指代词“其”（群母字，与见母、晓母同为见系），就有着演变为第三身代词的语音条件。这和官话用与“那”音近的“他”作第三身代词相似。如前所述，远指代词“许、箇”产生在汉唐之间，从时间的先后来看，其对唐初才盛行的“渠”的语音影响可以成立。

3.3.3 东南方言中的“他”。上述 19 个东南方言点有 4 个使用第三身代词“他”，可能与官话有相同的成因，或者是官话影响造成的。② 其数量不多，不影响上面论点的成立。

### 3.4 东南方言人称和指代域概念映射的发展阶段及代词的特点

综上所述，东南方言的人称域和指代域也存在官话般的概念认知映射：由二分的人称和指代域对应，发展为三分的人称域与二分的指代域对应。这就是说，东南方言人称域和指代域的概念映射，存在着与官话相同的两个阶段。而有着语音联系的第三身代词“渠”和远指代词“许 / 箇”并存，构成了其代词的主要特点，反映出其对中古汉语代词的继承。

## 4. 西北方言、闽语中两类代词的关系

西北方言（详下）和闽语的第三身代词均来自指代词，大多表现为用远指代词或近指代词兼作或者专作第三身代词。其中的兼指

---

① 黎川方言远指代词以使用“那”[꜀ŋ̍] 为主，兼用“许”[꜂hɛ]，南宁用 kiɐŋ꜄ 也用“那”（李荣等 2002），可能是上述屏蔽或取代没有完成的表现。

② 东南方言少数方言点使用“他”的成因有二：其一，是官话的影响。如丹阳毗邻江淮官话，远指代词为 ꜀kə，其“他”[꜀tʰa] 当是受官话影响产生的。杭州方言的“他”[꜀tʰa]，则是宋朝南渡的中原移民带来的“南系官话”（吕叔湘 1985：58）成分。其二，可能与官话有着相同的成因。既然东南方言残存着没有被 k 系远指代词覆盖的“那”，那么该方言有些“他”就可能跟官话有着同样的来源。长沙的“你 [꜂ni]、那 [lai꜄]、他 [꜀tʰa]”，娄底的“你 [꜂n̩]、那 [꜁n̩/n̩꜄]、他 [꜀tʰɔ]”，读音与官话分别相近（参看李荣等 2002），其“他”可能与官话的“他”来源相同。

现象，汪化云（2013）曾进行过探讨，为反映汉语方言指代词和三身代词关系的全貌，以下将扼要引用其论述。

### 4.1　西北方言兼指现象的地域分布

从现有著述来看，远指代词“兀、那”兼指第三身的现象最为多见，共涉及四个省区：山西的晋语吕梁片、并州片，以及上党片、中原官话汾河片的部分地方，其第三身代词单数形式大多为“兀 [u– / v–]、兀家、那 [n–]、那个合音为一个音节”，有的单、复数分别用“兀、那”，“兀、那”也是远指成分。（史秀菊 2010）而陕西关中的西安、永寿、耀县、渭南等中原官话的“兀”[u꜄ / uə꜄]，是最常用的远指代词兼第三身代词；（唐正大 2005）陕北的晋语则以远指代词“那”[nəʔ꜆] 兼指第三身。（邢向东 2001）甘肃兰州、安西、金塔、玉门的兰银官话和镇原的中原官话，其第三身代词来自远指代词“那”[na² / la꜄]。（雒鹏 2006）宁夏固原、泾源、隆德、中卫及其周边的中原官话和兰银官话中，其“兀”[u꜄] 为常用的远指代词，亦兼指第三身。（汪化云 2013）此外，山西境内有几个通行晋语的县市，还存在近指和远指代词都构成第三身代词的现象。（详下）本文把存在上述兼指现象的晋语及兰银官话、中原官话，称作“西北方言”。

### 4.2　从部分方言点看西北方言中兼指现象的演变

西北方言的近指、远指代词曾广泛用于兼指第三身，元代汉语中大量的这类兼指现象就是证明。吕叔湘（1985：66）曾指出其复数形式的兼指现象：“早期……这们和那们……实际上等于他们。”而“这的、那的”可以兼指单数的“他”。现代西北方言则演变为主要以远指代词兼指第三身。（汪化云 2013）其 5 个晋语方言点的共时差异，反映出兼指现象演变的历程：

4.2.1　交城方言。其“这［tsəʔ53］、兀［uəʔ53］”分别是近指和远指代词，加上词缀“家”构成“这家［tsəʔ53 tɕia11］、兀家

[ uəʔ53 tɕiɑ11 ]”，都只能对译为普通话的“他”。问题是普通话“这、那”也可以指称第三身，如“这是小王，那是小李”。那么“这家、兀家”是不是指代词呢？显然不是。汉语指代词指称第三身一般是做“是”的主语（吕叔湘 1985：222），做其他成分一般指称事物，如：我不喜欢这，喜欢那 / 这不太好。而“这家、兀家”无论出现在什么位置，都只能指称“他”；且同“我 [ŋɤɯ53]、你 [ni53]”一样，可以带上“每”[•məʔ] 表示复数，因而只能是第三身代词。两个代词的差异是：“兀家”所指的第三身可远可近，是无标记成分；“这家”所指的第三身相对较近，是有标记成分。

4.2.2　文水方言。其城区的“这家 [zəʔ21 tɕiᴀ33]、兀家 [uəʔ21 tɕiᴀ33]”及其带“每”[•məʔ] 的复数形式与交城方言的读音相近、功能相同。不同的是，文水方言中还使用“那 [nᴀ33]”和“那每 [nᴀ33 •məʔ]”指称单数和复数的第三身，但是这个词有蔑视、不喜欢等意义，因而使用面很窄。

4.2.3　离石方言。其城区用“那家 [niɛ312]”表示单数的第三身，用“这家 [tsəʔ32 tɕia24]”、“兀家 [uəʔ32 tɕia24]”/“那家 [nəʔ/323 tɕiA312]”表示复数的第三身。复数形式中，“兀家”所指可近可远，最常用；“那家”因有贬义而极少使用。“这家”只用作近指第三身复数，常与“兀家”对举，其标记性比交城、文水的“这家”增强了。

4.2.4　汾阳方言。其城区的“那家 [nəʔ22 tɕia324]”、东乡的“兀家 [nəʔ22 tɕia324]”是无标记成分，可以指称或近或远的第三身，也可以加“们 [•məŋ]”表示复数。“这家 [tsai312 tɕia324]”带有赞赏或贬斥的感情色彩，只表示第三身单数，其标记性比上述三个点的“这家”进一步增强。

4.2.5　兴县方言。其城区方言第三身代词的主要语素都是远指代词“那”：

那家 [niɛ212]他/她，近指　　那家那 [niɛ213 nɑi52]他/她们，近指

那个 [nəu53]他/她，远指　　那个那弭 [nəu52 nɑi52 mɿ44]他/她们，远指

该方言不使用“这家”，但是其第三身代词却有近指、远指之别。此与前四个点的第三身代词所指对象有远近之分的现象同出一源，是近指、远指代词都可以构成第三身代词机制留下的痕迹。

不难看出，在前 4 个方言点中，近指的第三身代词“这家”标记性逐步增强。而兴县方言只使用“那”构成所指远近不同的第三身代词，就与多数西北方言用远指代词兼指第三身的现象比较接近了。“文水 / 交城→离石→汾阳→兴县→多数方言点”的共时差异，反映了西北方言由近指、远指代词都兼指第三身到近指的第三身代词标记性逐步增强而淘汰、远指代词兼指第三身现象占据主导地位的历程。

### 4.3　西北方言人称、指代域的概念映射及代词的特点

4.3.1　西北方言不存在其他汉语方言那样的概念映射。西北方言以指代词兼作第三身代词，与官话和东南方言第三身代词产生的机制完全不同。其第一、第二身概念与近指、远指概念不存在认知的映射。其第一身代词一般为 ŋ 系，显然跟近指的“这”（忻州：tʂəʔ꜀；太原：꜂tsai）之类没有语音联系。其第二身代词与远指代词似有联系。例如孙立新（2002）所举关中方言 50 个点，其第二身代词大都为“你”[꜂ȵi]，其远指代词除了“兀”以外，多数点还并存着“那”[næ꜄]。但是，它们在西北方言中却未能发生古汉语那样的演变。其理由是：“兀”自元代以来就是西北方言中通用的远指代词，来自阿尔泰语言代词 *ol 的借用（张维佳、张洪燕 2005），与“你”的音义毫不相干；而“那”是共同语远指代词的叠置。有些西北方言点例如太原的第三身代词为“他”，但也是外来的。（汪化云 2008）邢向东（2001：356）也认为：“用‘那’表示第三人称单数只是一种兼职。但……在本方言中的使用时间，有可能在‘他’

之前，即‘他’是在较晚的时候才覆盖了陕北方言的。”叠置的“那、他”来自共同语，当然不可能是与西北方言固有的代词发生概念的认知映射而产生的。这样说，并不否定该方言在上古也许存在过官话般的概念映射；但是，目前没有资料可以证明这一点。

4.3.2　西北方言两个概念域映射的阶段和成因。上文的讨论证明，西北方言第三身概念曾对应整个指代域，存在着第三身概念和指代域都是“我、你”以外对象的意象图示；在现代则主要是第三身概念对应远指概念。这反映出其人称域和指代域概念对应的两个阶段，是不同时代阿尔泰语言影响的表现（汪化云 2013）：元代蒙古语及其汉语译文中大量存在近指、远指代词都兼指第三身的现象（李崇兴等 2009：166）。而现代阿尔泰语言中一般是远指代词兼指第三身（唐正大 2005）。西北方言不同于其他汉语方言，却与地缘上毗邻的、不同时期阿尔泰语言的兼指现象分别一致，证明了后者影响的存在。（汪化云 2013）至于“兀、那、这”兼指第三身的现象能通过语言接触在西北方言中扎根，显然与上古汉语中存在的用“之、其、彼”兼指第三身的现象有关。后者的存在，使得前者的出现有了重要的参照。

4.3.3　西北方言代词的特点。指代词兼指第三身，是其代词的突出特点。

## 4.4　专职第三身代词“伊”在方言中的分布及其形成机制

4.4.1　第三身代词“伊”的产生和在方言中的分布。吕叔湘（1985：17、18）认为：“伊字在先秦是个指示词……在魏晋之际，正当他字开始向三身代词方面发展的时候，伊字已经是个盛行的代词。”在闽语中，“伊”是广泛使用的第三身代词。例如李荣等（2002）收录的闽语的 4 个点：

厦门：꜀i ｜雷州：꜀i ｜福州：꜀i ｜海口：꜀i

许宝华、宫田一郎（1999：2049）收录的闽语方言点以及毗邻的少数客家话方言点也使用“伊”。

4.4.2 “伊”的形成。闽语第二身代词、远指代词大多分别为“汝、许”(李如龙 2007),不存在官话的那种语音对应。但是,其第三身代词“伊”与近指、远指代词“即/者、许”的主要元音相同,如(李荣等 2002):

| | 第一身 | 第二身 | 第三身 | 近指 | 远指 |
|---|---|---|---|---|---|
| 福州 | ˋŋuai | ˋny | ˛i 伊 | ˋtsi 者 | ˋhi 许 |
| 厦门 | ˋgua | ˋli | ˛i 伊 | tsit˳ 即 | hit˳ 许 |

“伊”是不是受阿尔泰语影响而由近指代词演变成第三身代词、由移民带到南方的?这个问题很复杂,需要另文进一步研究。

4.4.3 闽语代词的特点。第三身代词“伊”和指代词“即/者、许”并存而元音相同,是闽语代词的主要特点。

## 5. 结语与余论

综上所述,汉语各方言的第三身代词与指代词有着密切的音义联系:官话是“他、那”并存,东南方言是“渠、许/个”并存(闽语是“伊”和“者/即、许”并存),西北方言是指代词“这家、兀/那”兼指第三身。导致这种现象的原因,是因为汉语方言的人称域和指代域存在概念的认知映射,其意象图示各不相同。官话和东南方言(不含闽语)的第一身、第二身概念与近指、远指概念存在对应,所以其“尔”演变为第二身代词“你”和远指代词“那”,而第三身代词的空格也只有近指、远指以外的指代词来填补。由于第三身概念所指对象的心理距离远,而 k 系远指代词也后起于东南方言,因此与 n 系、k 系远指代词音近的旁指、特指代词“他、其”分别演变为两类方言的第三身代词。这种演变的外因,应该是第三身代词“他、渠”产生时期兴盛的佛经翻译的影响,因为梵文中是存在第三身代词的(季羡林等 2009)。西北方言第三身概念可以对应近指和远指概念,而更多的是以远指代词“兀/那”

兼指第三身。这种现象产生的机制来自不同时代阿尔泰语言的影响。“伊”演变为闽语第三身代词的机制可能与之类似。可见，汉语人称域和指代域的概念对应从古到今的演变，可以分为两类两个阶段：一类是由上古汉语中二分的人称域与指代域的对应，发展为多数汉语方言三分的人称域与二分的指代域对应。这主要存在于官话和东南方言。另一类是西北方言，由第三身代词对应整个指代域，演变为第三身代词对应远指代词。

以上是就其主要情形而言。在三大类方言中，都存在其他方言的影响，例如前述少数东南方言点就使用“他、那”。又如江淮官话湖北黄梅 [꜀kʰɛ]、武穴 [꜀xɛ] 的第三身代词是“渠”，就与一江之隔的赣语相同；闽语建瓯方言的第三身代词用“渠”，也与其他闽语有别。（汪化云 2008）此外，少数方言中两类代词的关系，不能归入上述任何一种类型。如近指代词（前）与第二身代词（后）音近的方言——广州：꜀nei—꜂nei，东莞：꜀nɐi—꜂nɐi；绩溪：n̩꜄—꜂n̩。（参看李荣等 2002）这些方言中可能曾存在第一身和第二身对应近指、第三身对应远指的概念认知映射。这个现象与侗台语类似，可能是其底层现象（张惠英 2001）。

最后要说的是，本文关于人称域与指代域概念映射的说法，可以解释以往没有解释或解释不够充分的现象。这里仅举 3 例。

第一，汉语共同语从古到今都是指示代词“远 – 近”二分的系统，为什么某些方言中出现了“近 / 中 / 远指”三分的现象？汪化云（2008）认为大多数三分现象是共同语远指代词的叠置造成的。但叠置的根本动因是什么？为什么不是近指代词的叠置？如果用两个概念域的映射来解释，就十分简单：由于三分的人称域的出现，使得其与二分的指代域的对应不甚协调，势必将“源模型的结构映射到目标模型上”（F&H–J.2009:131），使指代域与之系统对应，于是就使得某些方言出现了指代词三分的现象。很多方言如湖南方言的指代词，就“是先有二分系统，三分系统是后来出现的。”（伍云姬 2000：14）此与人称域的先有二分系统，唐以后才出现三分系统正好相应，证明两个概念域的映射导致部分方言指代词三分现象产生的说法可以成立。而因为出现了所指对象心理距离远的第三身代词，才导致两个概念域映射的失调，所以各方言往往引进共同语远指代词叠置，以构成三分的指代词系统。

第二，山东牟平 [꜀ȵiə] 和寿光、淄博、淄川、利津、潍坊、沂水、长岛、荣成、诸城等方言以及《聊斋俚曲集》中的中指代词“乜”，也有远指功能（汪化云 2008）。这个读音特殊的“乜”是如何产生的？人们没有一个说法。考虑到三分的人称域和指代域存在着映射，那么第三身代词也应该可以演变为远指代词。山西境内的某些官话以“人家”的合音形式 ꜀ȵia、꜀ȵiɛ 作第三身代词（史秀菊 2010），读音与“乜”相近，因而山东的“乜”极有可能是由第三身代词“人家”的合音演变而来。

第三，现代西北方言以远指代词兼指第三身，自然会类推出其近指概念与第一身概念的对应。晋语河南获嘉方言用“这儿们 [tʂɤr21 mən21]”表示“我”、中原官话山西洪洞方言用“这人 [tʂə42 ʐen21]”表示“我、我们”（许宝华、宫田一郎 1999：2838、2842），晋语山西平顺方言用“这家 [tɕiɛʔ2 ·təu]”表示“我们”（史秀菊 2010），应该是这种对应的萌芽。这反映出部分西北方言两个概念域的新的对应，正在与部分官话和东南方言趋同——后者是以三分的指代域对应三分的人称域的。

## 参考文献

CHEN, Minyan,SUN Yizhi,CHEN Changyi 陈敏燕，孙宜志，陈昌仪 .2003. Jiangxi jingnei Gan fangyan de jinzhi he yuanzhi 江西境内赣方言的近指和远指 (The distance categories of the demonstratives of Gan dialects in Jiangxi Province)，*Zhongguo yuwen* 中国语文 6：496–504.

CHENG,Zhi'an,TANG Ruiliang 陈治安、唐瑞梁 .2006.Gainian yinyu yingshe kongzhi jizhi 概念隐喻映射控制机制 (The control mechanism of conceptual metaphor mapping).

WEN,Xu,XU Anqua 文旭、徐安泉 . *RenZhi yuyanxue xin shiye* 认知语言学新视野，Beijing: Zhongguo shehui kexue chubanshe 北京：中国社会科学出版社 .114–135.

CHEN,Zhongmin,PAN Wuyun 陈忠敏、潘悟云 .1999.Lun Wuyu de rencheng Daici 论吴语的人称代词（On personal pronoun in Wu dialects). LI, Rulong,ZHANG Shuangqing zhubian 李如龙、张双庆主编 .*Daici* 代词 Guangzhou:Jinan daxue chubanshe 广州：暨南大学出版社 .

F.Unger & H–J.Schmid 弗里德里希・温格瑞尔、汉斯 – 尤格・施密特 .2009.Renzhi yuyanxue daolun (di'erban). 认知语言学导论 (An Introduc tion to Cognitive Lingguistics).PENG，Lizhen deng yi 彭利贞等译 . Shanghai:Fudan daxue chubanshe 上海：复旦大学出版社 .

GAO,Yufeng 高玉峰 .2003.Shandong fangyan rencheng daici de fushu Biaoshifa 山东方言人称代词的复数表示法 (The Plural Forms of Personal Pronouns in Shandong Dialects).Beijing:Beijing yuyan daxue shuoshi yanjiusheng xuewei lunwen 北京：北京语言大学硕士研究生学位论文 .

GUO,Xiliang 郭锡良 .1980.Hanyu disanrencheng daici de qiyuan he fazhan 汉语第三人称代词的起源和发展 (The origin and development of Chinese third person pronouns).*Yuyanxue luncong* 语言学论丛 6:79–87.Beijing:Shangwu yinshuguan 北京：商务印书馆 .

GUO,Xiliang 郭锡良 .1989.Shilun shanggu hanyu zhishidaici de tixi 试论上古汉语指示代词的体系 (The system of ancient Chinese demonstrative pronouns).*Yuyan wenzi xueshu lunwenji* 语言文字学术论文集 .Beijing:Zhishi chubenshe 北京：知识出版社。

Jerry Lee Norman 罗杰瑞 .2004.Guanyu Guanhua fangyan zaoqifazhan de yixiexiangfa 关于官话方言早期发展的一些想法 (Some Thoughts on the Early Development of Mandarin).MEI Zulin yi 梅祖麟译 .*Fangyan* 方言 4：295–301.

JI,Xianlin 季羡林 .2009. A.F.Stenzler.A.F. 斯坦茨勒 ,Fanwen jichu dub–en 梵文基础读本 (The basics of Sanskrit).JI Xianlin yi，DUAN Qin–g,FAN Muyou xubu 季羡林译，段晴、范慕尤续补。Beijing:Beijing daxue chubanshe 北京：北京大学出版社 .

LI,Chongxing,ZU Shengli,DING Yong 李崇兴、祖生利、丁勇 .2008.Yu–andai hanyu yufa yanjiu 元代汉语语法研究 (Research on Chinese grammar in Yuan Dynasty).Shanghai:Shanghai jiaoyu chubanshe 上海：上海教育出版社 .

LI,Rong,XIONG Zhenghui,ZHANG Zhenxing 李荣、熊正辉、张振兴.2002.Xiandai hanyu fangyan dacidian 现代汉语方言大词典 (Modern Chinese dialects dictionary). 南京：江苏教育出版社 .

LI,Rulong,ZHANG Suangqing 李如龙、张双庆 .1999.daici 代词 (Pro–noun).Guangzhou:Jinan daxue chubanshe 广州：暨南大学出版社 .

LI,Rulong 李如龙 .2007.Hanyu fangyanxue 汉语方言学 (Chinese Di–alectology).Beijing:GaoDeng jiaoyu chubanshe 北京：高等教育出版社 .

LI,Shuyan,LI Qian 李树俨、李倩 .2001.Ningxia fangyan yanjiu lunji 宁夏方言研究论集 (Studies on Ningxia dialects).Beijing:dangdai zhong–guo chubanshe 北京：当代中国出版社 .

LIN,Su'e 林素娥 .2006.Hanyu rencheng daici yu zhishi daici tongxing leixing jiqi dongyin chutan 汉语人称代词与指示代词同形类型及其动因初探 (A Typological Study of the Homomorphism between Per–sonal Pronoun and Demonstrative Pronoun in Chinese).*Yuyan kexue* 语言科学 3：96–101.

Lü ,Shuxiang 吕叔湘 .1985.JIANG Lansheng bu 江蓝生补 .Jindai hanyu Zhidaici. 近代汉语指代词 (Modern Chinese pronouns). Shanghai: Xuelin chubenshe 上海：学林出版社 .

LUO,Peng 雒鹏 .2006.Gansu fangyan disanrencheng daici 甘肃方言第三人称代词 (The Third Person Pronoun in Gansu Dialects).*Xibei shida xuebao* 西北师大学报 1：47–49.

PAN,Wuyun,TAO Huan 潘悟云、陶寰 .1999.Wuyu de zhidaici 吴语的指代词 (The demonstrative pronouns in Wu dialects).LI,Rulong,ZHANG Shuangqing 李如龙、张双庆 *.daici* 代词 . Guangzhou:Jinan daxue chubanshe 广州：暨南大学出版社 .

QIAN,Nairong 钱乃荣 .1999. 北部吴语的代词系统 (The system of pro–noun system in northern Wu dialects).LI,Rulong,ZHANG Shuangqing 李如龙、张双庆 *.Daici* 代词，Guangzhou:Jinan daxue chubanshe 广州：暨南大学出版社 .

SHI, Xiuju 史秀菊. 2010.Shanxi Jinyuqu yu Guanhuaqu rencheng daci Zhi bijiao 山西晋语区与官话区人称代词之比较 (Comparison of Person–al Pronouns between Jin Dialects in Shanxi and Mandarin). *Jinzhong xueyuan xuebao* 晋中学院学报 4:362–367.

SHU, Dingfang 束定芳 .2002.Lun yinyu de yunzuo jizhi 论隐喻的运作机制 (On the working mechanisms of metaphor).*Waiyu jiaoxue yu yanjiu* 外语教学与研究 2：98–106.

SUN,Lixin 孙立新 .2002.guanzhong fangyan daici gaiyao 关中方言代词概要 (An overview of the pronouns in the Guanzhong dialect).*Fangyan* 方言 3：246–259.

SUN,Xixin 孙锡信 .1992.Hanyu lishi yufa yaolve 汉语历史语法要略 (On the history of Chinese grammar).Shanghai:fudan daxue chubanshe 上海：复旦大学出版社 .

TANG,Zhengda 唐正大 .2005.Guanzhong fangyan disanrencheng zhicheng xingshi de leixingxue yanjiu 关中方言第三人称指称形式的类型学研究 (A Typological Perspective:Means for Referring to the Third Person in Guanzhong Dialect).*Fangyan* 方言 2：109–118.

WANG,Huayun 汪化云 .2008.Hanyu fangyan daici lunlüe 汉语方言代词论略 the pronoun of Chinese Dialects).Chengdu:Bashu shushe 成都：巴蜀书社 .

——2011.Fangyan zhidaici yu fushu biaoji 方言指代词与复数标记 (Demonstrative Pronouns and Plural Markers in Chinese Dia lects). *Zhongguo yuwen* 中国语文 3：250–252.

——2013.Xibei fangyan zhidaici jian disanshen Daici xianxiang de zai tantao 西北方言指代词兼第三身代词现象的再探讨 (Revisiting demonstrative pronouns concurrently used as third person pronouns in Xibei　Dialects). *Yuyan kexue* 语言科学 1：71–76.

WANG,Li 王力 .1980.Hanyushi gao(zhongce) 汉语史稿（中册）(Chinese history（Ⅱ）).Beijing:Zhonghua shuju 北京：中华书局 .

WU,Fuxiang 吴福祥 .1996.Dunhuang Bianwen yufa yanjiu 敦煌变文语法研究 (The studies on grammar in the Dunhuang Bianwen language). Changsha:Yuelu shushe 长沙：岳麓书社 .

WU,Yunji 伍云姬 .2000.Hunan fangyan daici 湖南方言代词 (Pronouns in Hunan dialects).Changsha:Hunan shifan daxue chubanshe长沙：湖南师范大学出版社 .

XING,Xiangdong 邢向东 .2001.Shenmu fangyan de daici 神木方言的代词 (On the Pronouns of Shenrnu Dialect in Shaanxi Province).*Fangyan* 方言 4：355–364.

XU,Baohua GONGTIAN, Yilang 许宝华、宫田一郎 .1999. 汉语方言大词典 (Dictionary of Chinese Dialects ).Beijing:Zhonghua shuju 北京：中华书局 .

ZHANG,Huiying 张惠英 .2001.Hanyu fangyan daici yanjiu 汉语方言代词研究 (Study on the Chinese dialect pronoun).Beijing:Yuwen chubanshe 北京：语文出版社 .

ZHANG,Weijia,ZHANG Hongyan 张维佳、张洪燕 .2007.Yuanzhi daici Wu yu Tujueyu 远指代词“兀”与突厥语 (The obviative Wu and Turkic).*Minzu yuwe* 民族语文 3：38–43.

［本文以本项目名义发表于《中国语言学报》（JCL）2016 年 1 月，特附于此］

# 附　录　二

因为在境外的10家学术刊物上发表过33篇文章，而这些刊物在境内难以见到，于是学界的一些朋友多次建议我出个集子。考虑到那些文章毕竟大多是为捐门槛而作，学术价值不大，没有必要做这种重复劳动。因此，借本书出版的机会，将其文章目录连同截至2016年的其他主要劳动“成果”，一并罗列如下，以便于查阅，也做个纪念。

## 一、执笔撰写已经发表或即将发表于51家期刊、19本文集的170篇论文

1. 这些“个”不是吴语成分　《中国语文》2001.2　1/1

2.“鋊”是“陷”还是“连环”？　《中国语文》2001.4　1/1

3. 方言指代词与复数标记　《中国语文》2011.3　1/1

4. 宣城方言的“的、个、的个”　《中国语文》2012.2　1/1

5. 固始方言的“两倌”　《中国语文》2015.2　1/2

6. 黄冈方言文白异序现象初探

台北《中研院历史语言研究所集刊》第七十二本第三分.2001.9.A&HCI收录　1/1

7. 汉语方言“箇类词”研究

台北《中研院历史语言研究所集刊》第七十九本第三分.2008.9.A&HCI收录　1/1

8. 玉山方言的框式状语
《中国语言学报》JCL.2014.1.SSCI、A&HCI 收录 1/2
9. DEMONSTRATIVE INTERJECTIONS IN HUANGXIAO CLUSTER OF JIANGHUAI MANDARIN
《中国语言学报》JCL.2014.6.SSCI、A&HCI 收录 1/2
10. 汉语三身代词和指代词关系研究
《中国语言学报》JCL.2016.1.SSCI、A&HCI 收录 1/1
11. 黄孝方言的意向处置句
《中国语言学报》JCL2015 年录用，待刊 1/1
12. 黄冈方言中的 V 不 VP 及其相关句式
台北《汉学研究》2006.2 1/1
13. 团风方言的儿尾 《方言》1999.4 1/1
14. 关于“江淮官话黄孝片”的两点意见
《方言》2005.4 1/1
15. 武汉市新洲方言的归属 《方言》2008.4 1/1
16. 省略构成的人称代词复数标记 《方言》2011.1
人大复印报刊资料《语言文字学》同年第 6 期全文转载 1/1
17. 固始方言的“可”字句 《方言》2013.4 1/2
18. 从语法看杭州方言的性质 《方言》2014.4
人大复印报刊资料《语言文字学》2015 年第 2 期全文转载 1/1
19. 黄州方言量词的单用 《语言研究》1996.2 1/1
20. 黄冈方言的指示代词 《语言研究》2000.4 1/1
21. 汉语方言指示代词三分现象初探
《语言研究》2002.2 1/1
22. “句法向”对“语义价”的反作用
《语言研究》2005.3 1/1

23.“治鱼”的“治”来自古南岛语吗

《语言研究》2007.1 1/1

24.“鼻”的读音 《语言研究》2009.1 1/1

25. 汉语方言 tɕ 类复数标记的来源 《语言研究》2012.1 1/1

26.“垃圾”的读音 《语言研究》2013.2 1/1

27. 黄孝方言的“在”类词研究《语言研究》2016.3 1/1

28. 双数标记“俩”的语法化 《古汉语研究》2016.2 2/2

29.“天将以夫子为木铎”中的“将”

《文史哲》2007.4 1/1

30. 复数标记“们”的来源 《语言学论丛》2011.44 辑 . 人大复印报刊资料《语言文字学》2012 年第 6 期全文转载 1/1

31. 团风方言的“轻声读阴去”现象

《语言学论丛》2013.47 辑 1/1

32. 黄孝方言的经历体助词 《语言学论丛》2016.52 辑 1/1

33. 说“X 的那种” 《语言教学与研究》2015.1 1/1

34. 西北方言指代词兼第三身代词现象的再探讨

《语言科学》2013.1 1/1

35. 黄冈方言中的学生方音 《语言文字应用》2002.2 1/2

36. 港台出版物中的“氏著” 《语言文字应用》2003.2 1/1

37.“同位短语 + 们”简论 《语文研究》2001.3 1/2

38. 自主的轻声与非自主的轻声《语文研究》2003.1 1/1

39. 也说“兀” 《语文研究》2007.1

人大复印报刊资料同年第 5 期论点摘编 1/1

40. 说“未决犯、嫌疑犯” 《辞书研究》2004.5 1/1

41. 朝鲜族“朴”姓的读音 《辞书研究》2008.2 1/1

42. 古入声在团风方言中的调类演变

《中南民族学院学报》2000.4 1/2

43. 团风方言变调构词现象初探
《中南民族学院学报》2001.4 1/1
44. 试论普通话轻声的规范《中南民族大学学报》2002.5 2/2
45. 略论对外来事物的据形命名《语言与翻译》2002.4 2/2
46. 论时态副词“一” 《上海师大学报》1994.4 1/1
47. 也谈我国最早的一首七言诗
《扬州师范学院学报》1988.3 1/2
48. 普通话轻声规范的原则 《浙江学刊》2005.1 2/2
49. 释苏轼文中的“龟头” 《民俗研究》2002.2 1/2
50. 扑克用语中的象形词 《语文建设》2001.3 1/1
51. 这些字不念上声 《语文建设》2000.4 1/1
52. 方言中的外来篮球术语 《语文建设》2000.7 1/2
53. 青年人不熟的熟语 《语文建设》2000.11 1/1
54. 能将爱情进行到底吗? 《语文建设》2001.2 1/1
55. 姓氏用字使用中的音随客便现象《语文建设》2001.8 1/1
56. 招贴续谈——零丁 《文史知识》2001.1 1/1
57. 论文摘要的类型及写作中的常见问题《中国科技期刊研究》2012.6 2/2
58. “黄孝片”方言的指示叹词
《中国语言学报》第15辑2012 1/1
59. 方言构成要素的濒危
《中国方言学报》第3辑，2013.12 1/1
60. “个”在湖北东部方言中的语法化
日本《现代中国语研究》2004 1/2
61. 汉语东南方言的包括式
日本《现代中国语研究》2009 1/1
62. 黄孝方言的三身代词和指代词
日本《现代中国语研究》2015 1/1

63. 废名小说中的“不”及其相关句式

早稻田大学《中国语学研究开篇》2005.1　　1/2

64. 汉语方言的时间副词“将”　　日本《中国语研究》2007（收入邵敬敏主编《第三届汉语方言语法国际研讨会文集》暨南大学出版社 2008）　　1/1

65. 方言语汇的与时俱进　　日本《中国语研究》2008（收入温端政、吴建生主编《汉语语汇学研究》商务印书馆 2008）　　1/1

66. 尊称“您”的来源　　日本《中国语研究》2009（收入林华东主编《汉语方言语法新探索》厦门大学出版社 2010）　　1/1

67. 山西天镇方言的“来”　　日本《中国语研究》2010　　1/2

68. 轻声的标记和规范　　香港中文大学《中国语文研究》2004.2，收入《浙江财经学院第四届学术报告会论文集》中国财政经济出版社 2004　　1/2

69. 可以区别意义的轻声词语　　香港中文大学《中国语文研究》2006.1　　1/1

70. 团风方言的疑问代词　　香港中文大学《中国语文研究》2007.2　　1/1

71. 汉语方言文读的来源　　香港中文大学《中国语文研究》2009.1　　1/1

72. 说“嗟来食”的“嗟”　　香港中文大学《中国语文研究》2011.2　　1/1

73.“赤壁”与“赤鼻”　　《澳门语言学刊》2009.2　　1/1

74. 海峡两岸尊称异同述略　　《澳门语言学刊》2011.1，收入郑锦全、曾金金主编国际会议文集《21 世纪初叶两岸四地汉语变异》，台湾 . 新学林出版　　1/1

75. 从几个连词的英译看汉英文化的一个差异

《澳门语言学刊》2012.1　　1/2

76. 近指和远指代词都兼指第三身现象的再探讨
《澳门语言学刊》2015.2 1/2
77. 常用字声旁的表音功能
《语文建设通讯》1998 总 55 期 . 香港中国语文学会 1/1
78. 外物的前后左右略说 《语文建设通讯》1999 总 59 期 1/1
79. 关于名从主人的思考
《语文建设通讯》1999 总 61 期（署名喻云菊） 1/3
80. 关于隔词号之管见 《语文建设通讯》2000 总 62 期 1/1
81. 读《骂祖宗杂谈（其一）》
《语文建设通讯》2000 总 64 期 1/1
82. “非对称繁简字”整理问题初探
《语文建设通讯》2000 总 65 期，收入沈克成主编《汉字书同文研究》，气象出版社 2001 1/1
83. 外来语素“占”的意义流变
《语文建设通讯》2002 总 70 期 1/1
84. 中国五进制记数法的残存现象
《语文建设通讯》2009 总 93 期 1/1
85. 关于汉语“千进制”的讨论
《语文建设通讯》2011 总 97 期 1/1
86. 关于寻字的再讨论
《词库建设通讯》1999 总 20 期 . 香港中国语文学会 1/1
87. “他”“她”“它” 《汉字文化》2000.2 1/1
88. 晋宋时代的阿堵与黄梅方言的堵
《汉字文化》2001.1 1/1
89. “拟形式形译词”初探 《汉字文化》2001.3 1/2
90. “草”的词源和俗词源 《汉字文化》2002.4 1/2
91. “避忌改姓”现象述略 《汉字文化》2003.3 1/2
92. “后定语”质疑 《汉字文化》2004.2 1/1

93. 胡裕树主编《现代汉语》指瑕
《汉字文化》2005.1（陈金仙）1/1
94. 说方言小品中的方言　《汉字文化》2005.2　1/1
95. 方言远指代词“兀、乜”的词源
《汉字文化》2007.4　1/1
96. 别拿尊称用作自我介绍　《汉字文化》2008.1　1/1
97. 说“形译”　《汉字文化》2008.6，收入中国应用语言学会编《（第五届）全国语言文字应用学术研讨会论文集》　1/2
98. 也说“人称代词受修饰”现象《汉字文化》2009.3　1/1
99. 说“外户”　《汉字文化》2010.2　1/1
100. 请讲“汉语”，别说“中文”　《汉字文化》2011.5　1/2
101. 谜语的语言文化解读
《绍兴文理学院学报》2013.6　1/1
102. 两线贯穿　主副结合——面向浙籍学生的“现代汉语”教改述略　《绍兴文理学院学报》2015.12　1/1
103. 演员读错别字的两个常见模式
《语言文字报》2012.7.4 第二版　1/1
104. 黄冈人学习普通话的语法辨正
《普通话》1988 年 3.4 期　1/1
105. 武汉方言残存的白读与黄冈方音
《湖北师范学院学报》2000.3　1/1
106. 关于“新发于硎”的再讨论
《成都大学学报》2001.4　1/1
107.“拜堂”释义商补　《成都大学学报》2004.1　1/2
108. 不堪重负的水货、行货　《成都大学学报》2005.2　1/1
109.“萨”字构造说略　《成都大学学报》2007.4　1/1
110. 黄冈话的几种形态变化　《黄冈师专学报》1987.2　1/1

111. 鄂东方言的“把”字句　《黄冈师专学报》1988.1 收入黄伯荣主编《汉语方言语法类编》 1/2
112. 鄂东方言入声记略　《黄冈师专学报》1990.1　1/1
113. 黄冈方言的文白异读　《黄冈师专学报》1990.4　1/1
114. 黄冈话语序琐议　《黄冈师专学报》1991.1　1/1
115. 黄州话阴去、阳去声合流的征兆　《黄冈师专学报》1992.1　1/1
116. 双宾句的再认识　《黄冈师专学报》1993.3　1/1
117. 黄州话的“得”　《黄冈师专学报》1994.2　1/1
118. “N 而 V”中的“而”新说　《黄冈师专学报》1995.1　1/1
119. 能否让括号表示选择的意思？　《黄冈师专学报》1995.2　1/1
120. 也谈“× 老”、“× × 老”《黄冈师专学报》1996.4　1/1
121. 鄂东方言的父母称谓词考辨　《黄冈师专学报》1996.5　1/1
122. 黄冈方言札记二则　《黄冈师专学报》1997.2　1/1
123. 黄冈方言没有入声韵　《黄冈师专学报》1997.3　1/1
124. 要素的配置与隐显　《黄冈师专学报》1998.1　1/1
125. 团风方言三身代词的入声形式　《黄冈师范学院学报》1999.5　1/1
126. 团风方言入声研究　《黄冈师范学院学报》2000.2　1/1
127. 牌类娱乐用语管窥　《黄冈师范学院学报》2001.2　1/1
128. 关于“名从主人”的再讨论　《黄冈师范学院学报》2001.6　1/2
129. 废名小说中的黄梅方言成分　《黄冈师范学院学报》2002.5　1/2
130. 黄冈方言的类双宾句　《黄冈师范学院学报》2003.1　1/1

131. 黄冈境内三种不算偷的偷窃旧俗及其名称
《黄冈师范学院学报》2006.2 1/1
132. 汉语方言代词研究述略
《黄冈师范学院学报》2008.5 1/1
133. 关于汉语特征词确认的再探讨
《黄冈师范学院学报》2009.2 1/1
134. 黄孝方言 NP 后的“两个”
《黄冈师范学院学报》2016.2 1/1
135. 杭州方言的动词重叠《浙江外国语学院学报》2012.6 1/2
136.《儒林外史》“语言异质说”质疑
《荆州师范学院学报》2003.3 1/2
137. 也谈高校图书馆的“家属馆员”问题
《台州学院学报》2013.3 2/2
138.“指物名词 + 们”是拟人用法吗?
《廊坊师专学报》2000.1 1/1
139. 关于“和你”的再讨论《湖北教育学院学报》2005.4 1/1
140. 这个五斗米不是道教
《九江师专学报》1989.1（署名汪梅） 1/2
141. 介宾短语作宾语琐议 《中文自修》1992.4 1/1
142.“一…就”复句的关系类别 《中文自修》1992.9 1/1
143. 中师调整与推普的隐忧 《现代语文》2001.5 1/1
144. 说“我有吃” 《现代语文》2003.12 1/2
145. 中学应当加强规范的语音、语法、词汇教学
《中学语文》2000.1 1/1
146. 也谈“白日”与“红日”
《贵州教育学院学报》2003.1 2/2
147. 也说“有 +VP”句
《贵州教育学院学报》2004.1 1/1

148. 括号用法论略　　　　　《鄂州大学学报》2001.2　1/1

149. 改进高师普通话教学的尝试

《华中师范大学学报》1998 专辑　　1/1

150.《邓小平文选》中的排比句

《江汉论坛》1998.8（增刊）　　1/1

151. 战略转移与词汇演变《江汉论坛》1999.3（增刊）　　2/2

152.《儒林外史》"前后语法不一致"吗?

侯精一、施关淦主编《〈马氏文通〉与汉语语法学——〈马氏文通〉出版百年纪念文集》(《中国语文》编辑部）商务印书馆 2000　　1/1

153. 黄州方言形容词的生动形式　　钱曾怡、李行杰主编《首届官话方言国际研讨会论文集》青岛出版社 2000　　1/1

154. 黄孝方言的"一 V"结构　　刘丹青、邢向东主编

《方言语法论丛》(第七辑）商务印书馆 2016　　1/1

155. 客赣方言的动物名词与楚语　　胡松柏主编

《客家方言调查与研究》世界图书出版公司 2016　　1/1

156. 黄孝方言进行体的表达方式　李小凡、项梦冰主编

《承泽堂方言论丛》语文出版社 2013　　1/1

157. 说"准语汇"　　温端政、吴建生、马贝加主编

《汉语语汇学研究》(二）商务印书馆 2011　　1/1

158.《越谚》中的吴语语汇　　温端政、吴建生、徐颂列主编

《汉语语汇学研究》(三）商务印书馆 2015　　1/2

159."些"的词性　　　刘丹青主编

《汉语方言语法研究的新视角》上海教育出版社 2013　1/1

160. 赣语的语音特征及其与楚语的区别　　胡松柏主编

《赣方言研究》(二)，中国社会科学出版社 2012　　1/1

161."现代汉语"教学改革刍议　　陈年友、周启先主编

《高等教育教学改革论文精选》，中国文史出版社 2002　1/1

162. 试论比喻的要素　　原书遗失、主编失记
《中国高等教育理论研究》，中国大地出版社 2002.3　　2/2

163. 论普通话轻声的规范
中国应用语言学会编《第三届全国语言文字应用学术研讨会论文集》，香港科技联合出版社 2004.2　　2/2

164. 这个“既然”不是连词　　聂进主编《21 世纪素质教育理论与实践论丛》，武汉出版社 2001　　2/2

165. 汉语的辞格系统　　秦礼君、张登岐主编《现代汉语修辞专题》，海洋出版社 1993　　1/1

166. 黄州话可能补语与宾语的语序　　李仲英主编
《语言文字规范化论集》，彩虹出版社 1993　　1/1

167. 黄冈方言语法拾零
黄伯荣主编《汉语方言语法类编》，青岛出版社 1996　1/1

168. 鄂东方言双宾句的语序
黄伯荣主编《汉语方言语法类编》，青岛出版社 1996　1/1

169. 加强方言知识教学，促进现代汉语学习
刘行敏、曹泽林、江海平主编《高师函授教育改革的理论与实践》，中国建材工业出版社 1994　　1/1

170. 廉政建设中的法制问题琐议　　黄远志主编
《反腐倡廉理论与实践》，湖北人民出版社 2002　　1/1

另在《湖北盟讯》《黄冈日报》《黄州晚报》《黄冈师范学院报》《鄂州大学报》上发表语言学短论、通讯约 20 篇，应约为《黄冈日报》和两本文集撰写关于兼职工作的文章 3 篇，从略。

## 二、著作

1. 黄孝方言语法研究　　语文出版社 2016.6　　1/1
2. 鄂东方言研究　　巴蜀书社 2004.8　　1/1
3. 汉语方言代词论略　　巴蜀书社 2008.12　　1/1

4. 黄冈市志 . 方言卷　　　　　　崇文书局 2004.9　　　　1/1

5. 罗田县志 · 方言　　　　　　　中华书局 1998.9

撰写语音、语法（25000 字）

6. 初中古诗文详解　　　　　　　海洋出版社 1993 年

常务副主编

7. 常用字词的构成　　　　　　　海洋出版社 1993 年　　主编

8. 现代汉语修辞专题　　　　　　海洋出版社 1993 年　副主编

9. 普通话测试与训练指要　　　　华中师大出版社 1997

撰写第二章“词汇”

10. 历代忧国忧民诗选　　周溯源主编，湖南教育出版社 2000

参编（署名徐云梅）

另：主编内部书号出版的普通话教材 3 本、参编 1 本，参编报告文学集《学子风采录》(撰写其中 5 篇)，撰写电视风光片《东坡赤壁》脚本（拍摄后参评获厅级奖，在湖北电视台播出），从略。曾应约参加古籍提要和湖北省旅游景点诗词楹联赏析文稿的撰写，但交稿以后调离湖北，稿子下落不明。据说均已出版，而当年的组织者却联系不上了。

# 后　　记

完成书稿，终于松了一口气——总算可以给“在职”画上一个句号了！

这本书稿是国家社科基金一般项目的“最终成果”，大部分篇幅曾以论文形式在《中国语文》、《中国语言学报》(JCL)、《方言》、《语言研究》、《语言学论丛》、日本《现代中国语研究》等刊物和文集发表，少量篇幅在一些学术会议大会报告过。不难发现，为了“成书”，我增写了若干连缀的文字；但是，其主体是分别从语法化、认知语言学、类型学、方言接触乃至训诂学等不同角度切入而形成的篇札，因而整体面貌仍像一个论文集。其中已经发表的文字良莠不齐，自不待多说；而未发表的内容，有些就相当不堪入目。例如第四章关于黄孝方言“程度”表达方式的讨论，就主要是三个片方言事实的简单罗列，虽有保存语料的作用，但显得比较肤浅。然而，原定结项的时间到了，约定的退休时间也快到了，我必须画上句号，于是就只能交出这样的稿子。其中留下的遗憾，只能今后用论文来弥补，就像我在2008年给所主持的教育部、浙江省项目提交了结项材料，而到2016年1月还发表了关于那两个项目的论文一样。黄孝方言中有一句跟周边方言相同的熟语，叫作“人不死，债不烂”。自己留下的一个个漏洞，就是一笔笔债务，必须自己去逐一补上；活一天，就补一天。从这个意义上讲，我即将到来的退休，只不过是给人生画上一个分号罢了。

说到“活”，我并不悲观。做全胃切除手术已经十年多了，我仍然活着；而且可以连续做俯卧撑60多次、引体向上15次；体适能测试曾为82分，在我校人文学院教职工中排名第一。这都是源自其“活的思想第一”而坚持锻炼的结果。但是，我不敢“自信人生二百年”，毕竟胃癌过且已经“耳顺”了好几年。这也许是我写的最后一篇后记，因此有必要唠叨几句，对走过的路——1968年初中毕业回乡务农→1971年当民办教师→1977年考上大学→1981年留校任教→2003年调到浙江财大，作一个粗线条的回顾：既是一段立此存照的记录，也是一番迟到的忏悔！

说来惭愧，62.5岁的年龄，45年的教龄，我大都是在“赎罪”中度过的！打从记事起，我就知道自己背负着沉重的原罪；对于必须在政治上背叛家庭，即使是在饥肠辘辘的儿童和少年时期，我都没有过丝毫的怀疑。在信奉“老子英雄儿好汉、老子反动儿混蛋”的年代，我背上了出身不好的原罪，根本没有任何机会活得有些许的亮色：不仅与招工、当兵、入党、提干、上大学无缘，甚至起先对我颇有好感、五官排列得稍微疏朗一些的几个姑娘，后来都避之唯恐不及。于是，我这个幻想通过勤奋劳动来赎罪的青年，不得不离开家庭独自生活，以规避政治高压。现在想来，我太过自私，深深地伤了父亲尤其是继母的心！当然，也因为我能“划清界限”，所以在1977年恢复高考时，我才被县招办在表格上盖了“同意录取一般院校一般专业”的印记，以高出210分控制线58分的成绩，进入华中师范学院黄冈分院中文系读书。进入80年代，家庭出身的问题总算淡化了。但留校任教以后，因为工作需要，我长期没有被允许考研究生；本科生的卑微出身，使得我又有了新的出身问题。自然，积习使我很知趣地进入了另册，也使我对有着博士头衔的所有人都极其羡慕而绝不会妒忌恨。尽管新的原罪较轻，但赎罪还是“必须的”。从离家独立生活的行为中不难看出，我和那个时代的大多数青年一样，是很容易接受现实、接受宣传教育的。因此也就能不断地反省自己，用玩儿命般劳动的汗水来洗涤自己的灵魂——当年被扁担压变了形的左肩胛骨就是证明——从而义无反顾地赎罪了一辈子。

幸运的是，除了极个别和“大郎开店”一般的上司外，绝大多数领导认可了我洗刷原罪的努力，给我头上罩上了一个个小小的光环，算是“有成分但不唯成分论”的证明——我先后担任过民兵排长、生产队副队长并代理队长、中小学教导主任、民盟黄冈师院支部主委和黄冈市委第一副主委、第一和第二届黄冈市政协常委、第八和第九届湖北省政协委员、黄冈市特邀监察员、汉语教研室主任、中文系主任、民盟浙江省委教育委员会委员、浙江省高校教学指导委员会委员，担任过湖北省语协常务理事、黄冈市监察学会副会长、全国汉语方言学会理事、浙江省语言学会学术委员。曾被推荐到黄冈县师训班和中央普通话进修班深造，到湖北省社会主义学院“民主党派中青年干部培训班”（班干）和中共黄冈市委党校“党外干部培训班”（班长）学习。20 岁时因为在“批林批孔”中表现突出而“火线入团”，43 岁时入党申请被系、校两级党组织通过（上报后被市委统战部长动员“留在党外发挥作用，退休后再入党”），获得过一些奖励。兼任过两所大学的客座教授、四家 C 刊的匿名审稿人，国家社科规划办的官网在 2013 年还认可其为“认真负责的评审专家”。到了退休前夕，浙江财经大学甚至给了我最高的校级荣誉：2014 年评为首批“财苑学者”B 类，2015 年晋为 A 类。浙江省人民政府则授予我首届“省高校优秀教师”的称号。其中特别是第一次被认可而贵为民兵正排级干部，曾令我高兴得通宵失眠！这和以往瞻念前途不寒而栗的失眠形成极大的反差，因而坚定了我继续赎罪的信心。其情其景，45 年后记忆犹新！这些现在看来的身外之物，在当时给我的鼓舞，是一般“红五类”家庭出身的人和拥有博士头衔的人绝对难以理解的。

因为很多事情都是为“赎罪”而做，所以我的工作缺乏特色，像很多因循的小人物一样。我做过基层管理工作，也有过一些小的贡献，例如曾以中文系主任的身份抱病（胃癌）为申报硕士点操劳奔走，且获得了较大的成功；千方百计引进了一批出类拔萃的教师，为我校“汉语言文学”学科的建设奠定了基础。但是，自己跟自己相比，我觉得这一辈子的最大长处还是教书。早年被黄冈师院的领导要求“如履薄冰、战战兢兢”地站稳讲台（否则就改行做行政！此对我有很强的威慑作用，后来校领导要调我到成教处任职，我就援引学生认可我教学的数据而谢绝），逼得我为讲好枯燥乏味的“现代汉语”课而广搜资料，做了一抽屉卡片，十七次修改重抄讲稿。这为我一辈子的教学奠定了坚实的基础。我的一生中，没有当过什么“名师”，教学也没有获得过校级一等奖（在黄冈师院曾投票过关了两次，都被动员“主动”让给了老教师），甚至所培训的干部师生代表队在湖北省高师院校的两届演讲比赛中分获总分第一、第二的成绩，也都是队员和学校获奖；本人所充当的角色，只是拿回奖杯呈送办公室而已。仅有 1988 年湖北全省高师函授学员统考评优例外：根据考前规定，所任教的班因为“现代汉语”课获得“参加考试率、优分率、平均分”三项第一，我被评为校级“优秀函授主讲教师”。尽管亮点不多，但我对自己一生最为满意的仍是教书，是每个学期末学生们给我近乎满分的高分和简短的好评——被自己的服务对象在比较中高度认可，那绝对是一种享受，我视之为最高的奖赏！正因为如此，听到学生对我的称谓由私下的“老汪”演变为面称“汪爷爷、老爷子”，我都感到格外亲切！而学生们在 C 刊上发表论文、考上硕士或博士研究生带给我的喜悦，绝不亚于自己赎罪所获得的成功！

其所谓科研，也与赎罪密不可分。我考入武汉大学助教班，学习的硕士生课程是“古代汉语”方面的；作为“国内访问学者”，在上海师大、北京大学听的博士生课程是“现代汉语语法”和“方言”方面的；所教的课程则主要是“现代汉语、演讲艺术、普通逻辑、民俗文化学”之类。这样的知识背景和工作内容，使得我的“科研”就自然地进入了语言文字应用和汉语方言学的领域，即：教学提出问题，科研加以解决。我每年都讲授“现代汉语”，要进行方言语音、词汇、语法的辨正，因此在方言研究方面用力最多。对于一个出身卑微的人来说，升职需要更多的“成果”；而我在湖北的工作单位，讲求“发表是硬道理”，因此我的论文就不能不量胜于质了。我要感谢有关期刊、文集的主编们，不计出身给我发表论文。尤其要感谢《黄冈师范学院学报》及其前身《黄冈师专学报》的有关老师，从 1987 年到 2016 年，给我的帮助最多：我有 26 篇文章，包括入职后的第一篇和退休前的最后一篇都发表在该刊！我还要感谢有关的评委，让我主持了国家、教育部、省、厅级的 8 项科研和教研项目。毫无疑问，没有学界师友们的提携，我的赎罪是没有可能的。

现在，要退休了，我没有必要再赎罪了。于是，我把自己的大部分藏书捐给了校图书馆，算是对给予我很多荣誉的浙江财经大学一点儿千里鸿毛般的回报。

时至将离倍有情！在惭愧于最后一次赎罪所撰书稿之浅陋的同时，在说了上面那么多“我们的阿毛”之后，请允许我再一次对给予我提携的领导、师友们真诚地说一声：谢谢！向九泉之下的父亲和继母，表达我深深的歉意！

汪化云

于杭州市下城区东新园寓所

2016 年 5 月 3 日